शतरंज हो या सियासी बिसात, दोनों ही जगह जीतने के लिए सही चाल चलनी पड़ती है। आख़िर राजनीति भी एक गेम की तरह ही है, क्योंकि जिसकी तैयारी, मेहनत, लगन, सोच और रणनीति ज़्यादा दमदार होती है, वही विजयपथ का शहंशाह भी बनता है। ऐसे ही एक शहंशाह का नाम है नरेन्द्र मोदी जो 22 साल से निरन्तर सत्ता में बने हुए हैं। जिन्होंने कभी हार नहीं देखी बल्कि जिनका जीत का रिकॉर्ड बनता जा रहा है। 2014 में बदलाव की बयार पर सवार होकर अहमदाबाद से दिल्ली आये, 2014 का चुनाव अपने नाम पर जीते, 2019 का चुनाव नाम और काम पर जीते और अब 2024 का चुनाव मोदी की गारंटी पर जीतने का दावा कर रहे हैं। वहीं इंडिया गठबन्धन उनकी जीत के रथ को रोकना चाहता है। इस गठबन्धन में अप्रत्याशित रूप से एक-दूसरे से लड़ने-भिड़ने वाली पार्टियाँ भी एक मंच पर आ जुटी हैं। आज़ादी के बाद ये पहला मौक़ा है कि जीत के लिए गठबन्धन की इतनी बड़ी फ़ौज खड़ी हुई है। लेकिन फक्त गठबन्धन का भी मामला नहीं है, क्योंकि 2019 में यूपीए का गठबन्धन एनडीए से बड़ा था।

ज़ाहिर है कि बदलाव की प्रक्रिया भी निरन्तर चलती है। नोटबन्दी, जीएसटी, महँगाई और बेरोज़गारी की मार के बाद भी जीत हो जाये तो इसे दीवानगी नहीं तो भला और क्या कहेंगे। आख़िरकार क्या और क्यों है दीवानगी? क्या है ये हिन्दूवाद, राष्ट्रवाद और विकासवाद? ब्रांड मोदी का कमाल या जनकल्याणकारी योजनाओं की बौछार का परिणाम है? इसी गुत्थी को इस किताब में सुलझाने की कोशिश की गयी है। सवाल है कि क्या इंडिया गठबन्धन मोदी के विजयपथ को रोक पायेगा? इसकी परीक्षा आर्थिक, सामाजिक और राजनैतिक पैमाने पर की गयी है। आख़िरकार जीत का क्या मन्त्र है—गठबन्धन की मज़बूती, मुद्दे की मार, निर्णायक नेतृत्व या मज़बूत संगठन? सवाल है क्या परिवारवादी पार्टियों और भ्रष्टाचारी नेताओं की वजह से विपक्षी पार्टियाँ अपनी विश्वसनीयता खो चुकी हैं? ऐसा क्या बदलाव हुआ कि वोटरों की नब्ज़ को विपक्ष नहीं पकड़ पा रहा है?

यह किताब इसी रहस्य के हर सूत्र को तमाम आँकड़ों के साथ सामने लाने का प्रयास करती है। इन आँकड़ों और बारीक तथा रोचक जानकारियों से कई पुराने और नये मिथक भी धराशायी होते हैं और ये नये नज़रिये की ओर भी ले जाते हैं। मसलन, मोदी चेहरा न होते तो 2014 में बीजेपी की सीटें 200 के पार नहीं जा पातीं, गठबन्धन नहीं होता तो बीजेपी को बहुमत नहीं मिलता और एयर स्ट्राइक नहीं होती तो बीजेपी 300 के पार नहीं जाती।

# विजयपथ

## ब्रांड मोदी की 'गारंटी'

धर्मेन्द्र कुमार सिंह

वाणी प्रकाशन

प्रकाशन के उत्कृष्टतम 61 वर्ष

vaniprakashan.com

पेपरबैक प्रथम संस्करण : 2024

वाणी प्रकाशन

*4695, 21-ए, दरियागंज, नयी दिल्ली-110 002*

*फ़ोन : +91 11 23273167, 23275710*

**शाखाएँ**

*अशोक राजपथ, पटना-800 004, बिहार*

*कॉफ़ी हाउस कैम्पस, महात्मा गांधी मार्ग, प्रयागराज-211 001, उत्तर प्रदेश*

*महात्मा गांधी अन्तरराष्ट्रीय हिन्दी विश्वविद्यालय, वर्धा-442 001, महाराष्ट्र*

*36/ए, शेक्सपियर सरणी, रानी बिरला गर्ल्स कॉलेज के पास, कोलकाता-700 017, प. बंगाल*

sales@vaniprakashan.in

vaniprakashan@gmail.com

Vijaypath : Brand Modi Ki Guarantee
*by* Dharmendra Kumar Singh

ISBN : 978-93-5775-515-3
Media/Journalism



*मूल्य : ₹ 399*



*आर. टेक ऑफ़सेट प्रिंटर्स, दिल्ली-110 032 में मुद्रित*

*वाणी प्रकाशन का लोगो मक़बूल फ़िदा हुसेन की कूची से*

**समर्पित**

मामा शालिग्राम प्रसाद सिंह

एवं

स्वर्गीय मामी साबुज देवी व नानी धनेश्वरी देवी

# दो शब्द

इसमें दो राय नहीं कि 2024 का लोकसभा चुनाव बेहद रोचक और रणनीति के हिसाब से ऐतिहासिक होने जा रहा है। 26 पार्टियों वाले 'इण्डिया' और 39 पार्टियों के एनडीए के बीच काँटे की टक्कर होने वाली है। चुनाव आते-आते राजनीति का रुख और मिजाज क्या होगा, कैसी-कैसी रणनीतियाँ होंगी, उस पर से पर्दा उठेगा। आखिर प्रधानमन्त्री नरेन्द्र मोदी और बीजेपी से मुकाबले के लिए 26 पार्टियों को क्यों 'इण्डिया' गठबन्धन बनाने की ज़रूरत पड़ी और उसके बरक्स मोदी को 39 पार्टियों की फौज क्यों खड़ी करनी पड़ी है? विपक्षी पार्टियों को डर सता रहा है अगर मोदी की हैट्रिक लगी तो विपक्ष के वजूद पर संकट खड़ा हो जाएगा। बस एक ही रास्ता है गठबन्धन के जरिए नैया पार करने का। यह स्थापित सिद्धान्त जैसा बन गया है कि जिसका जितना बड़ा असरदार गठबन्धन, उसकी जीत उतनी पक्की है लेकिन उसके तौर-तरीके बदलते रहे हैं। मसलन, 1989 से लेकर 2014 के पहले किसी भी पार्टी को स्पष्ट बहुमत नहीं मिला है। सत्तासीन और मुख्य विपक्षी पार्टी की सीटें फासलों के बावजूद तीन अंकों में पहुँच जाती थी, लेकिन पहली बार 2014 में मुख्य विपक्षी पार्टी की सीटें फिसलकर दो अंकों में पहुँच गई और अब फासला 6 गुना बढ़ गया। इस अध्ययन में इस बदलाव को आर्थिक, सामाजिक और राजनीतिक पैमाने पर परखने की कोशिश है। साथ ही यह भी जानने की कोशिश है कि बड़े गठबन्धन, असरदार मुद्दे और निर्णायक नेता की अहमियत के साथ चुनावी रणनीति क्यों बेहद अहम है। बदलते दौर में नेता की ब्रांडिंग, टेक्नोलॉजी और सोशल मीडिया का रोल अहम हो गया। प्रधानमन्त्री नरेन्द्र मोदी 2014 अपने नाम पर जीते और 2019 का चुनाव नाम और काम दोनों से जीते। हालाँकि इस जीत में बालाकोट एयर स्ट्राइक का भी काफी असर रहा है। इस किताब में ऐसे कई तथ्य है जो स्थापित नैरेटिव को भेदते हैं। मसलन, क्या वाजपेयी गुजरात दंगे की वजह से हार गये? अगर मोदी को

मौत का सौदागर नहीं कहा जाता तब भी उनकी ही जीत होती? कहा जाता है कि बालाकोट पर हवाई हमले की वजह से मोदी की जीत हुई लेकिन पुलवामा में क्यों असर नहीं हुआ? महँगाई और बेरोजगारी की मार में मोदी का जादू क्यों चला? क्या विधानसभा चुनावों में हार-जीत का असर लोकसभा चुनाव पर नहीं पड़ता है, या यह थ्योरी ही मिथ्या है? क्या ब्रांड मोदी का जादू कायम है या जन-कल्याणकारी योजनाएँ और मोदी की गारण्टी अहम भूमिका निभा रहा हैं या हिन्दुत्व-राष्ट्रवाद का खुमार लोगों पर हावी है या विकासवाद चमत्कार पैदा कर रहा है? क्या 'इण्डिया' गठबन्धन खासकर काँग्रेस की आर्थिक, सामाजिक और राजनीतिक रणनीतियों के सहारे मोदी के रथ को रोका जा सकता है? क्या काँग्रेस राजीव गांधी और मनमोहन सिंह की आर्थिक नीति से यूटर्न ले रही है? क्या यह यूटर्न देश और दुनिया की विकास की धारा से अलग है? ऐसे तमाम सवालों के जवाब यहाँ तलाशने की कोशिश है। लेखक का मानना है कि यह दौर नीति, नीयत और निर्णायक नेतृत्व का है। ब्रांड मोदी का जलवा बरकरार है, लेकिन विपक्ष ने भी इस बार आखिरी ब्रह्मास्त्र उठा लिया है, तो क्या मोदी हैट्रिक लगा पाएँगे? या मोदी की विदाई होगी? आजादी के बाद हुए चुनावों को चार कालों में बाँटकर बदलाव की बयार को परखने की कोशिश हुई हैं, आखिरकार ये बदलाब क्यों, कैसे हो रहे हैं। 2019 के लोकसभा चुनाव पर कई किताबें आ चुकी हैं लेकिन 2024 चुनाव के पहले यह पहली किताब है जिसमें यह जानने की कोशिश है कि मोदीकाल में क्यों बदलाव हो रहे हैं। जिस हिन्दुत्व की राजनीति पर अटल बिहारी वाजपेयी और लालकृष्ण आडवाणी हथियार डाल चुके थे, उसी में विकासवाद की छौंक लगाकर मोदी कैसे सत्ता में पहुँचे? ब्रांडिग के जरिए कैसे मोदी ने सारे नेताओं को पीछे छोड़ दिया है? ब्रांड पर खरा उतरने के लिए मोदी क्या-क्या करते हैं? जीत के क्या क्या पैमाने हैं–नेतृत्व, बड़े मुद्दे और गठबन्धन का सहारा, या तीनों का समागम?

देश की इस बदलती धड़कन के एहसास से ही 2014 और 2019 के चुनाव में इस लेखक का आकलन था कि नरेन्द्र मोदी चुनाव जीत जाएँगे, जबकि उस समय कई स्थापित राजनैतिक विश्लेषकों का मानना था कि केन्द्र की सियासत मोदी के लिए आसान नहीं होगी। उसके बाद ही यह स्पष्ट होने लगा था कि पुराने राजनैतिक हस्तियों के दिन लद गए हैं, लोगों को नए प्रतीकों की तलाश है। इसी वजह से इस लेखक को काफी पहले ही यह एहसास होने लगा था कि मोदी को बीजेपी के प्रधानमन्त्री पद का उम्मीदवार बनने से रोका नहीं जा सकेगा और उनके

नेतृत्व में बीजेपी लोकसभा का चुनाव भी जीतेगी और दूसरी बार पुराने रिकॉर्ड को तोड़ेगी। देश की राजनीतिक चाल बहुत तेजी से बदली और नये आकांक्षी वर्ग की उम्मीदों को पढ़ने और समझने में कौन कामयाब हुए? इसी बदलते परिदृश्य पर नज़र रखने के कारण ही 2015 के दिल्ली विधानसभा चुनाव में आम आदमी पार्टी के लिए इस लेखक का अधिकतम आकलन 60 सीटों का था। नतीजे 67 सीटों के आए। दूसरी बारी 2020 के विधानसभा चुनाव में 63 सीट का आकलन था लेकिन 62 मिली। गुजरात चुनाव में आकलन किया था बीजेपी सारे रिकॉर्ड तोड़ देगी। कर्नाटक में काँग्रेस की जीत होगी। इन्हीं सवालों पर चर्चा के दौरान कई दोस्तों और शुभाकांक्षियों ने मुझे इस बदलाव को कलमबन्द करने को प्रेरित किया। सो, इसमें बदलाव के तमाम राजनैतिक और सामाजिक पहलुओं को समेटने की कोशिश की गई है और विस्तृत आँकड़ों के जरिए मोदी की जीत और काँग्रेस की हार ही नहीं, बल्कि समाज के हर वर्ग में बदलते चुनावी रुझानों को दर्शाने की कोशिश की गई है, ताकि एक मुकम्मल तस्वीर खड़ी हो सके। अन्त में यह कहे बिना नहीं रहा जा सकता कि वरिष्ठ पत्रकार शंकर अय्यर की हौसलाआफजाई की वजह से इस किताब की शुरुआत हुई। वरिष्ठ पत्रकार हरिमोहन मिश्र के सहयोग से यह किताब अन्तिम मुकाम पर पहुँची, उनके सहयोग और मार्गदर्शन के बिना ये किताब सम्भव नहीं थी। सीनियर जर्नलिस्ट विजय शंकर, उल्लास दास, अपूर्व श्रीवास्तव और रघुवीर रिछारिया का सहयोग रहा। हर तरह के आँकड़े मुहैया कराने में सीएसडीएस के प्रोफेसर और को-डायरेक्टर संजय कुमार का योगदान अहम रहा। पत्नी अन्जू सिंह के सहयोग, समर्थन और प्रोत्साहन के बिना यह किताब सम्भव नहीं हो पाती।

इन सबका आभार!

**धर्मेन्द्र कुमार सिंह**

# अनुक्रम

# गठबन्धन की बाज़ी

धर्मेन्द्र कुमार सिंह

चुनाव गठबन्धनों के सहारे लड़े जाते हैं, यह तथ्य लम्बे समय से देश में स्थापित है। सो, लोकसभा 2024 चुनाव की बेला जैसे-जैसे नज़दीक आ रही है, देश का राजनीतिक समीकरण पल-पल बदल रहा है। जिस जोश से गठबन्धनों का सिलसिला जोर पकड़ रहा था, उसी मायूसी से बिखरने का खतरा भी पैदा होता जा रहा है। एक तरफ़ प्रधानमन्त्री नरेन्द्र मोदी हैट्रिक लगाने की तैयारी में जुटे हैं, तो विपक्षी पार्टियों ने मोदी को हटाने के लिए नया मोर्चा खोला है और अप्रत्याशित रूप से एक-दूसरे से लड़ने-भिड़ने वाली पार्टियाँ भी एक मंच पर आ जुटीं है। इस मामले में पिछले साल ही बीजेपी विरोधी पार्टियों की पहली बैठक पटना में हुई। दूसरी बैठक बेंगलूरु में 'इंडिया' (इंडियन नेशनल डेवलपमेंटल इंक्लूसिव एलायंस) नाम तय हुआ। मुम्बई की तीसरी बैठक में एक सुर से फ़ैसला किया गया कि यथासम्भव एनडीए के हर उम्मीदवार के ख़िलाफ़ इंडिया गठबन्धन का एक उम्मीदवार उतारा जायेगा। हालाँकि तब से अब तक काफ़ी पानी बह चुका है, दावा तो यही है कि एनडीए और इंडिया गठबन्धन के बीच 440 सीटों पर आमने-सामने की टक्कर होगी, लेकिन जैसे-जैसे चुनाव की तारीख नजदीक आ रही है 'इंडिया' गठबन्धन में तकरार भी बढ़ती जा रही है। 'इंडिया' गठबन्धन की मुम्बई बैठक में समन्वय समिति समेत पाँच समितियाँ बनायी गयी हैं, जो लोकसभा चुनाव में गठबन्धन की रणनीति को दिशा देने का काम करेंगी, लेकिन इंडिया गठबन्धन वहाँ से फिलहाल एक कदम भी आगे नहीं बढ़ पाया है। इंडिया गठबन्धन की बैठक में ये फैसला लिया गया था कि आगामी लोकसभा चुनाव के लिए पिछले साल 30 सितम्बर तक सीटों के तालमेल का काम पूरा कर लिया जायेगा और इंडिया गठबन्धन का नारा दिया गया 'जुड़ेगा भारत, जीतेगा इंडिया।' लेकिन इस बीच, पाँच राज्यों मध्य प्रदेश, राजस्थान, तेलंगाना, छत्तीसगढ़

और मिजोरम में विधानसभा चुनावों के ऐलान के साथ गठबन्धन की बैठकों का सिलसिला थम गया था, जहाँ कांग्रेस मुख्य प्रतिद्वन्द्वी पार्टी थी। पिछले साल के आख़िरी महीने में नतीजों के बाद विपक्षी गठबन्धन की बैठकों का सिलसिला नए सिरे से शुरू हुआ। इस दौरान गठबन्धन में हल्की खटास भी दिखी, जब कांग्रेस का खासकर मध्य प्रदेश में समाजवादी पार्टी से सीटों का तालमेल नहीं हो पाया। इसको लेकर समाजवादी पार्टी के मुखिया अखिलेश यादव कुछ तल्ख भी दिखे। हालाँकि इसी तल्खी के बीच ही समाजवादी पार्टी ने लोकसभा चुनाव में कांग्रेस को 11 सीट देने का फैसला किया है लेकिन उस पर आधिकारिक मुहर नहीं लगी है। विधानसभा चुनाव के दौरान थोड़ी तल्खी आम आदमी पार्टी के मुखिया केजरीवाल ने भी दिखाई थी। दिल्ली और पंजाब में अभी भी सीटों का बँटवारा न केवल फँसा हुआ है बल्कि ये भी सवाल है कि इस गठबन्धन का भविष्य कितना तात्कालिक और दीर्घकालिक है? ये भी सवाल है कि चुनाव आते-आते एकजुटता बनी रहेगी या टूट जाएगी ? क्या मोदी सरकार के खिलाफ सारी पार्टियों का सुर, लय और ताल बना रहेगा या बिखर जाएगा? क्योंकि थर्ड फ्रंट की पार्टियों में गठबन्धन बनने के साथ बिखरने का सिलसिला शुरू हो जाता है, जिस उत्साह के साथ इंडिया गठबन्धन का गठन किया गया था उसकी धार धीरे-धीरे खत्म होती जा रही है, इसका भविष्य और अन्तिम अंजाम क्या होगा ये भी पक्के तौर पर नहीं कहा जा सकता है। खैर, पिछले साल दिसम्बर में ही इंडिया गठ बन्धन की चौथी बैठक हुई जिसमें रणनीति, सीट के बँटवारे के साथ ही चेहरे को लेकर चर्चा हुई और फैसला लिया गया कि सीटों का बँटवारा जल्द ही किया जाएगा इसके अलावा देश में 28 पार्टियों की संयुक्त रैलियाँ 8 से 10 जगहों पर की जाएगी। दिलचस्प ये है कि इंडिया गठबन्धन में कई चेहरे संयोजक और प्रधानमन्त्री उम्मीदवार बनना चाहते हैं लेकिन पश्चिम बंगाल की मुख्यमन्त्री ममता बनर्जी और दिल्ली के मुख्यमन्त्री अरविन्द केजरीवाल ने प्रधानमन्त्री पद के उम्मीदवार के रूप में कांग्रेस अध्यक्ष मल्लिकार्जुन खरगे के नाम का प्रस्ताव दिया। वहीं मल्लिकार्जुन खरगे ने कहा "सबसे पहले जीतना अहम है और बाकी चीजों पर बाद में फैसला किया जा सकता है? फिर नीतीश कुमार को संयोजक बनाने की बात हुई लेकिन अन्तर्विरोध की वजह से सहमति नहीं बन पाई आखिरकार नीतीश कुमार ने इंडिया गठबन्धन को ही अलविदा कर दिया और इसका ठीकरा भी कांग्रेस पर ही फोड़ दिया। उधर पश्चिम बंगाल में ममता बनर्जी ने एकला चलो की बात करके इंडिया गठबन्धन में खलबली मचा दी है, चुनाव

आते-आते अकेले लड़ेंगी या गठबन्धन के साथ लड़ेंगी ये भी सस्पेंस बना हुआ है क्योंकि इंडिया गठबनधन के नेताओं की बातों पर कितना भरोसा किया जाए ये भी लाख टके का सवाल है। बात तो ये भी चल रही है जयन्त चौधरी की आरएलडी भी बीजेपी से सम्पर्क में हैं। इंडिया गठबन्धन में बिखराव की वजह से प्रधानमन्त्री नरेन्द्र मोदी तंज कर रहे हैं। राष्ट्रपति के अभिभाषण पर धन्यवाद प्रस्ताव का जवाब देते हुए उन्होंने कहा "कांग्रेस का विश्वास सिर्फ़ एक परिवार पर ही रहा है, एक परिवार के आगे वे न कुछ सोच सकते हैं और न देख सकते हैं। कुछ दिन पहले भानुमति का कुनबा जोड़ा लेकिन फिर एकला चलो रे करने लग गए अब अलायंस का ही अलाइनमेंट बिगड़ गया।"

गौर करने की बात है जहाँ इंडिया गठबन्धन की दीवार दरक रही है जाहिर है कि मोदी मजबूत होते जा रहें हैं। उधर, विपक्ष की सितम्बर 2023 में बैठक के दिन ही मोदी सरकार ने संसद का विशेष सत्र 18 सितम्बर से 22 सितम्बर तक बुलाकर सबको चौंका दिया। यही नहीं, सरकार ने अचानक 'एक राष्ट्र-एक चुनाव' के लिए पूर्व राष्ट्रपति रामनाथ कोविंद की अगुआई में आठ सदस्यों की कमेटी का ऐलान किया, मगर विपक्ष से एकमात्र, लोकसभा में कांग्रेस के नेता अधीर रंजन चौधरी को रखा गया था लेकिन उन्होंने इससे जुड़ने से इनकार कर दिया, क्योंकि शर्त नतीजों को पुष्ट करने भर की है। उन्होंने यह भी कहा कि संसदीय चुनाव के कुछेक महीने पहले ऐसा प्रस्ताव लाने का मतलब बेमानी है। वैसे भी, इस लोकसभा चुनाव में इसे लागू करना सम्भव नहीं दिख रहा है। फिर, अचानक सरकार संसद के विशेष सत्र में महिला विधेयक बिल ले आई। बिल लगभग बिना किसी विरोध के दोनों सदनों से पारित हो गया, लेकिन कई सवाल छोड़ गया क्योंकि इस पर अमल जनगणना के बाद संसदीय और विधानसभा सीटों के परिसीमन के बाद यानी 2029 तक हो पाएगा। 2021 में तय जनगणना अभी शुरू नहीं हुई है। इस बिल के जरिए लोकसभा और विधानसभा में 33 फीसदी सीटें महिलाओं के लिए आरक्षित की गई है, इस बिल का नाम नारी शक्ति वंदन अधिनियम रखा गया है। कांग्रेस और दूसरी पार्टियों ने पिछड़ा, दलित, आदिवासी महिलाओं के लिए आरक्षण की भी माँग की लेकिन सरकार ने इंकार कर दिया। ज़ाहिर है, यह विपक्ष की अप्रत्याशित 1977 और कमोबेश 1989 सरीखी एकजुटता को मात देने की चालें दिख रही थी। लेकिन इतना तय है कि विपक्ष पहले चालें चल रहा है और सत्तापक्ष उसकी काट की गोटियाँ तलाशता दिखता है। यह नयी स्थिति है, जो 2014 या 2019 में नहीं थी। तब मोदी

या बीजेपी की चालों पर विपक्ष काट तलाशता था। 18 जुलाई, 2023 को विपक्ष की दूसरी बैठक के दिन ही अचानक सत्तापक्ष ने भी अपने एनडीए (नेशनल डेमोक्रेटिक एलायंस) गठबन्धन की बैठक बुला ली थी, जिसमें 39 पार्टियों ने फिर से नरेन्द्र मोदी को प्रधानमन्त्री बनाने का बीड़ा उठाया, बाद में एच.डी. देवेगौड़ा की पार्टी जेडीएस के शामिल होने से 40 पार्टी हो गयी थी लेकिन चुनाव से पहले ही इंडिया गठबन्धन की तरह ही एनडीए में खटपट शुरू हो गई है, एनडीए से एआईएडीएमके और कुकी पीपुल्स एलायंस से निकली तो बिहार में एनडीए गठबन्धन में नीतीश कुमार का फिर से सहारा मिल गया है, मतलब अब एनडीए में 40 की जगह सिर्फ़ 39 पार्टियाँ रह गई हैं।

ज़ाहिर है, कोशिश यह दिखाने की है कि हमारा गठबन्धन बड़ा है और कुछ मामलों में तो कई पार्टियाँ सामाजिक-चुनावी अस्तित्व की चिन्ता किये बग़ैर बस संख्या बड़ी दिखाने के लिए जोड़ ली गयी हैं। ऐसी स्थिति इंडिया गठबन्धन में भी है। इंडिया गठबन्धन की तीसरी बैठक में दावा किया गया कि गठबन्धन में 26 पार्टियों की जगह 28 पार्टियाँ शामिल हो गयी थीं, फिर नीतीश निकल गये, ममता भी एकला चलने का ऐलान कर चुकी हैं, अब आगे इंडिया गठबन्धन को कौन अलविदा कह देगा, इस सँभावना से भी इंकार नहीं किया जा सकता है। विपक्ष को लगता है कि 'इंडिया' लोगों की ज़ुबान पर चढ़ जायेगा और उसका असर दिखेगा। दूसरी दलील है कि 'इंडिया' नाम से बीजेपी के राष्ट्रवाद का मुद्दा कमज़ोर होगा और यह गठबन्धन पूरे भारत का प्रतिनिधित्व करेगा, नफ़रत नहीं प्रेम से देशवासियों को जोड़ेगा। उधर, मोदी ने इंडिया गठबन्धन को घमंडिया कहना शुरू किया और 1942 के 'क्विट इंडिया' नारे की तर्ज़ पर नारा दिया, भ्रष्टाचार छोड़ो इंडिया, परिवारवाद छोड़ो इंडिया, तुष्टिकरण छोड़ो इंडिया। बेशक, सभी अपने-अपने नैरेटिव को आगे बढ़ाकर चुनाव की तैयारी में जुटने लगे। नैरेटिव गढ़ने की कोशिशों के अलावा विपक्ष की असली रणनीति यह है कि इस बार वोटों का बिखराव रोका जाये, ताकि सत्ता पक्ष और विपक्ष में सीधी टक्कर हो। लेकिन यह इतना आसान भी नहीं होगा। वैसे तो, मुम्बई बैठक के बाद लगभग सभी प्रमुख नेताओं ने कहा कि सीटों के बँटवारे में अड़चन नहीं आयेगी, कुछ त्याग करना पड़ा तो भी किया जाएगा। लेकिन पाँच राज्यों के चुनाव में कहीं त्याग नहीं दिखा, बल्कि बिहार और बंगाल में बवाल दिखा है। समस्या यही नहीं है बल्कि कई ऐसे राज्य हैं जहाँ सीटों का बँटवारा आसान नहीं है। अगर सीट का बँटवारा हो भी जाता है तो कई मुश्किलें हैं, एनडीए

का एक कमान सेंटर होगा, जिसके चीफ कमांडर मोदी हैं लेकिन इंडिया गठबन्धन में कोई कमांडर नहीं होगा? यही नहीं 543 सीटों पर मोदी चुनाव की तैयारी में लग गये है जबकि इंडिया गठबन्धन की तैयारी फिलहाल कमजोर दिख रही है बल्कि कांग्रेस पहले पाँच राज्यों के चुनाव में लगी थी अब भारत जोड़ो न्याय यात्रा में लगी हुई है। अब सबकी नज़र है कि इंडिया गठबन्धन की तैयारी, उनका सामंजस्य, उनकी रणनीति और गठबन्धन की सारी पार्टियाँ और नेता कैसे एक-दूसरे के साथ खड़े होते हैं या नहीं? इंडिया गठबन्धन की पार्टियों का संगठन एक-दूसरे को कितना मदद और सहयोग कर पायेगा? क्या एक ही चुनावी घोषणा पत्र होगा? या होगा भी कि नहीं, यह सवाल भी बना हुआ है।

दूसरी तरफ़ मोदी भी विपक्षी चुनौती से रू-ब-रू होंगे ही। उन्हें मालूम है कि अगर सारी विपक्षी पार्टियाँ एकजुट रहें तो जंग आसान नहीं होगी। इसीलिए मोदी कोई भी रिस्क नहीं लेना चाहते हैं बल्कि इंडिया गठबन्धन की वजह से पार्टी ने रणनीति बदली है और इंडिया गठबन्धन की कई पार्टियों से बैर भी नहीं है। ज़ाहिर है, सबकी नज़र 2024 में जीत पर टिकी हुई है लेकिन सबसे बड़ा सवाल है कि किस खेमे में कितनी मज़बूती है और क्या कमज़ोरी। विपक्ष में बिखराव की सम्भावनाएँ हैं तो बीजेपी में भी सब कुछ ठीक-ठाक नहीं दिखता है। उसके कई पुराने साथी छोड़कर चले गये हैं और नये की तलाश ज़ारी है। यक़ीनन, विपक्षी पार्टियाँ देश के मौजूदा राजनैतिक घटनाक्रम से एक मंच पर आने को मजबूर हुई हैं। चाहे विपक्षी पार्टियों के नेताओं पर ईडी-सीबीआई का शिकंजा कसा हो या संसद में जिस तरह से विपक्षी पार्टियों की आवाज़ दबाने की कोशिश हो, ये उन्हें एक मंच पर लाने की वजहें बनी हैं। इस बार केन्द्र से मोदी को हटाने का बीड़ा उठाया है, लेकिन बीजेपी के दोस्त से दुश्मन बने बिहार के मुख्यमन्त्री नीतीश कुमार फिर से एनडीए में वापसी करके इंडिया गठबन्धन को बड़ा झटका दिया है, वहीं ममता के एकला चलो के निर्णय से गठबन्धन के वजूद पर भी सवाल उठने लगे हैं। दरअसल मोदी सरकार दोनों बार यही वादा करके आयी कि वह लोगों को बेहतर सहूलियत मुहैया करायेगी, रोज़गार पैदा करेगी वग़ैरह-वग़ैरह, लेकिन सत्ता में पहुँचने के बाद उन्होंने अपने मूल एजेंडे पर काम शुरू किया। इसके लिए भी उस पर चरम केन्द्रीकरण और तमाम संवैधानिक संस्थाओं पर काबिज़ होने का आरोप लगता रहा है। यही नहीं, मोदी अपने को बेहतर बताने के लिए बाक़ी सबको भ्रष्ट साबित करने पर ज़बरदस्त ज़ोर दे रहे हैं, बल्कि झारखण्ड के मुख्यमन्त्री गिरफ्तार हो चुके हैं, वहीं

दिल्ली के मुख्यमन्त्री अरविन्द केजरीवाल और बिहार में लालू यादव-तेजस्वी यादव पर गिरफ्तारी की तलवार लटकी हुई है। परिवारवाद पर हमला करते हैं। शायद विपक्षी नेताओं पर ईडी-सीबीआई के छापे का रहस्य भी यही है। यही वजह है कि विपक्षी पार्टियाँ यह बताने की कोशिश कर रही हैं कि मोदी सरकार की सारी कार्रवाई अपना एकाधिकार क़ायम करने और राज्य-व्यवस्था का मूल चरित्र बदलने की है। बीजेपी के घटक दल और सरकार से हमदर्दी रखने वाली बाहरी पार्टियों को छोड़ दें तो तमाम विपक्षी पार्टियाँ एक सुर में यही बता रही हैं। संविधान बदलने, इतिहास बदलने, संवैधानिक संस्थाओं को नष्ट करना, लोकतन्त्र का गला घोंटना, कुछेक पूँजीपतियों को शह देकर याराना पूँजीवाद को बढ़ावा देने, सार्वजनिक सम्पत्तियों और उपक्रमों का निजीकरण, सीमा पर चीन की घुसपैठ से आँख मूँद लेने, धर्म-जाति के नाम पर कटुता फैलाने, संघवाद पर चोट, ये ऐसे मुद्दे हैं जो यही साबित करने की कोशिश करते हैं कि मौजूदा सत्ता देश की राज्य-सत्ता को कमज़ोर कर रही है और लोकतान्त्रिक व्यवस्था पर चोट कर रही है। चाहे मणिपुर में हिंसा की बात हो, महिला पहलवानों के यौन उत्पीड़न का मामला हो या किसान आन्दोलन, सरकार विपक्ष के निशाने पर रही है। लेकिन सत्तापक्ष के मुताबिक़, एनडीए के शासन काल में जितना काम हुआ उतना काम पहले नहीं हुआ, मोदी ने देश से लेकर विदेश तक भारत का नाम रोशन किया, इकोनॉमी को दुनिया में पाँचवें नम्बर पर पहुँचाया, पहले की तुलना में कम दंगे हुए, जनकल्याणकारी योजनाओं और विकास को घर-घर पहुँचा दिया है। बीजेपी यह भी दावा करती है कि भ्रष्ट नेताओं ने देश को खोखला किया है। देश और समाज के विकास की जगह अपने परिवार का विकास किया है। मोदी ने राट्रपति के अभिभाषण के धन्यवाद प्रस्ताव पर जवाब देते हुए कहा कि कांग्रेस की दुकान पर ताला लगने की नौबत आ गई है। उन्होंने कहा कि "एक परिवार की कई पीढ़ियों के सदस्य अगर योग्यता से राजनीति में आते हैं तो वह उसे परिवारवाद नहीं मानते बल्कि एक ही परिवार की ओर से पार्टी चलाने को गलत मानते हैं। कांग्रेस को एक परिवार के आगे कुछ नहीं दिखाई देता और इससे उसने खुद का, विपक्ष का, देश का और संसद का बड़ा नुकसान कर दिया है। पीएम मोदी ने कहा कि एक ही प्रोडक्ट को बार-बार लॉन्च करने के चक्कर में कांग्रेस की दुकान में ताला लगने की नौबत आ गई"। जबकि उनकी सरकार की पहली प्राथमिकता देश का विकास और दुनिया के पटल पर देश का नाम रोशन करना है। बीजेपी ने अब नारा दिया है '2047 तक विकसित भारत।'

दुनिया की तीसरी बड़ी अर्थव्यवस्था बनाना और पाँच ट्रिलियन डॉलर इकोनॉमी के लक्ष्य को हासिल करने की भी बातें हैं, जबकि पिछले साल ही देश ने चार ट्रिलियन डॉलर इकोनॉमी का लक्ष्य पूरा कर लिया है वहीं जीडीपी दर चालू वित्त वर्ष की जुलाई-सितम्बर तिमाही में 7.6 फीसदी रही है इसके साथ ही भारत दुनिया की प्रमुख अर्थव्यवस्थाओं में सबसे तेज़ दर से बढ़ोतरी हासिल करने वाला देश बना हुआ है। सरकार ये दावा कर रही है कि मोदी के कार्यकाल में देश में ग़रीबी काफी घटी है, पाँच साल में 13 करोड़ से ज़्यादा लोग ग़रीबी से बाहर आये हैं, देश में प्रति व्यक्ति आय ब्ढ़ी है वहीं शेयर बाजार में भी बहार है और जनकल्याणकारी योजनाओं का पिटारा तो है ही। यही नहीं, चंद्रयान की सफलता और देश की अध्यक्षता में जी 20 की बैठक की वाहवाही भी सरकार अपने माथे डाल रही है। ये सरकार की उपलब्धि है और साथ ही साथ विपक्ष को पस्त करने के लिए बीजेपी के पास कई हथियार हैं, एक तो 22 जनवरी 2024 को अयोध्या में राम मन्दिर की भव्य प्राण प्रतिष्ठा करके हिन्दुओं में जोश भरने की कोशिश की है, राम मन्दिर की प्राण प्रतिष्ठा में विपक्षी नेताओं को भी आमंत्रित किया गया था लेकिन विपक्षी पार्टियों ने एक तरफ़ से बहिष्कार किया। विपक्षी नेताओं ने आरोप लगाएँ हैं कि बीजेपी राम के नाम पर भी राजनीति कर रही है। वहीं वाराणसी में विवादित ज्ञानवापी मस्जिद पर एएसआई रिपोर्ट में ये बात साबित हुई है कि मन्दिर तोड़कर मस्जिद बनाई गई थी और तो और कोर्ट ने ज्ञानवापी मस्जिद के व्यास तहखाने में हिन्दू पक्ष को पूजा करने का अधिकार दे दिया है। अब बीजेपी फिर से नागरिकता संशोधन अधिनियम (सीएए) जल्द लागू करने की बात की है और उत्तराखण्ड देश का पहला राज्य बन गया है, जहाँ यूनिफॉर्म सिविल कोड बिल (समान नागरिक संहिता बिल) कानून बन गया है। बीजेपी ने इस बार 50 फीसदी वोट का लक्ष्य रखा है और चुनाव के पहले जन संकल्प यात्रा और विकसित यात्रा शुरू की है, जिसका मकसद है मोदी के कामों और विकास की बातों को जन-जन तक पहुँचाना है। चुनाव को देखते हुए सरकार आगे और बड़े फैसले ले सकती है। मोदी ने लोकसभा में ये भी ऐलान कर दिया है कि देश बीजेपी को इस बार 370 सीटें अवश्य देगा और एनडीए का आँकड़ा 400 के पार रहेगा और बार-बार दोहराते हैं सबका साथ सबका विकास ये नारा नहीं है, बल्कि मोदी की गारंटी है।

कांग्रेस लगातार मोदी सरकार को घेर रही है। कांग्रेस नेता राहुल गांधी सबसे तीखे अन्दाज़ में आरोप और मुद्दे उठाते हैं क्योंकि केन्द्र की सत्ता की आज भी

सबसे बड़ी दावेदारी कांग्रेस के पास है। उसकी मौजूदगी आज भी पूरे देश में है। एक वक़्त ज़रूर समाजवादी पक्ष के जनता दल और वामपन्थी पार्टियों की मौजूदगी पूरे देश में हुआ करती थी तो उनकी अगुआई में भी केन्द्र में जनता पार्टी या संयुक्त मोर्चे की सरकारें बनी थीं, लेकिन अब जनता दल अनेक टुकड़ों में बँटा और वामपन्थी दल सिकुड़कर सिर्फ़ केरल में ही प्रभावी रह गये हैं। इसीलिए इंडिया गठबन्धन में कांग्रेस का वर्चस्व दिख रहा है। लेकिन मोदी का भय दिखाकर गठबन्धन की पार्टियाँ कांग्रेस को घुटने पर लाने की कोशिश कर रही है और दवाब दे रही है कि सहयोगी पार्टियों की खातिर कांग्रेस त्याग करे, इसी वजह से सीटों का बँटवारा फँसा हुआ है। इंडिया बनाम एनडीए का गणित बेशक 2024 लोकसभा का चुनाव रोचक होने वाला है। इंडिया गठबन्धन के साथ करीब 26 पार्टियाँ हैं जबकि एनडीए गठबन्धन में 39 पार्टियाँ हैं। 2019 लोकसभा चुनाव में एनडीए गठबन्धन को 352 सीट और 44.83 फ़ीसदी वोट मिले जबकि यूपीए गठबन्धन को 94 सीट और 26.82 फ़ीसदी वोट मिले। ज़ाहिर है, एनडीए और यूपीए में भारी फ़ासला है। फ़ासला क़रीब 258 सीट और 18 फ़ीसदी वोट का है। 2019 के लोकसभा नतीजे से साफ़ हो गया कि यूपीए 2024 में एनडीए के सामने नहीं टिकने वाला है इसीलिए यूपीए ने सभी बीजेपी-विरोधी पार्टियों को एक साथ लाने की कोशिश की जो 2019 के लोकसभा चुनाव में यूपीए का हिस्सा नहीं थीं। 2019 में यूपीए गठबन्धन के साथ छोटी और बड़ी मिलाकर क़रीब 21 पार्टियाँ थीं जो अब इंडिया गठबन्धन में 26 पार्टियाँ हो गयी हैं। लेकिन पक्के तौर पर इतनी पार्टियाँ आखिरी जंग में खड़ी रहेगी या नहीं ये भी लाख टके का सवाल है। 2019 में एनडीए के साथ छोटी और बड़ी मिलाकर 19 पार्टियाँ थीं जो अब 39 पार्टियाँ हो गयी हैं। हालाँकि 39 में ऐसी कई पार्टियाँ हैं, जो 2019 में चुनाव भी नहीं लड़ी थीं। इसके बरअक्स इंडिया गठबन्धन में बड़ी-बड़ी पार्टियाँ हैं लेकिन इन सारी पार्टियों की 2019 में सीटों और वोट हिस्सेदारी को मिला भी दें तब भी बीजेपी भारी दिखती है। लेकिन, हर चुनाव में अलग-अलग मुद्दे और लोगों का अलग-अलग रुझान दिखता है। इंडिया गठबन्धन में कांग्रेस, आम आदमी पार्टी, सीपीआई, सीपीआई-एम, आरजेडी, जेएमएम, एनसीपी (शरद पवार), शिवसेना (उद्धव ठाकरे), समाजवादी पार्टी, डीएमके, नेशनल कॉन्फ्रेंस, पीडीपी, आरएलडी, एमडीएमके, केडीएमके, वीसीके, आरएसपी, सीपीआई-माले, फॉरवर्ड ब्लॉक, आईयूएमएल, केरल कांग्रेस (जोसेफ), केरल कांग्रेस (मणि), अपना दल (कामेरावादी), शेतकारी संगठन, पीजेंट्स एंड वर्कर्स पार्टी ऑफ़ इंडिया (पीडब्ल्यूपी) और मणिथानेया मक्कल

काच्चि (एमएमके) शामिल हैं। इंडिया गठबन्धन में नयी पार्टियाँ लेफ्ट पार्टियाँ, समाजवादी पार्टी, शिवसेना, पीडीपी, नेशनल कॉन्फ्रेंस इत्यादि जुड़ी हैं, जो कांग्रेस की अगुआई वाले यूपीए का हिस्सा नहीं थीं। दिलचस्प यह है कि 2019 के चुनाव में उद्धव ठाकरे की शिवसेना एनडीए का हिस्सा थीं, अब इंडिया गठबन्धन का हिस्सा हैं। लिहाज़ा, सारे समीकरण उलट-पुलट गये हैं। यह उलट-पुलट इतना ही नहीं है। मसलन, महाराष्ट्र में शिवसेना टूट गयी है और उसका एक हिस्सा टूटकर एनडीए में शामिल हो गया है। इसके अलावा, यूपीए का हिस्सा रही राष्ट्रवादी कांग्रेस पार्टी (एनसीपी) नेता शरद पवार के भतीजे अजीत पवार विद्रोह करके एनडीए में जा मिले। इंडिया गठबन्धन के बरअक्स एनडीए गठबन्धन में 39 पार्टी हैं। ये हैं बीजेपी, जेडीयू, शिवसेना (शिंदे गुट), राष्ट्रवादी कांग्रेस पार्टी (अजित पवार गुट), राष्ट्रीय लोक जनशक्ति पार्टी (पशुपति कुमार पारस), लोक जन शक्ति पार्टी (रामविलास पासवान), जेडीएस, अपना दल (सोनेलाल), नेशनल पीपुल्स पार्टी, नेशनलिस्ट डेमोक्रेटिक प्रोग्रेसिव पार्टी, ऑल झारखण्ड स्टूडेंट्स यूनियन, सिक्किम क्रान्तिकारी मोर्चा, मिजो नेशनल फ्रंट, इंडिजिनस पीपुल्स फ्रंट ऑफ़ त्रिपुरा, नगा पीपुल्स फ्रंट, रिपब्लिकन पार्टी ऑफ़ इंडिया (अठावले), असम गण परिषद, पीएमके, तमिल मनीला कांग्रेस, यूनाइटेड पीपुल्स पार्टी लिबरल, सुहेलदेव भारतीय समाज पार्टी, शिरोमणि अकाली दल (संयुक्त), महाराष्ट्रवादी गोमांतक पार्टी, जननायक जनता पार्टी, प्रहार जनशक्ति पार्टी, राष्ट्रीय समाज पक्ष, जन सुराज्य शक्ति पार्टी, यूनाइटेड डेमोक्रेटिक पार्टी (मेघालय), हिल स्टेट पीपुल्स डेमोक्रेटिक पार्टी, निषाद पार्टी, अखिल भारतीय एनआर कांग्रेस, हिन्दुस्तानी अवाम मोर्चा, जन सेना पार्टी, हरियाणा लोकहित पार्टी, भारत धर्म जन सेना, केरल कामराज कांग्रेस, पुथिया तमिलगम, गोरखा नेशनल लिबरेशन फ्रंट।

सवाल है कि ऐसी कवायदें क्यों की जा रही हैं। दरअसल, कांग्रेस समेत विपक्ष को मालूम है कि जो मौजूदा स्थिति है, उसमें मोदी को टक्कर देना आसान नहीं है। एक ही रास्ता है मजबूत गठबन्धन का सहारा। यह स्थापित सिद्धान्त जैसा बन गया है कि जिसका जितना बड़ा और असरदार गठबन्धन, उसकी जीत उतनी पक्की। यही वजह है कि विपक्ष अपने गठबन्धन की छतरी को बड़ा करने की कोशिश कर रहा है। विपक्ष के एक साथ लड़ने से इंडिया गठबन्धन का फायदा हो सकता है क्योंकि पिछले दो संसदीय चुनावों में विपक्षी वोट बँटने से एनडीए को फायदा हुआ था। एनडीए के खिलाफ इंडिया गठबन्धन हरेक सीट पर एक उम्मीदवार उतारकर सीधी टक्कर देता है तो कड़ी टक्कर हो सकती है। नतीजे किसके पक्ष में जाएँगे, कहना

मुश्किल है क्योंकि राजनीति में एक जोड़ एक सिर्फ़ दो नहीं, कई बार 11 तो कभी शून्य और कभी एक ही रह जाता है। गौरतलब यह भी है कि एनडीए सरकार की ओर रुझान या अपनी राह चलने वाली पार्टियाँ फिलहाल वाईएसआरसीपी, बीजेडी, टीडीपी, अकाली दल, एआईएडीएमके और बीएसपी हैं।

## एक ख़िलाफ़ एक उम्मीदवार के फ़ॉर्मूले का कैसा असर

नरेन्द्र मोदी को घेरने के लिए बीजेपी के दोस्त से दुश्मन बने नीतीश कुमार की कोशिश के बाद 28 पार्टियों का इंडिया गठबन्धन खड़ा हो गया था। लेकिन नीतीश के एनडीए में चले जाने से और ममता के अकेले लड़ने के ऐलान से इंडिया गठबन्धन में मायूसी छा गई है। विपक्ष ने बीजेपी के एक के ख़िलाफ़ एक उम्मीदवार का फॉर्मूला तैयार किया। लोकसभा की 543 सीटों में से क़रीब 440 सीटों पर विपक्ष की योजना मोदी और एनडीए के ख़िलाफ़ अपना एक उम्मीदवार उतारने की है। सवाल है कि क्या यह फ़ॉर्मूला कारगर होगा? क्या इससे बीजेपी और एनडीए को हराना मुमकिन है? इन्हीं सवालों के जवाब यहाँ तलाशने की कोशिश की गयी है। दरअसल, आज बीजेपी के ख़िलाफ़ कांग्रेस ही ऐसी पार्टी है, जिसका पूरे देश में कमोबेश असर है। क्षेत्रीय पार्टियों का दायरा मोटे तौर पर ख़ास राज्यों तक सीमित है। चुनावी नज़रिये से देश में चार तरह की राजनीतिक परिस्थितियाँ हैं। एक, क़रीब 160 संसदीय सीटों पर बीजेपी और कांग्रेस के बीच सीधी टक्कर है। दूसरी, कुछ सीटों पर बीजेपी के मुक़ाबले क्षेत्रीय पार्टियाँ और कांग्रेस है। तीसरी, कई राज्यों में कांग्रेस का मुक़ाबला दूसरी पार्टियों से है। चौथी, क्षेत्रीय पार्टियों के बीच मुक़ाबला है, जहाँ न कांग्रेस का ख़ास असर है, न बीजेपी का। आख़िरकार सीटों की गुत्थी क्या है, इसे समझने की कोशिश करते हैं। कांग्रेस और बीजेपी की सीधी टक्कर वाली 160 सीटें हैं। इन सीटों पर क्षेत्रीय दलों की कोई ख़ास भूमिका नहीं है। इन्हीं सीटों पर बीजेपी को शानदार कामयाबी मिली थी। उसे 2019 में इन 160 सीटों में से 56.84 फ़ीसदी वोट हासिल करके 147 सीटें मिली थीं। कांग्रेस को 35.30 फ़ीसदी वोट के साथ महज़ 10 सीटें मिली थीं। यह कहा जा सकता है कि कांग्रेस है, वहाँ बीजेपी ज़्यादा मज़बूत है। ये राज्य हैं—मध्य प्रदेश, कर्नाटक, गुजरात, राजस्थान, असम, छत्तीसगढ़, हरियाणा, उत्तराखण्ड, हिमाचल प्रदेश, गोवा, अरुणाचल प्रदेश, चंडीगढ़, अंडमान निकोबार, दादर नगर हवेली और दमन-दीव।

दूसरे, जहाँ क्षेत्रीय दल प्रभावी हैं और बीजेपी व कांग्रेस की मौजूदगी है। इन राज्यों में भी एनडीए गठबन्धन का बोलबाला रहा है। इन राज्यों में 279 सीटें हैं। ये राज्य हैं—उत्तर प्रदेश, महाराष्ट्र, पश्चिम बंगाल, बिहार, झारखण्ड, ओड़िशा, दिल्ली, जम्मू-कश्मीर, तेलंगाना, त्रिपुरा, इत्यादि। 2019 में इन 279 सीटों में एनडीए को 46.59 फ़ीसदी वोट और 199 सीटें मिली थीं। यूपीए को 18.75 वोट और सिर्फ़ 16 सीट ही मिलीं जबकि अन्य को 64 सीटें मिली थीं। ये वही इलाक़े हैं, जहाँ विपक्ष एकजुट रणनीति के तहत अपनी सीटें बढ़ा सकता है, ख़ासकर उत्तर प्रदेश, पश्चिम बंगाल में लेकिन बंगाल में ममता एकला चलो की नीति पर चल रही है और चुनाव के बाद ही तय होगा कि ममता का क्या रुख है। बिहार, महाराष्ट्र और झारखण्ड में पहले से ही कांग्रेस गठबन्धन में है लेकिन उद्धव ठाकरे के जुड़ने से और मज़बूती मिल सकती है, हालाँकि महाराष्ट्र का खेल बदल गया है। तीसरे इलाक़े वे हैं, जहाँ एनडीए मज़बूत नहीं बल्कि कांग्रेस मज़बूत है। इस इलाक़े में कांग्रेस की टक्कर बीजेपी से नहीं बल्कि अन्य पार्टियों से होती है। ये राज्य हैं केरल, पंजाब, लक्षद्वीप, मेघालय, मिजोरम, नगालैंड, पुदुच्चेरी और सिक्किम। 40 सीटों वाले इस इलाक़े में 29 सीटों पर कांग्रेस यानी यूपीए की जीत हुई थी और बीजेपी या एनडीए को सिर्फ़ 5 सीटें मिली थीं। चौथा इलाक़ा वो है, जहाँ न तो कांग्रेस का वर्चस्व है न यूपीए का, बल्कि क्षेत्रीय पार्टियों पर कांग्रेस निर्भर है। ये राज्य हैं आन्ध्र प्रदेश और तमिलनाडु। इसकी 64 सीटों में से यूपीए गठबन्धन को 38 सीटें मिली थीं। तमिलनाडु में एनडीए को महज़ एक सीट मिली थी। आन्ध्र प्रदेश में तो सिर्फ़ जगनमोहन रेड्डी का ही सिक्का चला था।

इंडिया गठबन्धन को ये भी बताना चाहिए कि उसके पास मोदी के विज़न से बड़ा क्या है? क्या करने वाले हैं जो मोदी के कामों पर भारी पड़े? सवाल वोटरों के भरोसे का भी है। मसलन, 2019 में कांग्रेस की 'न्याय योजना' कई विशेषज्ञों के मुताबिक़ बेहतर थी लेकिन वोटरों का ध्यान नहीं खींच सकी। उसके बरअक्स 2024 के लिए एनडीए गठबन्धन क्या नया सपना दिखा रहा है। ये भी ग़ौरतलब है कि 2019 के चुनाव में बीजेपी अपने असर वाले राज्यों में प्रदर्शन का चरम बिन्दु छू चुकी है, तो इन इलाक़ों में बीजेपी के सामने सीटें बढ़ाने की गुंजाइश नहीं है, हालाँकि उत्तर प्रदेश, पश्चिम बंगाल और उड़ीसा में सीट बढ़ाने की कोशिश हो सकती है। अलबत्ता, बीजेपी तमिलनाडु, आन्ध्र प्रदेश और तेलंगाना जैसे राज्यों में ही

सीटें बढ़ा सकती है, जिसकी कल्पना आसान नहीं लगती। तमिलनाडु के विधानसभा और लोकसभा में डीएमके गठबन्धन का शानदार प्रदर्शन रहा है। यूँ तो तमिलनाडु में हर पाँच साल में चुनावी समीकरण बदल जाता रहा है लेकिन फ़िलहाल ये गुंजाइश नहीं दिखती है क्योंकि एआईएडीएमके बीजेपी से गठबन्धन तोड़ चुकी है आन्ध्र प्रदेश में बीजेपी चन्द्रबाबू नायडू या जगनमोहन रेड्डी से गठबन्धन करने के मूड में दिख रही है। हालाँकि पार्टी आन्ध्र प्रदेश के पवन कल्याण की अगुआई वाली जनसेना पार्टी से गठबन्धन कर चुकी है। तेलंगाना में बीजेपी अपने दम पर लड़ रही है। पिछली बार उसे चार सीटें मिली थीं, लेकिन इस बार क्या बीजेपी अपनी सीटें बढ़ा पायेगी? हालाँकि विधानसभा चुनाव में बीआरएस की हार के बाद ये सम्भव है कि बीजेपी वहाँ गठबन्धन कर सकती है? इंडिया गठबन्धन का अपना गणित है, जहाँ कांग्रेस और बीजेपी की सीधी टक्कर है वहाँ किसी दूसरी पार्टी का अस्तित्व नहीं है। इंडिया गठबन्धन में पिछले चुनाव की तुलना में नयी पार्टियाँ, शिवसेना, आम आदमी पार्टी, तृणमूल कांग्रेस और वामपन्थी पार्टियाँ जुड़ी हैं। विपक्ष की रणनीति बीजेपी की सीटें घटाना है। अगर इस रणनीति में इंडिया गठबन्धन सफल होता है तो बीजेपी मुश्किल में आ सकती है। लेकिन क्या विपक्ष इस खेल में सफल हो पायेगा? सवाल यह भी है कि चुनाव के पहले राजनीतिक समीकरण और घटनाक्रम क्या मोड़ लेते हैं जो कि अहम माने जाते हैं। मसलन, 2019 के चुनाव के पहले पाकिस्तान के बालाकोट में भारत ने सर्जिकल स्ट्राइक की थी और कुछ आकलन रहा है कि वह मोदी के हक़ में चुनावी लाभ की वजह बना। लेकिन इसका गणित भी अजूबा है। सीमा से सटे जम्मू-कश्मीर और पंजाब में बीजेपी को उतना फ़ायदा नहीं हुआ बल्कि पुलवामा, जो अनन्तनाग लोकसभा सीट का हिस्सा है वहाँ बीजेपी नहीं जीती, लेकिन सीमा से सैकड़ों किलोमीटर दूर ओड़िशा और पश्चिम बंगाल में उम्मीद से ज़्यादा फ़ायदा हुआ। फिर, दक्षिण के राज्यों में कर्नाटक छोड़कर कहीं फ़ायदा नहीं हुआ, वहीं उत्तर प्रदेश में पिछले साल की तुलना में बीजेपी को नुक़सान ही हुआ है। वैसे चुनाव के पहले सरकार के ख़िलाफ़ माहौल बनने में देर भी नहीं लगती। अटल बिहारी वाजपेयी की सरकार इंडिया शाइनिंग का नारा बुलन्द करके भी हार गयी और इसका पता भी उसे नतीजे आने के बाद चला। हालाँकि मोदी और वाजपेयी में फ़र्क़ है, मोदी की रणनीति अचूक होती है वो किसी भी हाल में हार को गले नहीं लगाना चाहते हैं लेकिन इन्सान से बलवान समय होता है। मोदी चुनाव आते-आते तरह-तरह के फैसले ले रहे हैं मसलन मुफ़्त राशन को अगले 5 साल

तक बढ़ा दिया, महिला आरक्षण लागू किया है, पाँच ट्रिलियन इकॉनॉमी का लक्ष्य है जबकि बीजेपी के हिन्दुत्ववादी एजेंडे राम मन्दिर की प्राण प्रतिष्ठा, यूनिफॉर्म सिविल कोड़ और सीएए लागू करने के मुद्दे पहले से ही रहे हैं और पार्टी एक-एक करके सारे एजेंडे को पूरा करती दिख रही है।

**2019 लोकसभा चुनाव के चार मापदंड**

| | बीजेपी बनाम कांग्रेस | | बीजेपी बनाम कांग्रेस+अन्य | | कांग्रेस बनाम अन्य | | अन्य बनाम अन्य | | कुल | |
|---|---|---|---|---|---|---|---|---|---|---|
| | सीट | (%) | सीट | (%) | सीट | (%) | सीट | (%) | सीट | (%) |
| एनडीए | 147 | 56.84 | 199 | 46.59 | 5 | 24.02 | 1 | 18.15 | 352 | 44.87 |
| यूपीए | 10 | 35.3 | 16 | 18.75 | 29 | 44.44 | 38 | 30.93 | 93 | 26.93 |
| अन्य | 3 | 7.86 | 64 | 34.65 | 6 | 31.54 | 25 | 50.93 | 98 | 28.2 |
| **कुल** | **160** | | **279** | **100** | **40** | **100** | **64** | **100** | **543** | **100** |

## क्या हार-जीत के लिए सिर्फ़ बड़े मुद्दे चाहिए?

ये भी सवाल बड़ा है कि 26 पार्टियों के इंडिया गठबन्धन से ये आभास देने की कोशिश है कि यह 1977 और 1989 जैसा अभियान है, लेकिन 1977 की तरह जयप्रकाश नारायण जैसे कद का कोई शख़्सियत नहीं है, न ही 1989 की तरह विश्वनाथ प्रताप सिंह जैसा कोई चेहरा है। कहा जाता है कि किसी भी सरकार का तख़्तापलट करने के लिए तीन बातों में एक मज़बूत होना चाहिए। बड़ा चेहरा हो, बड़े मुद्दे हों या मज़बूत गठबन्धन हो। फ़िलहाल विपक्ष के पास कोई सर्वमान्य चेहरा नहीं दिखता है। मुद्दे को लेकर विपक्ष में मोटी सहमति तो है, लेकिन उसके ब्यौरे और प्राथमिकताएँ तय नहीं हो पायी हैं। मसलन, जाति जनगणना कराना, पुरानी पेंशन को लागू करना, महँगाई, बेरोज़गारी, याराना पूँजीवाद, ईडी-सीबीआई जैसी केन्द्रीय एजेंसियों का दुरुपयोग, नोटबन्दी तथा जीएसटी से छोटे कारोबार की तबाही, संवैधानिक संस्थाओं पर क़ब्ज़ा जैसे मुद्दे उठा रहा है। लेकिन सवाल है कि महँगाई, बेरोज़गारी के अलावा बाक़ी मुद्दों पर देश के लोगों का कितना समर्थन है, यह स्पष्ट नहीं है। हाँ, विपक्ष ने गठबन्धन बनाया है। वैसे, राजनीति का खेल निराला है, क्योंकि हर चुनाव में दो-तीन बड़े मुद्दे होते हैं जो सरकार के पक्ष में भी हो सकते हैं और विरोध में भी। अगर गठबन्धन के साथ-साथ ठोस मुद्दे हों तो विपक्षी एकता में सोने में सुहागा हो जाता है। हालाँकि यह ज़रूरी नहीं है कि हर

चुनाव में मुद्दों के आधार पर हार और जीत तय होती है, कभी-कभी चेहरे, कभी मुद्दे और कभी-कभी गठबन्धन भी काम करता है या कभी तीनों का समागम भी हो जाता है। 2014 में मनमोहन सिंह के ख़िलाफ़ अगर अन्ना आन्दोलन और मोदी नहीं होते तो क्या मनमोहन सिंह हारते? अगर मोदी की जगह आडवाणी होते तो क्या ऐसे नतीजे होते? आपातकाल लगाने के बाद भी अगर विपक्षी एकता नहीं होती और साथ में जयप्रकाश नारायण का नेतृत्व नहीं होता क्या इन्दिरा गांधी हारतीं? फिर 1980 में देश में इन्दिरा गांधी की फिर वापसी कैसे हो गयी? 1989 में सिर्फ़ बोफोर्स का मुद्दा होता और गठबन्धन नहीं होता तो क्या कांग्रेस हारती? 2004 में गुजरात दंगे और मज़बूत गठबन्धन के बावजूद कांग्रेस सिर्फ़ नाम मात्र से जीती, बहुमत से बहुत दूर और कांग्रेस और बीजेपी में सिर्फ़ 7 सीट का फ़ासला था। यह ज़रूरी नहीं है कि सिर्फ़ मुद्दे मज़बूत हों तो सरकार हार जायेगी क्योंकि इस पर कई चीज़ निर्भर करती हैं। मसलन, मज़बूत गठबन्धन, असरदार मुद्दे और निर्णायक नेतृत्व की दरकार होती है। विपक्षी गठबन्धन अगर इन सभी मामलों में बाज़ी मार लेता है, तभी शायद मोदी को हराया जा सकता है। दरअसल मोदी इन सब मामलों में अभी भारी दिख रहे हैं, क्योंकि इंडिया गठबन्धन की सबसे दो बड़ी पार्टी जेडीयू और तृणमूल कांग्रेस ने रिश्ता तोड़ लिया है, भले ममता फिर से यू टर्न ले सकती है लेकिन नीतीश का लौटाना अब तो असम्भव सा ही हो गया है। इंडिया गठबन्धन का जातिकार्ड बड़ा हथियार है लेकिन जाति जनगणना के पुरोधा कहे जाने वाले नीतीश कुमार ने बिहार में जाति जनगणना लागू करने के बाद फिर से बीजपी से हाथ मिला लिया है। नरेन्द्र मोदी ने राष्ट्रपति द्रौपदी मुर्मू के अभिभाषण पर धन्यवाद प्रस्ताव का जवाब देते हुए कांग्रेस को आड़े हाथ लिया। पीएम मोदी ने कांग्रेस के जातिगणना वाले बयान पर खुद को सबसे बड़ा ओबीसी बताया। उन्होंने कहा कि "कांग्रेस को इतना बड़ा ओबीसी नहीं दिखता है क्या?" अब राहुल मोदी को जवाब देते हुए कहा है कि "आरक्षण पर 50 फीसदी की लिमिट है और हम उसे उखाड़ कर फेंक देंगे, ये कांग्रेस और इंडिया गठबन्धन की गारंटी है"। जाहिर है कि मध्यप्रदेश, राजस्थान और छत्तीसगढ़ में हार के बाद भी पार्टी इसमें और धार देना चाहती है जबकि कांग्रेस पहले सिर्फ़ जाति जनगणना कराने की बात करती थी लेकिन अब खुले तौर पर आरक्षण पर 50 फीसदी लिमिट हटाने की बात कर रही है। लेकिन अभी तो चुनावी पिटारा खुलना बाकी है, चुनाव की तारीख की घोषणा होने के बाद सत्ता पक्ष और विपक्ष चुनावी घोषणा पत्र जारी करेगा।

'इंडिया' गठबन्धन की बेंगलूरु की बैठक में देश में जातिगत जनगणना कराने की माँग उठी थी, लेकिन मुम्बई बैठक में इस पर मतभेद उभरे तो राजनीतिक प्रस्ताव से हटा दिया गया। तय किया गया कि इस पर समन्वय समिति सभी सहयोगी दलों से बातचीत करके रास्ता निकालेगी। हालाँकि बकौल मुख्यमन्त्री नीतीश कुमार, बिहार में जाति जनगणना का आँकड़ा भी जारी कर दिया है, एक कदम आगे बढ़ते हुए नौकरी और शैक्षणिक संस्थानों में 65 फीसदी आरक्षण देने का बिल भी विधानसभा से पास करवा लिया है, इसे चुनावी मुद्दा भी बनाया जा रहा है। बेशक, बिहार और उत्तर प्रदेश में इसका असर दिख सकता था–लेकिन बिहार में राजनीतिक समीकरण बदल गये जबकि उत्तर प्रदेश में इसकी परीक्षा होनी है। गौर करने की बात है कि कांग्रेस ने पाँच राज्यों–मध्य प्रदेश, राजस्थान, तेलंगाना, छत्तीसगढ़ और मिजोरम के विधानसभा चुनाव में ये भी ऐलान कर दिया था कि पार्टी अगर सत्ता में आती है तो जाति जनगणना कराएगी। कांग्रेस ही नहीं तमाम दल इसकी माँग कर रहे हैं, अब ये मुद्दा राष्ट्रीय होता जा रहा है लेकिन इसका क्या फायदा और नुकसान होगा, अभी कहना जल्दबाजी होगी हालाँकि मध्य प्रदेश, राजस्थान और छत्तीसगढ़ विधानसभा चुनाव में ये बेअसर रहा है लेकिन कांग्रेस हार के बाद भी इस मुद्दे को लोकसभा में भी आजमाना चाहती है। ग़ौरतलब है कि विपक्ष की रणनीति सामाजिक न्याय को मोदी सरकार और बीजेपी के ख़िलाफ़ आगामी लोकसभा चुनाव में मुख्य हथियार बनाने की है। जातिगत जनगणना की माँग दशकों पुरानी है। इसका मक़सद अलग-अलग जातियों की संख्या के आधार पर उन्हें सरकारी नौकरी में आरक्षण देना और ज़रूरतमन्दों तक सरकारी योजनाओं का लाभ पहुँचाना बताया जाता है। अब चुनाव के मौसम में जाति जनगणना पर ज़ोर का मक़सद ज़ाहिर है, राजनीति है। पहले नीतीश कुमार, तेजस्वी यादव, अखिलेश यादव और राहुल गांधी जाति जणगणना के मुद्दे को तूल दे रहे थे लेकिन अब तो इंडिया गठबन्धन का एजेंडा जाति जनगणना का बन गया है। ख़ासकर राहुल गांधी, तेजस्वी यादव और अखिलेश यादव की रणनीति है कि चुनाव को मण्डल और कमण्डल में तब्दील कर दिया जाये लेकिन इनकी सोच 1990 से निकल नहीं पायी है जबकि राजनीति आगे निकल चुकी है। मुलायम सिंह यादव, लालू प्रसाद यादव, शरद यादव और नीतीश कुमार मण्डल आन्दोलन के चेहरे बने थे लेकिन ख़ासकर मुलायम सिंह और लालू यादव की राजनीति सामाजिक न्याय से सिकुड़ कर परिवारवादी-जातिवादी राजनीति में सिमट गयी है, और ये भी दिलचस्प है कि शरद यादव की जन्मभूमि मध्य प्रदेश होने के

बाद भी कर्मभूमि बिहार ही बनाया। गौर करने की बात ये भी है मण्डल कमीशन लागू होने के बाद 1991 के लोकसभा चुनाव में बिहार में मौजूदा सीटों (40) में से बीजेपी एक भी सीट नहीं जीती थी हालाँकि उस समय नीतीश कुमार लालू यादव के साथ थे लेकिन अब वो बीजेपी के साथ हैं। खास बात ये है कि वी पी सिंह और मुलायम सिंह की जन्मभूमि और कर्मभूमि उत्तर प्रदेश में मौजूदा 80 सीट में से बीजेपी 46 सीट जीती थी, इससे भी ज्यादा दिलचस्प है कि मण्डल और कमण्डल की जंग में कांग्रेस 1991 के लोकसभा चुनाव में बाजी मार गई थी हालाँकि इस बार मामला अलग है। मण्डल वाली पार्टी कि कांग्रेस का सहारा मिल गया है, लेकिन मोदी ख़ुद ओबीसी नेता हैं और विपक्षी नेताओं की तुलना में उनकी पहुँच बड़ी है, न तो मोदी पर परिवारवाद और न ही जातिवाद के दाग़ चिपके हैं। ऐसे में सवाल है कि क्या जाति जनगणना के मुद्दे पर मण्डल की राजनीति दोबारा साँस ले पायेगी? गौर करने की बात ये भी है इंडिया गठबन्धन की सबसे बड़ी पार्टी कांग्रेस सिर्फ़ भाषणबाजी ही करती रही है लेकिन बीजेपी ने विपक्ष के मूड को भाँपते हुए जीत के बाद छत्तीसगढ़ में आदिवासी, मध्य प्रदेश में पिछड़ी जाति और राजस्थान में सवर्ण को मुख्यमन्त्री बनाकर जाति समीकरण को साधने की कोशिश की है। क्या इंडिया गठबन्धन मोदी की हिन्दुत्व की राजनीति को भेद पायेगा? क्योंकि इंडिया गठबन्धन जातिवादी राजनीति को धारदार बना रहा है तो वहीं बीजेपी हिन्दुत्व के मुद्दे को चट्टान की तरह मजबूत कर रही है। बिहार में नीतीश की एनडीए में वापसी और कर्पूरी ठाकुर को भारत रत्न देकर ओबीसी की राजनीति को बीजेपी अपने पक्ष में मोड़ने की कोशिश कर रही है।

विपक्षी एकता को देखते हुए बीजेपी भी सक्रिय हो गयी है जबकि 2019 में मोदी की शानदार जीत के बाद बीजेपी सहयोगी पार्टियों को तरजीह नहीं दे रही थी लेकिन अब एनडीए को सक्रिय कर रही है। समय बदला तो राजनीति की चाल भी बदल गयी है जबकि यही बीजेपी महाराष्ट्र विधानसभा में जीत के बाद मुख्यमन्त्री पद के लिए शिवेसना से आर-पार की लड़ाई शुरू कर दी थी। उसने ठान लिया था कि शिवसेना को मुख्यमन्त्री का पद नहीं देंगे। लेकिन वहीं बीजेपी शिवसेना के टूटे हुए गुट के मुखिया एकनाथ शिंदे को मुख्यमन्त्री बनाने को तैयार हो गयी। एनडीए सरकार का जब गठन हुआ था तब केन्द्र में शिवसेना को मन्त्री पद देने में आनाकानी की गयी है। 18 सांसद जीतने वाली शिवसेना को एक मन्त्री पद दिया गया। कहा जा रहा है कि महाराष्ट्र में उद्धव ठाकरे के बिना बीजेपी पुराना प्रदर्शन नहीं कर

पायेगी। इसीलिए महाराष्ट्र में अपनी शक्ति को बरकरार रखने के लिए शिवसेना और एनसीपी को तोड़ दिया।

## 2019 में गठबन्धन राजनीति-आधी हक़ीक़त, आधा फ़साना

1984 के बाद 2014 के पहले बड़े-बड़े गठबन्धन हुए लेकिन किसी एक पार्टी को पूर्ण बहुमत नहीं मिला। बोफोर्स के मुद्दे पर राजीव गांधी के ख़िलाफ़ सारी पार्टियाँ लामबन्द हो गयी थी फिर भी एक दल को बहुमत नहीं मिला, लेकिन 2014 लोकसभा चुनाव में मोदी के नेतृत्व में बीजेपी को पूर्ण बहुमत मिला हालाँकि ये गठबन्धन के बिना सम्भव नहीं था जबकि 2019 में और बड़ी जीत हुई। 2019 के चुनाव में यूपीए का गठबन्धन एनडीए से बड़ा था लेकिन जीत से काफ़ी दूर था। दरअसल 1989 से लेकर 2014 के पहले सत्ता पक्ष और विपक्ष में जीत और हार का फ़ासला ज़्यादा नहीं था, लेकिन 2014 से ये फ़ासला बढ़ गया इसीलिए अब बड़ी पार्टी की कोशिश होती है कि जितना बड़ा गठबन्धन उतना फ़ायदा होगा। भारतीय राजनीति के इतिहास में ये पहली बार हो रहा है कि सत्ता पक्ष और विपक्ष ने गठबन्धन की लम्बी फौज खड़ी की है, ऐसा कभी नहीं हुआ कि एक गठबन्धन में 39 पार्टी और दूसरे गठबन्धन में 26 पार्टियाँ। हक़ीक़त यह भी है कि सत्तापक्ष और मुख्य विपक्षी पार्टियों के बीच सीटों का फ़ासला क़रीब 6 गुना बढ़ गया है। ऐसा इसीलिए हुआ है कि पहले दो पार्टी का मिलन होता था तो उनके वोटरों का मिलन होता था लेकिन 2014 के बाद परिस्थिति बदल गयी। उत्तर प्रदेश में बाबरी मस्जिद विध्वंस के बाद बीजेपी की लोकप्रियता बढ़ी थी, लेकिन 1993 के विधानसभा चुनाव में बसपा और सपा गठबन्धन करके बीजेपी को पटकनी देने में कामयाब हुईं, लेकिन सपा-बसपा गठबन्धन 2019 के लोकसभा चुनाव में बीजेपी के सामने चारों खाने चित हो गया। बिहार में पहली बार हुआ कि लालू प्रसाद यादव की पार्टी आरजेडी लोकसभा में खाता तक नहीं खोल पायी, झारखण्ड में गठबन्धन फेल हो गया और महाराष्ट्र में भी यूपीए का सिक्का नहीं चला। 2019 लोकसभा चुनाव में एनडीए के कुनबे में 19 पार्टी थीं लेकिन यूपीए के गठबन्धन में छोटी-बड़ी 21 पार्टियाँ थीं। एनडीए गठबन्धन को 352 सीटें और क़रीब 45 फ़ीसदी वोट मिले थे, जिसमें बीजेपी का वोट पिछले चुनाव की तुलना में 31 फ़ीसदी से बढ़कर 37 फ़ीसदी हो गया था। यूपीए गठबन्धन को 94 सीटें मिली थीं और क़रीब 27 फ़ीसदी वोट मिले, जबकि कांग्रेस 19.44 फ़ीसदी वोट के साथ 52 सीटें जीती। कांग्रेस ने उत्तर प्रदेश में मुलायम सिंह यादव की सीट मैनपुरी, अखिलेश यादव की

सीट आज़मगढ़, कन्नौज से डिंपल यादव और बागपत की सीट जयन्त चौधरी व मुज़फ़्फ़रनगर से अजित सिंह के ख़िलाफ़ उम्मीदवार नहीं उतारा था जबकि पश्चिम बंगाल की सीट जाधवपुर और बांकुड़ा में कांग्रेस ने कोई भी उम्मीदवार नहीं दिया। ग़ौर करने की बात है कि केन्द्र में कई बार कांग्रेस की सत्ता बेदख़ल हुई है लेकिन फिर खड़ी हुई और वापसी भी हुई लेकिन मोदी के आने के वाद वापसी तो नहीं हुई और न ही खड़ी हो पायी बल्कि बेहद कमज़ोर हुई, दो अंक में पहुँच गयी है। मोदी के आने से क्षेत्रीय पार्टियों से ज़्यादा नुक़सान कांग्रेस को हुआ है। इसकी वजह हो सकती है कि 1984 के बाद नेहरू और गांधी परिवार से कोई प्रधानमन्त्री नहीं बना जबकि कांग्रेस को तीन बार ऐसे मौक़े आये जहाँ गांधी परिवार से प्रधानमन्त्री आसानी से बन सकता था, लेकिन इसका कतई मतलब नहीं है कि हर बार इतिहास दोहराता है बल्कि चुनाव और परिस्थिति नया इतिहास भी लिखता है।

| एनडीए 2019 | | | | यूपीए 2019 | | | |
|---|---|---|---|---|---|---|---|
| पार्टी | लड़ी | जीती | (%) | पार्टी | लड़ी | जीती | (%) |
| बीजेपी | 436 | 303 | 37.27 | कांग्रेस | 425 | 52 | 19.44 |
| शिवसेना | 23 | 18 | 2.05 | डीएमके | 24 | 24 | 2.34 |
| जेडीयू | 17 | 16 | 1.45 | एनसीपी | 19 | 5 | 1.36 |
| एलजेपी | 6 | 6 | 0.52 | आईयूएमएल | 3 | 3 | 0.26 |
| अपना दल | 2 | 2 | 0.17 | सीपीआई | 3 | 2 | 0.17 |
| अकाली दल | 10 | 2 | 0.61 | सीपीएम | 3 | 2 | 0.17 |
| एडीएमके | 22 | 1 | 1.35 | जेडीएस | 7 | 1 | 0.55 |
| आजसू | 1 | 1 | 0.11 | जेएमएम | 5 | 1 | 0.28 |
| निर्दलीय | 1 | 1 | 0.11 | केरला कांग्रेस (एम) | 1 | 1 | 0.07 |
| एनडीपीपी | 1 | 1 | 0.08 | आरएसपी | 1 | 1 | 0.08 |
| आरएलटीपी | 1 | 1 | 0.11 | वीएसके | 1 | 1 | 0.08 |
| पीएमके | 7 | | 0.37 | निर्दलीय | 3 | 1 | 0.12 |
| डीएमडीके | 4 | | 0.15 | आरजेडी | 21 | 0 | 1.08 |
| बीडीजेएस | 4 | | 0.06 | बीएलएसपी | 5 | 0 | 0.24 |
| एजीपी | 3 | | 0.24 | हम | 3 | 0 | 0.16 |
| टीएमसी (मूपनार) | 1 | | 0.04 | वीआईपी | 3 | 0 | 0.02 |

| | | | | | | | |
|---|---|---|---|---|---|---|---|
| बीडोलैंड फ्रंट (बीपीएफ) | 1 | | 0.07 | जेवीएम | 2 | 0 | 0.12 |
| केरल कांग्रेस (थॉमस) | 1 | | 0.03 | एसडब्लूपी | 2 | 0 | 0.14 |
| एआईएनआरसी | 1 | | 0.04 | बीवीए | 1 | 0 | 0.08 |
| | | | | सीपीआई माले | 1 | 0 | 0.07 |
| | | | | जनाधिकार पार्टी | 3 | 0 | 0.01 |
| **कुल** | **542** | **352** | **44.83** | | **536** | **94** | **26.82** |

## 2014 में गठबन्धन का असर

2014 में बीजेपी ने छोटे और बड़े दलों को मिलाकर क़रीब 26 पार्टियों से गठबन्धन किया था। हालाँकि कुछ ऐसी भी पार्टियाँ थीं जो चुनाव नहीं लड़ीं लेकिन एनडीए का हिस्सा थीं। 2004 और 2009 के लोकसभा चुनावों की तुलना में कांग्रेस का गठबन्धन 2014 में कमज़ोर था। पश्चिम बंगाल में ममता बनर्जी के नेतृत्व वाली तृणमूल कांग्रेस, तमिलनाडु में एम. करुणानिधि समेत पीएमके और एमडीएमके, बिहार में रामविलास पासवान की नेतृत्व वाली लोक जनशक्ति पार्टी, तेलंगाना में चन्द्रशेखर राव की नेतृत्व वाली टीआरएस कांग्रेस का साथ छोड़ चुकी थी। आन्ध्र प्रदेश में जगनमोहन रेड्डी ने कांग्रेस को छोड़कर नयी पार्टी बनायी, जिसका ख़ामियाजा भी पार्टी को उठाना पड़ा। यह साफ़ देखने को मिला है कि कांग्रेस रूपी डूबते हुए जहाज़ पर कोई सवार होने को तैयार नहीं था। गठबन्धन की राजनीति भी अजीब है। केन्द्र में जिस पार्टी का पलड़ा भारी रहता है, उसी पार्टी से छोटी या क्षेत्रीय पार्टियाँ हाथ मिलाने को लालायित रहती हैं। इन पार्टियों को अहसास हो जाता है कि केन्द्र में किसकी सरकार बनने वाली है। कुछ मौक़ापरस्त पार्टियाँ ऐसी होती हैं जो सिर्फ़ ताक में रहती हैं कि किधर एक गठबन्धन से दूसरे गठबन्धन में कूदें ताकि केन्द्र और राज्य की राजनीति में अहमियत बनी रहे। केन्द्र की राजनीति में कांग्रेस और बीजेपी का वर्चस्व होने की वजह से गठबन्धन की राजनीति की धुरी बदलती रहती है। वैचारिक मतभेद और क्षेत्रीय आकांक्षाओं की वजह से क्षेत्रीय और छोटी पार्टियाँ कांग्रेस और बीजेपी के बीच पेंडुलम की तरह डोलती रहती हैं।

बीजेपी की चुनौती को देख कांग्रेस के ख़िलाफ़ खड़ी हुईं पार्टियों ने भी कांग्रेस से हाथ मिलाने में कोई गुरेज नहीं किया। ज़ाहिर है, ममता बनर्जी,

एम. करुणानिधि-स्टालिन, जयललिता, रामविलास पासवान, फारुक अब्दुला, अजित सिंह-जयन्त चौधरी, नीतीश कुमार, महबूबा मुफ्ती, उद्धव ठाकरे वग़ैरह को कांग्रेस और बीजेपी से हाथ मिलाने में कोई दिक़्क़त नहीं रही है। यह भी बात सही है कि 1984 के बाद चाहे कांग्रेस की सरकार बनी है या बीजेपी की या तीसरे मोर्चे की, जितनी ज़रूरतें इन क्षेत्रीय दलों की रही हैं उतनी ही चाहत कांग्रेस और बीजेपी की भी रही है। कांग्रेस और बीजेपी के ख़िलाफ़ आग उगलने वाली पार्टियों से भी ये बड़ी पार्टियाँ हाथ मिलाने में कोई परहेज नहीं करती हैं। यानी सत्ता के लिए हर समझौता मंजूर है, भले ही पार्टी की नीति और विचारधारा को तिलांजलि क्यों न देनी पड़े। बदलते दौर में देश में एक नया बदलाव आया है जहाँ विचारधारा से ज़्यादा अहम सत्ता हासिल करना हो गया है। ख़ैर, अगर एनडीए का इतना बड़ा गठबन्धन नहीं होता तो साफ़ है कि न तो बीजेपी को स्पष्ट बहुमत मिलता और न ही एनडीए को। इस जीत का श्रेय मोदी को अवश्य जाता है लेकिन एनडीए के गठबन्धन के बिना यह जीत सम्भव नहीं थी। मोदी ने माना भी, "एनडीए के साथियों के कारण ताक़त और बढ़ेगी। दूसरी बात है कि हमारे देश में परसेप्सन के आधार पर बहुत चीज़ें चलाई जाती हैं। हिन्दुस्तान के चुनावी इतिहास की ये सबसे बड़ी घटना है कि चुनाव के पहले 25 दलों के साथ गठबन्धन हुआ हो, ऐसा हिन्दुस्तान के चुनावी इतिहास में कभी नहीं हुआ।" (एबीपी न्यूज़, घोषणापत्र, 22 अप्रैल, 2014) गठबन्धन के अलावा बीजेपी के सामने यक्ष प्रश्न था कि वह उत्तर प्रदेश और बिहार में गठबन्धन के बिना कैसे जीतेगी। बीजेपी और मोदी टीम को मालूम था कि उत्तर प्रदेश और बिहार में मौजूदा पार्टी की शक्ति पर चुनाव नहीं लड़ा जा सकता है इसीलिए उत्तर प्रदेश में अपना दल और बिहार में लोक जनशक्ति पार्टी और राष्ट्रीय समता पार्टी से गठबन्धन किया। यही वजह थी कि उत्तर प्रदेश और बिहार में बीजेपी गठबन्धन को 120 सीटों में से 104 सीटों पर जीत मिली।

**2014 के लोकसभा चुनाव के नतीजे, किसको फ़ायदा और नुक़सान**

| पार्टी | लड़ी | जीती | वोट | फ़ायदा/ नुक़सान (सीट) | फ़ायदा/ नुक़सान (वोट) |
|---|---|---|---|---|---|
| यूपीए | **540** | **60** | **23.01** | -174 | **-9.77** |
| कांग्रेस | 464 | 44 | 19.31 | -162 | -9.24 |
| बोडोलैंड पीपुल्स फ्रंट | 2 | 0 | 0.06 | -1 | -0.1 |

| पार्टी | लड़ी | जीती | वोट | फ़ायदा/ नुक़सान (सीट) | फ़ायदा/ नुक़सान (वोट) |
|---|---|---|---|---|---|
| आरजेडी | 28 | 4 | 1.34 | 0 | 0.22 |
| एनसीपी | 22 | 6 | 1.48 | -3 | -0.3 |
| मुस्लिम लीग | 2 | 2 | 0.15 | 0 | -0.05 |
| आरएसपी (केरल) | 1 | 1 | 0.07 | 1 | 0.07 |
| सोशलिस्ट जनता (डोमोक्रेटिक) | 1 | 0 | 0.06 | 0 | 0.06 |
| आरएलडी | 8 | 0 | 0.12 | -5 | -0.31 |
| महान दल | 3 | 0 | 0 | 0 | -0.01 |
| नेशनल कॉन्फ्रेंस | 3 | 0 | 0.07 | -3 | -0.05 |
| जेएमएम | 4 | 2 | 0.22 | 0 | -0.04 |
| बहुजन विकास आघाडी | 1 | 0 | 0.05 | -1 | 0 |
| केरल कांग्रेस (एम) | 1 | 1 | 0.08 | 0 | -0.02 |
| **एनडीए** | **540** | **336** | **38.79** | **194** | **12.03** |
| बीजेपी | 428 | 282 | 31 | 166 | 12.19 |
| शिवसेना | 20 | 18 | 1.81 | 7 | 0.31 |
| टीडीपी | 30 | 16 | 2.55 | 10 | 0.03 |
| लोक जनशक्ति पार्टी | 7 | 6 | 0.41 | 6 | 0.03 |
| शिरोमणि अकाली दल | 10 | 4 | 0.66 | 0 | -0.3 |
| राष्ट्रीय लोक समता पार्टी | 3 | 3 | 0.19 | 3 | 0.19 |
| नगा पीपुल्स फ्रंट | 1 | 1 | 0.13 | 0 | -0.07 |
| स्वाभिमानी पक्ष | 2 | 1 | 0.2 | 0 | 0.08 |
| एनपीपी | 1 | 1 | 0.4 | | |
| अपना दल | 2 | 2 | 0.15 | 2 | 0.03 |
| ऑल इंडिया एन आर कांग्रेस | 1 | 1 | 0.05 | 1 | 0.05 |
| पीएमके | 8 | 1 | 0.33 | 1 | -0.09 |
| राष्ट्रीय समाज पक्ष | 1 | 0 | 0.08 | -1 | 0.03 |
| हरियाणा जनहित कांग्रेस | 2 | 0 | 0.13 | -1 | -0.07 |
| एमडीएमके | 7 | 0 | 0.26 | 0 | -0.01 |

| पार्टी | लड़ी | जीती | वोट | फ़ायदा/ नुक़सान (सीट) | फ़ायदा/ नुक़सान (वोट) |
|---|---|---|---|---|---|
| डीएमडीके | 14 | 0 | 0.38 | 0 | -0.36 |
| रिपब्लिकन पार्टी ऑफ़ इंडिया (ए) | 1 | 0 | 0.01 | 0 | -0.04 |
| रिवोल्यूशनरी सोशलिस्ट पार्टी ऑफ़ केरल (बी) | 1 | 0 | 0.01 | 0 | 0.01 |
| निर्दलीय (बीजेपी) | 2 | 0 | 0.04 | 0 | 0.02 |
| **लेफ्ट पार्टियाँ** | **210** | **12** | **4.83** | **-12** | **-2.7** |
| सीपीआई | 67 | 1 | 0.78 | -3 | -0.65 |
| सीपीआई(एम) | 93 | 9 | 3.25 | -7 | -2.08 |
| फॉरबर्ड ब्लॉक | 39 | 0 | 0.22 | -2 | -0.1 |
| आरएसपी | 5 | 0 | 0.23 | -2 | -0.15 |
| जेडी(एस) केरल | 1 | 0 | 0.05 | 0 | 0.05 |
| निर्दलीय (लेफ्ट) | 5 | 2 | 0.3 | 2 | 0.23 |
| बीएसपी | 503 | 0 | 4.14 | -21 | -2.02 |
| समाजवादी पार्टी | 197 | 5 | 3.37 | -18 | -0.05 |
| एआईडीएमके | 40 | 37 | 3.27 | 28 | 1.6 |
| तृणमूल कांग्रेस | 45 | 34 | 3.67 | 15 | 0.47 |
| बीजेडी | 21 | 20 | 1.71 | 6 | 0.12 |
| नोटा | 543 | 0 | 1.08 | 0 | 1.08 |
| अन्य | 6261 | 132 | 25.18 | 31 | 1.43 |
| | 8251 | 543 | 100 | | |

* तमिलनाडु में सीपीआई और सीपीएम यूपीए का हिस्सा थी

## 2004 में वाजपेयी की हार की कहानी

अटल बिहारी वाजपेयी का दृढ़ विश्वास था कि गुजरात दंगे की वजह से हारे। उन्होंने कहा था कि गुजरात दंगे की वजह से वे 2004 का लोकसभा चुनाव हारे जबकि इसी मुद्दे पर इसके पहले नरेन्द्र मोदी गुजरात में 2002 में चुनाव जीत चुके थे। 2003 के विधानसभा चुनाव में भी पार्टी मध्य प्रदेश, राजस्थान और छत्तीसगढ़ में चुनाव जीत चुकी थी तो फिर वाजपेयी को ऐसा क्यों लगा कि गुजरात दंगे से

उनकी हार हुई। दरअसल 2004 के लोकसभा चुनाव में हार की दूसरी वजहें थीं। बीजेपी अपनी हार से स्तब्ध थी तो कांग्रेस को भी यक़ीन नहीं हो रहा था कि उसकी जीत कैसे हुई। बीजेपी की हार की मोटे तौर पर दो वजहें गिनाईं गयीं। एक इंडिया शाइनिंग, दूसरा गुजरात दंगा लेकिन आँकड़ों के आधार पर यह नहीं कहा जा सकता है कि बीजेपी की हार की सिर्फ़ यही दो वजहें थीं। यह ज़रूर था कि सहयोगी दलों से बनते-बिगड़ते रिश्तों पर गुजरात दंगे का साया था। दंगे की वजह से बीजेपी से कुछ सहयोगी दल छिटके तो कांग्रेस को इसका लाभ मिला। ग़ौर कीजिए कि हार और जीत में बीजेपी और कांग्रेस के बीच सिर्फ़ सात सीटों का फ़ासला था। बीजेपी की हार की सबसे बड़ी वजह यह बनी कि सोनिया गांधी उसकी तुलना में बड़ा गठबन्धन खड़ा करने में कामयाब हुईं। 1999 में वाजपेयी सरकार को गिराने वाली जयललिता से पार्टी ने तमिलनाडु में फिर 2004 के लोकसभा चुनाव में समझौता कर लिया जबकि चुनाव से पूर्व पार्टी का डीएमके से गठबन्धन था। तमिलनाडु में जयललिता का सूपड़ा साफ़ हो गया। बीजेपी का आन्ध्र प्रदेश में चन्द्रबाबू नायडू से समझौता था, यहाँ पर एनडीए का प्रदर्शन ठीक रहा। बिहार में लालू प्रसाद यादव की नेतृत्व वाली आरजेडी, रामविलास पासवान और कांग्रेस गठबन्धन ने शानदार प्रदर्शन किया। महाराष्ट्र में पहले से ही एनसीपी और कांग्रेस के बीच गठबन्धन था जबकि जम्मू-कश्मीर में पीडीपी से गठबन्धन करने में कांग्रेस सफल हुई। झारखण्ड में कांग्रेस, आरजेडी और जेएमएम के बीच गठबन्धन था। यूपीए के साथ 21 पार्टियाँ थीं जबकि एनडीए के साथ सिर्फ़ 13 पार्टियाँ। अगर तमिलनाडु में पार्टी की ग़लत रणनीति नहीं होती और रामविलास पासवान एनडीए छोड़कर नहीं भागे होते तो शायद लोकसभा की तस्वीर अलग हो सकती थी। पश्चिम बंगाल में भी ममता बनर्जी की पार्टी कुछ नहीं कर पायी। वहाँ बीजेपी को एक भी सीट नहीं मिली जबकि ममता बनर्जी सिर्फ़ 1 सीट पर सिमट गयीं। झारखण्ड में बीजेपी धोखा खा गयी और उसे पहली बार सबसे कम 1 सीट मिली।

### गठबन्धन का इतिहास

गठबन्धन की राजनीति पुरानी है। इसकी नींव 1967 में पड़ी लेकिन विपक्षी एकजुटता की बड़ी इमारत 1977 में बनी। कांग्रेस इतनी ताक़तवर थी कि उसे हराना नामुमकिन था। इन्दिरा गांधी को हराने के लिए चार पार्टियों का विलय जनता पार्टी में हुआ तब

जाकर 1977 के लोकसभा चुनाव में पहली बार कांग्रेस को शिकस्त मिली। 1977 में इमरजेंसी के मद्देनज़र विपक्षी एकजुटता बनायी गयी जबकि 1989 में बोफोर्स को मुद्दा बनाया गया। विश्वनाथ प्रताप सिंह की अगुआई में राष्ट्रीय मोर्चा का गठन हुआ, यह मोर्चा जनता दल और कुछ क्षेत्रीय दलों को मिलाकर बना था जबकि एक दूसरे की विरोधी पार्टी बीजेपी और वाममोर्चा ने समर्थन दिया। इस समर्थन के आधार पर राष्ट्रीय मोर्चा ने गठबन्धन सरकार बनायी लेकिन उसमें बीजेपी और वाम मोर्चे ने शिरकत नहीं की। इतने बड़े मोर्चे के सामने कांग्रेस की हार ज़रूर हुई थी लेकिन जनता दल को स्पष्ट बहुमत नहीं मिला। कांग्रेस सबसे बड़ी पार्टी बनकर उभरी थी। राष्ट्रीय मोर्चा में सात पार्टियाँ थीं—जनता दल, डीएमके, टीडीपी, एजीपी, बीजेपी, सीपीएम और सीपीआई। हालाँकि जनता दल का बीजेपी और लेफ्ट से कुछ सीटों पर समझौता हुआ था लेकिन बीजेपी और लेफ्ट के बीच कोई समझौता नहीं हुआ था बल्कि लेफ्ट राष्ट्रीय मोर्चा में बीजेपी को शामिल करने के ख़िलाफ़ थी। वहीं कांग्रेस के साथ एआईएडीएमके और नेशनल कॉन्फ्रेंस थी और धीरे-धीरे गठबन्धन की राजनीति हक़ीक़त बन गयी और तब से ही हर सरकार का आधार गठबन्धन की राजनीति है। 1989 में कांग्रेस के दबदबे के खात्मे के साथ बहुदलीय शासन प्रणाली युग का शुरू हुआ। इसकी वजह यह भी बनी कि कई क्षेत्रीय दलों के उत्थान के साथ राष्ट्रीय दलों का पतन भी शुरू हो गया।

| | ग़ैर-कांग्रेसी गठबन्धन/एनडीए का गठबन्धन | | | यूपीए या कांग्रेस का गठबन्धन | | |
|---|---|---|---|---|---|---|
| साल | कितनी पार्टी | सीटें | (%) | कितनी पार्टी | सीटें | (%) |
| 1989* | 7 | 275 | 43.95 | 3 | 211 | 41.05 |
| 1991 | 2 | 124 | 20.9 | 3 | 256 | 38.1 |
| 1996 | 5 | 187 | 23.8 | 4 | 143 | 29.8 |
| 1998 | 15 | 256 | 37.2 | 10 | 164 | 29.6 |
| 1999 | 20 | 299 | 40.6 | 12 | 139 | 34.6 |
| 2004 | 13 | 189 | 35.9 | 21 | 225 | 36.5 |
| 2009 | 11 | 159 | 24.2 | 13 | 262 | 36.5 |
| 2014 | 19 | 336 | 38.79 | 14 | 59 | 23.01 |
| 2019 | 19 | 352 | 44.83 | 21 | 94 | 26.82 |

* 1989 में नेशनल फ्रंट में बीजेपी और लेफ्ट से जनता दल का गठबन्धन हुआ था, लेकिन कितनी सीटों पर हुआ था ये साफ़ नहीं है, हालाँकि ग़ैर-कांग्रेसी गठबन्धन था।

** 1989 में लेफ्ट और बीजेपी के बीच सीट का समझौता नहीं हुआ था, एक दूसरे की सीट पर दोनों पार्टी उम्मीदवार उतारी थी।

*** 1989 में एनडीए नहीं बल्कि नेशनल फ्रंट था जबकि 1991 में न एनडीए था और न ही यूपीए।

1989 से लेकर 2014 के पहले तक किसी पार्टी को लोकसभा चुनाव में पूर्ण बहुमत नहीं मिला। बीजेपी को 2014 और 2019 के चुनाव में पूर्ण बहुमत मिला लेकिन पूर्ण बहुमत के पीछे गठबन्धन की राजनीति ही ज़मीनी हक़ीक़त थी वरना बीजेपी को अपने बलबूते पर बहुमत मिलना नामुमकिन था। इस बदलाव के साथ केन्द्र में गठबन्धन सरकारों का दौर शुरू हुआ और क्षेत्रीय पार्टियों ने गठबन्धन सरकार बनाने में महत्त्वपूर्ण भूमिका निभायी। देश की राजनीति ऐसी हो गयी है कि कोई भी पार्टी अपने बलबूते अकेले चुनाव लड़ने की हिम्मत नहीं कर पाती है। 1989 से लेकर अभी तक 12 सरकारें गठबन्धन के सहारे बनी हैं। सत्ता पक्ष या विपक्ष, हर बड़ी पार्टी को गठबन्धन की संजीवनी चाहिए। दरअसल, 1977 के बाद पिछड़े और दलित पार्टियों का उभार शुरू हो गया था और मण्डल कमीशन के बाद दलित और पिछड़ी जातियों की नुमाइन्दगी वाली पार्टियाँ बनीं। इन दलों में से अनेक ने क्षेत्रीय आकांक्षाओं की भी दमदार दावेदारी की और आन्दोलन के उभार से क्षेत्रीय पार्टियों को मज़बूती भी मिली। मतलब राजनीति क्षेत्रीय बैशाखी के सहारे टिक गयी। मसलन 1991 में कांग्रेस को भी सरकार बनाने के लिए क्षेत्रीय पार्टियों, जयललिता की पार्टी अनाद्रमुक और केरल कांग्रेस (मणि) का सहारा लेना पड़ा। बीच में सरकार बचाने के लिए शिबू सोरेन की पार्टी झारखण्ड मुक्ति मोर्चा का सहारा लेना पड़ा। इसके पहले विश्वनाथ प्रताप सिंह की सरकार गिरने के बाद चन्द्रशेखर की सरकार कांग्रेस के समर्थन पर टिकी थी। यही दौर था जहाँ राजनीति बदल रही थी। पहले विपक्षी पार्टियाँ कांग्रेस के ख़िलाफ़ खड़ी हो रही थीं। बीजेपी की शक्ति बढ़ने लगी तो कांग्रेस, वामपन्थी और अन्य समाजवादी पार्टियाँ सेक्युलर के नाम पर गोलबन्द होने लगीं। इसका जीता-जागता उदाहरण 1996 का लोकसभा चुनाव था। लोकसभा चुनाव में किसी भी पार्टी को बहुमत नहीं मिला और बीजेपी सबसे बड़ी पार्टी बनकर उभरी। इस नाते बीजेपी को सरकार बनाने का न्योता मिला लेकिन अधिकतर दल

बीजेपी की नीतियों के ख़िलाफ़ थे। अटल बिहारी वाजपेयी ने प्रधानमन्त्री पद की शपथ तो ले ली, लेकिन लोकसभा में बहुमत साबित नहीं कर पाये। दरअसल कांग्रेस और वाममोर्चा दोनों इस बार बीजेपी को सत्ता से बाहर रखना चाहते थे जिसमें जनता दल समेत अन्य पार्टियाँ भी शामिल थीं। ग़ौर करने की बात है कि जिन नेताओं और पार्टीयों ने 1977 में सत्ता की भागीदारी के लिए जनता पार्टी में भारतीय जनसंघ का विलय करवा लिया और जिन्होंने 1989 में बीजेपी के समर्थन से सरकार बनायी थी, वे बीजेपी के दुश्मन बन गये। ख़ैर, कांग्रेस के समर्थन से एच.डी. देवेगौड़ा की अगुआई में संयुक्त मोर्चा की सरकार बनी। ग़ौर करने की बात है कि आज़ाद भारत में पहला मौक़ा था जब कर्नाटक से 16 सीटें जीतने वाले जनता दल के नेता देवेगौड़ा देश के प्रधानमन्त्री बने। कांग्रेस के समर्थन पर देवेगौड़ा सरकार ज़्यादा दिन टिक नहीं पायी, देवेगौड़ा की जगह इन्द्रकुमार गुजराल प्रधानमन्त्री बने लेकिन कार्यकाल पूरा होने से पहले कांग्रेस ने समर्थन वापस ले लिया। इससे पता चलता है कि गठबन्धन की राजनीति में कितनी अस्थिरता थी। आख़िरकार 1998 के लोकसभा चुनाव में अटल बिहारी वाजपेयी के नेतृत्व में 15 पार्टी वाला राष्ट्रीय जनतान्त्रिक गठबन्धन (एनडीए) सत्ता में आया। 2004 तक सत्ता में रहे। हालाँकि 1999 में अविश्वास मत के दौरान एक वोट से सरकार गिर गयी। लिहाज़ा, 1999 के लोकसभा चुनाव में एनडीए के कुनबे में 15 से 20 पार्टी हो गयीं। गठबन्धन की राजनीति के दौर से कांग्रेस की भी नींद टूटी और गठबन्धन की राजनीति की वकालत करने लगीं। 2004 में सोनिया गांधी वाजपेयी से ज़्यादा मज़बूत गठबन्धन बनाने में कामयाब हुईं। कांग्रेस को बहुमत तो नहीं मिला लेकिन कांग्रेस सबसे बड़ी पार्टी बनकर उभरी। केन्द्र में राष्ट्रीय पार्टी बीजेपी और कांग्रेस गठबन्धन राजनीति की धुरी बनी, दूसरी और क्षेत्रीय पार्टियाँ इस गठबन्धन का हिस्सा बनीं। 1989 से शुरू हुई गठबन्धन की राजनीति का सफ़र बदस्तूर जारी है। 1989 में राष्ट्रीय मोर्चा, 1996 में एनडीए फिर 1996 और 1997 में संयुक्त मोर्चा की सरकार, 1998 और 1999 में एनडीए, 2004 और 2009 में संयुक्त प्रगतिशील गठबन्धन और 2014 और 2019 में फिर एनडीए। हालाँकि 2014 से गठबन्धन की राजनीति की धारा बदल गयी, क्योंकि 25 साल के बाद किसी भी पार्टी को स्पष्ट बहुमत मिला। हालाँकि यह बहुमत गठबन्धन के बिना सम्भव नहीं था। कहने का तात्पर्य ये है कि भले नरेन्द्र मोदी निर्णायक नेता माने जाते हैं लेकिन गठबन्धन के बिना चुनाव लड़ने का जोखिम नहीं उठा सकते हैं। देश में लगातार 25 साल तक शासन करने वाली कांग्रेस भी नहीं

सोच सकती है कि अपने बलबूते पर सरकार बनाये। यह बदलाव 1977 में इन्दिरा गांधी की हार और लोकतन्त्र के गाँव-गाँव, गली-गली में पहुँचने के साथ शुरू हो गया था। भारतीय लोकतन्त्र में आये बदलाव ने राजनीतिक नेताओं और पार्टियों को गठबन्धन का धर्म पालन करने को मजबूर किया है। गठबन्धन की राजनीति के फ़ायदे और नुक़सान दोनों हैं। एक तरह से गठबन्धन में किसी बड़े फ़ैसले लेने में दिक़्क़त होती है तो दूसरी तरफ़ गठबन्धन की वजह से सत्ता के विकेन्द्रीकरण के चलते सत्ता और पार्टी की भागीदारी बढ़ती है। लेकिन गठबन्धन के बिना चुनाव मैदान में कोई पार्टी जाने की हिम्मत नहीं कर सकती है।

# बदलाव का अफ़साना

धर्मेन्द्र कुमार सिंह

भारत की दशा और दिशा निर्धारित करने जा रहे 2024 का आम चुनाव सिर पर खड़ा है। वर्तमान प्रधानमन्त्री नरेन्द्र मोदी लगातार तीसरी बार केन्द्र की सत्ता हासिल करके स्वतन्त्र भारत के प्रथम प्रधानमन्त्री पण्डित जवाहरलाल नेहरू की बराबरी कर लेने में कोई कोर-कसर छोड़ते नहीं दिख रहे। ऐसे में यह छानबीन अनिवार्य हो जाती है कि क्या मोदी जी के पक्ष में 2014 और 2019 के आम चुनावों जैसी बयार अब भी बह रही है? क्या मोदी के साथ शुरू हुआ बदलाव का अफ़साना अब भी लोगों के मन में कौतूहल और दिलचस्पी पैदा कर रहा है? या, बयार किसी और ही दिशा में बहने लगी है? क्या ब्रांड मोदी का तिलिस्म टूटने लगा है, या फिर वह अब भी इस क़दर छाया हुआ है कि विपक्षी गठबन्धन के पास इस इन्द्रजाल की कोई काट ही नहीं है? चुनावी पण्डितों के लिए भी ज़रूरी है कि कोई कयास लगाने या भविष्यवाणी करने से पहले वे सामाजिक, आर्थिक और राजनैतिक–इन तीनों पैमानों पर बदलाव के वादों और दावों को ठोक-बजा कर जाँच लें।

बेशक, बदलाव की प्रक्रिया निरन्तर चला करती है, लेकिन यह प्रक्रिया उस वक़्त तेज़ हो जाती है, जब सत्ता की राहें समाज की उम्मीदों और आकांक्षाओं के उलट तय होने लगती हैं। ऐसे वक़्त में लोग बदलाव की व्यापक और सम्पूर्ण चाहत के साथ सामने आने लगते हैं। यही हुआ था 2014 के लोकसभा चुनाव में। लम्बी आर्थिक बदहाली, भ्रष्टाचार और अनिर्णय की स्थिति को झेलने के बाद भारतीय जनमानस में व्यापक कम्पन शुरू हुआ। नतीजतन एक राजनैतिक समीकरण बना, जिसमें कई परस्पर विरोधी ताक़तें भी आ जुटीं और उन्होंने केन्द्र में लगातार दो कार्यकाल पूरी कर लेने वाली मनमोहन सिंह की सरकार को चलता कर दिया।

लेकिन इस घटनाक्रम के बाद जो माहौल बना, उसमें लगा कि समाज में नई क़िस्म के सपनों की भाववादी खदबदाहट है, हालाँकि भारतीय लोकतन्त्र की ख़ूबसूरती भी यही है कि प्राय: हर पाँच साल में सपनों के इन सौदागरों की परीक्षा देश के मतदाता लिया करते हैं, और इसका परिणाम देश के मिज़ाज का आईना बन जाता है। इतिहास जब करवट लेता है तो कभी ख़ूब जाने-पहचाने, तो कभी नितान्त अनजाने चेहरे राजनीतिक पटल पर उभर आते हैं। 2014 में इस चेहरे का नाम नरेन्द्र मोदी था। 2019 के नतीजे भी इसकी पुष्टि करते हैं कि धारा कमोबेश मोदी के पक्ष में रही है। 2014 के लोकसभा चुनाव में मोदी कैसे छा गये और 2019 में दोबारा कैसे जीत गये, यह सवाल लाख टके की पहेली बना हुआ है। अब उससे भी बड़ी पहेली यह है कि 2024 के आम चुनाव का मंज़र और नतीजा क्या होगा?

दरअसल 2014 के लोकसभा चुनाव में देश की राजनैतिक, आर्थिक और सामाजिक स्थिति की वजह से इतिहास करवट ले रहा था। एक वाक्पटु निर्णायक नेता का उभार इस करवट का प्रमुख कारक बना। हालाँकि इतिहास के करवट लेने की कई उपधाराएँ हो सकती हैं, लेकिन मुख्यधारा में सब समाहित हो जाती हैं। वरना 2014 में बदलाव की बयार ही नहीं चलती, भले कुछ ज़्यादा सीटों के साथ नया चेहरा उभरता, लेकिन कांग्रेस ही बड़ी पार्टी होती। 2014 के चुनाव के पहले ही देश के केन्द्र में मोदी स्थापित हो चले थे और राजनीति की धारा उनके इर्द-गिर्द घूमने लगी थी। बतौर शक्तिशाली नेता मोदी के इर्द-गिर्द देश की राजनीति दशक भर से घूम रही है। उनके समर्थक और उनकी पार्टी वाले तो कहते हैं कि एक बार नाम पर जीते तो दूसरी बार काम पर जीते। ख़ैर, सौ बात की एक बात है कि मोदी की शानदार जीत हुई। सिर्फ़ एक चेहरा है जो लगातार 22 साल (गुजरात और केन्द्र में) से चुनाव जीतता जा रहा है। क्या उनके सफ़र के शब्दकोश में हार शब्द नहीं है? सफ़र में इतने उतार-चढ़ाव, भयंकर राजनैतिक तूफ़ान, भूकम्प और ज्वालामुखी सरीखे हालात में भी मोदी तने हुए हैं, बल्कि दिन-ब-दिन अपनी बढ़ी ताक़त का इज़हार कर रहे हैं। उनके धुर विरोधी भी मुहिम तेज़ कर रहे हैं।

सवाल है कि क्या चुनाव जीतने के लिए शक्तिशाली और भरोसेमन्द नेता की ज़रूरत होती है? क्या चुनाव जीतने और हारने में आर्थिक नीति और विकास की अहमियत नहीं है? मोदी की दीवानगी में नोटबन्दी, जीएसटी के दर्द भी छूमन्तर हो गये क्या? क्या है यह खेल, क्या है दीवानगी का नशा? क्या मतदाता शक्तिशाली नेता के सामने अपने सारे गिलवे-शिकवे, दुख-दर्द भूल जाते हैं और रह जाती है सिर्फ़ निर्णायक नेता की दीवानगी? ऐसी दीवानगी जिसमें रोज़गार की परवाह नहीं,

देश के विकास की परवाह नहीं, रोज़ी-रोटी की परवाह नहीं, नोटबन्दी और जीएसटी की कठिनाइयों का भी असर नहीं, बल्कि सिर्फ़ भरोसा है कि यह नेता बुरा नहीं होने देगा, बुरी स्थिति से उबार लेगा, देश की सुरक्षा करेगा, दुनिया में देश का नाम करेगा और दुश्मन को घर में घुसकर मारेगा। ऐसी जन मनोदशा और ज़मीनी हक़ीक़त को समझना आसान भले लगे, मगर इसकी व्याख्या करना बेहद मुश्किल है।

सच यह भी है कि कोई भी व्याख्या और आख्यान आख़िरी नहीं हो सकता। इससे भी ज़्यादा मुश्किल सवाल यह है कि हमारे लोकतन्त्र पर दूरगामी असर क्या होगा, देश किधर जा रहा है और आगे की दशा-दिशा क्या होगी? जब ऐसी चिन्ताएँ उभरने लगती हैं तो अगले ही पल चीज़ें बदलने लगती हैं। आज़ादी के बाद जो भी घटनाएँ और परिघटनाएँ हुईं, उनके सकारात्मक या नकारात्मक परिणाम व्यापक हुए हैं। क्या किसी ने सोचा होगा कि महिलाओं और जाति से जुड़े भेदभाव कमोबेश मिटाने की ओर क़दम बढ़ जायेंगे। दलित और ओबीसी जातियों के हाथ में सत्ता की कुंजी होगी। सारी चीज़ें डिजिटल हो जायेंगी, हर हाथ में मोबाइल होगा, ग़रीब घरों में भी टॉयलेट तथा स्वच्छ पेयजल के लिए नल होगा, हरेक का अपना बैंक खाता होगा, सरकारी पैसे सीधे खाते में जायेंगे, खाना पकाने को हर घर में रसोई गैस होगी, महिला की शिक्षा में बढ़ोतरी होगी, महिला पुरुष के साथ ताल में ताल मिलाकर चलेगी, हर गाँव में सड़क होगी, हर घर बिजली होगी, धीरे-धीरे ही सही हर शख़्स के सिर पर छत होगी इत्यादि।

यह भी शायद ही किसी ने सोचा होगा कि इमरजेंसी की वजह से इन्दिरा गांधी की हार के बाद सत्ता की डगर ग़रीबों, पिछड़ी जातियों, दलितों, आदिवासियों और वंचितों की ओर मुड़ जायेगी। लोकतन्त्र इतना मज़बूत हो जायेगा कि सत्ता दिल्ली से नहीं चलेगी, बल्कि हर राज्य अपनी क़िस्मत तय करेगा। गाँव में भी स्वराज होगा। किसी ने नहीं सोचा होगा कि मण्डल और कमण्डल वाली मुहिम देश की राजनीति को आमूलचूल बदल डालेगी। किसी ने नहीं सोचा होगा उदारीकरण की वजह से आकांक्षी वर्ग तैयार होगा जो सरकार चुनने में अहम भूमिका निभाएगा, किसी ने नहीं सोचा होगा कि बोफोर्स घोटाले के आरोप के बाद कांग्रेस अपने पैरों पर कभी पूरी तरह खड़ी नहीं हो पायेगी। किसी ने नहीं सोचा होगा कि पी.वी. नरसिंह राव और मनमोहन सिंह की उदारवादी नीतियों से देश में नये विकास की बयार बह निकलेगी। हजारों और लाखों में खेलने वाले करोड़ों में खेलने लगेंगे। कोई यह भी नहीं सोच

पाया होगा कि गुजरात दंगों के बावजूद मोदी देश के प्रधानमन्त्री बन जायेंगे। क्या कोई सोच सकता था कि 2014-2019 के लोकसभा चुनाव में जाति की दीवारें टूट जायेंगी? कश्मीर से अनुच्छेद 370 ख़त्म कर दिया जायेगा, अयोध्या में बाबरी मस्जिद और रामजन्मभूमि का विवाद सुलझ जायेगा, नागरिकता संशोधन बिल लाया जा सकेगा, तीन तलाक को क़ानूनन जुर्म बना दिया जायेगा, देश में नोटबन्दी लागू होगी इत्यादि?

दरअसल बदलाव या उसका असर कब और कैसे होगा, कहना मुश्किल है। ये चिन्ताएँ भी कम नहीं हैं कि देश किधर जा रहा है? देश का अगला पड़ाव क्या होगा? नफ़रत की राजनीति का अन्त कब होगा? नफ़रत की राजनीति देश को किधर ले जा रही है? संवैधानिक संस्थाओं की गरिमा और भरोसे का क्या होगा? यह वैसे ही है, जैसे लोकसभा चुनाव में शानदार जीत और अगले ही चन्द महीने बाद हुए विधानसभा चुनावों में हार या जैसे-तैसे मिली जीत को देखते हैं। हमने देखा है कि 2019 के दौरान 16वीं लोकसभा के साथ और इसके बाद हुए उत्तर प्रदेश, बिहार, महाराष्ट्र, पश्चिम बंगाल, तमिलनाडु, कर्नाटक, ओड़िशा, पंजाब, गुजरात, झारखण्ड, उत्तराखण्ड, हिमाचल प्रदेश, हरियाणा, दिल्ली, आन्ध्र प्रदेश, असम, गोवा, केरल वग़ैरह के विधानसभा चुनावों में बीजेपी की स्थिति बदल गयी। हालाँकि उत्तर प्रदेश, गुजरात, असम, उत्तराखण्ड, गोवा में बीजेपी की अच्छी जीत हुई, लेकिन बम्पर जीत उसे सिर्फ़ गुजरात में ही मिल सकी। महाराष्ट्र में शिवसेना से गठबन्धन करके बीजेपी जीत तो गयी, लेकिन सत्ता पहले उसे हासिल नहीं हुई, आख़िरकार शिवसेना की टूट से सत्ता हासिल हुई। बीजेपी हरियाणा में सरकार बनाने में कामयाब रही, लेकिन पिछले चुनाव जैसी सफलता हासिल नहीं हुई। कर्नाटक, झारखण्ड और हिमाचल प्रदेश में तो सत्ता उसके हाथ से ही निकल गयी। दिल्ली विधानसभा जीतने का उसका सपना एक बार फिर चूर-चूर हो गया। बिहार में भी उस ढंग का प्रदर्शन नहीं दिखा, जैसा पिछले चुनाव में हुआ था। लेकिन लोकसभा 2024 चुनाव के पहले मध्य प्रदेश, राजस्थान और छत्तीसगढ़ में बीजेपी की शानदार जीत ने राजनीतिक माहौल ही बदल दिया है।

आख़िर ये कैसे बदलाव हैं? और सबसे बड़ा सवाल यह कि ये बदलाव कितने तात्कालिक और किस क़दर दीर्घकालिक असर वाले हैं। इससे हमारी आगे की सियासत पर क्या असर पड़ने वाला है? क्या देश नयी इबारत लिख रहा है? क्या भारत के '5 ट्रिलियन डॉलर' की इकोनॉमी बन पाना महज़ एक सपना बनकर रह

जायेगा? क्या दुनिया में भारत पाँचवीं से तीसरी इकोनॉमी हो जायेगा? क्या भारत 2047 में विकसित देश हो पायेगा? क्या बीजेपी सरकार के सत्ता में कायम रहने की सम्भावना से देश में कोई बेचैनी है? या, अगर मोदी की हार होती है तो क्या होगा? अगर मोदी की जीत होती है तो देश की राजनीति पर क्या असर पड़ेगा? क्या बेरोज़गारी और आर्थिक विकास की धीमी रफ़्तार की वजह से जनता में नाराज़गी है? या देश में राष्ट्रवाद का खुमार छा गया है, जहाँ राष्ट्र के सिवाय कुछ नहीं दिख रहा है, तो फिर राष्ट्रवाद का यह खुमार मुसलमानों में क्यों नहीं है? क्या देश में धर्म के नाम पर खाई बढ़ती जा रही है, जिसका नतीजा चुनावों में और चुनाव के बाद बने माहौल पर देखने को मिल रहा है? ज़ाहिर है, ये सब सवाल मौजूं हैं और इनका दूरगामी असर तय है। असर क्या होगा, कैसा होगा, इस पर यक़ीन के साथ कुछ कहना आसान नहीं है। ऐसे कई सवाल मुँह बाये खड़े हैं, जिनकी सियासी रवायत, ईमानदार विश्लेषण, ज़मीनी हक़ीक़त, चुनावी व्याख्या और आगे की सियासत का अन्दाज़ा लगाना ज़रूरी और दिलचस्प है।

सवाल जो भी हों, लेकिन सच्चाई यह है कि मोदी की दूसरी बार भी शानदार जीत हुई थी। उस जीत ने पिछले रिकॉर्ड को तोड़कर नये कीर्तिमान स्थापित किये। उस जीत ने कई मान्यताओं और धारणाओं को ध्वस्त किया। वह असाधारण चुनाव था और नतीजे भी असाधारण आये। ग़ौरतलब यह भी है कि जीत ऐसे नेता की हुई, जिस पर साम्प्रदायिक होने का आरोप लगता है, लेकिन उसके कार्यक्रमों का लाभ सबको मिलता है। ऐसा नेता जो तीन महीने में चुनाव का रुख़ बदल देता है। ऐसा नेता जो देश का सबसे बड़ा पॉलिटिकल ब्रांड बन जाता है। ऐसा नेता जो बड़े फ़ैसले लेने से नहीं हिचकिचाता, चाहे कोविड-19 महामारी के दौरान 48 दिनों तक देशबन्दी हो, नोटबन्दी हो, चाहे जीएसटी हो, चाहे उरी हमले का बदला हो, चाहे सर्जिकल स्ट्राइक हो, चाहे कश्मीर में 370 की धारा ख़त्म करने की बात हो, चाहे नागरिकता क़ानून हो, चाहे तीन तलाक़ का मुद्दा हो और चाहे विश्व भर में भारत की छवि सुधारने की बात हो। मोदी ने हर क्षेत्र में अपनी एक ठोस छवि गढ़ी है। एक विराट छवि बन जाने के बावजूद ऐसा नहीं है कि मोदी की कड़ी आलोचना न हुई हो। चीन से लेकर कोविड की मार को सँभालने तक तमाम सवाल उठे। फिर भी मुस्लिम आबादी को छोड़ दिया जाये तो मोदी की पकड़ हर मतदाता सेक्टर में मज़बूत होती चली गयी है।

इसी का नतीजा था कि 2019 के चुनावों में दक्षिण भारत के केरल, आन्ध्र प्रदेश और तमिलनाडु के अलावा कमोबेश हर जगह मोदी का सिक्का चला। बीजेपी

का भारी असर उन राज्यों में तो दिखा ही, जहाँ पार्टी की जड़ें मज़बूत थीं, बल्कि पश्चिम बंगाल और ओडिशा में भी दिखा, जहाँ उसने पहली बार इतना बढ़िया प्रदर्शन किया। मोदी की सूनामी ऐसी चली कि जातीय गोलबन्दी के शामियाने में छेद हो गये, गठबन्धन की राजनीति धराशायी हो गयी। मोदी को घेरने के सारे दाँव फेल हो गये। कांग्रेस की न्याय योजना का लुभावना वादा लोगों के गले नहीं उतरा, जिसमें ग़रीब परिवारों को सालाना 72 हज़ार रुपये देने का ऐलान किया गया था। ग़रीबों के हिसाब से यह कोई मामूली राशि नहीं थी। इसके बरअक्स मोदी ने किसान सम्मान निधि के मद में मात्र कुल 6,000 रुपये सालाना देने का ऐलान किया, और लोगों ने उस पर यक़ीन कर लिया! इस फिनॉमिनॉ को क्या कहा जाये और कैसे समझा जाये?

यह कहना अतिशयोक्ति नहीं होगी कि 2019 की चुनावी रेस में कांग्रेस कहीं दिखी ही नहीं। मोदी संसाधन से लैस होकर मैदान में उतरे, पारम्परिक जंग के साथ-साथ उन्होंने तकनीक के ज़बरदस्त इस्तेमाल पर ज़ोर दिया। मोदी को अपनी मंज़िल चिड़िया की आँख जैसी दिख रही थी और वह सफलता के सारे खेल भी जानते थे। उनकी तुलना में राहुल गांधी दूर-दूर तक टक्कर में नहीं थे और पूरे चुनावी समर में लगभग विरथ ही रहे। इधर मोदी की सेना सुनियोजित, सुसंगठित और प्रचुर संसाधनों से सुसज्जित होकर अपना संचालन कर रही थी। उधर दुविधाग्रस्त और अस्त-व्यस्त कांग्रेस इस कदर सहमी हुई थी कि अमेठी ही फतह हो जाये, तो समझो गंगा नहाये! इसी आशंका से राहुल गांधी को दो जगहों–यूपी की अमेठी और केरल की वायनाड लोकसभा सीट से चुनाव लड़ना पड़ा। बीजेपी के हिन्दुत्व को टक्कर देने के लिए राहुल कभी ख़ुद के शिवभक्त होने, तो कभी जनेऊधारी ब्राह्मण होने का ऐलान करते रहे।

संगठन और पार्टी के स्तर पर दोनों दलों के बीच कोई मुक़ाबला नहीं था। वैसे भी बीजेपी का दावा है कि वह दुनिया की सबसे बड़ी पार्टी है और उसके क़रीब 18 करोड़ सदस्य हैं। उसके पितृ-संगठन आरएसएस की हज़ारों शाखाएँ भी देश के कोने-कोने में फैली हुई हैं। जबकि कांग्रेस की जड़ें लगातार कमज़ोर होती गयी हैं। हमेशा उसका हनुमान बनने वाला कांग्रेस सेवादल रोगशैय्या पर पड़ा दिखता है। न कहीं उसकी प्रभात फेरियाँ दिखतीं, न सामाजिक कार्य। कांग्रेस के साथ जनता को जोड़ने, कार्यकर्ताओं में नया जोश भरने के स्थान पर वह महज़ एक कागज़ी संगठन बन कर रह गया है। उधर संघ परिवार की हर मतदाता सेक्टर में अहर्निश अतिसक्रियता के दम पर बीजेपी आज जितनी मज़बूत है, उतनी कभी नहीं थी।

आख़िरकार शक्तिशाली मोदी प्लस पार्टी अध्यक्ष रहे अमित शाह की करिश्माई जोड़ी ने अपनी करिश्माई चुनावी कला से 2019 की जीत में चार चाँद लगा दिये। बयार कुछ ऐसी बही कि लगभग आधी सदी के ग़ैर-कांग्रेसवाद से निकली गठजोड़ की राजनीति को देश के बड़े हिस्से ने अलविदा कह दिया? मोदी के ख़िलाफ़ जहाँ कोशिशें भी हुईं, वहाँ भी गठबन्धन की राजनीति फेल हो गयी। उत्तर प्रदेश, कर्नाटक, महाराष्ट्र, झारखण्ड या बिहार कहीं भी गठबन्धन नहीं चला।

विविधता से भरे हमारे महान देश में गठजोड़ की राजनीति लोकतान्त्रिक परिपक्वता और विकेन्द्रीकरण का एक अहम पहलू है। यह सत्ता और शक्ति को निचले स्तर तक, अन्तिम व्यक्ति तक ठेल ले जाने का वाहक रही है। फिर, इसके पीछे स्थानीय और विविध तरह की सामाजिक पहचानों को उभरने का मौक़ा देकर उनकी गोलबन्दी के भीतर ही परस्पर सहयोग पर आधारित एक कारगर संघीय व्यवस्था बनाने की सोच भी काम करती रही है। इसके सिद्धान्तकारों ने अलग-अलग इलाक़ों और क्षेत्रों की ख़ासियत के हिसाब से आर्थिक गतिविधियों का संयोजन करके देश को एक विकेन्द्रीकृत टिकाऊ अर्थव्यवस्था की ओर ले जाने का सपना देखा था। इसके ज़रिये ग़ैर-बराबरी को न्यूनतम करने और आय के समान बँटवारे की भी कल्पना की गयी थी। यानी गठजोड़ का यह सिद्धान्त देश को एक आर्थिक इकाई मानने के विचार के विपरीत रहा है। लेकिन 1991 में आर्थिक उदारीकरण का सिद्धान्त देश को एक आर्थिक इकाई बनाकर दुनिया की आर्थिक महाशक्ति बनाने के सपने के साथ शुरू हुआ। इसीलिए इसके पैरोकार बहुदलीय व्यवस्था को देश के विकास में बाधक मानते रहे हैं और दो दलीय व्यवस्था की पुरजोर हिमायत करते रहे हैं।

इसी सोच के असर में अमेरिका की राष्ट्रपति प्रणाली जैसे चुनावों की वकालत भारत में की जाती रही है। एक तरह से देखें तो 1989 से कमोबेश गठबन्धन के नाम पर दो दलीय व्यवस्था ही चल रही है, लेकिन स्थिति तब बदली जब 2014 के बाद निर्णायक नेतृत्व की ज़रूरत पर बल दिया जाने लगा। यहाँ यह जिक्र करना भी ग़ैर-मुनासिब नहीं होगा कि गठजोड़ के राजनैतिक दर्शन और पहचान की राजनीति के तहत उभरे दलों और छोटी-छोटी पार्टियों ने स्थानीयता की हिमायत करने वाले सिद्धान्त का मखौल ही उड़ाया और उन्होंने किसी अलग तरह की राजनैतिक सोच और आर्थिक विचारों के भयंकर अकाल का ही परिचय दिया। स्वार्थ और परिवारवाद में लिथड़ी इन राजनीतिक पार्टियों ने गठबन्धन की राजनीति का दिवाला

निकाल दिया। इनकी घोर आत्मकेन्द्रीयता, क्षेत्रीय अहंकार, जातीय झुकाव और दलीय संकीर्णता के चलते पिछले दो लोकसभा चुनावों में गठबन्धन की राजनीति अपनी धार ही खो बैठी।

हालाँकि नुक्ते की बात यह है कि लोकसभा चुनावों में गठबन्धन की राजनीति का प्रभाव भले ही घटता दिख रहा हो, मगर विधानसभा के चुनावों में इसकी लपक अभी भी ज़्यादा मन्द नहीं पड़ी है। तो क्या यह समझा जाये कि देश के लोगों ने राज्य स्तर पर पहचान (अस्मिता) और स्थानीयता केन्द्रित राजनीति के दिवालियापन से ऊब कर राष्ट्रीय स्तर पर देश को एक आर्थिक इकाई और निर्णायक नेतृत्व की नव-उदारवादी व्यवस्था पर अपनी मुहर लगा दी है? इसी से जुड़ा हुआ सवाल यह भी है कि क्या जाति तथा सामाजिक समीकरणों के खाँचे भी टूट गये हैं और धार्मिक ध्रुवीकरण तेज़ हो गया है या उसमें नया रुझान दिखने लगा है? फ़िलहाल इसका कोई सटीक जवाब दे पाना मुश्किल है, क्योंकि जब किसी शक्तिशाली नेता का उद्भव होता है तो जाति व गठबन्धन की राजनीति कमज़ोर होती है। और जैसे ही शक्तिशाली नेता मैदान से हटता है, तो फिर अलग तरह की राजनीति पनप जाती है; जैसे इन्दिरा गांधी के एकछत्र नेतृत्व के बाद क्षेत्रीय राजनीति और जाति की राजनीति ने अचानक ज़ोर पकड़ लिया था। लेकिन अब विकास और रोज़गार से जुड़े मुद्दे राजनीति का उड़ान-पथ तय करने लगे हैं। यद्यपि यह कहना अभी जल्दबाज़ी होगी कि जाति की राजनीति ख़त्म होने के रास्ते पर है। यह बात और है कि जाति की राजनीति और इससे जुड़े लोगों का कल्याण करने के लिए भी सुविचारित कार्यनीति, ठोस मुद्दों और प्रभावी कार्यक्रमों की ज़रूरत होती है। इनके अभाव में समाजवाद की कोख से उपजी राजनीतिक पार्टियाँ और उनके नेता परिवारवाद के जंजाल में उलझ कर रह गये। जाति की राजनीति भी अब अनेक खाँचों में बँट चुकी है। कभी जाति तोड़ो की राजनीति से निकले नेता अब केवल अपनी जातियों के ही नेता बनकर रह गये हैं। और आजकल फिर उसी पुराने ढर्रे वाली जाति की राजनीति को जाति जनगणना के नाम पर पुनर्जीवित करने की कोशिशें हो रही हैं। यह क़वायद कितनी कारगर साबित होगी, इसका नतीजा भविष्य के गर्भ में है।

हालाँकि 2019 में केवल शक्तिशाली नेता और संगठन की मज़बूती ही जीत की वजह नहीं बनी। दरअसल तब मोदी के ख़िलाफ़ जनता की नाराज़गी बड़े पैमाने पर दिख नहीं सकी, या कहें कि मोदी को लेकर पैदा की गयी दीवानगी ने मतदाताओं के छोटे-मोटे असन्तोष को भी ढंग से उभरने नहीं दिया। इसका मतलब यह नहीं है

कि जीत हो गयी है तो देश में कोई समस्या नहीं है। कई ज़मीनी और गम्भीर मुद्दे चिन्ता का सबब थे और अब भी बने हुए हैं। मसलन विकराल बेरोज़गारी, बढ़ता धार्मिक और सामाजिक वैमनस्य, जजों की कमी, लचर आपदा प्रबन्धन, सरकारी महकमों का आसुरी भ्रष्टाचार, शिक्षा-स्वास्थ्य के क्षेत्र की दयनीय दशा, जनसंख्या विस्फोट, संहारक बीमारियाँ, स्वच्छ पेयजल की किल्लत, सुरसा के मुँह की तरह चौड़ा होता जा रहा हर क़िस्म का प्रदूषण, आदि मुद्दों पर मोदी सरकार को ध्यान देने की ज़रूरत थी और है।

यह कहना तर्कसंगत नहीं होगा कि सिर्फ़ शक्तिशाली नेतृत्व और जनता की दीवानगी की वजह से जीत हुई। मोदी जी ने ढेर सारे फ़ैसले किये, जिनमें सफलता भी मिली और असफलता भी। मोदी सरकार ने हर साल 2 करोड़ रोज़गार देने और काले धन को विदेश से वापस लाकर देश के हरेक आदमी को 15 लाख रुपये देने की बात थी। लेकिन बाद में कहा गया कि ये चुनावी जुमले थे। हालाँकि चुनाव के समय कई वादे किये जाते हैं, लेकिन वादे पूरे नहीं होने पर दूसरे कामों से जनता का दिल जीता जा सकता है। मिसाल के तौर पर हम देख सकते हैं कि बीजेपी के चुनावी घोषणा पत्र में जीएसटी, नोटबन्दी, लाखों ग़रीबों को आवास देना, शौचालय बनाना, घर-घऱ पेयजल पहुँचाना, सिलिंडर देना, स्टार्ट अप शुरू करना, बुनियादी ढाँचा मज़बूत करना, जनधन योजना इत्यादि की चर्चा कतई नहीं की गयी थी, लेकिन ये ज़मीनी कार्य किये गये और इनका जनता में बड़ा सकारात्मक सन्देश गया।

दरअसल मोदी ने पहला चुनाव अपने नाम पर और दूसरा चुनाव काम पर केन्द्रित करने की कोशिश की। अपने हर काम को मज़बूती से जनता के बीच पहुँचाया। ऐसी मार्केटिंग की कि मल्टीनेशनल कम्पनियों की बाज़ार पर क़ब्ज़ा करने की रणनीति भी मात खा जाये। ब्रांड मोदी को प्रोडक्ट की तरह इस्तेमाल किया गया। मोदी की ऐसी विराट तस्वीर गढ़ी गयी कि वे अकूत क्षमतावान, युवाओं को तकनीक से जोड़ने, हमेशा लोगों के बीच रहने, लोगों से जुड़ने, लोगों की भलाई करने, हमेशा युद्ध मोड में रहने वाले नेता हैं, ये भी सन्देश देने की कोशिश कि वे आराम नहीं करते, न ही छुट्टी लेते हैं, उनमें हर समय कुछ नया कर दिखाने का जुनून भरा रहता है। उनकी योजनाओं का सिलसिला निरन्तर चलता रहता है। उन्होंने दुनिया के पटल पर भारत की छवि चमका दी है। वे दुनिया भर के नेताओं से आँख मिलाकर बात करने का माद्दा रखते हैं। कश्मीर पर पाकिस्तान की हायतौबा के बावजूद दुनिया में भारत के ख़िलाफ़ उसे समर्थन नहीं मिला। मोदी का हर विदेश यात्रा में एनआरआई

जुटान आयोजित करना, इस्लामिक देशों से अच्छी दोस्ती रखना, विश्वस्तर पर योग दिवस मनाना, ब्राजील में दस्तख़त नहीं करना इत्यादि उनकी पुंस छवि को और ज़्यादा मज़बूती देता चला गया।

मोदी ने 2014 लोकसभा चुनाव की जीत के बाद पूरे आत्मविश्वास से कहा था कि 2024 तक के लिए प्रधानमन्त्री पद पर कोई वेकेंसी नहीं है तो राजनैतिक पण्डितों के लिए यक़ीन करना मुश्किल था। 2019 के लोकसभा चुनाव में अनेक चुनावी पण्डित बीजेपी को 200 सीट से ज़्यादा नहीं दे रहे थे और एनडीए को 220-240 के बीच झूलता देख रहे थे। उत्तर प्रदेश की भनक तो किसी को नहीं थी, चार चरणों के मतदान के बाद सपा-बसपा गठबन्धन को 50 से 60 सीटें मिलने की बात हो रही थी लेकिन नतीजे आये तो कई धुरन्धरों के आकलन धरे के धरे रह गये। मोदी के हनुमान, और तब के बीजेपी अध्यक्ष अमित शाह ने चुनाव के पहले अपने बल पर बीजेपी के 300 सीटें पार कर जाने का दावा किया था। उस वक़्त कई राजनीतिक पण्डितों के लिए इस पर यक़ीन करना मुश्किल था। विविध मीडिया घरानों के जनमत सर्वेक्षण इसका अन्दाज़ा तो दे रहे थे, लेकिन बीजेपी के भीतर भी इतने ज़बरदस्त नतीजों की कल्पना नहीं की जा रही थी। तब एक्ज़िट पोल ने संशय के सारे बादल छाँट दिये थे, अब मोदी 2024 जीतने का दावा भी ठोंकने लगे हैं।

हालाँकि उन नतीजों के सालों बाद भी यह रहस्य खोलना आसान नहीं रहा है कि महज़ 37 प्रतिशत वोट पाकर बीजेपी को 303 सीटें कैसे मिल गयीं। वोट प्रतिशत और सीटों का यह अनुपात उसके पहले कभी नहीं दिखा था। यही नहीं, क़रीब 45 फ़ीसदी वोट हासिल करके एनडीए ने कुल 352 सीटें झटक ली थीं, जबकि तमिलनाडु, आन्ध्र प्रदेश और केरल के नतीजों ने इस गठबन्धन को निराश ही किया था। यानी लोकसभा में बहुमत हासिल करने के लिए देश का हर राज्य फतह करना अनिवार्य नहीं होता। बीजेपी को पहले शहरी पार्टी कहा जाता था, जो अब ग्रामीण इलाक़ों में भी फैल गयी है। एनडीए गठबन्धन ने ग्रामीण इलाक़ों की 342 सीटों में से 233 सीट जीतकर 68 फ़ीसदी सफलता हासिल की, शहरी 57 में से 40 सीटों जीतकर 70 फ़ीसदी सफलता हासिल की और अर्द्ध शहरी 144 में से 79 सीट जीतकर सफलता दर 55 फ़ीसदी हासिल की। हालाँकि अर्द्ध शहरी इलाक़ों में शहरी व ग्रामीण इलाक़ों की तुलना में प्रदर्शन लचर ही रहा है।

तब देश के हर भाग में एनडीए की हवा चल रही थी; ख़ासकर हिन्दीभाषी क्षेत्र में इसने तूफ़ान मचा रखा था। इन इलाक़ों की 225 में से 203 सीट जीतकर

एनडीए ने 90 फ़ीसदी सफलता दर प्राप्त की। नॉर्थ ईस्ट, पश्चिमी इलाक़ों में अच्छा प्रदर्शन रहा, जबकि दक्षिण के राज्यों में कांग्रेस का प्रदर्शन बेहतर रहा। उत्तर प्रदेश में इस बार बीएसपी, सपा और आरएलडी का गठबन्धन होने के बावजूद एनडीए को 80 में से 64 सीटें मिल गयीं, जो 2014 के मुक़ाबले क़रीब 10 सीटें कम थीं। उत्तर प्रदेश, बिहार, पश्चिम बंगाल और ओड़िसा के असम्भव-से प्रदर्शन ने ही अमित शाह को चुनावी जादूगर की ख्याति दिला दी। बेशक, 2019 में कांग्रेस को देश भर में लोकसभा की सिर्फ़ 52 सीटें मिलीं, लेकिन पिछले चुनाव की तुलना में उसे फ़ायदा हुआ।

देखने में आया कि एक ओर जहाँ बीजेपी की सीटों और वोट प्रतिशत में इज़ाफ़ा हुआ तो दूसरी ओर कांग्रेस की सीटें और वोट प्रतिशत भी बढ़ा। मगर तथ्य यही है कि कांग्रेस दो अंक पार नहीं कर सकी। मतलब यह था कि नेहरू-गांधी परिवार के जादू का असर नगण्य हो गया। कांग्रेस के कई दिग्गज हारे लेकिन सबसे चौंकाने वाली बात यह थी कि तब के कांग्रेस अध्यक्ष राहुल गांधी अपनी परम्परागत सीट अमेठी से हार गये। उन्हें हराने वाली स्मृति ईरानी का अमेठी से दूर-दूर का रिश्ता नहीं था। कांग्रेस ने अपनी नाक केरल, तमिलनाडु और पंजाब में बचा ली, क्योंकि इन राज्यों में बीजेपी कभी मज़बूत नहीं रही, वरना सबसे पुरानी पार्टी की स्थिति 2014 के लोकसभा चुनाव से भी बदतर हो जाती। दरअसल इन्दिरा गांधी काल के कांग्रेस और सोनिया गांधी काल के कांग्रेस में फ़र्क़ देखा जा सकता है। इन्दिरा गांधी ने अपने छोटे बेटे और राजनीतिक उत्तराधिकारी संजय गांधी की आकस्मिक मौत के बाद अपने बड़े बेटे राजीव गांधी को राजनीति उत्तराधिकारी के तौर पर तैयार करना शुरू कर दिया था, जब इन्दिरा गांधी की हत्या हुई तो अचानक प्रधानमन्त्री पद के लिए राजीव गांधी की ताजपोशी की गयी, लेकिन राजीव गांधी की हत्या के बाद न तो सोनिया गांधी ने प्रधानमन्त्री पद की दावेदारी की और न ही राहुल गांधी ने इस पद के लिए इच्छा ज़ाहिर की जबकि राजीव गांधी की हत्या के बाद तीन बार सरकार बनाने का मौक़ा मिला, कहीं-न-कहीं कांग्रेस की विरासत का ये बदलाव कांग्रेस को कमज़ोर करता चला गया और पार्टी अपने इतिहास में लुढ़ककर निचले स्तर पर पहुँच गयी। उत्तर की हिन्दी पट्टी और पश्चिमी भारत तो कांग्रेस के लिए एक तरह से बंजर भूमि ही साबित हुआ। इसका इससे भी बड़ा सन्देश यह था कि हिन्दी पट्टी के कई क्षत्रपों के पुख्ता और भरोसेमन्द समझे जाने वाले जाति समीकरण के शामियाने में भी छेद हो गया। उत्तर प्रदेश में बहुजन समाज पार्टी (बसपा) और समाजवादी पार्टी की साख इसीलिए बच गयी कि दोनों पार्टियाँ

गठबन्धन में चुनाव लड़ी थीं। बिहार में शायद पहली बार हुआ होगा कि दिग्गज किंगमेकर लालू प्रसाद यादव की पार्टी राष्ट्रीय जनता दल (आरजेडी) का खाता तक नहीं खुला, जबकि पश्चिम बंगाल में जोरा घासफूल वाली टीएमसी की सर्वेसर्वा ममता बनर्जी कमल पर सवार बीजेपी पर भारी पड़ गयीं। उधर ओड़िसा में भी बीजू जनता दल (बीजेडी) के नवीन पटनायक का दबदबा बरकरार रहा, लेकिन बीजेपी का प्रदर्शन भी शानदार रहा।

**ग्रामीण और शहरी सीटों के नतीजे- 2019**

| | एनडीए | | यूपीए | | अन्य | | |
|---|---|---|---|---|---|---|---|
| | सीटें | सफलता दर | सीटें | सफलता दर | सीटें | सफलता दर | कुल सीटें |
| ग्रामीण | 233 | 68.13 | 45 | 13.16 | 64 | 18.71 | 342 |
| अर्द्ध शहरी | 79 | 54.9 | 39 | 26.39 | 26 | 18.75 | 144 |
| शहरी | 40 | 70.2 | 10 | 17.54 | 7 | 12.28 | 57 |
| कुल | 352 | 64.8 | 94 | 17.13 | 97 | 18.05 | 543 |

**भिन्न इलाक़ों में किस गठबन्धन को कितनी सीटें मिलीं**

| इलाक़ा | एनडीए | | यूपीए | | अन्य | | |
|---|---|---|---|---|---|---|---|
| | सीट | सफलता दर | सीट | सफलता दर | सीट | सफलता दर | कुल सीटें |
| पूरब | 26 | 41.3 | 3 | 4.8 | 34 | 54.0 | 63 |
| हिन्दी इलाक़ा | 203 | 90.2 | 7 | 3.1 | 15 | 6.7 | 225 |
| उत्तर | 8 | 40.0 | 8 | 40.0 | 4 | 20.0 | 20 |
| उत्तरी पूर्व | 15 | 57.7 | 5 | 19.2 | 6 | 23.1 | 26 |
| दक्षिण | 31 | 23.7 | 64 | 48.9 | 36 | 27.5 | 131 |
| पश्चिमी | 69 | 88.5 | 7 | 9.0 | 2 | 2.6 | 78 |
| **कुल सीटें** | **352** | 64.8 | **94** | 17.3 | **97** | 17.9 | **543** |

यह अब कोई रहस्य नहीं रहा कि सिर्फ़ मोदी की वजह से ही बीजेपी या कहें कि एनडीए को ऐतिहासिक बहुमत मिला। यहाँ ज़िक्र करना भी ज़रूरी है कि यह जनादेश बीजेपी को कम, मोदी को ज़्यादा मिला। इसका प्रमाण यह है कि सबसे अधिक सीटें उत्तर प्रदेश, मध्य प्रदेश, गुजरात, कर्नाटक, राजस्थान, महाराष्ट्र,

पश्चिम बंगाल, बिहार, झारखण्ड और हरियाणा और छत्तीसगढ़ में मिलीं, जहाँ अगड़ी, पिछड़ी, अति पिछड़ी, दलित जातियों और आदिवासियों ने बीजेपी को वोट किया। साथ ही युवा मतदाताओं के बड़े हिस्से के 'मोदीमय' हो जाने से बीजेपी को बढ़त मिली। झारखण्ड, छत्तीसगढ़, मध्य प्रदेश, ओड़िशा में आदिवासियों के बड़े हिस्से में भी यही रुझान दिखा। ज़ाहिर है, इस जीत में मोदी के भाषण की जादूगरी और ब्रांड मोदी का करिश्मा था।

मोदी कुशल वक़्ता होने के साथ-साथ अपने कामों की मार्केटिंग में भी माहिर हैं। यह एक पहेली ही है कि आर्थिक विकास के मोर्चे पर सरकार पिछड़ी रही, लेकिन राजनैतिक-सामाजिक समीकरण को साधे रखने में कामयाब रही। सबसे बड़ी पहेली यह है कि आर्थिक बदहाली और बेरोज़गारी के बाद भी मोदी के प्रति लोगों में इतनी दीवानगी क्यों और कैसे बरकरार रही! जो लोग नोटबन्दी, जीएसटी, आर्थिक विकास और बेरोज़गारी से सीधे प्रभावित थे, वे भी मोदी के मुरीद हो गये। अब सवाल यह है कि वजह क्या है। क्या सारी समस्याओं को अलग रखकर देश की सुरक्षा को महत्त्व दिया गया? क्या बीजेपी और मोदी के आने से हिन्दू जनमानस को सम्मान और प्रतिष्ठा मिली और इसी वजह से हिन्दू वोटरों में मोदी के प्रति अति आत्मविश्वास बढ़ा है? क्या बीजेपी आम आदमी की पार्टी बन गयी है जिसमें निचले पायदान पर रहने वालों को भी सत्ता में भागीदारी मिलने की उम्मीद बढ़ गयी है? अगर ग़रीबों में मोदी की पैठ बन गयी है तो मध्य वर्ग और सवर्ण वर्ग को क्या मिला, जिससे मोदी प्रेम बढ़ गया? ये सारे सवाल जितने आसान दिखते हैं, जवाब उतने कठिन हैं।

कह सकते हैं कि सवर्ण, व्यापारी और मध्य वर्ग का रिश्ता बीजेपी से एक हद तक पहले ही बना रहा है, लेकिन पाकिस्तान को सबक सिखाने के अफ़साने, राष्ट्रवाद और हिन्दुत्व की राजनीति के चलते भी ये वर्ग आकृष्ट हुए हो सकते हैं। इसमें मोदी का सोशल मीडिया पर एक्टिव रहना, अपनी ब्रांडिंग करना और टीवी पर दिन-रात दिखते रहने से भी मदद मिली है। टीवी पर लगातार छाये रहने से यह संकेत जाता है कि राजनीति में मोदी के अलावा कोई नहीं है और न ही मोदी जैसा कोई ब्रांड है। जैसे बड़ी-बड़ी कम्पनियाँ अपने ब्रांड के प्रमोशन के लिए करोड़ों और अरबों रुपये ख़र्च करती हैं, उसी तरह मोदी ने ख़ुद को देश का एकमात्र विश्वसनीय ब्रांड बनाने की कोशिश की है हालाँकि टीवी के मुक़ाबले डिजिटल मीडिया भारी हो गया है। कहा जाता है कि टीवी से 5 गुना ज़्यादा दर्शक डिजिटल मीडिया यानी यूट्यूब पर जा पहुँचे हैं, टीवी पर मोदी छाये रहते हैं लेकिन सोशल

मीडिया पर विपक्षी पार्टियों का भी बोलबाला है, माना जाता है कि चुनावी सफलता हासिल करनी हो तो काम पर 60 फ़ीसदी ध्यान देना चाहिए, जबकि स्पष्ट और जनता को आकर्षित करने वाले भाषणों पर 40 फ़ीसदी केन्द्रित होना चाहिए। लगता है, लोकसभा चुनाव में सारे फैक्टर मोदी के पक्ष में चले गये। मोटे तौर पर बीजेपी विरोधी परम्परागत मतदाताओं में से अल्पसंख्यकों के बीच ही गुजरात दंगों से बनी मोदी की कट्टर साम्प्रदायिक छवि का असर होता दिखा। मगर अल्पसंख्यकों के इस रुझान से दूसरे वर्गों में उतना ही अधिक ध्रुवीकरण हो गया और उन सीटों पर भी बीजेपी जीत गयी, जहाँ मुसलमान मतदाताओं की अच्छी-ख़ासी तादाद थी। 2014 में पश्चिमी उत्तर प्रदेश में यही देखने को मिला, जहाँ मुज़फ़्फ़रनगर दंगों और अमित शाह की अगुआई में 'लव जेहाद' तथा 'बेटी बचाओ' जैसे अभियानों से चुनाव के पहले ही पुख्ता ध्रुवीकरण हो चुका था।

बीजेपी को मुस्लिम और हिन्दू ध्रुवीकरण का फ़ायदा अमूमन होता ही है, लेकिन 2019 में हुए बालाकोट हमले के चलते बीजेपी को वोट न देने वाले भी मोदी की ओर झुक गये। अगर 2014 का चुनावी नतीजा जनता की बढ़ती आकांक्षाओं का आईना था, तो फिर वादे पूरे न होने के बावजूद 2019 में बीजेपी का वोट प्रतिशत और सीटें कैसे बढ़ गयीं? क्या वोटरों ने इस बार आकांक्षाओं को दरकिनार कर राष्ट्रवाद के नाम पर वोट दिया या पाकिस्तान को सबक सिखाने से मतदाताओं में उबाल आ गया? क्या उज्ज्वला योजना के तहत रसोई गैस कनेक्शन और शौचालय बनवाने से लोगों की आकांक्षाएँ पूरी हो गयी हैं? क्या प्रधानमन्त्री आवास योजना के तहत मकान और किसानों को हर साल 6000 रुपये तथा इलाज के लिए लोगों को 5 लाख रुपये का बीमा उपलब्ध करा देने का असर हुआ? या सारे मुद्दे मिलकर मोदी की जीत को आसान बना दिया? दूसरा अहम फैक्टर यह था कि मोदी को सीधी टक्कर देने लायक कोई विकल्प ही नहीं दिखा और न ही मतदाताओं को भरोसा हुआ कि मोदी के अलावा कोई दूसरा नेता प्रधानमन्त्री पद का दावेदार हो सकता है, एक तरह से कहा जा सकता है कि विपक्षी पार्टियों ने मोदी के लिए खुला मैदान छोड़ दिया, इसी से यह भी पता चलता है कि देश के तमाम स्थापित राजनैतिक दलों से लोगों के एक बड़े तबके का भारी मोहभंग हो गया है।

कहने की ज़रूरत नहीं है कि मोदी का नाम देश का सबसे बड़ा राजनीतिक ब्रांड है। दरअसल मोदी और अमित शाह को जीत की फैक्ट्री कहा जाता है। चुनाव का समाँ कैसे बाँधा जाता है, चुनाव कैसे जीता जाता है, तैयारी किस तरह की जाती है–मोदी और अमित शाह की जोड़ी इसकी सारी तरकीबें जानती है। अगर चुनाव

जीतने के लिए 100 फ़ीसदी ऊर्जा चाहिए तो वे 150 फ़ीसदी लगाते हैं, चुनाव के साथ कोई समझौता नहीं। पाकिस्तान पर एयर स्ट्राइक करके भारतीयों के दिल में जगह बना ली, इस हमले से मोदी की लोकप्रियता आसमान छूने लगी। लोग नोटबन्दी, जीएसटी, अर्थव्यवस्था की बदहाली और बेरोज़गारी की बात भूल गये। ऐसी दीवानगी छायी कि कोई भी मोदी के ख़िलाफ़ नकारात्मक बात सुनने को तैयार नहीं था। कहने वालों की भी हिम्मत छूट गयी। यानी पाकिस्तान पर हवाई हमला रामबाण साबित हुआ, वरना बीजेपी बड़ी पार्टी तो ज़रूर होती, लेकिन उसे शायद इतनी बड़ी जीत नहीं मिल पाती।

दरअसल नोटबन्दी के बाद देश की विकास दर और रोज़गार पर उसका नकारात्मक असर साफ़ दिखने लगा था। विकास दर लगातार गिरने लगी। जीएसटी लागू होने से व्यापारी वर्ग नाराज़ होने लगा। जगह-जगह किसानों का आन्दोलन शुरू हो गया और कुछ जगहों पर दलितों पर हमले शुरू हुए। भीड़ द्वारा मुसलमानों की लिंचिंग के मामले भी सामने आ गये। दलित उत्पीड़न क़ानून में सुप्रीम कोर्ट के फ़ैसले से पैदा हुए विवाद के बाद देश भर में आन्दोलन हुए, मध्य प्रदेश में गोली चली। एक तरह से सरकार के ख़िलाफ़ माहौल बनने लगा। सरकार ने आनन-फानन संसद में क़ानून पास करके सुप्रीम कोर्ट के फ़ैसले को निरस्त कर दिया। इससे बीजेपी का कोर वोट बैंक यानी सवर्ण नाराज़ हो गये। इसका असर भी दिखने लगा और 2018 की शुरुआत से ऐसे लगने लगा कि बीजेपी के बुरे दिन शुरू हो गये। लोकसभा हो या विधानसभा के उपचुनाव, बीजेपी दनादन हारने लगी। ख़ासकर उत्तर प्रदेश में मुख्यमन्त्री आदित्यनाथ योगी के गढ़ गोरखपुर, उप-मुख्यमन्त्री केशवप्रसाद मौर्य की सीट फूलपुर और कैराना लोकसभा उप-चुनाव में बीजेपी हार गयी। हार इसीलिए हुई कि मायावती की बसपा उपचुनाव में खड़ी नहीं हुई। अखिलेश यादव की समाजवादी पार्टी और अजित सिंह के राष्ट्रीय लोकदल के बीच गठबन्धन था। तब चर्चा शुरू हो गयी कि अगर बसपा-सपा-रालोद गठबन्धन हुआ तो लोकसभा चुनाव में बीजेपी की स्थिति बदतर हो जायेगी। अगर उत्तर प्रदेश में नुक़सान होता तो केन्द्र में मोदी का दोबारा सरकार बनाना नामुमकिन हो जाता। उत्तर प्रदेश ही नहीं, राजस्थान, मध्य प्रदेश के लोकसभा उपचुनावों में भी बीजेपी का यही हाल हुआ। एक तरह से मोदी के ख़िलाफ़ लामबन्दी शुरू हो गयी और विपक्षी खेमे का आत्मविश्वास बढ़ने लगा कि देश में ऐसे ही गठबन्धन बनाकर मोदी को हराया जा सकता है। सो, गुजरात में पाटीदार आरक्षण की माँग को लेकर हीरो

बने हार्दिक पटेल कांग्रेस में शामिल हो गये। युवा दलित नेता जिग्नेश मेवाणी की भी कांग्रेस से साँठगाँठ हुई और अल्पेश ठाकुर भी कांग्रेस में शामिल हो गये। राहुल गांधी ने गुजरात चुनाव में रणनीति बदली। कभी शिवभक्त बने तो कभी जनेऊधारी ब्राह्मण, अपनी छवि हिन्दूवादी बनाने के लिए जगह-जगह मन्दिर दर्शन करने लगे।

2017 के गुजरात विधानसभा चुनाव में बीजेपी मुश्किल से जीती और उसकी सीटें भी घट गयीं। 1995 के विधानसभा चुनाव के बाद उसे इतनी कम सीटें गुजरात में कभी नहीं मिली थीं। पार्टी पहली बार 100 सीटों के नीचे खिसक गयी। हालाँकि बीजेपी का वोट प्रतिशत बढ़ा, लेकिन कांग्रेस से फ़ासला बहुत कम रह गया था। कांग्रेस की कोशिश थी कि अगर मोदी गुजरात में चुनाव हार जायें तो उन्हें केन्द्र में हराना आसान हो जायेगा। अगर ऐसा होता तो मोदी की क्षमता को लेकर पार्टी के अन्दर और पार्टी के बाहर सवाल उठते और उनकी शक्तिशाली नेता की छवि पर सवालिया निशान लग जाता। लेकिन मोदी ने स्थिति को भाँप लिया। यही स्थिति फिर से 2022 के गुजरात विधानसभा चुनाव में करने की कोशिश की गयी लेकिन तीन कोणीय चुनाव की वजह से बीजेपी ने ज़्यादा सीटें जीतकर इतिहास रच दिया। वहीं 2018 के कर्नाटक विधानसभा चुनाव में पार्टी बहुमत से दूर रही और हालात यह हुई कि कांग्रेस और जेडीएस ने गठबन्धन की सरकार बना ली। हालाँकि वह सरकार बहुत दिन नहीं चल पायी। फिर येदियुरप्पा के नेतृत्व में बीजेपी सरकार बनी। यही हाल 2018 के आख़िर में हुआ। बीजेपी के हाथ से मध्य प्रदेश, राजस्थान और छत्तीसगढ़ निकल गये। इन तीनों राज्यों की हार साफ़ संकेत दे रही थी कि 2019 का लोकसभा चुनाव मोदी सरकार के लिए ख़तरे की घंटी है। निर्णायक छवि बनाने के लिए मोदी सरकार दनादन फ़ैसले लेने लगी। सवर्ण बीजेपी से नाराज़ चल रहे थे। मोदी ने जातिगत समीकरणों पर नज़र घुमाई। उन्होंने न सिर्फ़ ओबीसी आयोग को संवैधानिक दर्जा देने का कार्य किया बल्कि आर्थिक रूप से पिछले सवर्णों को 10 फ़ीसदी आरक्षण दे डाला। यही नहीं, किसानों को लुभाने के लिए केन्द्र सरकार ने सालाना 6 हज़ार रुपये देने का भी फ़ैसला किया। मोदी को पता था कि अगर काम नहीं करेंगे तो सिर्फ़ नाम का सिक्का ज़्यादा दिन नहीं चल पायेगा। दरअसल मोदी के सत्ता में आने के बाद उनके मुख्य विरोधी और तब के कांग्रेस अध्यक्ष राहुल गांधी ने उन पर तगड़ा हमला सूटबूट की सरकार बताकर ही किया था। यह जुमला कारगर होता भी दिखा, लेकिन चतुर और चौकन्ने मोदी फ़ौरन ही इसे ताड़ गये। पूँजीपतियों का हितैषी होने की अपनी छवि तोड़ने के लिए उन्होंने ख़ुद को ग़रीबों का रखवाला बनाकर पेश करना शुरू किया। ग़रीबों में अपनी पकड़ मज़बूत करने के

लिए उन्होंने जनधन योजना के तहत ज़ीरो बैलेंस वाले बैंक खाते खोलना, उज्ज्वला योजना के तहत गैंस सिलेंडर देना, स्वच्छता योजना के तहत घर-घर शौचालय बनाना, प्रधानमन्त्री आवास योजना के तहत ग़रीबों को घर देना, आयुष्मान योजना के तहत 5 लाख तक स्वास्थ्य बीमा जैसी ताबड़तोड़ योजनाएँ शुरू कीं।

बीजेपी अपनी इब्तिदा से ही राष्ट्रवाद की पक्षधर रही है, लेकिन जब केन्द्र में मोदी सरकार आयी तो राष्ट्रवाद के गुब्बारे में फुल हवा भरी गयी। बीजेपी ने ख़ुद को देशभक्त और दूसरों को देशद्रोही बताना शुरू किया। यह मुद्दा तब तूल पकड़ गया, जब जवाहरलाल नेहरू विश्वविद्यालय में कथित तौर पर देश विरोधी नारे लगाने के वीडियो एक टीवी चैनल ने जारी किये। जेएनयू छात्रसंघ के तत्कालीन अध्यक्ष कन्हैया कुमार और दूसरे छात्र नेता उमर खालिद के समर्थन में पूरा विपक्ष खड़ा हो गया। लेकिन बीजेपी ने इसे लोकसभा चुनाव में भी मुद्दा बनाया और विधानसभा चुनावों में भी। सोशल मीडिया पर भी इसका जमकर प्रचार किया गया।

भारी गर्मी के बीच होने जा रहे 2019 के लोकसभा चुनावों से पूर्व ही मोदी के पक्ष में माहौल बनाने के प्रोजेक्ट तेज़ी से चल रहे थे। इसी बीच पाकिस्तान पर सर्जिकल स्ट्राइक का तूमार बँध जाने से मोदी के समर्थन में बह रही मन्द राजनीतिक हवा ने तूफ़ान का रूप ले लिया। नतीजे देखकर हैरत हुई कि सपा-बसपा का गठबन्धन फेल हो गया और लालू की पार्टी आरजेडी को बिहार में पहली बार कोई सीट नहीं मिली। ग़ौर करने की बात है कि सपा, बसपा और आरजेडी के पारम्परिक वोटर भी कुछ हद तक बीजेपी का रुख कर गये।

यही नहीं, मोदी की हवा के सामने उत्तर प्रदेश, बिहार, झारखण्ड, महाराष्ट्र, कर्नाटक और असम में बने तमाम विपक्षी समीकरण व गठबन्धन साफ़ हो गये। एक तरह से गठबन्धन की राजनीति को लोगों ने धता बता दिया। गठबन्धन चला तो सिर्फ़ एनडीए का और वह भी मोदी की वजह से। इसमें भी घटक दलों की नैया पार हुई। हालाँकि बिहार विधानसभा चुनाव में मिली हार के बाद यह पता चल गया था कि बीजेपी अपने बूते चुनाव नहीं जीत पायेगी। यह भी अहसास हो गया था कि लोकसभा चुनाव में भी नीतीश और लालू की जोड़ी को हराना मुश्किल है। इसीलिए अमित शाह ने ना सिर्फ़ नीतीश कुमार से हाथ मिलाने का फ़ैसला किया, बल्कि सीटों का बँटवारा बराबर-बराबर करना पड़ा, बीजेपी को अपनी जीती हुई सीटें भी छोड़नी पड़ीं। महाराष्ट्र में बीजेपी और शिवसेना के बीच तनातनी चल रही थी, लेकिन बीजेपी कोई ख़तरा मोल नहीं लेना चाहती थी, आख़िरकार दोनों पार्टियों में समझौता हुआ।

बीजेपी व मोदी की बात हो और हिन्दुत्व का ज़िक्र न छिड़े, तो चुनाव विश्लेषण बेमानी हो जायेगा। हिन्दुत्व बीजेपी के उत्थान में प्राण वायु की तरह है। यह कोर मुद्दा है, जिसकी वजह से बीजेपी मात्र 2 सीटों से 303 सीटों तक का सफ़र तय कर पायी है। इसीलिए विरोधी नेता और सेक्युलरवादी पत्रकार, मोदी के समर्थकों को भक्त कहते हैं। ज़ाहिर है, मोदी का जितना कार्ड चला है, उसकी नींव में हिन्दुत्व ही है। मतलब वह दिनोंदिन हिन्दू वोटरों को अपनी ओर आकर्षित कर रहे हैं। हिन्दू वोटरों में मोदी के प्रति दीवानगी है जबकि मुस्लिम मतदाताओं में एक बेचैनी है और यह बेचैनी लगातार बढ़ती जा रही है। बेचैनी की वजह राम मन्दिर, गुजरात दंगे तो हैं ही, नागरिकता संशोधन बिल और एनआरसी की वजह से खाई और बढ़ गयी है। बीजेपी खुलकर हिन्दुत्व का कार्ड खेलती है और मोदी तो हिन्दुओं के पोस्टर ब्वॉय गुजरात दंगे के बाद ही बन गये थे। हिन्दुत्व से जुड़े तमाम मुद्दों के अलावा अर्धकुम्भ को लेकर जिस तरह से मोदी और योगी सरकार ने कार्य किया, उससे भी लोगों को लगा कि यह सरकार उनके धर्म का सम्मान करती है। बीजेपी ने यह सन्देश दिया कि इसके पहले कुम्भ को इस तरह का महत्त्व नहीं दिया गया। इससे यूपी के दलित और यादव वोटरों ने भी बीजेपी को वोट किया और बिहार के यादव भी उसकी ओर झुके।

अब सवाल यह है कि क्या मोदी ने सिर्फ़ हिन्दुत्व के एजेंडे पर इतनी बड़ी कामयाबी हासिल की है। इसके पहले एक ज़माने में लालकृष्ण आडवाणी भी हिन्दुत्व का चेहरा थे लेकिन उनके नेतृत्व में बीजेपी 2009 का लोकसभा चुनाव नहीं जीत पायी। इसलिए मोदी की सफलता की गगनचुम्बी इमारत की नींव में विकास का एजेंडा और जनता से जुड़ाव के जादू को नज़रअन्दाज़ नहीं किया जा सकता है। मोदी ने 26 मई 2014 को सत्ता सँभालने के बाद जनता से जुड़ाव का कोई मौक़ा नहीं छोड़ा। हर मौक़े पर वे जनता के बीच जाते रहे। पाँच साल में उन्होंने क़रीब 1000 से अधिक रैलियाँ या जनसभाएँ कीं, जो एक रिकॉर्ड है।

शहरातू मीडियाकर्मी और बुद्धिजीवी मोदी जी के भाषणों से शायद ऊब चुके होंगे, लेकिन उनकी बात सुनने के लिए लोगों में ज़बरदस्त उत्सुकता बनी रहती है। सिर्फ़ भाषण नहीं बल्कि जनता से जुड़ने, संवाद करने और आत्मीयता बढ़ाने और विश्वसनीयता कायम रखने की उनकी कोशिशें भी कम नहीं रहीं। हमने देखा ही है कि हज़ारों लोगों ने मोदी के एक अनुरोध पर गैस कनेक्शन पर सब्सिडी लेना छोड़ दिया था, ट्रेन की सब्सिडी छोड़ दी थी, कोरोना काल में बड़े पैमाने पर ताली-थाली

बजाई थी। ये सिर्फ़ बीजेपी समर्थक लोग नहीं थे। मोदी जी स्वच्छता अभियान पर ज़ोर देते हैं, विश्व योग दिवस में ज़ोर-शोर से भाग लेते हैं, तो लाखों लोग हाथ में झाड़ू थाम लेते हैं, करोड़ों लोग अनुलोम-विलोम करने लगते हैं। ट्विटर पर जब वह अपने नाम के साथ चौकीदार जोड़ते हैं, तो लाखों लोग डीपी बदलकर अपने नाम के साथ रातोंरात चौकीदार जोड़ लेते हैं। जब वह चुनाव जीतने के बाद अपने नाम से चौकीदार हटाते हैं, तो सभी हटा भी लेते हैं। इस फिनॉमिनॉ को आप महज़ व्यक्तिपूजा कहकर नज़रअन्दाज़ नहीं कर सकते। आख़िर यही तो मोदी का जादू है और इसी से 'मोदी है तो मुमकिन है' के नारे का वज़न भी तोला जा सकता है। 'आयेगा तो मोदी ही' के नारे से आत्मविश्वास के पैमाने को समझा जा सकता है। इस सारी क़वायद के बावजूद यह यक्ष प्रश्न अपनी जगह बरकरार है कि 2024 में क्या होगा?

# ब्रांड मोदी की मज़बूती: जीत का मन्त्र

**धर्मेन्द्र कुमार सिंह**

सोलहवीं लोकसभा चुनाव की तुलना में सत्रहवीं लोकसभा चुनाव में भारतीय जनता पार्टी (बीजेपी) की दूसरी बड़ी जीत से दोबारा साबित हुआ था कि ब्रांड मोदी का जादू बरकरार है। प्रधानमन्त्री नरेन्द्र मोदी की छवि शक्तिशाली, साहसी और निर्णायक नेता की बनी हुई है। चुनाव के परिणामों ने यह भी बताया कि देश के एक बड़े हिस्से में लोगों का बड़ा तबका उन्हें साहसिक फ़ैसले लेने वाले नेता की तरह देखता है। उन्हें अमीर और ग़रीब दोनों तबकों के लोगों का समर्थन हासिल है। हालाँकि उनकी पार्टी उन्हें ग़रीबों का मसीहा कहने में ज़्यादा दिलचस्पी लेती है, क्योंकि आख़िरकार सत्ता तो उन्हीं के वोट से मिलती है। सबसे बढ़कर यह कि मोदी सबसे बड़े सियासी ब्रांड बने हुए हैं। आज़ादी के बाद देश में उनकी तरह अपनी ब्रांडिंग पर शायद ही किसी नेता ने ख़ास ध्यान दिया। उन्होंने खुद का ऐसा ब्रांड तैयार किया, जिसके सामने हर मार्केटिंग ब्रांड फीका लगने लगता है। यह ब्रांड अमीर और ग़रीब सबको समान रूप से लुभाता है। मोदी ने अपने ब्रांड को ज़्यादा से ज़्यादा मज़बूत और आकर्षक बनाने के लिए बिना झिझक, बिना लाग-लपेट सब कुछ किया। कभी क़दम पीछे नहीं खींचे। यही नहीं, उनके निन्दकों और आलोचकों ने जितनी कटु निन्दाएँ कीं, उससे मोदी का क़द दोहरा करने में ही मदद मिली। सवाल कि 2024 के लोकसभा चुनाव में उनके ब्रांड का क्या होगा? क्या ब्रांड मोदी के लिए मुश्किल पैदा हो जायेगी? क्या मोदी जीत की हैट्रिक लगायेंगे या मोदी की राजनीति की आख़िरी पारी होगी? मोदी अपनी ब्रांडिंग से 22 साल से लगातार सत्ता में बने हुए हैं क्या उनकी ब्रांडिंग फिर पास होगी या फेल होगी? इसी पर देश की नज़र टिकी हुई है।

उनकी अजेय छवि इससे भी बनी कि 2001 में गुजरात के मुख्यमन्त्री और 2014 में प्रधानमन्त्री बनने के बाद उनके नेतृत्व में उनकी भारतीय जनता पार्टी (बीजेपी) न गुजरात में कोई चुनाव हारी और न केन्द्र में, बल्कि जीत का रिकॉर्ड बढ़ता रहा। वे कई बार सियासी दलदल में फँसते दिखे, मगर फिर मज़बूत होकर उभरे। लगातार विवादों के केन्द्र में भी बने रहे हैं। दिलचस्प यह भी है कि मोदी के हर काम का समर्थन और विरोध दोनों ही बड़े स्तर पर होता रहा है। इसमें उनके व्यक्तित्व के अन्तर्विरोध भी काम करते हैं। एक तरफ़ उन पर 2002 के गुजरात दंगे के दौरान बतौर मुख्यमन्त्री मुसलमान-विरोधी हिंसा की अनदेखी करने का आरोप है, तो दूसरी तरफ़ विकास के गुजरात मॉडल की चर्चा है। एक तरफ़ नागरिकता संशोधन क़ानून के ज़रिये पड़ोसी देशों के हिन्दुओं, सिखों, जैनियों वग़ैरह को भारतीय नागरिकता देने पर ताली बजती है तो दूसरी तरफ़ इस क़ानून के दायरे से मुसलमानों को अलग रखने के लिए भारी विरोध और प्रदर्शन होता है। पुलवामा में आतंकी हमले के बाद पाकिस्तान में सर्जिकल स्ट्राइक पर मोदी की ज़बरदस्त वाहवाही होती है तो दूसरी तरफ़ स्ट्राइक के सबूत माँगे जाते हैं और उसे चुनावी फ़ायदे के लिए भुनाने के आरोप लगते हैं। वे जम्मू-कश्मीर को संविधान के अनुच्छेद 370 धारा के तहत हासिल विशेषता को ख़त्म करने का फ़ैसला कर लेते हैं तो दूसरी तरफ़ सरकार के फ़ैसले के ख़िलाफ़ विपक्ष एक हो जाता है। एक तरफ़ राफेल में भ्रष्टाचार, मणिपुर में हिंसा, पेगासस के ज़रिये जासूसी और अडानी-हिंडनबर्ग पर संसद में जवाब देने के लिए विपक्षी पार्टियाँ घेरती हैं, तो दूसरी तरफ़ वो विपक्ष के दबाव में झुकने को तैयार नहीं होते हैं, मणिपुर हिंसा के मुद्दे पर बोलने के लिए विपक्ष सरकार के ख़िलाफ़ अविश्वास प्रस्ताव लाता है लेकिन मोदी जब मणिपुर पर बोलते हैं तो उसके पहले विपक्ष बहिष्कार कर देता है। एक तरफ़ उन पर आरोप लगता है कि मुसलमान के ख़िलाफ़ उनके मन में नफ़रत है तो दूसरी तरफ़ कहते हैं कि सरकारी लाभकारी योजनाओं में उनकी सोच सेक्युलर है। एक तरफ़ विपक्षी नेताओं के ख़िलाफ़ सीबीआई और ईडी के दुरुपयोग का आरोप उन पर लगता है तो दूसरी तरफ़ इसी मुद्दे को लेकर 28 पार्टियाँ (अब 26 बची) एकजुट होकर हराने के लिए इंडिया गठबन्धन का गठन कर लेती हैं। मुसलमानों में प्रचलित तीन तलाक़ की प्रथा को ग़ैर-क़ानूनी घोषित करने का क़ानून ले आते हैं। पता नहीं इसमें कितना संयोग है कि मोदी के शासन काल में ही सुप्रीम कोर्ट अयोध्या में विवादित स्थल पर राम मन्दिर बनाने और दूसरी जगह मस्जिद बनाने का फ़ैसला सुना देता है।

मोदी सरकार और उसके समर्थक दावा करते हैं कि जो काम बरसों से नहीं हुए, वे मोदी राज में हुए। अब तो उपराष्ट्रपति जगदीप धनखड़ ने प्रधानमन्त्री मोदी की तुलना महात्मा गांधी से करते हुए कहा "बीती सदी के महापुरुष महात्मा गांधी थे, इस सदी के युगपुरुष नरेंद्र मोदी हैं।" मोदी ने 8 नवम्बर 2016 को कथित तौर पर काले धन पर क़ाबू पाने के लिए रातोंरात नोटबन्दी (500 रु. और 1,000 रु. के नोट वापस लेने) का ऐलान किया तो उसका भारी विरोध हुआ। लोगों को काफ़ी मुश्किलें हुईं। लोगों को बैंकों के आगे लम्बी-लम्बी क़तारों में खड़ा होना पड़ा। इस दौरान कुछ लोगों की मौतें भी हुईं। नोटबन्दी से अर्थव्यवस्था की विकास दर ऐसे पटरी से उतरी कि अभी तक पूरी तरह नहीं सँभली है, जिसकी गवाही उसके बाद के वर्षों में जीडीपी में लगातार गिरावट भी देती है। विपक्ष और स्वतन्त्र अर्थशास्त्रियों तथा एजेंसियों ने दावा किया कि ग़रीब बर्बाद हो गये, किसानों की कमर टूट गयी, विकास दर रुक गयी, बेरोज़गारी बढ़ गयी हालाँकि सरकार दावा करती है कि इनकम टैक्स भरने वालों की संख्या बढ़ी, वहीं सरकार की कमाई भी बढ़ी है और डिजिटल लेनदेन भी बढ़े हैं। इकोनॉमिक सर्वे के मुताबिक़ कुल टैक्स में औसतन डायरेक्ट टैक्स (साल 2019-2013 अप्रैल-नवम्बर) में 12.9 फ़ीसदी था जो कि अप्रैल-नवम्बर 2022 में 23.9 फ़ीसदी हो गया और 23-2022 में कुल टैक्स में जीएसटी का हिस्सा 28 फ़ीसदी हो गया और दिनोंदिन जीएसटी से कमाई बढ़ती जा रही है। इनकम टैक्स रिटर्न्स भरने वालों की संख्या में भी वृद्धि हुई। सरकार के किसी क़दम पर समर्थन और विरोध होता ही रहता है, लेकिन पैमाना चुनाव ही होता है जिसमें जनता मुहर लगाती है। नोटबन्दी के बाद भी 2017 के शुरुआती महीनों में उत्तर प्रदेश विधानसभा चुनाव बीजेपी बड़े बहुमत से जीत गयी, हालाँकि उस वर्ष के आख़िर में और अगले साल हुए चुनावों में हार मिली और यहाँ तक कि गुजरात में भी बीजेपी बमुश्किल ही जीत पायी, लेकिन फिर 2019 में लोकसभा चुनाव भी उसी अन्दाज़ में जीत गयी। इसी तरह केन्द्रीय माल और सेवा कर (जीएसटी) का प्रस्ताव कांग्रेस की अगुआई वाली यूपीए सरकार के वक़्त आया था, जिसे 2018 में नये सिरे से प्रस्ताव लाकर नरेन्द्र मोदी सरकार ने लागू किया। कांग्रेस समेत कई पार्टियों तथा स्वतन्त्र अर्थशास्त्रियों ने उन प्रस्तावों को अधकचरा, जल्दबाज़ी में लाया गया बताया। हालाँकि कई दूसरे ख़ासकर व्यापारिक हलकों से उठ रहे स्वरों के बाद उसमें सैकड़ों और अब तक कुछ हज़ार संशोधन करने पड़े। उसका असर छोटे कारोबारियों पर भी पड़ा हालाँकि जीएसटी से सरकार की बम्पर कमाई अब हो रही है। नोटबन्दी और जीएसटी को समर्थन और विरोध के चुनावी तराजू पर तौला

जाये तो 2019 के चुनाव पर मोदी सरकार पर असर पड़ना चाहिए लेकिन इसके उलट बीजेपी की सीटें बढ़ गयी हैं हालाँकि ये भी कहा जाता है कि बालाकोट एयर स्ट्राइक नहीं होता तो तस्वीर अलग हो सकती थी। ख़ासकर ग़ौर करने वाली बात है अगर जीएसटी और नोटबन्दी का इतना विरोध होता तो व्यापारी और कारोबारी वर्ग सबसे ज़्यादा नाराज़ होते लेकिन लोकसभा चुनाव हुए तो यह मानकर चला जा सकता है कि बीजेपी की जीत में ख़ासकर उत्तर और पश्चिम भारत के कारोबारियों के वोट भी मिले। लोकतन्त्र में विरोध संजीवनी का काम करता है लेकिन ये विरोध वोट में तब्दील नहीं हुआ ये संकेत मिलते हैं। फिर, कोरोना वायरस से लड़ने के लिए रातोंरात देशव्यापी लॉकडाउन लगाने का क़दम किसी दुस्साहस से कम नहीं था। लाखों ग़रीब लोग हज़ारों किमी पैदल चलने को मजबूर हुए, कई लोग सड़कों पर जान गँवा बैठे। ऑक्सीजन के लिए पूरा देश तरस रहा था, ऑक्सीजन नहीं मिलने से कई लोगों की साँस रुक गयी, देश में ग़ुस्सा भी था लेकिन सरकार ये मानने के लिए तैयार नहीं हुई कि ऑक्सीजन की कमी से मौत हुई हालाँकि कोरोना के मामले में जनता की आख़िरी मुहर लोकसभा चुनाव में लगेगी लेकिन ऑक्सीजन की किल्लत की खबर उत्तर प्रदेश, दिल्ली, गुजरात, महाराष्ट्र, राजस्थान इत्यादि राज्यों में ज़्यादा थी लेकिन उत्तर प्रदेश, बिहार, असम, गुजरात, त्रिपुरा, गोवा, उत्तराखण्ड विधानसभा चुनाव में बीजेपी को जीत हुई वहीं दिल्ली में आम आदमी पार्टी, पश्चिम बंगाल में टीएमसी की फिर जीत हुई और कर्नाटक और हिमाचल प्रदेश में बीजेपी की हार हुई लेकिन ऑक्सीजन की किल्लत इतना बड़ा मुद्दा था तो सत्तासीन पार्टी को हर जगह हार जाना चाहिए या कहा जाये कि ऑक्सीजन की किल्लत कोई मुद्दा नहीं बन पाया या दूसरे मुद्दों के सामने दब गया? या जनता भूल गयी? यूँ कहें जिस परिवार में कोरोना से मौत हुई शायद वही परिवार बीजेपी को वोट नहीं दिया? केन्द्रीय कृषि क़ानूनों के ख़िलाफ़ किसानों ने लगभग सवा साल तक दिल्ली के चारों ओर घेरा डाल दिया। आख़िरकार पंजाब और उत्तर प्रदेश चुनावों के पहले मोदी को माफ़ी माँगनी पड़ी और विवादास्पद कृषि क़ानून वापस लेने पड़े।

अब सवाल यह है कि आख़िरकार इतने भारी अन्तर्विरोधों के बावजूद मोदी कमज़ोर क्यों नहीं पड़ रहे हैं? क्या है उनकी मज़बूती का राज? क्या है अजेय होने का नैरेटिव? किस आधार पर टिकी है मोदी की 22 साल (गुजरात से लेकर अब तक) की फतह की कहानी? आख़िरकार यह मोदी नशा क्या है कि आर्थिक बदहाली की मार और नुक़सान के बाद भी वह टूट नहीं रहा है। दरअसल ब्रांडिंग का

खेल ही तिलिस्म पैदा करने का है, ऐसा तिलिस्म जिसमें लोग सुधबुध खोकर उस ब्रांड में क़ैद हो जाते हैं। मोदी ने ख़ुद को ऐसा ब्रांड बना लिया है जो प्रोडक्ट बनकर लोगों के दिलो-दिमाग़ में छाया हुआ है। ठीक उसी तरह जैसे जिस प्रोडक्ट की मार्केटिंग वेल्यू ज़्यादा हो, लोगों में उस प्रोडक्ट के प्रति दीवानगी दिखती है, उस पर भरोसा ज़्यादा होता है, सन्तुष्टि ज़्यादा मिलती है। मसलन, मैग्गी और कोल्ड ड्रिंक्स की अजब दीवानगी है। लगता है, मोदी के प्रति भी दीवानगी का स्तर वही है। ऐसा ब्रांड जिसकी बुराई लोग नहीं सुनना चाहते, उनकी नाकामी भी लोगों का नशा नहीं टूटने देती। ब्रांडिंग करने में प्रोडक्ट दमदार, मज़बूत और भरोसेमन्द होना चाहिए। मोदी पर कोई भ्रष्टाचार का आरोप न साबित हुआ है, न ही डायरेक्ट कोई भ्रष्टाचार का आरोप लगा है, न कोई मुक़दमा चला और न ही किसी मुक़दमे में कोई सज़ा हुई, अगर जाँच के जद में आये तो क्लीनचिट ही मिली है। परिवारवाद और वंशवाद के आरोप से तो मुक्त हैं ही, मोदी की सम्पत्ति भी दूसरे नेताओं से कम है। लगता है कि मुख्यमन्त्री बनने के पहले से ही मोदी ने अपनी ब्रांडिंग का ख़ास ख़्याल रखा है या यह उनके व्यक्तित्व का हिस्सा है। इसके लिए बेशक दूरगामी सोच, ज़बरदस्त इच्छा शक्ति की ज़रूरत होती है और रणनीति भी ऐसी चाहिए कि जो मुश्किल से मुश्किल चक्रव्यूह को भेद सके। दरअसल ब्रांडिंग में ख़ुद को सबसे अलग बताना ज़रूरी होता है, ख़ुद को सबसे आगे रखना होता है और सबसे बड़ी बात होती है ये बताना कि मेरे जैसा देश में कोई नहीं है। इसी साल 15 अगस्त के मौक़े पर मोदी बोले ये नया भारत है, आत्मविश्वास से भरा हुआ भारत है, ये संकल्पों को चरितार्थ करने के लिए जी-जान से जुटा हुआ भारत है। इसलिए ये भारत न रुकता है, न थकता है, न हाँफता है और न ही ये भारत हारता है। इन्हीं शब्दों में उनकी 22 साल की ब्रांडिंग का राज़ छिपा है।

ब्रांडिंग क्या चीज़ होती है, क्या अहमियत होती है और इसका क्या असर होता है इन सवालों का जवाब देते हुए विज्ञापन जगत की हस्ती प्रहलाद कक्कड़ कहते हैं, "जनता में यह बताना पड़ता है या महसूस कराना होता है कि मैं बेस्ट प्रोडक्ट हूँ। नेता की पहचान कैसे होती है, ईमानदार हो, वफ़ादार हो, जनता का काम करने वाला हो, मज़बूत हो और कड़े फ़ैसले लेने वाला हो, परिवारवाद और भाई-भतीजा की परछाईं से दूर हो। दो-चार ऐसा काम कर दे कि जिसको देश में मज़बूती से पेश किया जा सके और उसकी चर्चा ख़ूब हो। यह लगातार अहसास दिलाये कि मैं आपके लिए हूँ, आपके लिए ही बना हूँ, आपकी सेवा और देश की सेवा के लिए

पैदा हुआ हूँ, हर दम और हर पल जनता के लिए उपलब्ध हूँ, जनता से संवाद, जनता की मूल समस्या का हल, बड़ी समस्या और बड़े फ़ैसले में ख़ुद को नेतृत्व करना होता है ताकि टीम, पार्टी और देश अनुसरण करता है। टीम को उसी तरह लीड करना होता है, जैसे आर्मी के प्लाटून को कर्नल और मेजर नेतृत्व करते हैं, हमेशा फ्रंट पर रहना होता है।"

ये सही है कि मोदी की ब्रांडिंग के लिए पूरी टीम काम करती है, ख़ुद काम करते हैं। जब मोदी गुजरात के मुख्यमन्त्री थे तब गुजरात बीजेपी में एक ही चेहरे की बात होती रही, जब मोदी केन्द्र में हैं, तब भी पूरी पार्टी एक ही चेहरा यानी एक प्रोडक्ट पर ही टिकी हुई है। मार्केटिंग ब्रांडिंग का एक नियम और उसूल होता है एक चेहरा या प्रोडक्ट, इसीलिए मोदी के चेहरे को पार्टी से ऊपर कर दिया गया तो लोगों को आश्चर्य हुआ लेकिन ब्रांडिंग का अपना उसूल होता है और ताज़गी और नयापन होता है जिससे जनता उससे कनेक्ट करती है और दिलो-दिमाग़ में बसाती है। इसे ऐसे समझा जा सकता है। जब मैग्गी पर पाबन्दी लगी थी तो आरोप लगा कि मैग्गी में शीशे का तत्त्व पाया गया। मैग्गी किचन से ग़ायब हो गया, लेकिन लोगों के दिलो-दिमाग़ में रमा और बसा रहा है, लेकिन जब पाबन्दी हटी तो फिर मैग्गी के लिए वही दीवानगी देखी गयी, कहीं-न-कहीं यही कनेक्शन मोदी के साथ भी है अगर मोदी ने भरोसे और लोगों का दिल नहीं जीता होता तो 22 साल से सत्ता में नहीं बने होते, जैसे महेन्द्र सिंह धोनी विज्ञापन की दुनिया और लोगों के दिलों में छाये हुए हैं। बेहतर खेलने के साथ-साथ ब्रांड बनने के लिए बहुत कुछ चाहिए, जब धोनी कैप्टन थे, जब वो कैप्टन नहीं थे, जब मैच खेल रहे थे, जब मैच नहीं खेल रहे थे, लेकिन कप्तानी और ब्रांडिंग में कोई कमी नहीं आयी, मैदान में नहीं रहने पर भी छाये हुए हैं उनकी दीवानगी क्योंकि धोनी ने अपना ब्रांड बनाया, वर्ल्ड कप जीता, टी ट्वेंटी वर्ल्ड कप जीता, पाँच बार आईपीएल जीता, बेहतर खेलबाज़ी, विकेट कीपिंग, बैटिंग, बेहतर कप्तान, हेयर स्टाइल, कैप्टन कूल, हेलीकॉप्टर शॉट, शानदार मैनेजर, फ़िल्म भी बनी।

उसी तरह मोदी ने भी अपनी ब्रांडिंग की, मतलब आप और हम आकलन कर सकते हैं, निन्दा भी कर सकते हैं लेकिन जनता की नज़रों में उनकी छवि अलग है, राजनीतिक विश्लेषक अलग चश्मे से मोदी को देखते हैं और जनता का चश्मा अलग होता है इसीलिए चुनाव के दौरान अक्सर राजनीतिक और चुनाव विश्लेषक जनता के मूड को पढ़ने में खरे नहीं उतरते हैं। ये साधारण काम नहीं, इसके लिए त्याग, तपस्या, लगन और मेहनत की ज़रूरत होती तब जाकर शक्तिशाली और

भरोसेमन्द नेता तैयार होते हैं। तब जाकर जनता में भरोसा पैदा होता है, ऐसा भरोसा जो वायदा करके 2014 का चुनाव जीत गये और 2019 में आधा वायदा पूरा करके जीत गये ऐसी व्याख्या हो सकती है, लेकिन सौ बात की एक बात है–चाहे मार्केटिंग प्रोडक्ट हो या हो ब्रांड मोदी, जनता के टेस्ट और आकांक्षा पर खरा उतरना पड़ता है वरना ये जीत सम्भव नहीं थी। चुनाव विश्लेषक हो या राजनीतिक विश्लेषक सच्चाई और इच्छा को घालमेल के नज़रिये से नहीं देखना चाहिए, इच्छा कुछ भी हो सकती है। लेकिन सच्चाई यही है आकांक्षी युग में लोकसभा चुनाव में मोदी की एक बार नहीं बल्कि दो बार जीत हुई और गुजरात देश का इकलौता राज्य है। जहाँ आज के युग में बीजेपी 1995 से लगातार जीत रही है। ब्रांडिंग साधारण शास्त्र नहीं है, ब्रांडिंग पर ही बड़ी-बड़ी कम्पनी की इमारत टिकी हुई हैं जिसमें विश्वास, संकल्प और भरोसा अहम मन्त्र होता है। मोदी ने भी अपनी ऐसी ही ब्रांडिंग की है कि वे चुनावी जीत के बेताज बादशाह बन गये हैं।

ब्रांड मोदी का राज क्या है, ब्रांडिंग का प्रचार-प्रसार कैसे होता है। सबसे पहले नेतृत्व जो पार्टी या प्रोडक्ट का चेहरा या आईना होता है। ब्रांड के चेहरे को मज़बूत संगठन से मज़बूती मिलती है, वहीं विचारधारा जो नेतृत्व के लिए ऑक्सीजन की तरह काम करती है, इसी के ज़रिये उद्देश्य तय किया जाता है देश के कोने-कोने में पहुँचाना कैसे है। नीति और नीयत उद्देश्य तय करती है, क्या-क्या करना है जिससे जनता जुड़े इसके लिए आर्थिक, सामाजिक और राजनैतिक रूपरेखा तय करनी होती है। रणनीति के ज़रिये संगठन और विचारधारा के माध्यम से चेहरा को चमकाने का काम किया जाता है। जब नेतृत्व का सिक्का जम जाता है, तब प्रचार, सोशल मीडिया इत्यादि के माध्यम से लोगों से भावना जोड़ने की कोशिश होती है और इसी के माध्यम से अपनी विचारधारा, नीति और उद्देश्य का प्रचार-प्रसार किया जाता है, अगर ये सारी चीज़ें सफलतापूर्वक लोगों के बीच पहुँच जाती हैं तो नतीज़े में अपने आप प्रदर्शन की झलक मिल जाती है, अभी तक शायद मोदी के साथ ऐसा ही हो रहा है।

चुनाव युद्ध की तरह होता है, युद्ध में बड़ी बहादुरी, प्लानिंग, तन्मयता, ख़तरों से खेलना, दुश्मन को चकमा देना, दबाव बनाकर रखना, 24 घंटे आँख-कान-नाक खोलकर रखना, ऐसी चुनावी गर्जना और तकनीकी युग की चकाचौंध से राजनैतिक दुश्मनों की तैयारी को फीका साबित कर देना। युद्ध हो या चुनाव–तीन लेयर की तैयारी होती है। पहला सेनापति और नेता कौन है, रणनीति क्या है, देश के प्रति सोच और विज़न क्या है, जनता के लिए पिटारा में क्या है। इसके बाद रणनीति कहाँ

मज़बूत है कहाँ कमज़ोर है, सर्वे कराना, जीतने वाले उम्मीदवार को चुनना, कमज़ोर उम्मीदवार का टिकट काटना, कमज़ोर सीट को कैसे मज़बूत किया जाये, कमज़ोर इलाक़े में दूरगामी प्लानिंग के तहत तैयारी करना, ज़िला, ब्लॉक, बूथ लेवल के संगठन को मज़बूत करना, गठबन्धन करना इत्यादि, दूसरी तैयारी कहाँ-कहाँ प्रचार करना है, किसे-किसे प्रचार में लगाना है, चुनाव सामग्री, मैन पॉवर को लगाना, लॉजिस्टिक ज़रूरत इत्यादि, सबसे बड़ी बात है कि इस रणनीति में चेहरा कौन होगा, चुनाव का दूल्हा कौन होगा, इसमें बीजेपी सबसे आगे थी, मोदी का चेहरा पार्टी के चेहरे से बड़ा कर दिया गया, ये प्लानिंग, मार्केटिंग और ब्रांडिंग के तहत किया गया और तीसरी कड़ी चुनाव में भावनात्मक मुद्दे, विपक्ष पर प्रहार, किये गये कामों की बौछार, ग्राउंड रिपोर्ट को देखते हुए मुद्दे को तान देना, ऐसा ज्वलन्त मुद्दा उठाना, पुरानी बातों को याद दिलाना, नये वायदे करना जो कभी नहीं हुआ हो और उसमें देश का नाम भी दुनिया में रोशन हो, विचारधारा और चुनावी घोषणाओं के पिटारे में क्या है। ब्रांड का ही कमाल है, चुनावी और राजनीतिक जानकार समझते थे कि मोदी को गुजरात का अनुभव है, देश का प्रधानमन्त्री बना है तो देश उन्हें बदल देगा लेकिन इसके उलट में मोदी ने देश को भी बदल दिया, कहा जा रहा है कि सारी संवैधानिक संस्थाओं पर क़ब्ज़ा कर लिया है। राजनीति से सरकार, सत्ता से संगठन, पार्टी से प्रशासन केन्द्र बिन्दु मोदी है, भले इसके पहलू अच्छे और ख़राब हो सकते हैं लेकिन उत्तर से दक्षिण, पूरब से पश्चिम में केन्द्र बिन्दु मोदी बन गये हैं। मोदी की अलग राजनीति है और राजनीति के स्वयंभू बने हुए हैं। पार्टी में मोदी, सरकार में मोदी, विपक्ष में मोदी, गाँव में मोदी, शहर में मोदी और अब तो विदेश में मोदी की बात चल रही है। आख़िरकार क्या है मोदी का जादू? क्या विचारधारा के अडिग सेनापति हैं या अवसरवादिता के नायक? इस तिलिस्म की गुत्थी को सौ फ़ीसदी बताना आसान नहीं है।

मोदी ब्रांड 2014 में असम्भव (या अमित शाह के ही शब्दों में जुमला) वादा करके जीत गया, काला धन वापस लाने पर हरेक नागरिक को पन्द्रह-पन्द्रह लाख देने का वादा किया था लेकिन वादा पूरा नहीं हुआ, तब भी जीत गये। यह क्या गुत्थी है? इस तिलिस्म को समझने की कोशिश करनी होगी। क्या काम करके दिखाना, वादे पूरे करना और चुनाव जीतना दो अलग पहलू हैं? शायद मोदी जनता में यह सन्देश पहुँचाने में कामयाब हो गये हैं कि मेरे जैसे देश की भलाई कोई नहीं कर सकता है, मेरे जैसा विकास कोई नहीं कर सकता है, मेरे जैसे देश

की सुरक्षा कोई नहीं कर सकता है, मेरे जैसे कल्याणकारी योजना कोई नहीं ला सकता है, मेरे जैसे दुनिया में देश की छवि बेहतर कोई नहीं कर सकता है और मेरे जैसे देश के लिए कोई मेहनत भी नहीं कर सकता है, मैं जब तक हूँ देश को कोई ख़तरा नहीं है। मैं देश के लिए ही बना हूँ, मेरे लिए ही यह देश बना है, अभी तक दूसरों ने देश को पीछे धकेल दिया, देश को चौपट किया, जो काम बरसों पहले होना था अब जाकर हुआ, यह छवि मोदी जनता तक पहुँचाने में कामयाब हो गये हैं। यही उनकी असली ब्रांडिंग है, ब्रांडिंग का ये भी सन्देश माना जा सकता है कि उनके जैसा शायद राजनीति में कोई पैदा नहीं हुआ है? इससे भी मोदी की ब्रांडिंग को मज़बूती मिलती है, जो ज़मीनी हक़ीक़त है, जो छवि है और जो उनका व्यक्तित्व है वाकई थोड़ी लीक से हटकर है। ऐसा नेता जिसका अपना घर नहीं है, न परिवार है, न पत्नी, न बच्चा, न भाई-भतीजे, न धन, न गाड़ी, मतलब पारिवारिक भाव से वैरागी और सांसारिक भाव से सबका लेकिन मुस्लिम समुदाय में उतनी पैठ नहीं है, अगर काम से ख़ुश भी तो शायद धर्म की दीवार आड़े आ जाती है? लेकिन सरकारी योजनाओं में पूरी तरह से सेक्युलर भाव मतलब जाति और धर्म के नाम पर कोई भेदभाव नहीं है। लगता है जनता के झुकाव की बड़ी वजह हो सकती है। ब्रांड मोदी ने देश की जनता के मिज़ाज, ज़रूरत और आकांक्षा को भी समझा। एक भाव राष्ट्रवाद का भी है शायद जनमत इस ओर मुड़ गया है कि रोटी, कपड़ा, मकान और रोज़गार ज़रूरी है मगर देश की सुरक्षा ज़्यादा ज़रूरी, देश की पहचान ज़रूरी है और इसी में भी छिपा है हिन्दू राष्ट्र? हालाँकि मोदी ने डायरेक्ट बेनिफिट स्कीम, उज्ज्वला योजना, पीएम आवास योजना, कृषि सम्मान निधि, स्वच्छता मिशन के तहत शौचालय जैसी योजनाओं और कार्यक्रमों से जनता को 'लाभार्थी' भी बनाया। इन योजनाओं और कार्यक्रमों से लोगों में एक भावनात्मक अपील भी हुई। इसलिए बीजेपी की जीत में इन बातों को नहीं भूलना चाहिए, सिर्फ़ आर्थिक बदहाली की बात करेंगे तो चुनाव विश्लेषण के साथ अनर्थ होगा।

ऐसा लगता है कि मोदी और उनकी टीम को अहसास है कि राजनीति में लम्बे समय तक बने रहने के लिए हर बार नयी लकीर खींचने की ज़रूरत होती है। वे कभी अपने पर कुछ चिपकने नहीं देना चाहते। जैसे ही कोई आरोप चिपकने लगता है, वे आगे निकलकर नयी राह पकड़ लेते हैं। मसलन, विरोधी पार्टियों ने अल्पसंख्यक विरोधी हिंसा के नाम पर घेरने की कोशिश की तो उन्होंने विकास और गुड गवर्नेंस की राह पकड़ ली। 2003 में गुजरात के विकास के लिए वाइब्रेंट

गुजरात समिट शुरू किया। निवेशकों को आकर्षित करने के लिए यह सम्मेलन गुजरात में बदस्तूर जारी रहा। इसमें राज्य में अरबों रुपये के निवेश करने की घोषणा की गयी। यह अलग बात है कि विश्लेषकों के मुताबिक़ ऐसे सम्मेलनों में की गयी घोषणाएँ अमूमन पूरी नहीं होतीं लेकिन इसका मतलब ये नहीं कुछ भी नहीं होता है, लक्ष्य से कम भी होना ये दर्शाता है कि काम हो रहा है। केन्द्र में आने के बाद पहले सबका साथ सबका विकास का नारा देते हैं तो फिर सबका साथ, सबका विकास और सबका विश्वास का नारा देते हैं और उसके बाद सबका साथ, सबका विकास, सबका विश्वास और सबका प्रयास कर देते हैं। मोदी अब कहते हैं कि सबका साथ और सबका विकास ही उनका सेक्युलरिज़्म है। मोदी कठोर फ़ैसले लेने के लिए जाने जाते हैं, ऐसे फ़ैसले जो कभी नहीं लिये गये, वो हैं नोटबन्दी और देशबन्दी, नोटबन्दी के दौरान सवाल उठे कि बिना तैयारी के एक झटके में नोटबन्दी लागू कर दिया, लोग सड़क पर उतर गये और बैंकों में लम्बी लाइन लगनी शुरू हो गयी, लोग पैसे-पैसे के लिए तरस रहे थे और पैसे रहने के बावजूद बैंक से पैसे निकाल नहीं पा रहे थे। शादी हो या हो जीवन-मरण का सवाल ज़िन्दगी रूक सी गयी थी, अर्थव्यवस्था, रोज़गार और कारोबार पर भी असर पड़ा। एक तरफ़ मायूसी और दूसरी तरफ़ उम्मीद, उम्मीद यही कि काले धन पर नकेल लगने से देश की आर्थिक स्थिति ठीक होगी, काले धन का साम्राज्य ख़त्म होगा, इस फ़ैसले के समर्थन में आम जनता दिखी वहीं विरोध भी हुआ, लेकिन चुनाव के नतीजे ये साबित करते हैं कि मोदी के इस फ़ैसले का जनता ने स्वागत किया जबकि नोटबन्दी में जो हासिल करना चाहते थे वो पूरी तरह से पूरा नहीं हुआ, सरकार को जो उम्मीद थी वो हासिल नहीं हुआ लेकिन भ्रष्टाचार और काला धन पर कमोबेश नकेल कसने में कामयाबी हुई लेकिन इसके चलते इनकम टैक्स रिटर्न बढ़ा, जीएसटी की आमदनी दिनोदिन बढ़ती जा रही है, वहीं कैशलैस लेनदेन में भारी बढ़ोतरी हुई है। फ़िलहाल भ्रष्टाचार के ख़िलाफ़ उनकी मुहिम जारी है, मोदी ने पिछले साल 15 अगस्त को दावा किया, "इस देश में पिछले 9 साल में एक काम मैंने ऐसा किया; आँकड़ा सुनोगे तो लगेगा कि मोदी ऐसा करता है जैसे दस करोड़ लोग क़रीब-क़रीब जो ग़लत फ़ायदा उठाते थे, वो मैंने रोक दिया। तो आप में से कोई कहेगा आपने लोगों से अन्याय कर दिया; जी नहीं, ये दस करोड़ लोग कौन लोग थे, ये दस करोड़ लोग वो लोग थे, जिनका जन्म ही नहीं हुआ था और उनके नाम पर उनकी विधवा हो जाती थी, वो वृद्ध हो जाते थे, वो दिव्यांग हो जाते थे, फ़ायदे लिए जाते थे। दस करोड़ ऐसी बेनामी चीज़ें

जो चलती थीं, उसको रोकने का पवित्र काम, भ्रष्टाचारियों की सम्पत्ति जो हमने ज़ब्त की है ना, वो पहले की तुलना में 20 गुना ज़्यादा की है।"

दरअसल मोदी के नेतृत्व का तरीक़ा अलग है, उन्होंने अपनी छवि शक्तिशाली, निर्णायक, दबंग नेता की बनायी है और लगातार उसे पुष्ट करते जाते हैं। उनकी ब्रांडिंग का डंका इसीलिए भी बज रहा है कि विपक्ष न तो टक्कर दे पा रहा है, न उनके सामने खड़ा हो पा रहा है, न ही जनता के सामने मोदी की तुलना में विकल्प दे पा रहा है। यही वजह है कि अगर मोदी सरकार के कुछ फ़ैसले ग़लत हो जाते हैं तो बुद्धिजीवी, पत्रकार और विपक्ष उनको घेर लेते हैं लेकिन जनता के लिए वही चीज़ अहम मुद्दा नहीं बन पा रहा है। वो कई बार अपने फ़ैसलों से समस्या पैदा भी कर देते हैं। जब समस्या पैदा होती है तो कभी ग़लती स्वीकार नहीं करते, बल्कि उसे सही साबित करने की कोशिश में जुट जाते हैं। मसलन, कथित तौर पर नोटबन्दी से विकास की रफ़्तार में ब्रेक लग गया और बेरोज़गारी काफ़ी बढ़ गयी (सरकारी आँकड़ों के हिसाब से ही 45 साल में सबसे ज़्यादा, जिन्हें रोककर रखा गया और लोकसभा चुनाव के नतीजों के बाद जारी किया गया), लेकिन मोदी ने कभी स्वीकार नहीं किया कि वह ग़लत फ़ैसला था बल्कि मील का पत्थर साबित करना चाहते हैं। ये भी ब्रांडिंग का हिस्सा होता है कभी अपने ब्रांड पर सवाल उठने नहीं दिया, इससे सवालिया निशाना लगने का ख़तरा पैदा हो सकता है। यही वजह है कि संसद में कई ऐसे मौक़े आये जब विपक्ष उन्हें दबाव देकर बुलवाना चाहता है लेकिन वो ज़िद ठान लेते हैं और नहीं बोलते हैं, चूँकि उन्हें लगता है कि भले संसद में कितना भी हल्ला-गुल्ला कर लें लेकिन जनता की अदालत में इसका असर नहीं होगा। ऐसे मौक़े हैं मसलन राफेल, पेगासस, अडानी और मणिपुर इत्यादि, इसीलिए ये भी कहा जाता है कि प्रधानमन्त्री और विपक्ष का रिश्ता संसद में टूट गया है। संसद में विपक्ष के दबाव में बिल्कुल नहीं आते हैं चाहे इसके लिए उन्हें फ़िलहाल नुक़सान क्यों नहीं उठाना पड़े। लगता है कि मोदी इस विश्वास के साथ चल रहे हैं कि विपक्ष को सन्तुष्ट करना आसान नहीं है, राजनीति के सिवाय कुछ नहीं है, अगर सरकार पर शक है तो सरकार को संसद की जगह सुप्रीम कोर्ट में घसीट लें वहाँ पर सरकार जवाब देगी, चाहे राफेल का मुद्दा हो, चाहे अडानी और पेगासस का मुद्दा है, सुप्रीम कोर्ट से सरकार को राहत ही मिली है। ये भी कहा जाता है कि सरकार संसद की गरिमा को कम कर रही है जबकि मोदी संसद की बजाय सीधे जनता के सम्पर्क में रहते हैं, मन की बात और उद्घाटन, शिलान्यास, रैली के लिए देश का भ्रमण करते रहते हैं। शायद उन्हें लगता है कि संसद में चाहे कितना घेर लो

लेकिन जनता की अदालत में पाक साफ़ निकलेंगे, ये भी सच है विपक्ष जितना मोदी को संसद में घेरने की कोशिश करता है शायद उसका आधा सड़क पर किया होता तो शायद विपक्ष की विश्वसनीयता बनी रहती। संसद में सरकार को घेरने के लिए विपक्षी एकता बनी लेकिन संसद परिसर में ही सिमट कर रह गयी, कभी सड़क पर जनता से जुड़े मुद्दों पर विपक्षी एकता नहीं दिखी, वैसे मोदी के मन में क्या है कि वो पूरी तरह खुलासा नहीं हुआ है, वो क्या चाहते हैं, उनकी अन्तिम सोच क्या है, संसदीय राजनीति को अहमियत क्यों नहीं देते हैं? वो आख़िर करना क्या चाहते हैं, कुछेक जगहों में उनका विज़न साफ़ है लेकिन हिन्दुत्व और विपक्ष को लेकर पत्ता नहीं खोलते हैं? उनके बारे में कहा जाता है कि सारा काम उनकी नज़रों से होकर गुज़रता है, ख़ुद सारा काम करते हैं और दूसरे क़द्दावर से क़द्दावर मन्त्री उनकी सोच और काम को आगे बढ़ाते हैं, पहेली ये भी बनी है कि अकेले सारे काम की दिशा और दशा कैसे देते हैं इत्यादि अनसुलझी पहेली बनी हुई है। हाँ कुछ चाय बेचने, मगरमच्छ पकड़ने इत्यादि की कहानी हल्की-फुल्की आयी हुई है लेकिन उनकी पूरी कहानी डिकोड नहीं हो पायी है।

मोदी ने ख़ुद को ऐसा ब्रांड बना लिया है कि सरकार ही देश है, देश ही सरकार है, मोदी ही देश है, देश ही मोदी है। चुनाव जीतने और हारने के सौ मुद्दे होते हैं लेकिन दस अहम होते हैं– मज़बूत नेता, दमदार ब्रांडिंग, ठोस संगठन, अनुशासित पार्टी, जनकल्याणकारी योजना जो किया उसे ठीक से बेचो, जो नहीं किया है उस पर ख़ामोश रहो, बेहतर उम्मीदवार, सीमा पर सुरक्षा, जिताऊ गठबन्धन, ज़ीरो भ्रष्टाचार नीति, देश की माली स्थिति, अभेद्य चुनावी रणनीति, पाँच साल का कामकाज इत्यादि। क्या इन मुद्दों पर मोदी खरे उतरे? दरअसल विपक्ष की कमज़ोरी भी मोदी की मज़बूती रही है। 2019 में एनडीए से बड़ा गठबन्धन यूपीए का था। लेकिन जनता में विश्वसनीयता कमज़ोर और मोदी की ब्रांडिंग के सामने नहीं टिक पाया, ख़ास तो तब हुआ। जब उत्तर प्रदेश में समाजवादी पार्टी और बीएसपी का गठबन्धन हुआ तो विपक्ष क्या, सत्ताधारी पार्टी के आला मन्त्रियों और समर्थकों की साँस फूल रही थी। लेकिन जो ब्रांडिंग की रणनीति बनाते हैं उन्हें पूरा भरोसा था ऐसा कुछ नहीं होगा, बल्कि ब्रांड के निर्माता अपनी कमज़ोरी और मज़बूती की स्थिति भाँपते हैं और उसी हिसाब से ब्रांडिंग की रणनीति बनाते हैं ताकि ब्रांड का जलवा बरकरार रहे, ऐसा नहीं है कि हर बार सफलता ही मिलती है। लेकिन नतीजे से यही लगता है कि ब्रांड के मँजे खिलाड़ी को अक्सर सफलता मिलती है। इस बार फिर से मोदी को घेरने के लिए 26 पार्टियों का गठजोड़ हुआ है। आज़ादी के बाद कहा

जाने लगा है कि मोदी देश के सबसे शक्तिशाली नेता हैं, ये तो मोदी के समर्थक खुले आम घोषणा करते हैं जबकि एक धड़ा मोदी को सबसे शक्तिशाली नेता नहीं मानता है लेकिन हक़ीक़त ये है कि आज़ादी के बाद मोदी कुछ बड़े काम किये जो इसके पहले किसी ने नहीं किया, जवाहरलाल नेहरू के कार्यकाल में हिन्दू मैरिज एक्ट लागू किया लेकिन आरोप लगे कि मुस्लिम पर कोई क़ानून नहीं बना जबकि ये माँग की जा रही थी कि मुस्लिम मैरिज एक्ट भी बने। यूनिफॉर्म सिविल कोड की माँग की जा रही थी लेकिन देश में विरोध की वजह से ऐसा नहीं हो सका हालाँकि हिन्दू मैरिज एक्ट को लेकर कांग्रेस के अन्दर और बाहर भी विरोध था। नेहरू और बाबा अम्बेडकर साहेब की मंशा थी कि हिन्दू महिलाओं को हिन्दू परिवार में बराबरी का हक़ मिले। ज़ाहिर है कि नेहरू की मंशा नेक थी लेकिन यूनिफॉर्म सिविल कोड की राजनीति के लिए संघ परिवार को भविष्य की राजनीति के लिए एक पगडंडी मिल गयी अब फिर से यूनिफॉर्म सिविल कोड लाने की बात चल रही है। हालाँकि उत्तराखण्ड में शुरुआत हो चुकी है। वहीं राजीव गांधी के शासनकाल में शाहबानो का मामला भी विवादित रहा। तलाकशुदा मुस्लिम महिला शाहबानो जो अपने भूतपूर्व पति से गुज़ारा भत्ता हासिल करने के लिए सुप्रीम कोर्ट में अर्ज़ी दायर की थी, कोर्ट ने शाहबानो के पक्ष में फ़ैसला सुनाया। पुरातनपन्थी मुसलमानों ने अदालत के इस फ़ैसले को अपने पर्सनल लॉ में हस्तक्षेप माना, मुस्लिम को राजीव गांधी नाराज़ नहीं करना चाहते थे इसीलिए राजीव गांधी ने मुस्लिम महिला अधिनियम 1986 को संसद से पास करके सुप्रीम कोर्ट के फ़ैसले को पलट दिया। बीजेपी ने कांग्रेस के इस फ़ैसले को मुस्लिम को अनावश्यक रियायत और तुष्टिकरण करार दिया। अब बीजेपी ट्रिपल तलाक़ पास करके ये सन्देश देना चाहती है कि मुस्लिम महिलाओं के साथ मोदी सरकार ने न्याय किया हालाँकि मुस्लिम धर्मगुरुओं ने इसका विरोध भी किया था। ऐसा बीजेपी की तरफ़ से कहा गया कि ऐसे फ़ैसले किये हैं जिनकी हिम्मत इन्दिरा गांधी अपने उत्कर्ष के दौर में भी नहीं कर पायी थीं, भले ही वे ऐसे फ़ैसले करना चाहती हों। 70 साल में जो काम नहीं हुआ उसे एक झटके में कर दिया मसलन जम्मू-कश्मीर के विशेष दर्जे को ख़त्म करना। कालाधन ख़त्म करने के लिए नोटबन्दी करना वहीं एक देश और एक टैक्स के तहत जीएसटी लागू करना उनकी उपलब्धि मानी जाती है। ग़रीबी और गाँव के विकास की बात सालों से हो रही है, इन्दिरा गांधी ग़रीबी हटाओ का नारा भी दी थीं लेकिन मोदी ने विकास, सरकार और 100 फ़ीसदी पैसा जनधन खाते के तहत हर लाभार्थी तक पहुँचाने का काम किया, ये सब सही है। लेकिन मोदी काम पर जीते या विचारधारा-संगठन की बदौलत जीते,

काम मतलब पहली ज़िम्मेदारी ये होती है कि देश का विकास हो रहा है या नहीं, लोगों को नौकरी मिल रही है या नहीं, महँगाई क़ाबू है या नहीं।

मोदी में लोगों से जुड़ने की वाक्कला ख़ूब है। बोलने और भाषण देने की शैली रोचक है। सबसे बड़ी बात यह है कि हमेशा युद्ध मोड में रहते हैं, जो ठान लिया वह करके ही दम लेते हैं, उनकी यात्रा में कोई विराम नहीं, हर समय और हर पल नया करने का जुनून, एक योजना ख़त्म नहीं होती है कि दूसरी शुरू हो जाती है, फिर तीसरी और अनवरत चलता रहता है। फेल होने पर अफ़सोस नहीं, उसी जोश और जुनून के साथ अपनी लकीर पर बढ़ते रहते हैं। मोदी अपनी छवि और मक़सद को लेकर बहुत सचेत हैं। इसके लिए कई फ्रंट पर काम करते हैं। हर काम को मार्केटिंग गुरु की तरह बेचते भी हैं, बेचने की कला भी अद्भुत है। वो बार-बार याद दिलाते हैं ताकि वोटर महसूस भी करे और भूल भी नहीं पाये। निर्णयकारी नेता की छवि बनाने के लिए उन्होंने अमेरिकी एजेंसी एप्को वर्ल्डवाइड का सहारा लिया था। ब्रांड गुजरात को सजा-सँवार कर पेश करने वाले मार्केटिंग गुरुओं और एप्को की मदद से राज्य की विदेशी निवेश अनुकूल छवि न दर्शाई गयी होती तो पश्चिमी देशों ने उन्हें हाथोंहाथ न लिया होता। 2009 में वाइब्रेंट गुजरात ग्लोबल इन्वेस्टमेंट समिट, 2011 को ध्यान में रखते हुए इस एजेंसी को मोदी ने अपना आधिकारिक रिलेशनशिप पार्टनर नियुक्त किया था। दुनिया की सबसे प्रभावशाली जनसम्पर्क (पीआर) कम्पनियों में से एक एपीसीओ ने इस शिखर सम्मेलन के लिए सरकार, कन्फेडरेशन ऑफ़ इंडियन इंडस्ट्री (सीआईआई) और प्राइस वाटर हाउस कूपर के साथ काम किया और 2011 में 21 लाख करोड़ रु. का निवेश सरकार की झोली में डालने का दावा किया गया। गांधीनगर में हुए गुजरात समिट-2013 के लिए भी इस फर्म की सेवा ली गयी। उस आयोजन के एक महीने के भीतर ही मोदी को यूरोपीय संघ की ओर से यूरोपीय संसद और साल के अन्त में ब्रसेल्स में होने वाली यूरोपियन बिजनेस मीट के लिए बुलाया गया। 2002 के गुजरात दंगों में विवादास्पद भूमिका की वजह से कुछ अरसा पहले तक यूरोपीय संघ में मोदी का प्रवेश वर्जित था। मोदी को चमकाने का श्रेय एपीसीओ की मार्केटिंग को भी जायेगा जो राज्य में निवेश को आकर्षित करने में अहम भूमिका निभाती रही है और ब्रांड गुजरात को मार्केटिंग और सम्मेलनों से अलग भी पहचान देने के लिए तत्पर रही है। 2012 में फर्म के वरिष्ठ वाइस प्रेसिडेंट स्टीवन किंग ने बताया था कि दुनिया भर की नामी पत्र-पत्रिकाओं में गुजरात के बारे में सकारात्मक ख़बरें छपी हैं। इस एजेंसी के ज़रिये गुजरात को दुनिया के सामने एक सशक्त राज्य के तौर पर उभरते

गुजरात के साथ मोदी का नाम भी निवेशकों के दोस्त और विकास के अग्रदूत के रूप में पेश किया गया। (देखें, https://www.aajtak.in/india-today-hindi/rashtra/story/narendra-modi-who-is-behind-of-brand-modi-184404-2013-03-11)

मोदी के कॉरपोरेट मालिकों के साथ लोकसभा चुनाव से पहले ही अच्छे सम्बन्ध बन गये और पीएम बनने के बाद भी अच्छे सम्बन्ध हैं। कुछ से इतने अच्छे सम्बन्ध हैं कि उन पर आरोप लगते रहते हैं कि मोदी खुलकर कॉरपोरेट घरानों की मदद करते हैं। अडाणी और अम्बानी को लेकर कई बार घिरे, विजय माल्या और नीरव मोदी को लेकर भी निशाना साधा गया कि उन्हें भागने और भगाने में मोदी सरकार ने मदद की। मोदी जब गुजरात के मुख्यमन्त्री थे तब से ही कॉरपोरेट आका मोदी को पीएम बनने के लिए बैटिंग कर रहे थे। इन कॉरपोरेट घरानों ने मोदी की मार्केटिंग में अहम भूमिका निभायी थी। मोदी अपने कार्यकाल में कॉरपोरेट घराने से रिश्ते को लेकर विवाद में आये, राफेल सौदे में अनिल अम्बानी को मदद करने का आरोप लगा वहीं अडाणी को भी कई फ्रंट पर मदद करने का आरोप लगता रहा है। नौ साल के मोदी के शासन काल में कई ऐसे मौक़े आये जहाँ विपक्ष ने घेरने की कोशिश की लेकिन सरकार ने चुप्पी साध ली ये रणनीति का हिस्सा था या सोची समझी चाल? सरकार विपक्ष के आरोप और कटाक्ष को झेलने और सहने के लिए तैयार रहती है लेकिन जवाब देने को तैयार नहीं होती जब सुप्रीम कोर्ट में वही मामला जाता है तो सरकार बुलन्दी से अपना पक्ष रखती है। बैंक का लोन चुकाने और बैंक के साथ धोखाधड़ी के आरोपी विजय माल्या, नीरव मोदी और मेहुल चोकसी देश छोड़कर भाग गये। विपक्ष ने आरोप लगाया कि मोदी सरकार ने इन आरोपियों को भगाने में मदद की। राफेल डील में यह आरोप लगा कि नियम में बदलाव करके अनिल अम्बानी को मदद पहुँचाई गयी जबकि हिन्दुस्तान एरोनॉटिक्स लिमिटेड को तय करार से वंचित कर दिया गया, लेकिन सुप्रीम कोर्ट से मोदी सरकार को क्लीन चिट मिल गयी। राहुल गांधी ने इसे चुनाव का मुख्य मुद्दा बनाया और मोदी पर सीधे तौर पर हमला शुरू कर दिया कि चौकीदार चोर है। हालाँकि जनता की अदालत से मोदी पूरी तरह बरी हो गये। कोर्ट और जनता की अदालत से मोदी बरी हो गये लेकिन साथ ही साथ आरोप भी ज़िन्दा है। फिर अडाणी और हिंडनबर्ग को लेकर सरकार और विपक्ष के बीच तलवार खिंची, फिर मामला सुप्रीम कोर्ट पहुँचा और अडाणी को क्लीन चिट मिल गयी। उनकी ब्रांडिंग इतनी मज़बूत हो गयी है कि

विपक्ष भले दाग लगाने की कोशिश करता है लेकिन जनता की अदालत में पाक साफ़ होकर निकलते हैं। ये भी ब्रांडिंग का हिस्सा है अपने ब्रांड को कमज़ोर नहीं करना चाहते हैं चूँकि एक बार भी ब्रांड पर आरोप सिद्ध हो गये और दाग लग गये तो ब्रांड पर ख़तरा पैदा हो सकता है।

मोदी की चुनाव तैयारी ऐसी होती है जिसकी भनक जीत के बाद ही पता चलती है। रणनीतिकार प्रशान्त किशोर ने साल 2014 में बीजेपी के लिए प्रचार योजना बनायी थी। प्रशान्त किशोर की सलाह पर बीजेपी ने कई अलग-अलग तरीक़ों से प्रचार किया था, कहा तो ये भी जाता है कि प्रशान्त किशोर ने मोदी को कई सलाह दीं, जिसे मोदी ने अमल किया। 2014 लोकसभा चुनाव की अभेद्य तैयारी थी जिसका अहसास चुनाव नतीजे के बाद ही पता चला। चुनाव के पहले यंग लीडर कॉन्क्लेव, मन्थन, श्रेष्ठ भारत, स्टैच्यू ऑफ़ यूनिटी, रन फॉर यूनिटी और चाय पे चर्चा को सफलतापूर्वक लॉन्च किया। यही नहीं हर घर मोदी-घर घर मोदी, विजय संकल्प रैली, विजय संकल्प दिवस, थ्रीडी होलोग्राम के ज़रिये मोदी ने कई कार्यक्रम किये, ग़ौर करने की बात है कि टीम मोदी को पता था कि उत्तर प्रदेश में जीत के बिना दिल्ली पहुँचना मुश्किल था, इसीलिए उत्तर प्रदेश के चप्पे-चप्पे में मोदी आने वाले हैं 400 जीपीसी से लैस वीडियो मिनी ट्रक के ज़रिये प्रचार किया और नतीजे के तौर पर बीजेपी को 80 में से 73 सीटें मिलीं। ब्रांड मोदी के प्रचार-प्रसार का पूरा ख़्याल रखा गया ताकि ये साबित हो सके मोदी जैसा कोई नहीं है, गुजरात के मोदी को देश का मोदी बना दिया गया।

यही नहीं 2019 चुनाव की तैयारी 2014 लोकसभा चुनाव के बाद ही शुरू हो गयी थी। 2014 के लोकसभा चुनाव के छह माह बाद ही अमित शाह ने पार्टी सदस्यता अभियान छेड़ा। उन्होंने मिस्ड कॉल से सदस्य बनाने की योजना लॉन्च की और सदस्यों की संख्या 3.5 करोड़ से 18 करोड़ तक पहुँचा दी। 10.35 लाख बूथ से 8.65 लाख बूथ पर बीजेपी कार्यकर्ताओं को लगाया गया। 29 राज्यों में 482 सीटों पर लोकसभा संचालन समिति बनायी गयी। इनकी ज़िम्मेदारी 7030 कार्यकर्ताओं को दी गयी जिसमें 3 हज़ार फुलटर्म कार्यकर्ता 2 साल से अवैतनिक काम कर रहे थे। 3800 विधानसभा में बाइक रैली निकाली गयी, 22 करोड़ लाभार्थियों के घर दीप जलाये गये, उसे लक्ष्य किया गया। देश में 161 कॉल सेंटर 6 महीने से काम कर रहे थे जिसमें 15682 लोगों ने 22 करोड़ लाभार्थी से सम्पर्क किया। बीजेपी ने पिछले पाँच साल से अपने अभियान में तकनीक का ख़ूब इस्तेमाल किया। इसके लिए कॉल सेंटर, जीपीएस वाले रथ, बूथ और स्वयंसेवकों पर नज़र

रखने के लिए भी तकनीक का इस्तेमाल किया गया। कहा गया कि 12 लाख सोशल मीडिया वालंटियर कार्यरत थे वग़ैरह।

यही वजह रही है कि ब्रांड मोदी पर जनता का विश्वास और भरोसा बढ़ रहा है। सोशल मीडिया से टीवी, जनता से लेकर अख़बार में छाये रहते हैं, ऐसा कोई दिन शायद ही ख़ाली गया है जब मोदी जनता की नज़रों से दूर रहे हों, चाहे ख़बरिया चैनलों के ही ज़रिये ही क्यों न हो। वे पार्टी से लेकर सरकार तक वन मैन आर्मी की भूमिका में हैं। हर घर तक मोदी पहुँचे हुए हैं। चुनाव में उनकी पार्टी के उम्मीदवार, कार्यकर्ता मायने कम रखते हैं, भले कहीं वोट मिलता है तो कहीं वोट नहीं मिलता। अधिकतर सीट पर मोदी ही चेहरा होते हैं, उनकी ब्रांडिंग के लिए उनकी टीम, सोशल मीडिया की टीम होती है और सारी नीति और रणनीति के लिए मोदी की अपनी टीम लगातार काम करती रहती है। उनके लच्छेदार भाषण में ऐसी कोई सुर्ख़ी निकलती है कि छा जाती है। इसका युवा वोटरों में ख़ासा आकर्षण होता है। मोदी ने जनता और वोटर को ध्यान में रखकर ब्रांडिंग की, जैसे मार्केट प्रोडक्ट का टारगेट ग्रुप और एरिया होता है। इसके विपरीत विपक्ष की ब्रांडिंग छोटे वर्ग को ध्यान में रखकर की जाती है। मोदी को इसका दोहरा फ़ायदा मिला। पेशेवर नेता की तरह पहले अपने राज्य को चुना, जिसे गुजरात मॉडल के नाम से जाना जाता है, फिर धीरे-धीरे उसको आगे बढ़ाया और पूरे देश में छा गये। पहले कहा गया कि मोदी सिर्फ़ हिन्दू हित की बात करते हैं, लेकिन ईसाई बाहुल्य इलाक़ों में भी मोदी की दीवानगी बढ़ती जा रही है। अब लगता है कि उनका फोकस मुस्लिम वोटर पर भी है। 2023 नगालैंड विधानसभा चुनाव के दौरान मोदी ने कहा कि सबका साथ और सबका विकास ही उनका सेक्युलरिज़्म है। ब्रांड जनता के भरोसे पर चलता है, भरोसा एक बार कायम हो जाता है तो सम्मान भी मिलता है जो कि ब्रांड के लिए निर्णायक हथियार होता है। दरअसल दमदार, और भरोसेमन्द ब्रांड मज़बूती से बनता है, कमज़ोरी से नहीं। ब्रांड परसेप्शन से बनता है। परसेप्शन यही है कि मोदी देश को आगे बढ़ा रहा है, देश को झुकने नहीं देगा।

प्रहलाद कक्कड़ का कहना है कि "आदमी की सोच, आचार, विचार और टेस्ट के आधार पर ब्रांड तय किया जाता है, राजनीति है तो राजनीति के मिज़ाज से ब्रांडिंग की जाती है और उसकी पंच लाइन जो जनता से कनेक्ट करे और दिलो-दिमाग़ पर छा जाये और वह बात ज़ुबान पर चढ़ जाये, अलग-अलग प्रोडक्ट की अलग-अलग ब्रांडिंग है और दीवानगी है जैसे पेप्सी युवा वर्ग की पसन्द है, कोक

30 से 35 साल के लोगों की पसन्द है, थम्सअप बी सिटी का टेस्ट है। एक सर्वे किया गया था जिसमें तीनों ब्रांड शामिल थे, और पूछा गया कि किस ब्रांड का कैसा टेस्ट है, 99 फ़ीसदी लोग टेस्ट पहचानने में फेल हो गये, 1 फ़ीसदी जो सफल हुए वे भी तुक्केबाजी कर रहे थे"

वेबसाइट, सॉफ्टवेयर, ईपेपर एवं न्यूज़ में किसी प्रोडक्ट और नेता की ब्रांडिंग अलग-अलग होती है। नेता की ब्रांडिंग में यह बताना पड़ता है या महसूस कराना होता है कि मैं बेस्ट प्रोडक्ट हूँ, ईमानदार हूँ, वफ़ादार हूँ, जनता और देश सेवा के लिए ही बना हुआ हूँ। चुनावी नारे, विज्ञापन के जुमले और इरादे जो पेश किया गया है उसे नेता की छवि और प्रोडक्ट से मैच कराना होता है, ब्रांड की तरह नेता को पेश करने में ख़ास ख़्याल रखा जाता है, नेता और प्रोडक्ट की विशेषता और समय की महत्ता को ध्यान में रखकर चुनावी नारे और विज्ञापन के जुमले बनते हैं। प्रोडक्ट और प्रोडक्ट की छवि क़दम से क़दम मिलाकर साथ-साथ चलना होता है, अगर तालमेल बिगड़ा तो आगे ख़तरा पैदा हो सकता है। जैसे 2014 में नारा दिया गया कि अबकी बार, मोदी सरकार, अच्छे दिन आने वाले हैं, शब्द चार ही लेकिन सन्देश हज़ार है, मतलब सौ बात की एक बात सबको मौक़ा दिया इस बार मोदी को मौक़ा दें, सबको देखा और परखा इस बार मोदी को परख कर देखें। जो नारे दिये गये और जो चेहरा था उसमें 100 फ़ीसदी का रिश्ता था। 2019 में नारा दिया गया मोदी है तो मुमकिन है इसी में सारी कहानी छिपी हुई है। यह ब्रांडिंग की पतली लाइन है लेकिन भविष्य की लम्बी लाइन है। एक भी चूक हुई कि सारा खेल ख़त्म, निशाना सही है तो नैया पार। मतलब अगर चुनावी नारा नेता की छवि से मैच नहीं करता है तो ख़तरा पैदा हो सकता है। जो ब्रांड देश में पेश किया जाता है उस पर नहीं खरे हुए तो नुक़सान हो सकता है। चुनाव में चुनावी नारे का ख़ास महत्त्व है, नेता की छवि और पार्टी का सन्देश जनता में पहुँचाना, जनता का भरोसा जीतना और जनता को बताना सरकार और पार्टी क्या करने वाली है, चाहे चुनावी प्रचार हो या कोई प्रोडक्ट का लॉन्च उसमें चेहरा और प्रोडक्ट का नाम महत्त्वपूर्ण होता है। जैसे मोदी का नाम पार्टी से बड़ा किया गया।

लेकिन कांग्रेस को यह बात नहीं दिखी। अगर छवि बड़ा बनाकर पेश कर रहे हैं और उस हिसाब से नतीजे नहीं मिलते हैं तो छवि से विश्वास ख़त्म होता है। प्रोडक्ट की विश्वसीयनता लगातार बनाकर रखनी पड़ती है बल्कि बेहतर करने की कोशिश करनी पड़ती है। अगर वादा पूरा नहीं हो रहा है या नहीं हुआ तो घबराने की ज़रूरत नहीं है बल्कि उसकी तुलना में कोई और बेहतर चीज़ पेश करनी होती है, जैसा मोदी

ने किया। क्या कोई सोच सकता है कि काला धन लाकर देश के हर आदमी को 15-15 लाख रुपये देने का वादा आसानी से पीछा छोड़ देता। विपक्ष ने भी घेरा। उससे निकलना आसान नहीं था। लेकिन मोदी सरकार ने पाला ही बदल दिया। अमित शाह ने एबीपी न्यूज़ के एक इंटरव्यू में कहा 15 लाख की बात तो चुनावी जुमला था (https://www.youtube.com/watch?v=Wo9EN-dlZn) इसके बदले मोदी ने वह काम किया जो उनके घोषणा पत्र में नहीं था। मतलब रि-पैकेजिंग करनी पड़ती है। ईटी ग्लोबल बिजनेस समिट-2023 की थीम 'रीइमैजिन बिजनेस रीइमैजिन द वर्ल्ड' है। इस थीम का ज़िक्र करते हुए पीएम ने कहा, "उन्हें नहीं पता कि यह रीइमैजिन वाली थीम सिर्फ़ दूसरों के लिए है या फिर ओपिनियन मेकर्स के लिए भी है। यह देखना होगा कि वे इसे कैसे लागू करेंगे। हमारे यहाँ तो ज़्यादातर ओपिनियन मेकर्स हर छह महीने में एक ही प्रोडक्ट के रीलॉन्च, री-रीलॉन्च में बिज़ी रहते हैं। इस रीलॉन्च में भी वो रीइमैजिनेशन नहीं करते हैं।" जब उन्होंने यह बात कही तो ज़्यादातर लोगों ने उनका इशारा समझ लिया, पीएम ने कहा कि वैसे यह थीम आज के समय में काफ़ी प्रासंगिक है। 2014 में जब जनता ने हमें सेवा का मौक़ा दिया तो हमने पहला काम यही किया कि रीइमैजिन करें। 2014 में स्थिति यह थी कि लाखों-करोड़ों के घोटालों की वजह से देश की साख दाँव पर लगी थी। भ्रष्टाचार की वजह से ग़रीब अपने हक़ की चीज़ों के लिए भी तरस रहा था। युवाओं की आकांक्षाएँ परिवारवाद और भाई-भतीजावाद की बलि चढ़ रही थीं। पॉलिसी पैरालिसिस की वजह से इन्फ्रास्ट्रक्चर प्रोजेक्ट को पूरा होने में बरसों की देरी हो रही थी। ऐसी सोच और एप्रोच के साथ देश का आगे बढ़ना मुश्किल था। इसलिए तय किया गया कि गवर्नेंस के हर एलिमेंट को रीइमैजिन करेंगे और रीइनवेंट करेंगे। सरकार ने रीइमैजिन किया कि वेलफेयर डिलीवरी को कैसे सुधारा जाये। यह भी इमैजिन किया गया कि सरकार कैसे ज़्यादा एफिशिएंट तरीक़े से इन्फ्रास्ट्रक्चर प्रोजेक्ट बना सकती है। (https://navbharattimes.indiatimes.com/india/pm-modi-veiled-attack-on-rahul-gandhi-at-et-global-business-summit-said-opinionmakers/articleshow/98023942.cms)

ब्रांड को बरकरार रखने के लिए लगातार रीइमैजिन, रीइनवेंट, प्रमोशन और पैकेजिंग करनी पड़ती है। जिस तरह प्रोडक्ट को बेचा जाता है, उसी तरह विचारधारा, नाम और काम को भी बेचा जाता है। लोगों को बताना पड़ता है कि मेरा नेता सबसे बेहतर, मेरी विचारधारा सबसे बेहतर, मेरी नीति सबसे उम्दा, मेरी पॉलिसी सबसे अच्छी है। मोदी से बड़ा ब्रांड एंबेसडर कौन हो सकता है जो ख़ुद की अहमियत

बनाए रखने के लिए पूरे देश में भ्रमण करते हैं, कभी चुनाव, कभी उद्घाटन और कभी शिलान्यास करते हैं, मन की बात लगातार चल रही है और अपने ब्रांड की अहमियत बरकरार ही नहीं बल्कि आगे बढ़ाने के लिए वो लगातार काम करते हैं, यही सन्देश देते हैं कि वो थकते नहीं हैं, वो छुट्टी नहीं लेते हैं, वो समय के बड़े पाबन्द हैं। लोगों को लगता है कि छोटे-मोटे उद्घाटन और शिलान्यास में मोदी क्यों जाते हैं, लेकिन मार्केटिंग, बिजनेस और ब्रांडिंग से जुड़े हुए लोगों को मालूम है कि जनता में बने रहने का क्या महत्त्व होता है। ब्रांड वैल्यू को बरकरार रखने के लिए सक्रिय रहना ज़रूरी है क्योंकि निष्क्रियता से ख़तरा पैदा होता है। बाज़ार में कई प्रोडक्ट अच्छे ओर चटपटे विज्ञापन के ज़रिये ग्राहक को अपनी ओर खींचने में कामयाब तो हो जाते हैं लेकिन प्रोडक्ट अगर उम्मीद पर खरा न उतरे तो बाज़ार से ग़ायब होने में देर नहीं लगती। ब्रांड को समय के साथ चलना होता है और उम्मीद पर खरा उतरना होता है। छवि और प्रोडक्ट में एक रिश्ता होता है, उसे जनता की उम्मीद और आकांक्षा पर समय के साथ डिलीवर करना होता है। जब छवि और प्रोडक्ट का रिश्ता टूटने लगता है तो प्रोडक्ट ज़्यादा दिन नहीं चल सकता है। किसी प्रोडक्ट और नेता के प्रति चमकदार, दमकदार, अच्छे और चटपटे विज्ञापन या प्रचार से लोगों को आकर्षित किया जा सकता है लेकिन ज़्यादा दिन बाज़ार में टिकना नामुमकिन है, कभी-कभी स्लोगन जेहन में रह जाते हैं लेकिन प्रोडक्ट ख़त्म हो जाते हैं। चुनावी राजनीति में लाइन, लैंग्थ और भाषा का ख़ास महत्त्व है। मोदी की भाषा स्पष्ट और दमदार है, सुर, ताल, लय, शब्दों पर ज़ोर, जनता से कनेक्ट करते हैं। लेकिन राहुल इस मामले में पिछड़ गये। लगता है कि वे कन्फ्यूजन में हैं, जबकि मोदी में ज़बरदस्त आत्मविश्वास है और साहसी भी हैं। राहुल गांधी ने कहा कि राहुल गांधी को मैंने बहुत साल पहले छोड़ दिया है, राहुल गांधी आपके दिमाग़ में है मेरे दिमाग़ में नहीं है। दरअसल, विज्ञापन से प्रोडक्ट नहीं चमकता है, बल्कि प्रोडक्ट से विज्ञापन चमकता है। कैम्पेन किसी को जिताता नहीं है, कैम्पेन ब्रांड पर होता है, उसके काम, चाल, चेहरा, चरित्र, नीति-रणनीति पर होता है, लेकिन मौक़े को देखकर नारा आकर्षक बनाना पड़ता है। 2014 के चुनाव के वक़्त टी20 का मैच चल रहा था, चुनाव की वजह से उसे दूसरे देश में शिफ्ट किया गया था, मैच के दौरान बीजेपी ने विज्ञापन दिया–बिना कैप्टन के टीम हार जायेगी, इसीलिए मोदी सरकार। कांग्रेस में कोई कैप्टन नहीं था और पीएम कौन होगा, यह भी साफ़ नहीं था। दूसरी तरफ़ साफ़ था कि मोदी ही पीएम के उम्मीदवार हैं। विज्ञापन ख़राब प्रोडक्ट को नहीं बेच सकता है।

तब पीयूष पाण्डेय ने कहा था कि अबकी बार मोदी सरकार—कैम्पेन किसी को नहीं जिता सकता है, चुनाव लड़ा जाता है मैदान में, मोदी की छवि बड़ी थी इसीलिए उनके चेहरे और नाम पर लड़ा गया। प्रशान्त किशोर का कहना है कि "युद्ध में कोई दोस्त नहीं होता है। जो आदमी सफलता हासिल करता है, उसमें कुछ-न-कुछ ख़ूबी होती है। हर साधु पीएम नहीं हो सकता है हर प्रचारक पीएम नहीं हो सकता है, हर सीएम पीएम नहीं बन सकता है, समरथ को नहीं दोष गोंसाई, जनता एक बार पसन्द करने लगती है, दस कमी माफ़ कर देती है।'' (ललनटॉप)

मैडसिन वर्ल्ड के एमडी सैम बलसारा के मुताबिक़, मेरा मानना है कि विज्ञापन किसी अच्छे प्रोडक्ट को एकदम ऊँचाई तक पहुँचा सकता है लेकिन जो प्रोडक्ट अच्छा न हो, उसको एकदम ख़त्म ही कर देता है। "बीजेपी कैम्पेन में हमारा ऐसा मानना है कि जो हमको प्रोडक्ट दिया गया था, वह अच्छा प्रोडक्ट था। मानो या न मानो हमारे कैम्पेन के बिना भी वह प्रोडक्ट जीतने वाला ही था। लेकिन हमने स्ट्रेटजी बनायी, प्लान बनाया, जो तमाम टीवी चैनलों की मदद से इंप्लीमेंट किया गया। हमने उसका पिच एक जैसा रखा। हर क्षेत्र में पोलिंग डेट आने लगा तो हमने उसका पिच सिस्टेमेटिकली हाई किया। उससे ऐसी हवा, ऐसा एटमॉस्फियर बना जिसे आप मीडिया में कहते हैं कि मोदी वेव हो गया।" (स्रोत: एबीपी न्यूज़)

अरुण जेटली ने कहा था कि खोखलापन ब्रांड नहीं बना सकता है, सिर्फ़ छाती पीटने से ब्रांड नहीं बनता है। उत्पाद की गुणवत्ता से ब्रांड तैयार होता है। "जैसा कि मैंने कहा कि एक तरफ़ हमारे पास एक सिद्ध ईमानदार सरकार है, जिसका अर्थव्यवस्था का अच्छा ट्रैक रिकॉर्ड है, ग़रीबों का विकास और कल्याण है और राष्ट्रीय सुरक्षा दृष्टिकोण का उत्कृष्ट रिकॉर्ड है। यही बीजेपी या मोदी सरकार को 2019 लोकसभा चुनाव के लिए एक ब्रांड बनाता है। (https://www.jansatta.com/elections/arun-jaitley-said-take-pm-narendra-modi-and-90-percent-speeches-of-the-opposition-leaders-will-be-over-jspe/972015/)

अमित शाह कहते हैं, "नरेन्द्र मोदी के मुख्यमन्त्री व प्रधानमन्त्री पद के 20 साल के सफल कार्यकाल को समझना है तो उससे पहले की गयी उनकी 30 वर्षों की तपस्या को समझना होगा। 30 साल की तपस्या को समझना और झाँकना पड़ेगा, तब समझ पायेंगे। वह घर त्याग करके घर से निकलता है, आरएएस से जुड़ता है, संगठन के मूल सिद्धान्त को समझता है, स्कूटर और पैदल चलकर लोगों

से सम्पर्क करता है, बीजेपी का प्रचार-प्रसार करता है, देश में ग़रीबों के दुख-दर्द को समझता है। फिर चिन्तन करके समाधान करने का प्रयास करता है।" (अमित शाह ट्विटर 18 फ़रवरी, 2023)

विपक्ष को भी मालूम है कि मोदी के लिए पीआरएस एजेंसी काम करती है, जो उनकी ब्रांडिंग करती है। राहुल गांधी ने कहा था मोदी पीआर एजेंसी के बिना पाँच मिनट नहीं रह सकते हैं। ये भी सच है कि राहुल के लिए भी कोई एजेंसी काम करती होगी चूँकि बदलते दौर में आजकल हर पार्टी पीआर एजेंसी का सहारा लेती है लेकिन प्रोडक्ट में दम रहता है तो चल जाता है और दम नहीं रहता है तो नहीं चलता है, बल्कि मेहनत करनी पड़ती है न कि संसद और ट्विटर पर सरकार को घेरने से सफलता मिलती है। इस बात का अन्दाज़ा इसी से लगाया जा सकता है वही चुनावी रणनीतिकार प्रशान्त किशोर ने मोदी के लिए काम किया और उत्तर प्रदेश में राहुल के लिए भी काम किया लेकिन जिस प्रोडक्ट में दम था वो जीता और जिसमें दम नहीं था वो हारा। जैसे बिहार 2015 के विधानसभा चुनाव में नीतीश के लिए प्रशान्त किशोर काम कर रहे थे, नारा दिया था "बिहार में बहार है, नीतीशे कुमार है", नारा के साथ-साथ लालू यादव के साथ मज़बूत गठबन्धन था, अगर गठबन्धन नहीं होता तो न तो प्रशान्त किशोर कुछ कर सकते थे और न ही नारा ही जिता सकता है। ब्रांडिंग और सोच का इतना ख़ास महत्त्व होता है कि पश्चिम बंगाल के चुनाव में प्रशान्त किशोर ने डंके की चोट पर कहा कि बीजेपी दो अंक पार नहीं कर पायेगी, अगर बीजेपी दो अंक पार करती है तो वो अपना काम छोड़ देंगे। मतलब देश में मोदी अपनी ब्रांडिंग कर रहे हैं तो बंगाल में ममता बनर्जी ने भी अपनी ब्रांडिंग की जिसकी वजह से विधानसभा का चुनाव शानदार ढंग से जीतीं।

**कैसे-कैसे मोदी की लोकप्रियता बढ़ी–प्रधानमन्त्री के लिए पसन्दीदा उम्मीदवार (फ़ीसदी में)**

| | 2009 चुनाव से पहले | 2011 | जुलाई, 2013 | जनवरी, 2014 | मार्च, 2014 | मई, 2014 चुनाव के बाद | मई, 2019 चुनाव |
|---|---|---|---|---|---|---|---|
| नरेन्द्र मोदी | 2 | 5 | 19 | 34 | 34 | 36 | 46.5 |
| राहुल गांधी | 6 | 19 | 12 | 15 | 15 | 14 | 23.5 |

| सोनिया गांधी | 16 | 10 | 6 | 3 | 2 | 2 | .4 |
|---|---|---|---|---|---|---|---|
| मनमोहन सिंह | 18 | 10 | 5 | 5 | 3 | 3 | .8 |

**स्रोत:** लोकनीति-सीएसडीएस सर्वे 2009 से 2014-ईपीडब्लू सितम्बर 27, 2014, सीएसडीएस 2019 लोकसभा, सीएसडीएस 2019,पोस्टपोल

देश में निर्णायक नेता, विकास पुरुष और कुशल प्रशासक की हमेशा पूछ रही है। दरअसल, देश कभी भी कमज़ोर प्रशासक नहीं चाहता है, बल्कि मज़बूत, दूरदर्शी और निर्णायक नेता चाहता है। निर्णायक नेता की पहचान अलग-अलग हो सकती है। जैसे, वह भ्रष्ट न हो, दबंग हो, जुनूनी हो, सही समय पर सही फ़ैसले लेने वाला हो, कड़े फ़ैसले लेने वाला हो, संकटमोचक हो, लोगों को आकर्षित करने की क्षमता रखता हो, कुछ करने की तमन्ना हो, सपने देखता हो, दिखाता हो और पूरा करने की कोशिश करता हो और देश बदलने की क्षमता रखता हो। भला हो या बुरा, ऐसे नेता अपने कारनामों और बुलन्द फ़ैसलों के लिए जाने जाते हैं और वे जो करते हैं उससे पीछे झाँकते नहीं हैं। यही वजह रही कि मोदी की लोकप्रियता बढ़ती जा रही है और वोटरों में पैठ बढ़ाते जा रहे हैं। ख़ासकर उत्तर-पश्चिम भारत में बीजेपी को पहले ब्राह्मण और बनिया की पार्टी कहा जाता था, धीरे-धीरे सवर्ण और बनिया की पार्टी बनी, फिर यादव के अलावा पिछड़ी जाति और जाटवों को छोड़कर दलित जातियों का उससे जुड़ाव हुआ और आदिवासी का झुकाव और अब ईसाई भी बीजेपी की तरफ़ रुख़ कर रहे हैं। मोदी ने अपनी ब्रांडिंग में हिन्दूवाद, राष्ट्रवाद और विकासवाद पर काफ़ी ज़ोर दिया। ब्रांडिंग को मज़बूत करने के लिए वे पहली प्लानिंग शुरू कर देते हैं और धीरे-धीरे सफलता हासिल करते हैं। ब्रांडिंग के लिए मार्केट भी ज़रूरी है, अगर तमिलनाडु, केरल और आन्ध्र प्रदेश में पार्टी का वजूद ठीक नहीं है तो ब्रांडिंग कुछ नहीं कर सकती है लेकिन पहले की तुलना में स्थिति बेहतर हो सकती है।

आज़ादी के बाद पहली निर्णायक नेता इन्दिरा गांधी हुईं। वे जब पार्टी की अन्दरूनी लड़ाई में फँसी थीं तो एक चुनाव के दौरान एक नारा दिया था कि मैं कहती हूँ कि ग़रीबी हटाओ वे कहते हैं कि इन्दिरा हटाओ। इस नारे ने देश की जनता को आकर्षित किया। यह अलग बात है कि देश में अभी तक ग़रीबी नहीं हटी है। दूसरी तरफ़ वही इन्दिरा गांधी इमरजेंसी लागू करती हैं और 1977 में चुनाव हार जाती

हैं। लेकिन उनकी लोकप्रियता कम नहीं होती है, वे जेल भी जाती हैं और फिर 1980 के लोकसभा चुनाव में भारी मतों से जीत भी जाती हैं। इन्दिरा गांधी को निरंकुश कहा जाता था, लेकिन इसके बावजूद वे जीत कर आयीं, तो लोगों के दिमाग़ और मिज़ाज को समझना पड़ेगा कि निर्णायक और मज़बूत नेता के पीछे लोगों की क्या दीवानगी होती है। 1977 में इमरजेंसी लागू करने के बाद भी इन्दिरा गांधी सम्भवत: चुनाव नहीं हारतीं, अगर सारी विपक्षी पार्टियाँ इन्दिरा गांधी के ख़िलाफ़ लामबन्द नहीं होतीं। जवाहरलाल नेहरू ने बिना रोकटोक के 1964 तक शासन किया, उनके सामने कोई नहीं टिक पाया हालाँकि उस समय ऐसी कोई ब्रांडिंग नहीं होती थीं लेकिन लोगों के दिलो-दिमाग़ में पहले से ही एक छवि बनी थी उनकी लोकप्रियता चरम पर थी। हो सकता है कि आज़ादी का हनीमून काल हो और लोगों को धीरे-धीरे अहसास हुआ हो कि इस लोकतन्त्र में उनकी ही भागीदारी है। वहीं गुजरात दंगे में नरेन्द्र मोदी की भूमिका को लेकर सवाल उठ रहे थे और किसी ने सोचा नहीं होगा कि इतने आरोपों के बाद वे देश के प्रधानमन्त्री बन जायेंगे। इन्दिरा ने ख़ुद अपनी इमेज बनायी थी, जैसे बैंक को राष्ट्रीयकृत किया, प्रिवी कौंसिल ख़त्म किया, पाकिस्तान से युद्ध, बांग्लादेश का बँटवारा लेकिन एक ग़लती ने सत्यानाश कर दिया। मोदी उसी तरह के बड़े-बड़े फ़ैसले ले रहे हैं लेकिन फँसे नहीं, अभी तक उबर गये। बार-बार परीक्षा देनी पड़ती है लेकिन आगे कोई गारंटी नहीं है कि आगे नहीं फँसेंगे, अगर इन्दिरा गांधी की तरह ग़लती करते हैं तो अंजाम कुछ भी हो सकता है।

ज़ाहिर है कि नेता और राजनीतिक पार्टियाँ नेताओं के विषय में क्या सोचती हैं, यह अहम नहीं है, अहम है कि जनता की नज़रों में नेता की क्या छवि है। जनता की अपनी सोच और समझ होती है, उसी पैमाने पर नेता को सातवें आसमान पर चढ़ाती है तो कभी उनके अरमानों को पटक कर मेटियामेट कर देती है। दरअसल 2014 लोकसभा चुनाव के पहले देश की स्थिति बदतर थी। अर्थव्यवस्था चरमरायी हुई थी, भ्रष्टाचार का बोलबाला था और यूपीए के मन्त्री और नेता जेल जा रहे थे। निर्णय लेने में सरकार के हाथ-पाँव फूल रहे थे, लोगों को नौकरियाँ नहीं मिल रही थीं। अब मोदी ऐसे फ़ैसले लेते हैं कि जनता के हाथ-पाँव फूल जाते हैं। 2014 की जीत में कहा गया कि अन्ना आन्दोलन और मनमोहन सिंह की नाराज़गी की वजह से जीत हुई और 2019 में सर्जिकल स्ट्राइक की वजह से जीत हुई, लेकिन यही वजह नहीं थी क्योंकि बीजेपी का अपना वोट है और मोदी की अपनी लोकप्रियता से वोटर जुड़े हैं, यह जुड़ाव भी जीत की ओर ले गया। मोदी प्रधानमन्त्री बने तो कहा गया कि

देश उनको बदल देगा लेकिन ऐसा नहीं बल्कि वो देश को बदल रहे हैं इसके लिए तानाशाह और हिटलर भी कहते हैं लेकिन मोदी पर कभी सीधे तौर पर भ्रष्टाचार का आरोप नहीं लगा, कॉरपोरेट को मदद करने का आरोप लगा लेकिन सिद्ध नहीं हुआ। गुजरात दंगे का दाग लगा लेकिन सुप्रीम कोर्ट से मुहर नहीं लगी, राफेल में अनिल अम्बानी को मदद करने का आरोप लगा लेकिन सुप्रीम कोर्ट में सिद्ध नहीं हो सका, पेगासस में जासूसी करवाने का आरोप लगा लेकिन वो भी चिपक नहीं पाया। हालाँकि मोदी यही दावा करते हैं कि प्रधानमन्त्री पद की दावेदारी उन्होंने नहीं की, 'मोदी ने ज़िन्दगी में कभी किसी चीज़ की दावेदारी की नहीं है और न ही मैं किसी पद को पाने के लिए पैदा हुआ हूँ। मेरी ज़िन्दगी के निर्णय भारतीय जनता पार्टी करती है, मैं भारतीय जनता पार्टी का एक समर्थक सिपाही हूँ और आज तक जहाँ भी पहुँचा हूँ वे माँग करके नहीं पहुँचा हूँ, छीन करके नहीं पहुँचा हूँ, योजना से नहीं पहुँचा हूँ। जब जो काम मिलता है कठोर परिश्रम करता हूँ, त्याग, तपस्या परिपूर्ण प्रयास रहता है मेरा और मैं कल के विषय में ज़्यादा नहीं सोचता हूँ। वह मेरी प्रकृति में नहीं है।' (नरेन्द्र मोदी, घोषणा पत्र, एबीपी न्यूज, 22 अप्रैल, 2014)

मशहूर विज्ञापन निर्माता पीयूष पाण्डेय का कहना है कि कुछ स्ट्रैटेजिक डिसीजन होते हैं हर टीम को लेने पड़ते हैं जब आप बात करते हैं पिछले वर्ल्ड कप की तो आप कहते हैं कि धोनी की टीम जीत गयी तो कुछ नेता ऐसे होते हैं जो अपनी टीम का फेस बन जाते हैं और बीजेपी ने एक स्ट्रैटेजिक डिसीजन लिया था कि टीम इम्पॉर्टेंट है मगर फेस और लीडर मिस्टर मोदी हैं। (एबीपी न्यूज़)

इसका कारण यह है कि मोदी की शख़्सियत दूसरे प्रधानमन्त्रियों से अलग है। आज तक देश में जितने भी प्रधानमन्त्री हुए हैं, उनमें मोदी की पहचान अलग है। उनकी प्राथमिकता से लेकर संवाद करने की जो कला है, वह अलग है। उनकी व्यक्तिगत जीवन और इच्छाएँ भी अन्य नेताओं से अलग हैं। यही वजह रही कि अपनी विपरीत परिस्थिति को अनूकूल परिस्थिति में मोड़ने में कामयाब हुए। अटल बिहारी वाजपेयी भी आरएसएस के बैचलर प्रचारक थे, लेकिन उनकी लोगों से दोस्ती थी और जान-पहचान भी थी। अविवाहित होते हुए भी घरेलू ज़िम्मेदारियाँ थीं। उनके कई फ़ैसलों में इन सारे मुद्दों का असर था, लेकिन मोदी इससे अलग हैं न घर, न परिवार की ज़िम्मेदारी, न दोस्ती, माँ के निधन के दिन भी मोदी काम पर लगे रहे। आज तक देश के जो भी प्रधानमन्त्री बने हैं, उनमें मोदी सबसे ग़रीब परिवार से आते हैं अगर दोस्ती है तो काम की यानी काम के अलावा मोदी कुछ नहीं देखते

हैं और न ही सुनते हैं। दोस्ती भी वहाँ करते हैं जहाँ उनकी आकांक्षा पूरी होने वाली होती है उनके मुरीद हो जाते हैं। जब उनकी आकांक्षाएँ दूसरे की इच्छाओं से टकराने लगती हैं तो उसकी छत्रछाया से निकलकर अपनी पहचान बनाने में हिचकते भी नहीं है। लेकिन जब तक जुड़े रहते हैं तो तन-मन से लगे रहते हैं लगता है कि उनके जैसा हनुमान भक्त कोई नहीं हो सकता है। हालाँकि उनके जीवन के उतार-चढ़ाव का मूलमन्त्र मेहनत और लगन रहता है इसमें कहीं कोताही नहीं बरतते हैं। जिस तरह का प्रचार 2014 और 2019 के चुनाव में हुआ, उस तरह का प्रचार आज़ादी के बाद कभी नहीं हुआ। मोदी की वजह से नेताओं को जनता के बीच जाना पड़ता है, मिलना पड़ता है लेकिन तब भी मोदी को टक्कर नहीं दे पा रहे हैं।

गुजरात के मुख्यमन्त्री से लेकर दिल्ली में प्रधानमन्त्री तक उनके सफ़र में सारी शक्तियाँ उनमें केन्द्रित हो गयी हैं। मोदी के शासनकाल में न सरकार और न ही पार्टी में चूँ की आवाज़ निकलती है। जब स्थिति प्रतिकूल हो तो वे चुप्पी साधने में कोताही नहीं बरतते हैं। ख़ासकर पार्टी और संघ के मामले में जहाँ उनका बयान किरकिरी पैदा कर सकता है। जैसे संघ परिवार के घर वापसी प्रोग्राम, लव जेहाद, भारत में रहने वाले सभी हिन्दू हैं, गांधी और गोड़से का विवाद। हालाँकि गोड़से वाले बयान पर मोदी बीजेपी की सांसद साध्वी प्रज्ञा पर ख़ास नाराज़ हुए कि उनको कभी माफ़ नहीं किया जायेगा। इस मौक़े पर उनकी चुप्पी उनका हथियार बन जाती है। यहाँ तक कि अटल बिहारी वाजपेयी, लालकृष्ण आडवाणी और राजनाथ सिंह की अध्यक्षता में विरोध के स्वर उभरते रहते थे। एक-दूसरे की काट की राजनीति और गुटबाज़ी की राजनीति भी हावी थी, लेकिन मोदी के पीएम बनने के साथ ही विरोध के स्वर बन्द हो गये, क्योंकि निर्णायक नेता विरोध बर्दाश्त नहीं करता है। ब्रांड मोदी मतलब वही पार्टी है, एक म्यान में दो तलवार नहीं हो सकती हैं हालाँकि उन पर ये भी आरोप लगता है कि पार्टी में लोकतान्त्रिक व्यवस्था को ख़त्म कर दिया गया है। बीजेपी पर आरएसएस की पैनी नज़र है। आरएसएस पहले बड़े भाई की भूमिका में थी, भले सरकार में आरएसएस की विचारधारा और उसके एजेंडे को लागू किया जा रहा है लेकिन मोदी प्रधानमन्त्री बनने के बाद नागपुर आरएसएस मुख्यालय नहीं गये और इक्के-दुक्के स्थानों पर खुलकर आरएसएस प्रमुख के साथ शायद सार्वजनिक मंच पर दिखे, इसे लगता है कि भाई भाई का रिश्ता है ये भी ब्रांड मोदी का असर है, ग़ौरतलब है कि वाजपेयी के प्रधानमन्त्रित्वकाल में सरकार और संघ का रिश्ता खुली किताब था। ज़ाहिर है ब्रांडिंग के तहत मोदी ने अपनी छवि अलग बनायी है और ब्रांडिंग की वजह से चुनाव में लगातार जीत मिल रही है।

# बदलती राहुल कांग्रेस की चुनौती

**हरिमोहन मिश्र**

कहते हैं, राजनीति अनिश्चित सम्भावनाओं को सम्भव बनाने का खेल है। पिछले दो लोकसभा चुनाव (2014 और 2019) में हारी कांग्रेस कुछेक विधानसभा चुनावों में बेहतर प्रदर्शन के जरिए अपनी सम्भावनाएँ बढ़ाती रही है और भारतीय जनता पार्टी (बीजेपी) के बरक्स खुद को मुख्य प्रतिद्वन्द्वी साबित करने की कोशिश करती रही है। इस दौर के तीसरे 2024 के लोकसभा चुनाव के पहले भी कांग्रेस मजबूत और कमजोर दोनों ही दिखती रही है। 2022 के आख़िर और 2023 के मध्य में उसने हिमाचल प्रदेश और कर्नाटक के विधानसभा चुनावों में भारी जीत से उत्साह पैदा किया लेकिन साल के अन्त में पाँच राज्यों-मिजोरम, तेलंगाना के अलावा हिन्दी पट्टी के राजस्थान, मध्य प्रदेश और छत्तीसगढ़ में मिलेजुले प्रदर्शन से उसका उत्साह कुछ मन्द पड़ा। तेलंगाना जीतकर उसने दक्षिण में अपने दबदबे में इजाफ़ा किया, लेकिन हिन्दी पट्टी के तीन राज्यों में सरकार बनाने से पीछे रहने से उसे भारी निराशा झेलनी पड़ी। भारी उम्मीद और उत्साह के बावजूद वह छत्तीसगढ़ और राजस्थान में अपनी सरकार नहीं बचा सकी और मध्य प्रदेश में बीजेपी के 18 साल के राज से उपजी लोगों में ऊब और सत्ता-विरोधी लहर के बावजूद वह नतीजों में काफी पीछे रह गई। हालाँकि उसे सांत्वना बस इस बात से मिली कि हिन्दी पट्टी के तीनों राज्यों में उसका वोट प्रतिशत कमोबेश एक समान बना रहा या उसमें इजाफा हुआ। मध्य प्रदेश (बीजेपी: 48.55 फीसदी; कांग्रेस: 40 फीसदी ) में उसके वोट में इजाफा तो हुआ मगर बीजेपी को उससे करीब 8 प्रतिशत वोट ज्यादा मिले। राजस्थान (बीजेपी: 41.69 फीसदी, कांग्रेस 39.53 फीसदी) में 1 प्रतिशत और छत्तीसगढ़ (बीजेपी: 46.3 फीसदी; कांग्रेस: 42.2 फीसदी) में 4 प्रतिशत से कम वोटों का है। तीनों राज्यों में 2018 के मुकाबले कांग्रेस के वोट बढ़े ही हैं, लेकिन 2019 के लोकसभा चुनावों से पीछे हैं।

दरअसल हिन्दी पट्टी के ये तीन राज्य इसलिए अहम हैं कि इनमें कुल 65 संसदीय सीटों में से बीजेपी 2019 में 62 सीटें जीत गई थी। बीजेपी को केन्द्र में अपना बहुमत बरकरार रखने के लिए पिछले जैसा ही प्रदर्शन कायम रखना अनिवार्य है और कांग्रेस के लिए भी अपनी सीटें पिछली बार की 52 से बढ़ाने के लिए ये ही राज्य बेहद ज़रूरी हैं। वैसे, यह कई बार देखा गया है कि राज्य चुनावों की जीत का संसदीय चुनावों के नतीज़ों में असर अनिश्चित-सा रहा है। 2003 के अन्त में इन्हीं राज्य चुनावों में बीजेपी को जीत मिली थी, लेकिन 2004 के लोकसभा चुनाव में बीजेपी पिछड़ गई। इसी तरह 2018 के अन्त में राजस्थान, छत्तीसगढ़, मध्य प्रदेश कांग्रेस जीत गई, लेकिन 2019 के संसदीय चुनावों में इनमें बीजेपी को एकतरफा जीत मिल गई थी। वैसे, 2019 का चुनाव पुलवामा और बालाकोट घटनाओं के साए में हुआ था, जिसे बीजेपी ने पूरी तरह अपने चुनाव प्रचार में कथित राष्ट्रवाद की हवा पैदा करने के लिए इस्तेमाल किया था, जिसकी मिसाल पहले के चुनावों में नहीं मिलती है। बहरहाल, मौजूदा पाँच राज्यों के चुनावों में वोटों की गिनती भी देखें तो कांग्रेस को कुल वोट 4.92 करोड़ हासिल हुए, जबकि बीजेपी को उससे करीब 11 लाख कम 4.81 करोड़ वोट मिले। असल में कुल वोट में यह फासला तेलंगाना (कांग्रेस: 39.40 फीसदी; बीजेपी: 13.9 फीसदी) और मिजोरम (कांग्रेस: 20.82 फीसदी ; बीजेपी 5.02 फीसदी) की वजह से है, जहाँ कांग्रेस को काफी वोट मिले, तेलंगाना में तो उसने सरकार भी बना ली, लेकिन बीजेपी की इन दो राज्यों में मौजूदगी गिनाने भर की है।

मतलब यह कि पिछले आँकड़ों से अगले चुनावी नतीजों का अन्दाजा लगा पाना अनिश्चित-सा है। इसलिए कांग्रेस 2024 के लोकसभा चुनावों के लिए गम्भीर खिलाड़ी बनी रह सकती है या नहीं, यह इस पर निर्भर है कि वह आगे अपने पत्तों को सम्भालकर कैसी सियासी फिजा तैयार कर पाती है। बेशक, यह तमाम तरह की राजनैतिक रणनीतियों पर आश्रित है। यह भी गौरतलब है कि जाति जनगणना और क्रोनी कैपटलिज्म या याराना पूँजीवाद के उसके बमुद्दों की पैठ जनता में आगे किस कदर हो पाती है या वह कोई और आकर्षक मुद्दा लेकर आती है, जिसकी काट तलाशना प्रतिद्वन्द्वियों के लिए आसान न हो। इस पर चर्चा करने से पहले यह देखते हैं कि राज्य विधानसभा चुनावों के पहले कैसे कांग्रेस में नया जोश दिखने लगा था और उसकी सम्भावनाएँ बीच बहस में आ गई थीं।

इन सम्भावनाओं को बेशक बल मिला, केन्द्र में भारतीय जनता पार्टी (बीजेपी) के ख़िलाफ़ व्यापक मोर्चा 'इंडिया' (भारतीय राष्ट्रीय विकासात्मक समावेशी गठजोड़) बनने से भी मिला, जिसमें उससे कुछ खटास रखने वाली ममता बनर्जी

की तृणमूल कांग्रेस और अरविन्द केजरीवाल की आम आदमी पार्टी भी शामिल हुई और ग़ैर-बीजेपी पार्टियों के एक मंच पर आने-जाने का सिलसिला भी जारी है। बेशक, इसकी पहल बिहार के मुख्यमन्त्री नीतीश कुमार और राष्ट्रीय जनता दल के लालू प्रसाद यादव ने की, लेकिन चुनाव से पहले नीतीश ने इंडिया गठबन्धन को अलविदा कह दिया और ममता बनर्जी भी पश्चिम बंगाल में अकेले लड़ने का ऐलान कर चुकी है लेकिन चुनाव आते-आते अकेले लड़ेंगी या गठबन्धन के साथ लडेंगी ये भी सस्पेंस बना हुआ है। हालाँकि उससे पहले कांग्रेस और ख़ासकर पार्टी के पूर्व अध्यक्ष राहुल गांधी के लिए कन्याकुमारी से श्रीनगर तक 4,000 से ज़्यादा किमी. की भारत जोड़ो पदयात्रा नया जोश जगाने वाली साबित हुई। फिर, कांग्रेस अध्यक्ष के पद के लिए खुले चुनाव में मल्लिकार्जुन खड़गे के निर्वाचन से भी पार्टी का रंग-रूप कुछ बदला। लगभग तीन दशकों बाद पार्टी के अखिल भारतीय सदस्यों के गुप्त मतदान में शशि थरूर हारे और खड़गे जीते। इसकी माँग 2019 के संसदीय चुनावों में हार की ज़िम्मेदारी लेकर राहुल गांधी के अध्यक्ष पद से इस्तीफ़े के बाद से ही पार्टी में उठ रही थी और जी-23 गुट कहलाये पार्टी के नेताओं ने पार्टी पदों पर चुनाव की खुलेआम माँग उठाई थी (पार्टी के 23 नेताओं ने 2020 में अन्तरिम अध्यक्ष सोनिया गांधी को इस बारे में पत्र लिखा था)। उसके बाद गुलाम नबी आज़ाद जैसे कई नेता पार्टी छोड़कर चले गये। इस माँग के जवाब में राहुल ने कहा था कि न वे, न उनके परिवार का कोई अध्यक्ष बनेगा। हालाँकि यह आरोप तब भी बना हुआ है कि खड़गे गांधी परिवार के अरसे से वफ़ादार रहे हैं। लेकिन उनके क़द के दलित नेता के पद सँभालने से कांग्रेस को ख़ासकर उनके गृह प्रदेश कर्नाटक चुनावों में फ़ायदा मिला। इसका एक और फल यह हुआ कि नेताओं का पार्टी छोड़कर जाने का सिलसिला कम-सा गया। हालाँकि नेताओं का पार्टी छोड़कर जाने का सिलसिला तो 2014 के लोकसभा चुनाव के कुछ पहले ही शुरू हो गया था लेकिन 2019 की हार के बाद यह तेज़ हो गया था। कांग्रेस नेताओं के पार्टी छोड़ने का लाभ भारतीय जनता पार्टी (बीजेपी) को बड़े पैमाने पर हुआ। कई राज्यों में तो बीजेपी की सत्ता कांग्रेस नेताओं के पाला बदलने की वजह से ही कायम हो पायी। पूर्वोत्तर के लगभग सभी राज्यों समेत कई मुख्य भूमि के राज्यों हरियाणा, गोवा और एक हद तक महाराष्ट्र में बीजेपी की ज़मीन भी कांग्रेसी नेताओं के पाला बदलने से ही तैयार हो पायी। यह उसके गढ़ कहे जाने वाले गुजरात जैसे राज्य में भी देखा गया। ऐसे में कांग्रेस के लिए बड़ी चुनौती अपनी पार्टी में यह भरोसा दिलाना था कि उसके पास राजकाज करने का वैकल्पिक नज़रिया है, जो देश के लोगों के मन को छू सकता है और उनमें भरोसा और उम्मीद जगा सकता है। इससे भी बढ़कर

ख़ासकर नेहरू-गांधी परिवार के नेतृत्व को यह भरोसा दिलाना था कि उनकी अपील देश में फिर बहाल हो सकती है और अपने आकर्षण से मतदाताओं का रुझान मोड़ सकती है। इन दोनों ही मामलों में 2014 से ही कांग्रेस अपनी अपील खोती चली गयी। राजकाज के मामले में मोटे तौर पर कांग्रेस की अगुआई में पूर्ववर्ती यूपीए सरकार की ही आर्थिक उदारीकरण तथा नव-पूँजीवादी नीतियों और कार्यक्रमों को आक्रामक ढंग से नरेन्द्र मोदी की अगुआई में बीजेपी ने अपने दो कार्यकाल में कुछ तरमीम के साथ लागू किया। जीएसटी, खनिज खनन, टेलिकॉम, बिजली वग़ैरह क्षेत्रों में निजीकरण जैसी नीतियाँ यूपीए के दौर की हैं। नरेन्द्र मोदी की अगुआई में बीजेपी सरकार इस पर आक्रामक ढंग से आगे बढ़ी। यही नहीं, स्वच्छता मिशन के तहत शौचालय निर्माण (यूपीए में निर्मल ग्राम योजना), ग़रीब आवास योजना (तब इन्दिरा आवास योजना), जन धन योजना (यूपीए में वित्तीय समावेशन), प्रत्यक्ष लाभ हस्तान्तरण योजना जैसे अनेक कार्यक्रम पुराने ही हैं (यहाँ यह ज़िक्र करना भी मुनासिब है कि इनमें कई योजनाओं का ज़िक्र विश्व बैंक की समय-समय पर आयी सिफ़ारिशों में रहा है)। अलबत्ता, बीजेपी और राष्ट्रीय स्वयंसेवक संघ के अपने एजेंडे हैं लेकिन उनका असर एक सीमा तक ही है और सत्ता हासिल करके उसे विस्तार देने की कोशिश की गयी है। फिर, बाक़ी बातें भी हैं, जिनके विस्तार में जाना यहाँ अपेक्षित नहीं है, क्योंकि यहाँ सिर्फ़ कांग्रेस के सन्दर्भ की बातें ही हैं। इन पंक्तियों का विषय यह है कि अपने सबसे बुरे दौर में देश की सबसे पुरानी पार्टी क्या 2024 के लोकसभा चुनावों में बड़ी टक्कर को तैयार है और उसके लिए अपनी मान्यताओं, नीतियों और तौर-तरीक़ों में क्या परिवर्तन कर रही है? फिर, उसकी राजनीति पर उसका क्या फ़र्क़ पड़ रहा है और देश के लोगों में उसका क्या असर पड़ सकता है? ग़ौरतलब यह भी है कि गांधी परिवार के वंशज राहुल या प्रियंका गांधी की अपील मतदाताओं का रुख़ मोड़ सकती है, और किस हद तक? यह पिछले दो संसदीय चुनावों में ही नहीं, राज्यों के कुछ चुनावों में भी दिखा है कि गांधी परिवार में वोटरों को खींचने की ताकत कम से कम हिन्दी पट्टी में घटती गई है। 2014 में 44 सीटों और 2019 में 52 सीटों पर पार्टी जीती, तो उसमें राहुल या प्रियंका गांधी की कोई आकर्षक भूमिका न के बराबर लगती है। कह सकते हैं कि जो जीते वे कमोबेश अपने दम पर जीते। इसकी सबसे तीखी मिसाल उत्तर प्रदेश जैसे राज्य में दिखी, जहाँ राहुल ख़ुद अपने परिवार की परम्परागत सीट अमेठी से चुनाव हार गये और राज्य में पार्टी की वोट हिस्सेदारी इकाई अंक में भी ऐसे घटी कि उसका उठना असम्भव-सा जान पड़ता है। इसके पहले पार्टी की ऐसी दुर्दशा 1977 में भी नहीं हुई थी, जब रायबरेली से इन्दिरा गांधी और अमेठी से संजय गांधी

हार गये थे क्योंकि तब भी वोट हिस्सेदारी में ऐसी गिरावट नहीं आयी थी। लेकिन देश के पैमाने पर देखें तो 2014 और 2019 में भी कांग्रेस की वोट हिस्सेदारी 20 प्रतिशत के आसपास बनी रही है, जो सबसे कम है। इसके मुक़ाबले बीजेपी की वोट हिस्सेदारी 2014 और 2019 में क्रमशः 31 और 37 प्रतिशत ज़रूर रही, लेकिन उसके पहले तकरीबन दो दशक तक कभी 26 प्रतिशत को नहीं लाँघ पायी। 2009 में उसे 18.8 प्रतिशत वोट मिला। उसे विश्वनाथ प्रताप सिंह की अगुआई में कांग्रेस के ख़िलाफ़ जन मोर्चा के दौरान पहली दफा 1989 में दहाई अंक का वोट प्रतिशत हासिल हुआ था। फिर अयोध्या में राम मन्दिर तथा मण्डल आयोग की रिपोर्ट लागू होने के बाद आरक्षण विरोधी आन्दोलन के बीच 1991, फिर 1996, 1998, 1999 और 2004 में भी उसका वोट प्रतिशत 20 से 26 फ़ीसदी के बीच ही रहा। 1996 में कांग्रेस की सीटें काफ़ी घटने और बीजेपी के सबसे बड़ी पार्टी बनने और 1999 में करगिल युद्ध वग़ैरह के बावजूद उसके वोट प्रतिशत में गिरावट ही हुई तो, एक व्याख्या यह हो सकती है कि जो वोट 2014 या 2019 में बीजेपी की ओर गये, वह कांग्रेस और बाक़ी पार्टियों से मोहभंग और टूटन की वजह से गये। इसलिए कांग्रेस और बाक़ी विपक्ष की 2024 में रणनीति यही दिखती है कि बीजेपी सरकार से मोहभंग की स्थिति में उसके पाले में गये वोट लौट आयेंगे, तो बीजेपी फिर अपने मूल आधार वोट 25 प्रतिशत के आसपास जा जायेगी या फिर ज़्यादातर सीटों पर विपक्ष का एक उम्मीदवार होने से वोट बँटने का लाभ बीजेपी को नहीं मिल पायेगा। हालाँकि नीतीश की विदाई और ममता की बेरुखी से ये थ्योरी भी कमजोर होती जा रही है। बेशक, मौजूदा हालात यही हैं कि महँगाई और बेरोज़गारी से लोग त्रस्त हैं, ग़ैर-बराबरी बेइन्तहा बढ़ रही है, छोटे कारोबार बर्बाद हो रहे हैं। लगातार दो कार्यकाल के बाद स्वाभाविक सत्ता-विरोधी लहर भी हो सकती है। ऐसे में कांग्रेस और विपक्ष को यह भरोसा दिलाना है कि उसके पास इन समस्याओं से निजात दिलाने की वैकल्पिक नीतियाँ हैं और उसका गठजोड़ व्यापक है। यह कई चुनावों में देखा गया है कि जिसका राजनैतिक-सामाजिक गठजोड़ जितना बड़ा होता है, उसकी जीत होती है। गठजोड़ व्यापक करने के मामले में 'इंडिया' की पहल अगर चुनाव तक देश की कुल 543 में से दो-तिहाई सीटों पर बीजेपी/एनडीए के ख़िलाफ़ एक उम्मीदवार खड़ा करने में कामयाब रहती है, तो देश में लोगों को लग सकता है कि विपक्ष गम्भीर है और बीजेपी को मुश्किल पेश आ सकती है। शायद फिर यह सवाल भी दीगर हो जाये कि मोदी बनाम कौन, क्योंकि बीजेपी चुनाव को इसी एजेंडे पर लाना चाहती है। उसे भरोसा है कि मोदी की लोकप्रियता कम-से-कम संसदीय चुनावों के मामले में बरकरार है। दूसरे, कांग्रेस को यह भरोसा दिलाना है

कि वह पुरानी नीतियों को छोड़ रही है और सामाजिक न्याय तथा ग़ैर-बराबरी को घटाने, रोज़गार पैदा करने की आर्थिक नीतियों की ओर रुख कर रही है।

वजह यह है कि 2014 के बाद के दौर में कांग्रेस के हाथ से राजकाज की नीतियाँ और नेतृत्व की अपील दोनों खो गयी, तो कांग्रेसी नेताओं और कार्यकर्ताओं का पाला बदलना शुरू हो गया। बीजेपी के तहत उन्हें सत्ता का लाभ मिला और चुनाव जीतने का भरोसा भी। इसी वजह से यह बहस भी चली कि कांग्रेस नेतृत्व गांधी परिवार से इतर होना चाहिए। लेकिन ऐसा कोई नेता है भी नहीं, जिससे लोग पूरे देश में समान रूप से परिचित हों या उसे देखने या सुनने को उमड़ें। कांग्रेस को इसी स्थिति को उलटने की मशक्कत करनी थी। इसकी शुरुआत मोटे तौर पर मई 2022 में उदयपुर चिन्तन शिविर से हुई। वहाँ ऐलान हुआ कि भारत जोड़ो पदयात्रा की जायेगी, पार्टी के पदों पर समाज के सभी वर्गों को प्रतिनिधित्व दिया जायेगा और 'एक परिवार एक टिकट' की नीति अपनायी जायेगी। यह भी तय हुआ कि पार्टी बीजेपी का मुक़ाबला सामाजिक-आर्थिक मुद्दों और संविधान के बुनियादी मूल्यों पर हमले की बातें उठाकर करेगी। इसे 26 फ़रवरी 2023 को पार्टी के रायपुर महाधिवेशन में और धार दिया गया। रायपुर में सार्वजनिक उपक्रमों के निजीकरण का विरोध, निजी क्षेत्र में आरक्षण, जाति जनगणना जैसे मुद्दों का संकल्प लिया गया। पार्टी की सर्वोच्च निर्णायक संस्था कांग्रेस कार्यकारिणी में पिछड़ों, दलित, आदिवासियों, महिलाओं और युवाओं को पचास फ़ीसदी आरक्षण देने का ऐलान किया गया। हालाँकि अगस्त के तीसरे हफ़्ते में कार्यकारिणी के गठन में इसकी थोड़ी-सी झलक ही मिली। लेकिन ये नीतियाँ कम-से-कम सैद्धान्तिक तौर पर पार्टी में बदलाव की प्रतीक हैं। यह सैद्धान्तिकी सामाजिक और आर्थिक दोनों मोर्चों पर कांग्रेस के एक मायने में नये प्रस्थान बिन्दु की ओर इशारा करती है।

## कांग्रेस के सामाजिक समीकरण

सामाजिक मोर्चे पर पार्टी दलित, आदिवासियों, पिछड़ों और महिलाओं के मुद्दों को इस विस्तार में कभी नहीं उठा पायी थी। वह मध्यम मार्ग पर चलना ही पसन्द करती रही है। मौजूदा बदलाव उसे सामाजिक न्याय की धारा के क़रीब ले जाता है, और शायद उसके सामाजिक समीकरणों में इज़ाफ़ा कर सकता है, बशर्ते पार्टी इस लाइन पर शिद्दत से अमल करती दिखे। बेशक, उसे बहुत कुछ साबित करना पड़ सकता है। 1990 के दशक के बाद दलितों का एक बड़ा तबका हिन्दी प्रदेशों में कांशीराम और मायावती की बहुजन समाज पार्टी और दूसरे राज्यों में बाक़ी क्षेत्रीय पार्टियों की ओर चला गया था। सवाल है कि क्या कांग्रेस अपनी ओर उनकी वापसी की उम्मीद

कर सकती है, क्योंकि पिछले कुछ चुनावों में ख़ासकर हिन्दी पट्टी में दलित, पिछड़े नेताओं से मोहभंग के कारण उनका बीजेपी की ओर रुख़ दिखा है। इसी तरह, अगर जाति जनगणना के मुद्दे से पिछड़ों का कुछ रुझान पार्टी की ओर होता है तो उसे उम्मीद के मुताबिक़ लाभ मिल सकता है। हालाँकि साठ के दशक से ही मोटे तौर पर ओबीसी कही जाने वाली और मध्य जातियों का रुझान समाजवादी और कम्युनिस्ट पार्टियों की ओर रहा है और नब्बे के दशक में मण्डल आयोग की रिपोर्ट लागू होने के बाद तो ये जातियाँ समाजवादी क़िस्म के धड़ों के साथ पूरी तरह जुड़ गयीं, और अलग-अलग राज्यों में उनकी क्षेत्रीय पार्टियाँ या क्षत्रप तैयार हुए। नब्बे के दशक में ही पहचान की राजनीति का उदय हुआ। बाद में बीजेपी ने भी अति पिछड़ी जातियों में जाति पहचान की दुहाई देकर अपनी पैठ कायम की, जिसका सबसे बेहतरीन मैदान उत्तर प्रदेश में दिखाई देता है। पिछड़ी जातियों की देश में आबादी लगभग 40 फ़ीसद से ऊपर आँकी जाती है। इसलिए उनका वोट ख़ासा मायने रखता है। तो, क्या कांग्रेस इस जटिल समीकरण में अपने लिए जगह बना पायेगी? यहाँ यह ज़िक्र करना मौजूं हो सकता है कि 2009 के लोकसभा चुनावों में कांग्रेस को ख़ासकर उत्तर प्रदेश के अवध और रुहेलखण्ड क्षेत्रों में यादवों के अलावा दूसरे पिछड़ों और जाटवों के अलावा दूसरी दलित जातियों के बल पर 21 संसदीय सीटें जीतने में कामयाबी हासिल हुई थी। यानी यह नामुमकिन तो नहीं लेकिन इसके लिए कुछ साबित करके दिखाना पड़ सकता है। वैसे, पार्टी के पास राजस्थान में अशोक गहलोत, छत्तीसगढ़ में भूपेश बघेल और कर्नाटक में सिद्धारमैया जैसे बड़े पिछड़े नेता हैं। बतौर अध्यक्ष खड़गे बड़े दलित नेता हैं।

दरअसल, हाल के दौर में ओबीसी की ओर कांग्रेस का रुझान तो राष्ट्रीय जनता दल (आरजेडी) तथा जनता दल यूनाइटेड (जेडीयू) की बिहार में जाति जनगणना के सवाल पर ही समर्थन की ओर झुक गया था, दिलचस्प यह है कि राज्य में बीजेपी ने उसका विरोध नहीं किया, लेकिन केन्द्र का रवैया कुछ ढुलमुल-सा है। दक्षिणपन्थी संगठन आरक्षण विरोधी यूथ फॉर इक्वालिटी ने पटना हाइकोर्ट और सुप्रीम कोर्ट का दरवाज़ा खटखटाया लेकिन दोनों जगह निराशा हाथ लगी। लेकिन निराशा तो इंडिया गठबन्धन को लगी जब जाति जनगणना का रास्ता दिखाकर खुद अपना रास्ता बदलकर बीजेपी से हाथ मिलाने को फैसला कर लिया। लेकिन कांग्रेस जाति जनगणना के पक्ष में खुलकर तब आयी, जब राहुल गांधी के ख़िलाफ़ 2019 के लोकसभा चुनाव के दौरान कर्नाटक के कोलार में दिये एक भाषण पर गुजरात के सूरत की अदालत में मानहानि के मुक़दमे में इसी साल सज़ा सुनाई गयी और कहा गया कि मोदी ओबीसी हैं इसलिए यह ओबीसी का अपमान है। (इस मुक़दमे

में राहुल को इस मद में सर्वाधिक दो साल की सज़ा सुना दी गयी और उनकी केरल के वायनाड से संसद सदस्यता ख़त्म कर दी गयी और फटाफट बंगला ख़ाली करवा लिया गया। बाद में सुप्रीम कोर्ट से राहत मिली और सदस्यता बहाल हुई।) जब बीजेपी की ओर से ओबीसी का अपमान का हल्ला उठा तो कर्नाटक चुनावों के प्रचार के दौरान कांग्रेस और राहुल गांधी ने जाति जनगणना का मामला उठाया और कहा कि जिसकी जितनी संख्या, उसे उतनी हिस्सेदारी मिलनी चाहिए। यही नहीं, 2011 में हुए सामाजिक, आर्थिक सर्वे के आँकड़े भी ज़ाहिर करने को कहा, जिसके आँकड़े एनडीए सरकार ने अस्पष्टता का हवाला देकर नहीं जारी किये। इस तरह जैसे-जैसे चुनौतियाँ मिल रही हैं, कांग्रेस अपने वैचारिक दायरे में बदलाव और विस्तार के लिए खुली जान पड़ने लगी। बाक़ी ख़ासकर सवर्ण जातियों के लिए उसके पास स्वतन्त्रता आन्दोलन के दौरान उपजा भारत विचार (आइडिया ऑफ़ इंडिया) और संवैधानिक मूल्यों और साम्प्रदायिक सद्भाव की अपील है। ऐसा ही आदिवासी वोटों के मामले में है। ये वोट कांग्रेस से फिसलते रहे हैं, लेकिन ज़्यादातर कांग्रेस के साथ रहे हैं। बीजेपी इसमें पैठ बनाने की कोशिश करती रही है और कई मामलों में सफल भी रही है, जैसे पिछले 2022 के गुजरात विधानसभा के चुनावों में बीजेपी ने ज़्यादातर आदिवासी सीटों में जीत हासिल की। लेकिन यह आम आदमी पार्टी में कुछ वोटों के बँटने से भी हुआ। लेकिन 2023 में कर्नाटक में आदिवासी वोटों का रुख़ कांग्रेस की ओर रहा। यही नहीं, 2018 में मध्य प्रदेश, छत्तीसगढ़ और झारखण्ड के विधानसभा चुनावों में आदिवासी वोट बीजेपी की ओर नहीं गये। आदिवासी क्षेत्रों की ज़्यादातर सीटें कांग्रेस के पाले में आयी थीं। इससे कांग्रेस को उम्मीद बँधती है कि आदिवासी वोटों के उसकी ओर लौटने की उम्मीद है, अलबत्ता जहाँ उनकी क्षेत्रीय पार्टियाँ नहीं हैं। मसलन, झारखण्ड में उसका झारखण्ड मुक्ति मोर्चा है, जिसके साथ कांग्रेस का गठबन्धन है। दिलचस्प ये भी है कि लोकसभा चुनाव में आदिवासी वोट बीजेपी की तरफ़ रुख़ कर जाते हैं। इसी तरह ओबीसी वोटों पर भी कांग्रेस की उम्मीद टिकी है। यह सामाजिक समीकरण देश में लगभग 14 फ़ीसद आबादी वाले सबसे बड़े अल्पसंख्यक धार्मिक समूह मुसलमानों के ज़िक्र के बिना अधूरा है। ख़ासकर इन्दिरा गांधी के दौर से कहा जाता रहा है कि कांग्रेस के वोट बैंक ब्राह्मण, दलित और मुसलमान हैं। लेकिन राजीव गांधी के दौर, और ख़ासकर 1992 में अयोध्या में बाबरी मस्जिद विध्वंस के बाद कांग्रेस के अस्पष्ट रुझान की वजह से मुसलमान मतदाताओं का रुझान सामाजिक न्याय को ज़ोरदार ढंग से उठाने वाली पार्टियों की ओर हो गया। मसलन, उत्तर प्रदेश में समाजवादी पार्टी तथा बहुजन समाज पार्टी, बिहार में राष्ट्रीय जनता दल और

बाद में पसमांदा यानी पिछड़े मुसलमानों का एक तबका जनता दल (यूनाइटेड) के साथ, कर्नाटक में जनता दल (सेक्यूलर) के साथ, पश्चिम बंगाल में ममता बनर्जी की तृणमूल कांग्रेस के साथ और असम में कांग्रेस तथा एक बड़ा तबका बदरुद्दीन अजमल की एआइयूडीएफ के साथ बँट गया। केरल में वाम मोर्चे, आईयूएमएल और कांग्रेस के बीच बँटा है। इन सभी राज्यों में मुस्लिम आबादी बड़ी है। लेकिन 2023 में मुसलमानों के वोट का एक और रुझान उभरा है। कर्नाटक के विधानसभा चुनावों में कांग्रेस ने ऐन मतदान के पहले अपने घोषणा-पत्र में पीएफआई के साथ बजरंग दल पर प्रतिबन्ध लगाने के ठोस इरादे का इजहार किया तो ख़ासकर पुराने मैसूर इलाक़े में मुसलमानों का रुझान कांग्रेस की ओर बड़े पैमाने पर हुआ तो जद (एस) के वोट काफ़ी घट गये। उसके बाद ऐसा ही कुछ रुझान बंगाल में दिखा। वहाँ चार विधानसभा उपचुनावों में घनी मुस्लिम आबादी वाले क्षेत्रों में तृणमूल कांग्रेस के बदले कांग्रेस और एक सीट पर एक दूसरा संगठन जीता, जिसे कांग्रेस और वाम मोर्चे का समर्थन हासिल था। तो, क्या ये रुझान कोई नयी बयार के संकेत हैं। क्या मुस्लिम आबादी को अहसास होने लगा है कि उसे दक्षिणपन्थी तत्त्वों के हमलों से कांग्रेस ही बेहतर सुरक्षा प्रदान कर सकती है? सम्भव है, राहुल गांधी ने भी भारत जोड़ो पदयात्रा के दौरान अपने लोकप्रिय नारे 'नफ़रत के बाज़ार में मुहब्बत की दुकान खोलने आया हूँ' के ज़रिये संवेदना का कोई तार छेड़ा हो। वजह यह भी हो सकती है कि दक्षिणपन्थी तत्त्वों और कुछ बीजेपी शासित राज्य सरकारों की 'बुलडोजर' कार्रवाइयों के ख़िलाफ़ खुलकर बोलने से बाक़ी नेता परहेज करते हैं या उतने खुलकर नहीं बोलते, जिस क़दर राहुल गांधी खुलकर बीजेपी और दक्षिणपन्थी तत्त्वों पर हमलावर दिखते हैं। यानी राहुल हर मोर्चे पर मोदी-अमित शाह की अगुआई वाली बीजेपी से सीधे टकराने का तेवर दिखाते हैं। इस क्रम में अगला इम्तिहान का बिन्दु आर्थिक नीतियाँ हैं। मतलब यह देखना है कि क्या वाकई कांग्रेस राजकाज का कोई वैकल्पिक एजेंडा तैयार कर रही है।

## कांग्रेस की आर्थिक नीति

कांग्रेस ने रायपुर महाधिवेशन के आर्थिक प्रस्ताव में और राहुल गांधी ने लगभग लगातार ऐसे कई संकेत दिये हैं कि पार्टी निजीकरण और नव-पूँजीवाद की नीतियों से मुख मोड़ रही है, जिससे मुट्ठी भर लोगों के हाथों में सम्पत्ति का जमावड़ा होता है और ग़ैर-बराबरी बेइन्तहा बढ़ती है। हाल में अपनी लद्दाख यात्रा के दौरान करगिल की सभा में राहुल गांधी ने कहा, "मामला ज़मीन का है, आप समझिए, लद्दाख में सौर ऊर्जा की प्रचुर सम्भावना है और मोदी सरकार यहाँ की ज़मीन

अडाणी समूह को मुहैया कराना चाह रही है। इसीलिए इसे केन्द्रशासित प्रदेश बनाया गया और चुनाव नहीं कराये जा रहे हैं, ताकि यहाँ के जन-प्रतिनिधि कोई अड़ंगा न डाल सकें।" बेशक, यह राजनैतिक बयान हो सकता है, लेकिन ऐसे ही मुद्दे वे लगातार उठा रहे हैं। भारत जोड़ो यात्रा और उसके पहले भी वे कई बार दोहरा चुके हैं कि जो आर्थिक नीतियाँ 1991 में शुरू की गयीं, वे 10-2009 तक काम कर रही थीं, लेकिन उसके बाद क्रोनी कैपिटलिज़्म और ग़ैर-बराबरी में बढ़ोतरी करने लगीं। वे संसद से लेकर सभाओं में मुट्ठी भर लोगों के हाथों में देश की सम्पत्ति का तकरीबन 67 प्रतिशत हस्तान्तरण का मुद्दा उठाते हैं। 2019 के चुनावों के ऐन पहले कांग्रेस ने 'न्याय' नाम से एक पुस्तिका निकाली थी, जिसमें देश में बीपीएल आबादी को हर महीने 6,000 रु. भत्ता देने, कारपोरेट और कम्पनी कर में इज़ाफ़े, कृषि के मद में सब्सिडी बढ़ाने वग़ैरह का वादा किया गया था। वह भी आर्थिक उदारीकरण की नीतियों से अलग हटने का संकेत था। हिमाचल प्रदेश और कई दूसरे कांग्रेस शासित राज्यों में पुरानी पेंशन व्यवस्था की ओर लौटने के फ़ैसले भी आर्थिक उदारीकरण की नीतियों से अलग हटने के संकेत हैं। मुम्बई में 'इंडिया' गठजोड़ की बैठक में राहुल गांधी ने कहा कि हमारी आर्थिक नीतियों का फोकस किसानों, मज़दूरों, कमज़ोर वर्गों और छोटे कारोबार को मज़बूती देना है और इसी एजेंडे को लेकर हमें लोगों के पास जाना है। वे कई बार यह दलील दे चुके हैं, "मोदी सरकार दो-तीन कारपोरेट घरानों के हवाले देश की सारी सम्पत्ति दे रही है और लाखों करोड़ के क़र्ज़ माफ़ कर रही है तथा उनको करों में छूट दे रही है तो हमें वही सरकारी पैसा देश के लोगों की जेब में डालने और रियायतें देने की राह पर जाना है, जिससे लोगों की क्रय-शक्ति बढ़ेगी तो अर्थव्यवस्था में 'स्टैबिलिटी' आयेगी और रोज़गार पैदा होंगे। रोज़गार बड़े उद्योगपति और कारोबारी पैदा नहीं करते, बल्कि छोटे और लघु उद्योगों और कृषि में रोज़गार पैदा होता है।" राहुल ही नहीं, पार्टी के कुछ दूसरे नेता भी यही दलील देते हैं। हाल में आर्थिक विषयों के जानकार पूर्व वित्त मन्त्री पी. चिदम्बरम से पूछा गया था कि आप तो रेवड़ी कल्चर के विरोधी रहे हैं। उनका जवाब था, "मैं इस शब्द से इत्तेफ़ाक नहीं रखता। अगर ग़रीब और कमज़ोरों को सुविधाएँ और भत्ता देना रेवड़ी है तो कारपोरेट के दस लाख करोड़ रुपये से अधिक माफ़ करना और कारपोरेट टैक्स बेहद कम कर देना क्या रेवड़ी नहीं है। यह सवाल इसलिए पैदा हुआ है कि कुछेक कारोबारी घरानों का नेट वर्थ कोविड महामारी के दौरान भी बढ़ता गया है और देश के आम आदमी की आमदनी घटती गयी है।" वे आगे कहते हैं कि यह मोदी सरकार की नीतियों की बदौलत हुआ है और हम सरकार में आयेंगे तो इन सभी नीतियों को रद्दी की

टोकरी के हवाले कर देंगे। मतलब यह कि जो कांग्रेस 1990 के दशक में आर्थिक उदारीकरण और नव-पूँजीवाद की ओर मुड़ गयी थी, वह अब कल्याणकारी राज्य की अपनी मूल अवधारणा की ओर लौट चुकी है। हालाँकि अब भी यह स्पष्ट नहीं है कि कारपोरेट के अनुकूल आर्थिक सुधारों पर उसका क्या रुख़ है। जब अडाणी घराने के राजस्थान और छत्तीसगढ़ में लगे संयंत्रों के बारे में पूछा गया तो कांग्रेस के संचार प्रभारी जयराम रमेश ने कहा था कि हम बड़े उद्योगों और कारपोरेट के विरोधी नहीं हैं, लेकिन हम लेबल प्लेइंग फील्ड चाहते हैं, किसी एक-दो को बढ़ावा देने के लिए नीतियाँ नहीं बदलना चाहते, जो मोदी सरकार ने किया है। लेकिन इतना तो स्पष्ट है कि कांग्रेस आक्रामक ढंग के आर्थिक सुधारों से पीछे हट गयी है और ख़ासकर राहुल गांधी उसे पी.वी. नरसिंह राव और अपने पिता राजीव गांधी के दौर से कुछ पीछे ले जाना चाहते हैं, बेशक नयी परिस्थितियों में कुछ बदलाव के साथ। ग़ौरतलब है कि राजीव गांधी के दौर में ही नयी आर्थिक नीतियों की ओर रुझान बढ़ा था, जिसकी परिणति नरसिंह राव और मनमोहन सिंह के दौर में दिखी। इसके रचयिता मोटे तौर पर राजीव और शुरू में उनके वित्त मन्त्री रहे विश्वनाथ प्रताप सिंह थे। कम्प्यूटर, टेलीफोन और इन्फ्रास्ट्रक्चर पर ज़ोर उन्हीं के दौर में बढ़ा। निजीकरण और बहुराष्ट्रीय कम्पनियों के प्रति उदार नीतियाँ भी तभी शुरू होने लगी थीं। बाद में संयुक्त मोर्चा की विश्वनाथ प्रताप सिंह की सरकार के दौर में ही कोक और पेप्सी की वापसी हुई, जिन्हें 1977 में जनता पार्टी की सरकार ने बाहर का रास्ता दिखा दिया था। बहरहाल, कांग्रेस जब आर्थिक उदारीकरण की ओर मुड़ी तो उसमें ऐसे ही नेताओं का दबदबा बढ़ गया था। मनमोहन सिंह की यूपीए सरकार में जो तब कांग्रेस अध्यक्ष सोनिया गांधी के रुझान में फ़र्क़ दिखा था। इसलिए राहुल गांधी का कांग्रेस में भारी विरोध भी हुआ। लेकिन अब लगता है कि उनका नेतृत्व स्वीकार कर लिया गया है। अब देखना होगा कि कांग्रेस इस राहुल डगर पर कहाँ तक चल पाती है और देश की सबसे पुरानी पार्टी लोगों को कैसे भरोसा दिला पाती है। इसी मामले में अगले लोकसभा के चुनाव उसके नये सामाजिक-आर्थिक एजेंडे की भी परीक्षा की घड़ी है।

## आर्थिक सुधारों पर कांग्रेस की दुविधा

दरअसल नरसिंह राव के दौर में ही कांग्रेस में आर्थिक उदारीकरण और सुधारों को लेकर स्पष्ट दो राय बनने लगी थीं। अर्जुन सिंह जैसे नेता इसके लगभग पूरी तरह ख़िलाफ़ थे। शायद इसी वजह से नरसिंह राव सरकार के आख़िरी हिस्से में आर्थिक सुधारों के मानवीय पहलू की बात होने लगी थी। वित्त मन्त्री मनमोहन सिंह चाहकर

भी निजीकरण या सार्वजनिक उपक्रमों की बिक्री की दिशा में तेज़ी से क़दम नहीं बढ़ा सके थे। बाद में अटल बिहारी वाजपेयी सरकार ने ज़रूर उस दिशा में तेज़ी से क़दम बढ़ाये और विनिवेश मन्त्रालय ही बना दिया। हालाँकि देश के लोग हर चुनाव में बड़े कारोबार को प्रशस्त करने वाली और मज़दूर के हको को छीनने वाली आर्थिक नीतियों के ख़िलाफ़ लगभग हर चुनाव में जनादेश सुनाते रहे। 1996 और 2004 के लोकसभा चुनावों में इसके स्पष्ट संकेत दिखते हैं। 2004 में तो वाजपेयी सरकार के इंडिया शाइनिंग के जवाब में हार ही मिली। उसकी फ़ौरन प्रतिक्रिया भी शेयर बाज़ार में देखने को मिली जब नतीजों के दिन बाज़ार 17-18 प्रतिशत गिर गया। बाज़ार मनमोहन सिंह के प्रधानमन्त्री बनने की हालत में ही उठा। लेकिन सोनिया गांधी के नेतृत्व में मनमोहन सिंह सरकार को ऐसी नीतियाँ और कार्यक्रम भी लाने पड़े, जो आर्थिक उदारीकरण के पैमाने पर फिट नहीं बैठते थे। मसलन, 2008 में किसान क़र्ज़ माफ़ी, महात्मा गांधी ग्रामीण रोज़गार योजना (मनरेगा) जैसी योजनाएँ बाज़ारवादी नीतियों के हक़ में नहीं हो सकती थीं। यही नहीं, सोनिया गांधी के नेतृत्व में सूचना का अधिकार, शिक्षा का अधिकार, वनाधिकार, भूमि अधिग्रहण जैसे क़ानून किसी भी मायने में बाज़ारोन्मुख नीतियों के विपरीत थे। ये सभी क़ानून लोगों को हक़ देते हैं। मसलन, भूमि अधिग्रहण में पंचायतों की सहमति अनिवार्य की गयी, मुआवज़े की राशि बाज़ार मूल्य से चार गुना तक की गयी। वनाधिकार क़ानून के तहत आदिवासियों को जंगल पर हक़ दिया गया। उनकी ज़मीन पर कोई प्रोजेक्ट लगाने के लिए उनकी सहमति को ज़रूरी बनाया गया। यूपीए सरकार के बाद के दौर में खाद्य सुरक्षा क़ानून भी लाया गया, जिसके तहत आज भी ग़रीबी रेखा के नीचे के परिवारों को मुफ़्त या बेहद कम दाम में अनाज मुहैया कराया जाना अनिवार्य बनाया गया। यानी कांग्रेस लगातार मध्यम पथ पर चलने की कोशिश करती रही। इस मामले में राहुल गांधी की भूमिका एक ख़ास तरह से अहम है। राहुल की राजनीति शुरू होती है 2004 से, जब वे अमेठी से पहली दफा लोकसभा का चुनाव जीत कर आते हैं। उस वक़्त वे युवा और छात्र कांग्रेस में बाकायदा चुनाव कराने की नीति पर चल रहे थे। उन्होंने पार्टी युवा संगठनों में चुनाव कराने के लिए लिंगदोह कमेटी भी बनायी थी, जिसकी सिफ़ारिशों पर पंजाब में युवा और छात्र शाखा के खुले चुनाव कराये गये थे। फिर, उत्तर प्रदेश के भट्टा पारसौल में भूमि मुआवज़े की माँग कर रहे किसानों पर गोली चली तो राहुल गांधी वहाँ पहुँचे। जो शायद भूमि अधिग्रहण पर क़ानून की पृष्ठभूमि बना। इसी तरह ओड़िशा के नियमगिरी में वेदान्ता के बॉक्साइट खनन प्रोजेक्ट के ख़िलाफ़ आदिवासियों का आन्दोलन शुरू हुआ तो राहुल उनके बीच भी पहुँचे और वेदान्ता का प्रोजेक्ट बन्द

करना पड़ा। यह भी वनाधिकार क़ानून की पृष्ठभूमि बना। इसी तरह भ्रष्टाचार के मामलों में सज़ायाफ़्ता नेताओं की विधायी सदस्यता ख़त्म करने के सुप्रीम कोर्ट के फ़ैसले के ख़िलाफ़ मनमोहन सरकार के अध्यादेश के ख़िलाफ़ आवाज़ उठाने वाले राहुल ही थे, जबकि बीजेपी समेत तमाम पार्टियाँ तब सरकार के साथ थीं। राहुल इसी तरह सत्ता से भी दूर भागते रहे हैं। मसलन, यूपीए-1 या यूपीए-2 के वक़्त वे सरकारी कुर्सी लेने से इनकार करते रहे। यह नैतिक राजनीति के लिए तो सही हो सकता है लेकिन व्यावहारिक राजनीति वालों को नहीं सुहाता। शायद इसी वजह से ज़्यादातर पुराने कांग्रेस नेताओं से उनकी नहीं बनती रही है। ख़ैर, अब भारत जोड़ो यात्रा के बाद राहुल की लोकप्रियता में इज़ाफ़े की गवाही कई मुख्यधारा मीडिया के जनमत सर्वेक्षण भी कर रहे हैं। एक सर्वेक्षण के मुक़ाबले उनकी रेटिंग इकाई अंक से बढ़कर 24 प्रतिशत तक जा पहुँची है। इस तरह वे कांग्रेस में अब सर्वमान्य नेता हो गये हैं और विपक्ष की पाँत में उनका क़द ऊँचा हो गया है। उनकी स्वीकार्यता भी बढ़ी है। अब अगले चुनाव ही इसकी असली कहानी बयाँ करेंगे कि राहुल कांग्रेस को जनादेश कितना मिलता है।

# कल्याणकारी योजना का कमाल: जीत का हथियार

**धर्मेन्द्र कुमार सिंह**

लोकतन्त्र की यही सुन्दरता है कि हमेशा देश दो राय में बँटा होता है लेकिन लोकतन्त्र में जनादेश की एक ही राय होती है कि आख़िरकार जीतता कौन है। इस देश में कांग्रेस ने क़रीब 54 साल राज किया, बीजेपी क़रीब सोलह साल सत्ता में रही है। जवाहरलाल नेहरू क़रीब 17 साल देश के प्रधानमन्त्री रहे, उनकी बेटी इन्दिरा गांधी क़रीब 16 साल देश की प्रधानमन्त्री रहीं और देश में कोई अन्य प्रधानमन्त्री लम्बे दौर तक शासन किया है तो वो हैं नरेन्द्र मोदी। 1984 के 30 साल बाद किसी भी पार्टी को स्पष्ट बहुमत मिला है, तो वो हैं नरेन्द्र मोदी की नेतृत्व में भारतीय जनता पार्टी (बीजेपी)। नरेन्द्र मोदी 22 साल से लगातार मुख्यमन्त्री और प्रधानमन्त्री बने हुए हैं ख़ासकर तब जब भारतीय लोकतन्त्र पूर्णरूपेण परिपक्व अवस्था में है। इतने बड़े देश में चुनाव जीतना एक कला है, चाहे जवाहरलाल नेहरू हो या हो इन्दिरा गांधी या फिर नरेन्द्र मोदी जिन्हें लम्बे समय तक राज करने का अनुभव है। 17 साल तक जवाहर नेहरू बेरोकटोक देश के प्रधानमन्त्री रहे जब विपक्ष नाम की कोई चीज़ नहीं थी जबकि इन्दिरा गांधी को विपक्ष से 11 साल बाद चुनौती मिली लेकिन देश की राजनीति पिछली सदी की तुलना में अब काफ़ी बदल गयी है, इसका जीता जागता उदाहरण है वो 30 साल का राज जिसमें देश की जनता ने किसी पार्टी को स्पष्ट बहुमत नहीं दिया। जब मोदी को बहुमत मिला तो इसके पीछे की क्या कहानी है, जो काम 30 साल में नहीं हुआ अचानक कैसे हुआ। इस राज़ को समझने की एक कोशिश है। चुनाव वही जीतता है जो जीत के खेल को समझता है और जो जनता की नब्ज़ को पकड़ता है। मोदी 22 साल से अपना चुनाव कभी हारे नहीं हैं, चाहे गुजरात के मुख्यमन्त्री का हो या हो प्रधानमन्त्री का। सवाल है कोई मुख्यमन्त्री और प्रधानमन्त्री बिना क़ाबिलियत और बिना उपलब्धि के कैसे 22 साल तक शासन कर

सकता है। कहा जाता है कि बीजेपी हिदुत्ववादी पार्टी है, अगड़ी जाति की पार्टी है, वैसे बीजेपी हिन्दुत्ववादी पार्टी 1980 से ही है, मोदी के पहले अटल बिहारी वाजपेयी को स्पष्ट बहुमत क्यों नहीं मिला, 1992 के बाबरी विध्वंस के बाद भी बीजेपी को पूर्ण बहुमत नहीं मिला बल्कि उत्तर प्रदेश में 1993 में हुए विधानसभा चुनाव में पार्टी की हार हुई। कहा जाता है कि मोदी गुजरात दंगे की उपज हैं लेकिन गुजरात दंगे के बाद हुए 2004 लोकसभा चुनाव में पार्टी की क़रारी हार हुई। यही नहीं 2009 लोकसभा चुनाव में भी पार्टी को सँभलने का मौक़ा नहीं मिला। बीजेपी के वही तीन मुद्दे राम मन्दिर, 370 धारा ख़त्म करना और देशभर में यूनिफॉर्म सिविल लागू करना था, लेकिन अटल बिहारी वाजपेयी और लालकृष्ण आडवाणी की शानदार जोड़ी के बावजूद 1998 और 1999 लोकसभा चुनाव में बीजेपी की जीत हुई थी लेकिन बहुमत से कोसों दूर थी। ऐसा क्या हो गया सिर्फ़ वायदे और सपने के सहारे 2014 में मोदी को देश की जनता ने स्पष्ट बहुमत दे दिया। जब से मोदी प्रधानमन्त्री बने हैं तब से दो बार लोकसभा का चुनाव जीत रहे हैं वहीं विधानसभा चुनाव में भी वर्चस्व कायम हो रहा है। यही नहीं 2014 की तुलना में 2019 में बीजेपी की सीट में इज़ाफ़ा हुआ बल्कि वोट भी बढ़ गये। जहाँ बीजेपी कभी नहीं जीती थी, लेफ्ट राजनीति के गढ़ त्रिपुरा में भी भगवा झण्डा लहराया, लोकसभा चुनाव के पहले 5 राज्यों के विधानसभा चुनाव में बीजेपी की शानदान जीत हुई, ये राज्य हैं मध्य प्रदेश, राजस्थान, छत्तीसगढ़ और उत्तर प्रदेश के विधानसभा चुनाव में दोबारा जीत हुई वहीं गुजरात, महाराष्ट्र, असम, हरियाणा, उत्तराखण्ड, गोवा और नॉर्थ ईस्ट के कई राज्यों में अपनी या गठबन्धन की सरकार है। दरअसल चुनाव जीतना एक कला है और ये जनता के दिल जीते बिना सम्भव नहीं हो सकता है। मोदी ने मुख्यमन्त्री की कुर्सी को सँभालते ही जनता में पैठ बनाने के लिए पंचतन्त्र फॉर्मूला पर चलने का फ़ैसला किया। हिन्दुत्व, राष्ट्रवाद, विकासवाद, मानवतावाद और जनता से कनेक्ट करने की कोशिश की है। ज़ाहिर है कि मुख्यमन्त्री बनने से पहले उन्हें जनता की नब्ज़ के बारे में भली-भाँति मालूम है। ग़रीबी में ज़िन्दगी गुज़री है, ग़रीबी को देखा और परखा है। जनता के बीच में रहने की वजह से उन्हें जनता के दर्द, दुख, परेशानियाँ, शासन-प्रशासन के काम करने के तौर-तरीक़े, सरकारी योजना पाने की जद्दोजहद को समझा है। जनता से कैसे कनेक्ट किया जाये उसकी पूरी स्क्रिप्ट उनके दिमाग़ में पहले से तैयार थी। मुख्यमन्त्री और प्रधानमन्त्री बनने से पहले विकास और कल्याणकारी योजनाओं का खाका उनके दिमाग़ में तैयार था। लगता है सत्ता मिलते ही उन समस्याओं के समाधान में लग गये। संगठन से सरकार, जनतन्त्र से जीततन्त्र

का तगड़ा अनुभव है। उन्हें मालूम है कि सुशासन पर कितना बल दिया जाये ताकि विकास की धारा अन्तिम छोर तक पहुँच सके। मोदी ने ये सन्देश देने की कोशिश की है कि वो जनता के लिए ही बने हैं, जो कर रहे हैं वो जनता के लिए कर रहे हैं और आगे भी जनता के लिए करते रहेंगे मतलब जनता के प्रति पूर्ण समर्पण है। शायद जनता को भी लगा कि आज़ादी के बाद बहुत सरकारें आयीं और गयीं लेकिन मोदी ही पहला नेता है जो उनके दुख, दर्द, भलाई और भविष्य की बात कर रहा है और इकलौता नेता है जो ज़मीन से जुड़ा है, साधारण परिवार से आता है। लगता है कि मोदी राजनेता ही नहीं बल्कि मानव समाजशास्त्र को भली-भाँति समझते हैं या उन्होंने देखा होगा दबे, कुचले, पीड़ित, लाचार के पास विकास की धारा पहले अवश्य पहुँची होगी लेकिन उस धारा से इनका भला नहीं हुआ। मोदी ने उस धारा में गति देकर बेहतर परिणाम का सपना देखा है। आज़ादी के बाद हरेक सरकार ने विकास की गति देने की कोशिश की लेकिन विकास अछूता ही रहा, विकास क्यों नहीं पहुँचा, क्या इच्छाशक्ति की कमी थी, क्या पैसे की कमी थी, क्या मानकर चल रहे थे कि बिना विकास के ही चुनाव जीत जायेंगे, क्या विकास के लिए योजना और पैसे पर काम किया जाता था लेकिन पैसा सही लोगों के पास नहीं पहुँच पाता था। इसकी बानगी राजीव गांधी ने ख़ुद बयाँ किया है कि सरकार के एक रुपये में सिर्फ़ 15 पैसे ही लोगों को पहुँचते हैं। मोदी ने इन सारी समस्याओं का अध्ययन किया और जनता के दर्द को समझने की कोशिश की। साथ ही ये भी समझा कि देश की राजनीति बदल रही है, जनता की आकांक्षा बढ़ती जा रही है, जागरूकता फैलती जा रही है, तकनीकी तन्त्र का बोलबाला हो रहा है। शायद उन्होंने बदलते समय की चाल को पकड़ने की कोशिश की। दरअसल मोदी ने ये समझने की कोशिश की अगर समग्र विकास नहीं होगा तब तक देश की प्रगति नहीं हो सकती है क्योंकि देश में अभी भी ग़रीबी है। हालाँकि यूनाइटेड नेशन की रिपोर्ट के मुताबिक़ देश में ग़रीबी 2005-06 की तुलना में 2019-21 में 55.1 फ़ीसदी से घटकर 16.4 फ़ीसदी हो गयी है। उस ग़रीब की पीड़ा को समझने की कोशिश की है। खुले में शौचालय जाती हुई महिला का क्या दर्द है, एक ग़रीब की बेटी स्कूल नहीं जा रही है तो क्या दर्द है, प्रचण्ड गर्मी और हड्डी गलाने वाली ठण्ड और मूसलाधार बारिश में सिर पर छत नहीं है उनका क्या दर्द है, सरकारी राशन दुकान पर आता है लेकिन पेट की भूख नहीं मिटा पाता है तो उसका क्या दर्द है, पैसे की कमी की वजह से दो वक़्त की रोटी कमाने वाला वेवक़्त बेइलाज मौत के मुँह में समा जाता है तो उसका क्या दर्द है, बेकसूर और लाचार महिला को तलाक के नाम पर घर से बाहर निकाल दिया जाता

है तो उसका क्या दर्द है, सरकारी योजना भ्रष्टाचार की भेंट चढ़ जाती है उसका क्या दर्द है, मौसम की मार से किसान की फ़सल बर्बाद हो जाती है, कोई राहत नहीं मिलती है उसका क्या दर्द है, आतंकवाद की वजह से अपने को खोने वालों का क्या दर्द है, लकड़ी की आग से भोजन पकाने वाली महिलाओं का क्या दर्द है इत्यादि। दर्द के सागर में डुबकी लगाकर निकले हुए शख़्स का नाम है नरेन्द्र मोदी, जिसकी एक पुकार पर लोग कोरोना के कहर में महीनों घर में क़ैद हो जाते हैं, जिनकी एक पुकार पर लोग गैस और ट्रेन की सब्सिडी छोड़ देते हैं, जिसकी एक आवाज़ पर स्वच्छता अभियान में हज़ारों लोग हाथ में झाड़ू थाम लेते हैं। जिसकी एक आवाज़ पर लोग ताली और थाली बजाते हैं, जिसकी एक आवाज़ पर योगा करने पर उतर आते हैं, जिसकी एक आवाज़ पर 'मैं भी चौकीदार हूँ' बन जाते हैं। जिसकी एक आवाज़ पर खादी पहनना शुरू कर देते हैं और खादी की बिक्री बढ़ जाती है। अगर इस बात को समझ लिया जाये तो मोदी की जीत को समझना मुश्किल नहीं है। अब ये सवाल उठना लाजिमी है, मोदी से ज़्यादा ग़रीबी बहुत नेताओं ने देखी है, ये सच है मोदी से ज़्यादा ग़रीबी कई नेताओं की गुज़री है लेकिन सत्ता हासिल होने के बाद पैसा, पॉवर और परिवारवाद उनकी दीवार बन गयी है और जो दिखा उसे नज़रअन्दाज़ करते रहे, शायद मोदी इस खेल में अछूते हैं। मोदी परिवार के बन्धन में नहीं बँधे, शायद यही उनकी मज़बूती है।

गुजरात में आयी आपदा से मोदी को अवसर मिला। गुजरात में आये विनाशकारी भूकम्प से भुज और कच्छ का इलाक़ा खँडहर में बदल चुका था, क़रीब 20 हज़ार लोगों की मौत भूकम्प से गुजरात में हुई थी, लाखों लोग बेघर हुए थे। गुजरात भूकम्प की वजह से केशुभाई पटेल को मुख्यमन्त्री पद से हटाकर नरेन्द्र मोदी को बनाया गया। मक़सद था कि कच्छ और भुज शहर इलाक़ों को फिर से खड़ा करना, मोदी ने ये काम बख़ूबी किया। ये पहला मौक़ा था जहाँ पर मोदी ने अपने काम और विकास का नमूना पेश किया, जिसकी नींव पर विकास और कल्याणकारी योजनाओं की इमारत बनी। इसी बीच भूकम्प के बाद गुजरात दूसरी त्रासदी का शिकार हुआ। वो था साबरमती में ट्रेन को जलाना और फिर पूरे राज्य का दंगे की चपेट में आ जाना। गुजरात दंगे की वजह से उनकी छवि कट्टर हिन्दुत्ववाद की बनी, यानी हिन्दू हृदय सम्राट बन गये। लगातार मोदी को गुजरात दंगे को लेकर निशाना साधा गया लेकिन उन्हें मालूम था कि सिर्फ़ हिन्दुत्व की राजनीति से आगे का सफ़र आसान नहीं होगा। यही वजह रही होगी कि उन्होंने पहले हिन्दुत्ववाद और विकासवाद पर ज़ोर दिया। विकासवाद की वजह से गुजरात मॉडल की चर्चा देश

में ख़ूब हुई। उसी मॉडल से गुजरात के चुनाव लगातार जीतते रहे और उसी मॉडल को आधार बनाकर देश का चुनाव जीत रहे हैं। शायद मतदाताओं को ये विश्वास दिलाने में कामयाब रहे कि वो ग़रीबों के मसीहा हैं, चाहे देश में मुफ़्त वैक्सीन देने की बात हो या तीन साल से 80 करोड़ लोगों को मुफ़्त में राशन देने की बात हो ख़ासकर कोरोना काल में लोगों की रोज़ी-रोटी चली गयी थी। अब मुफ़्त राशन की योजना को 5 साल के लिए बढ़ा दिया गया है। ये अलग बात है कि विपक्ष कभी मोदी को रावण कहता है तो कभी मौत का सौदागर तो कभी गटर का कीड़ा और ये भी आरोप लगता है कि मोदी के शासनकाल में कोई विकास नहीं हुआ है लेकिन बीजेपी उन्हें कभी मसीहा कहती है तो कभी हनुमान लेकिन उनकी जीत में जनता से कनेक्ट करने की बात को नज़रअन्दाज़ नहीं किया जा सकता है। मोदी पहले बिजली, सड़क और पानी पर ज़ोर देते थे लेकिन बात अब पक्के घर तक पहुँच गयी है, एक घर में क्या-क्या चाहिए उस पर ख़ास ध्यान दिया गया। मोदी ने बात सबका साथ और सबका विकास के नारे से शुरू की थी और अब उसमें सबका विश्वास और सबका प्रयास जोड़ा गया है। मक़सद है कि शासन व्यवस्था में ऐसे बदलाव जिसमें विकासोन्मुख और भ्रष्टाचार मुक्त शासन का नेतृत्व रहे ताकि दूरदराज और समाज के अन्तिम छोर पर बैठे व्यक्ति को सरकार की योजनाओं का लाभ मिल सके हालाँकि भ्रष्टाचार पर नकेल कसने के मुद्दे पर उन पर पक्षपात करने के आरोप लगते हैं जनधन योजना इसके लिए वरदान साबित हो रही है। देश में क़रीब 50 करोड़ जनधन के खाते खोले गये और 80 लाख लोगों को कोरोना काल से मुफ़्त राशन दिया जा रहा है। 11 करोड़ से ज़्यादा किसानों को पीएम किसान सम्मान निधि के तहत मदद दी जा रही है। हरेक साल हरेक किसान को 6 हज़ार रुपये की सहायता दी जा रही है। 37 करोड़ से अधिक लोगों को आयुष्मान भारत के तहत 5 लाख की सस्ती स्वास्थ्य सेवा सुनिश्चित की गयी है जिसमें 4.54 करोड़ लोगों ने सरकार में इलाज करवाया है इसके अलावा प्रधानमन्त्री सुरक्षा बीमा योजना (पीएमएसबीवाई), प्रधानमन्त्री जीवन ज्योति बीमा योजना (पीएमजेजेबीवाई) और अटल पेंशन योजना (एपीवाई) भी शुरू की है जिसके तहत पीएमजेजेबीवाई, पीएमएसबीवाई और एपीवाई के तहत क्रमश: 16.2 करोड़, 34.2 करोड़ और 5.2 करोड़ नामांकन किये गये हैं। मोदी सरकार की नज़र महिलाओं पर ख़ास है चूँकि रसोई का काम महिलाओं के कन्धे पर है, कई घर में एलपीजी सिलेंडर नसीब नहीं हुआ था जिसकी वजह से महिलाओं को काफ़ी दिक़्क़त का सामना करना पड़ता था। मोदी सरकार ने 2016 में ग़रीबों को मुफ़्त रसोई गैस कनेक्शन प्रदान करने के

लिए प्रधानमन्त्री उज्ज्वला योजना शुरू की गयी थी। 9.5 करोड़ लोगों को उज्ज्वला योजना के तहत मुफ़्त गैस सिलेंडर दिया गया। आज़ादी के 76 साल बाद भी कई लोगों के सिर पर पक्के घर नहीं थे, आँधी, तूफ़ान और बारिश में काफ़ी दिक़्क़तों का सामना करना पड़ता था, प्रधानमन्त्री आवास योजना के तहत 3 करोड़ से ज़्यादा शहरी और ग्रामीण आवास मुहैया करवाया गया। मोदी ने 2 अक्टूबर 2014 को महात्मा गांधी की जयन्ती पर पूरे देश में स्वच्छता को बढ़ावा देने के लिए स्वच्छ भारत मिशन शुरू किया। इस जन आन्दोलन का बड़े पैमाने पर ऐतिहासिक प्रभाव पड़ा है, लोग जागरूक भी हुए। 'अन्तरराष्ट्रीय योग दिवस' मनाने के नरेन्द्र मोदी के आग्रह को संयुक्त राष्ट्र में अच्छी प्रतिक्रिया मिली। पहले दुनिया भर में कुल 177 राष्ट्रों ने एक साथ मिलकर 21 जून को संयुक्त राष्ट्र में 'अन्तरराष्ट्रीय योग दिवस' के रूप में घोषित करने का प्रस्ताव पारित किया। खुले में शौच रोकने के लिए क़रीब 12 करोड़ घरों में शौचालय बनाये गये ताकि महिलाएँ खुले में शौच न करें ताकि बीमारी, बलात्कार और छेड़खानी से बचा जा सके। हरेक लोगों को फ्री वैक्सीन देने का ऐलान किया, 220 करोड़ वैक्सीन डोज दिये गये। देश में नल जल योजना के तहत 11.88 करोड़ घरों को जोड़ा गया है। घर, शौचालय, गैस कनेक्शन और घर-घर जल की योजना देने का मक़सद सिर्फ़ फ्री में सामान मुहैया नहीं करना है बल्कि इसके पीछे बड़ी सोच है, दरअसल महिला पर केन्द्रित कर रहे हैं, महिला स्वस्थ रहेंगी, शिक्षित रहेंगी, आर्थिक रूप से आज़ाद होंगी तो पूरे परिवार की गाड़ी को खींच सकती है। शिक्षा, पानी, बेटी बचाओ, बेटी पढ़ाओ, सेनिटेशन, आर्थिक आज़ादी के पीछे परिवार को बेहतर से चलाना, घर में शिक्षा का विस्तार करना है। जिस दिन पुरुष और महिला में बराबरी हो गयी है उस दिन देश का विकास और तेज़ी से बढ़ सकता है, महिलाओं का सशक्तीकरण होने से और शिक्षा में भागीदारी से देश की बेटी का जलवा खेल से लेकर नौकरी में बढ़ रहा है। सुशासन को संवेदना से जोड़ने का काम किया। सरकारी लाभ योजना में जाति और धर्म के नाम पर कोई भेदभाव नहीं किया गया। हालाँकि मोदी पर हिन्दुत्व की राजनीति करने का आरोप लगता रहा है। देश में सुरक्षा का भाव स्थापित किया गया, देश में 2014 के पहले आये दिन बम ब्लास्ट की घटना होती रहती थी और कई लोगों ने अपने को खोया। यही नहीं आतंक पर भी कड़ा प्रहार किया और मोदी सरकार दावा करती है कि भ्रष्टाचार पर सरकार की ज़ीरो टालरेंस नीति है। इंफ्रास्ट्रक्चर पर सरकार की ख़ास नज़र है जिससे देश में इंफ्रास्ट्रक्चर का जाल बिछाया जा रहा है और इससे रोज़गार के अवसर बढ़ सके। मोदी सरकार की नीति है कि एक हाथ से मदद

पहुँचाओ और दूसरी तरफ़ वोट पाओ। इसी के तहत बीजेपी ने उन 80 करोड़ लोगों को भी साधा जो किसी-न-किसी सरकारी योजनाओं का लाभ उठा चुके थे। पार्टी ने ऐसे लाभार्थियों तक पहुँचने के लिए बड़ा अभियान चलाया है। जनधन योजना के तहत क़रीब 50 करोड़ बैंक खाते जोड़े गये, मोदी सरकार का दावा है कि 25 लाख करोड़ रुपये से अधिक सीधे लाभार्थी के बैंक खाते में डाले गये इसका मक़सद है लोगों को बिचौलियों और कमीशन से मुक्ति देना ताकि सरकारी पैसा सीधे खाते में चला जाये। कोरोना काल में सरकार प्रधानमन्त्री स्वनिधि योजना लेकर आयी। इस स्कीम के तहत सरकार रोज़गार की शुरुआत के लिए बिना किसी गारंटी के लोन दे रही है। पीएम स्वनिधि योजना के तहत 50 हज़ार रुपये तक का लोन मिल सकता है। सबसे पहले इस योजना के तहत किसी को भी 10 हज़ार रुपये का लोन मिलता है, जिसे चुकाने के बाद दूसरी बार और क़र्ज़ लिया जा सकता है। इस योजना का फ़ायदा नाई की दुकान, मोची, पनवाड़ी, धोबी, सब्ज़ी बेचने वाला, फल बेचने वाला, रेडी टू ईट स्ट्रीट फूड, चाय का ठेला या खोखा लगाने वाला, ब्रेड पकौड़े या अंडे बेचने वाला, फेरीवाला, स्टेशनरी बेचने वाले लोग इस स्कीम का फ़ायदा उठा रहे हैं। इस स्कीम के तहत 34.45 लाख लोगों को फ़ायदा पहुँचा।

दरअसल देश में मोदी के गुजरात मॉडल की बात होती है। पहला तो यही काम था कि गुजरात भूकम्प के बाद भुज और कच्छ को फिर से खड़ा किया। फिर मोदी ने गुजरात में सड़क, पानी और बिजली पर फोकस किया। अब तो देश में कई मुख्यमन्त्री दावा करते हैं कि उनके राज्य में 24 घंटे बिजली रहती है जबकि ये मुकाम गुजरात ने पहले पूरा कर लिया और गुजरात में पानी की समस्या को हल करने में अहम भूमिका अदा की। बिजली के लिए ज्योतिग्राम योजना 2006 में शुरू की थी, जो गुजरात के सभी 18,000 गाँवों में सिंचाई के लिए आठ घंटे बिजली की आपूर्ति और 24 घंटे घरेलू बिजली की आपूर्ति सुनिश्चित की गयी। फिर सड़क नेटवर्क को मज़बूत किया। अच्छी सड़कों से किसान को अपनी फ़सलों को बाज़ार में ले जाने में सुविधा मिली जिससे गाँव से शहर में फ़सलों को बेचने में आसानी हो गयी है। सिंचाई की बेहतर व्यवस्था की गयी जिसमें नर्मदा बाँध भी शामिल है। इसकी वजह से किसान विकास दर क़रीब 11 फ़ीसदी पहुँच गयी है। यही नहीं गुजरात में भूमि अधिग्रहण क़ानून में भी शासन द्वारा पारदर्शी व्यवस्था अपनाते हुए किसानों एवं उद्योगों के साथ सामंजस्य स्थापित किया गया। उद्योग लगाने के लिए सिंगल विंडो सिस्टम बनाया गया। इस ऑनलाइन पर आवेदन करने की व्यवस्था की गयी। इसका नतीजा यह हुआ कि यहाँ भारी संख्या में उद्योग लगाये गये। इसी

कारण विदेशी निवेश भी यहाँ तेज़ी से बढ़ रहे हैं। सुविधा के लिए बिजली सड़क जैसी मूलभूत ज़रूरतों पर पहले ध्यान दिया गया। ध्यान देने की बात है कि टाटा की नैनो कार बंगाल में दर-ब-दर कर दी गयी, तो मोदी गुजरात में नैनो कार को शरण मिली। उद्योग धन्धे के लिए गुजरात आकर्षण का केन्द्र बन गया। 2001-04 में राज्य का औद्योगिक विकास क़रीब 4 फ़ीसदी था वो 2005-2009 में 12 फ़ीसदी को पार कर गया। देश तकनीकी रूप से देर से जागा लेकिन मोदी पहले जाग चुके थे, ई-गवर्नेंस योजनाओं पर बल दिया जाने लगा और क़रीब चौदह हज़ार पंचायतों को जोड़ा गया। क़ानून व्यवस्था को मज़बूत किया और आतंकवाद जैसी घटना पर नकेल कसा। स्वास्थ्य सेवा पर ख़ास ध्यान दिया। व.इब्रेंट गुजरात की शुरुआत की ताकि विकास की धारा तेज़ी से बह सके। इसी गुजरात मॉडल की चर्चा देश में होने लगी और जब देश के प्रधानमन्त्री बने तो कई कल्याणकारी योजनाओं की शुरुआत की, किसानों के खातों में सीधे पैसे, ग़रीबों का स्वास्थ्य बीमा नकद ट्रांसफर, हर घर जल योजना, हर घर की रसोई के लिए गैस सिलेंडर, सबके लिए किफ़ायती आवास जैसी कल्याणकारी योजनाएँ प्रधानमन्त्री नरेन्द्र मोदी प्रशासन की ख़ास कोशिश रही है।

यही वजह है कि मोदी लगातार चुनाव जीतते जा रहे हैं, उनके प्रति दीवानगी बढ़ती जा रही है। उनके एक आग्रह पर लोगों ने गैस सब्सिडी छोड़ दी और ट्रेन में भी सब्सिडी छोड़ दी, लगता है कि जनता में सरकार के लिए विश्वास पैदा हुआ। इसका अन्दाज़ा लगाया जा सकता है कि जब राफेल को लेकर राहुल गांधी ने कहा कि चौकीदार चोर है तो मोदी ने उसके जवाब में ट्विटर हैंडल में अपना नाम बदलकर मैं भी चौकीदार हूँ कर लिया। इसके बाद देश में चौकीदार चोर है बनाम मैं भी चौकीदार हूँ राजनैतिक मुहिम शुरू हो गई है। ध्यान देने योग्य बात है कि सीएसडीएस के सर्वे के मुताबिक़ राफेल घोटाले के बारे में 50 फ़ीसदी लोगों ने नहीं सुना लेकिन 50 फ़ीसदी लोगों ने सुना। जो सुना उसमें 37 फ़ीसदी लोगों का मानना है कि इसमें कुछ गड़बड़ी नहीं हुई जबकि 38 फ़ीसदी लोगों ने माना कुछ गड़बड़ी हुई है लेकिन जो मान रहे थे कि कुछ गड़बड़ी हुई इन लोगों ने भी कांग्रेस को वोट नहीं किया। राहुल के मोदी पर भ्रष्टाचार के आरोप के ख़िलाफ़ मोदी ने राहुल के पिता पर ही हमला बोल दिया था, कहा कि 'मिस्टर क्लीन' का जीवनकाल 'भ्रष्टाचारी नम्बर वन' के रूप में समाप्त हुआ था। (प्रतापगढ़, 5 मई 2019) ताज्जुब की बात ये है कि मोदी की दीवानगी जनता में इतनी छायी है कि राहुल की न्याय योजना को भी नकार दिया जिसमें ग़रीब परिवारों को सालाना 72 हज़ार रुपये देने की बात

थी लेकिन, जनता ने ऐसे लुभावने वायदे को भी नकार दिया। सीएसडीएस सर्वे के मुताबिक़ देश में नोटबन्दी को 36.5 फ़ीसदी लोगों ने समर्थन किया और इसके उलट 45 फ़ीसदी ने बेकार करार दिया लेकिन जब मतदान की बात आयी तो नतीजे उलट आये, क्या माना जाये कि मोदी की दीवानगी सिर चढ़कर बोल रही है, क्या माना जाये कि विपक्ष की बातों पर जनता को भरोसा नहीं रह गया। लगता है कि भले मोदी के काम और नीतिगत फ़ैसले पर जनता एकमत नहीं हो लेकिन जब मतदान का समय आता है तो अपने विचार और अपनी नाराज़गी को तिलांजलि दे देती हैं। इसका उदाहरण है कि न्याय योजना की बात करके ग़रीबों को फ़ायदा पहुँचाने की नीयत जताने वाले राहुल गांधी खुद अमेठी से हार गये, बिहार में लालू की पार्टी को एक भी सीट नहीं मिली, उत्तर प्रदेश में मायावती और अखिलेश के गठबन्धन के बाद भी वोटर मोदी और योगी की तरफ़ झुक गये, झारखण्ड में झारखण्ड मुक्ति मोर्चा से गठबन्धन करके कांग्रेस हार गयी, महाराष्ट्र में एनसीपी से गठबन्धन करने के बाद भी फ़ायदा नहीं हुआ। छत्तीसगढ़, मध्य प्रदेश और राजस्थान जीतने वाली कांग्रेस लोकसभा में अपना गढ़ तक नहीं बचा पायी।

मोदी ने लोकसभा में कहा कि हमारी ऊँचाई को कोई कम नहीं कर सकता, ऐसी ग़लती हम नहीं करते। हम दूसरे की लकीर छोटी करने में विश्वास नहीं करते, हम अपनी लकीर लम्बी करने के लिए ज़िन्दगी खपा देते हैं। आपकी ऊँचाई आपको मुबारक हो। आप इतने ऊँचे चले गये हैं कि ज़मीन दिखना बन्द हो गया है। आपका और भी ऊँचा होना मेरे लिए सन्तोष और आनन्द की बात है। 'मुझे कभी लगता है कि 125 करोड़ देशवासियों के सपनों को अगर मुझे जीना है, तो मुझे छोटा सोचने का हक़ भी नहीं है, और इसलिए जब हौसला बना लिया ऊँची उड़ान का, तो देखना फ़िज़ूल है क़द आसमान का। (25.06.19 संसद मोदी स्पीच)

देश में बेरोज़गारी एक समस्या है, अभी भी बेरोज़गारी दर 6.5 फ़ीसदी है। सरकारी नौकरी ख़त्म हो रही है तो लोगों की निर्भरता निजी कम्पनियों पर बढ़ी और वहीं लोग अपना काम ख़ुद कर रहे हैं। अपनी कम्पनियाँ बना रहे हैं हालाँकि सरकारी नौकरियों की संख्या दिनोंदिन कम होती जा रही है और निजी कम्पनियों से नौकरी भी जा रही है लेकिन स्टार्टअप की संख्या 2014 में 350 थी वो बढ़कर अब 90 हज़ार से ज़्यादा हो गयी है। यूनिकॉर्न में भी ज़बरदस्त बढ़ोतरी देखी जा रही है। 2014 में यूनिकॉर्न की संख्या 4 थी अब बढ़कर 100 से ज़्यादा हो गयी है। जब कोई कम्पनी अपना वैल्यूएशन एक बिलियन डॉलर से ज़्यादा बना लेती है तब वह कम्पनी यूनिकॉर्न की लिस्ट में आ जाती है। सरकार इंफ्रास्ट्रक्चर पर काफ़ी फोकस

कर रही है। देश में आधुनिक सड़कें, रेलवे स्टेशन, रेलवे ट्रैक, मेट्रो, पुल, एयरपोर्ट बनाने का काम जारी है, इससे देश की प्रगति को गति मिलती है वहीं रोज़गार के अवसर भी बढ़ते हैं। राज्यसभा में सरकार ने दावा किया है कि स्टार्टअप के ज़रिये क़रीब 93 हज़ार लोगों ने आवेदन किया है जिसमें 81 हज़ार इकाइयों का रजिस्ट्रेशन हो चुका है, स्टार्टअप भारत सरकार की एक पहल है जिसका उद्देश्य देश में स्टार्टअप्स और नये विचारों के लिए एक मज़बूत पारिस्थितिकी तन्त्र का निर्माण करना है जिससे देश का आर्थिक विकास हो एवं बड़े पैमाने पर रोज़गार के अवसर उत्पन्न हों। इसके ज़रिये सरकार लोन मुहैया कराती है और तीन साल तक इनकम टैक्स में भी छूट है, आज के युवा स्टार्टअप से काफ़ी प्रभावित हैं। प्रधानमन्त्री मुद्रा लोन का फ़ायदा क़रीब 30 करोड़ लोगों ने लिया है और क़रीब 17 लाख करोड़ रुपये लोन ले चुके हैं, जिसके तहत 5 लाख से 10 लाख तक लोन मिलता है। नयी संसद बनाना भी इसका हिस्सा है। सरकार की कोशिश है कि देश आने वाले समय में 5 ट्रिलियन डॉलर इकोनॉमी का लक्ष्य हासिल करे। वैसे भारत दुनिया में पाँचवीं सबसे बड़ी इकोनॉमी बन गया है जबकि 2014 में यानी 9 साल पहले भारत की गिनती दुनिया की टॉप 10 अर्थव्यवस्थाओं में होती थी। लेकिन देश की जितनी बड़ी आबादी है उस हिसाब से ऊँट के मुँह में जीरा ही है हालाँकि भारत की विकास दर दुनिया में सबसे ज़्यादा है और चीन भी भारत से पीछे है। भारत की विकास दर 2022-23 में 7.2 फ़ीसदी है। सरकार को जीएसटी, डायरेक्ट और इनडायरेक्ट टैक्स से भारी कमाई हो रही है, सरकार इन पैसों को देश के निर्माण में झोंक रही है। मोदी ने चुनाव को देखते हुए ये भी ऐलान कर दिया 2024 में फिर से तीसरी बार वही आ रहे हैं। पीएम मोदी ने देश को गारंटी देते हुए कहा कि उनके तीसरे कार्यकाल में भारत दुनिया की तीसरी सबसे बड़ी अर्थव्यवस्था बन जायेगा हालाँकि इसका ऐलान वो पहले कर चुके हैं और 2025 तक तीसरी सबसे बड़ी अर्थव्यवस्था बनाने का वायदा किया था जबकि अब वो ये भी कह रहे हैं कि भारत विकसित देश बन सकता है और इसका लक्ष्य 2047 तक पूरा हो सकता है। ग़ौर करने की बात है कि इन कल्याणकारी योजनाओं में मोदी का मक़सद छिपा है, दरअसल भारत का विकसित देश बनना, तीसरी इकोनॉमी बनना और 5 ट्रिलियन डॉलर की इकोनॉमी बनना तब तक सम्भव नहीं है जब तक कि देश का सर्वांगीण विकास नहीं हो जाता है, इसीलिए मोदी लोगों की बेसिक ज़रूरत पर ज़ोर दे रहे हैं ताकि देश रफ़्तार पकड़ सके और देश दुनिया में मुकाम हासिल कर सके। मोदी अपने संकल्प में सफल होते हैं या असफल लेकिन उसकी नींव डाल चुके हैं। 19 अगस्त, 2023 को आजतक के एक कार्यक्रम में केन्द्रीय सड़क, परिवहन एवं राजमार्ग मन्त्री नितिन गडकरी ने

कहा कि मोदी के 9 साल के कार्यकाल में ख़ुद अपने मन्त्रालय में मुझे 50 लाख करोड़ रुपये का काम करने का सौभाग्य मिला है। दूसरे मन्त्रालय भी देश के विकास में हाथ बँटा रहे हैं मतलब मोदी की अब दुनिया की उड़ान है।

नरेन्द्र मोदी ने कहा कि "देश के लोगों ने इस फ़क़ीर की झोली भर दी है, बड़ी आशा अपेक्षा के साथ भरी है, मैं जानता हूँ, आपका संकल्प इसके साथ जुड़ा है, मैं भली-भाँति इसकी गम्भीरता को समझता हूँ, लेकिन मैं देश को कहूँगा कि 2014 में मुझे ज़्यादा जानते नहीं थे, लेकिन आपने भरोसा किया, 2019 में मुझे ज़्यादा जानने के बाद उनसे ज़्यादा ताक़त डाली, मैं इसके पीछे की भावना को भली-भाँति समझता हूँ।, (23 मई, 2019)

मोदी जनता से जुड़ने की लगातार कोशिश कर रहे हैं, चाहे विकास की बात हो या जनता के दुख-दर्द में खड़े होने की बात हो, वहाँ पर वो खड़े रहते हैं। जनता के प्रति संवेदना भी उनका पहलू है। रूस और यूक्रेन की बीच लड़ाई शुरू हुई तो हज़ारों भारतीय छात्र यूक्रेन में फँसे थे, रूस के द्वारा लगातार गोलीबारी हो रही थी और भारतीय छात्रों का वहाँ से निकलना नामुमकिन था, देश में उनके परिजन परेशान थे। मोदी सरकार ने भारतीय छात्रों को निकालने के लिए ऑपरेशन गंगा शुरू किया। मोदी सरकार ने इस काम के लिए टास्क फोर्स का गठन किया जिसमें चार केन्द्रीय मन्त्री हरदीप सिंह पुरी, ज्योतिरादित्य सिंधिया, किरेन रिजिजू और जनरल वी. के. सिंह शामिल थे जिन्हें भारतीय छात्रों को निकालने के लिए यूक्रेन के चार पड़ोसी देशों में भेजा गया था, ऑपरेशन गंगा के तहत क़रीब तेईस हज़ार भारतीय छात्रों को निकाला गया, जिसमें 1000 छात्र वो भी हैं जो गोलीबारी के दौरान फँस गये थे। शहर में गोलीबारी और मिसाइल से हमले हो रहे थे, छात्रों की साँसें अटकी हुई थी। तो देश में उनके परिजन से लेकर आमजन परेशान थे। ये काम साधारण नहीं था, बेहद जोखिम भरा था। जैसा कि सरकार की तरफ़ से दावा किया गया कि प्रधानमन्त्री नरेन्द्र मोदी ने 8 मार्च, 2022 को रूसी राष्ट्रपति व्लादिमीर पुतिन और यूक्रेनी नेता वोलोडोमिर ज़ेलेंस्की के साथ चर्चा करके मानवीय गलियारा तैयार कराया और पल-पल की जानकारी भारतीय सरकार को थी। मोदी ने इंडिया टुडे कॉनक्लेव में 19 मार्च, 2023 को कहा कि यूक्रेन-रूस के संकटकाल में फँसे हुए छात्रों के परिवारवालों से सरकारी अधिकारी मिलते थे और उन्हें आश्वासन देते थे।

यही नहीं जब अफ़ग़ानिस्तान में तालिबान की सरकार बनी और वहाँ ख़ून-ख़राबे का दौर चल रहा था, जिसमें कुछ भारतीय भी हताहत हुए, सैकड़ों फँस गये। मोदी सरकार ने ऑपरेशन देवी शक्ति शुरू किया। इस अभियान के तहत क़रीब

550 से भी अधिक भारतीयों को सुरक्षित निकाला गया। विदेशमन्त्री जयशंकर ने प्रधानमन्त्री नरेन्द्र मोदी की संवेदनशीलता और काम के प्रति उनके समर्पण का ज़िक्र करते हुए एक क़िस्सा सुनाया। विदेश मन्त्री ने बताया–आधी रात बीत चुकी थी, मेरे पास प्रधानमन्त्री मोदी का फ़ोन आया। उनका पहला सवाल था–जागे हो क्या। मैंने उन्हें बताया कि भारतीयों को पहुँच रही मदद रास्ते में है। इसके बाद प्रधानमन्त्री ने मुझसे कहा था कि जब यह पहुँच जाये तो मुझे कॉल करना। जयशंकर बोले–उनका यही गुण दूसरों से उन्हें अलग करता है।

https://twitter.com/ANI/status/1573151294843297792?ref_src=twsrc%5Etfw%7Ctwcamp%5Etweetembed%7Ctwterm%5E1573151294843297792%7Ctwgr%5E%7Ctwcon%5Es1_&ref_url=about%3Asrcdoc

ऐसे संकट की घड़ी में सरकार की ज़िम्मेदारी बनती है अपने नागरिकों में विश्वास पैदा करना और सुरक्षित वापस लाना अहम है लेकिन जब वापस लाने की उम्मीद कम हो जाती है और उसमें सरकार बहादुरी और कूटनीतिकता का बेहतर इस्तेमाल करती है तो सरकार पर जनता का भरोसा बढ़ जाता है। मोदी की विदेश नीति की वजह से भारत की पूछ बढ़ गयी है, देश में मान-सम्मान बढ़ गया वरना यूक्रेन से 1000 भारतीयों को वापस लाना आसान नहीं था। सीरिया हो या इराक़, लीबिया हो सूडान, यमन हो या चीन, संकट की घड़ी में सरकार अपने नागरिकों को वापस लाने में सफल रही है। सीरिया में आईएसआईएस के चंगुल में फँसी 46 भारतीय नर्सों को बचाया गया था। इराक़ और सीरिया में संकट के दौरान 7000 से ज़्यादा भारतीयों को सुरक्षित निकाला गया। युद्धग्रस्त सूडान से 3000 भारतीयों को निकाला गया इत्यादि।

कोरोना महामारी ने पूरी दुनिया को हिला दिया, करोड़ों की मौत हुई, बड़ी अर्थव्यवस्था और मज़बूत देश कोरोना के सामने लाचार हो गये वहाँ भारत को कई फ्रंट में लड़ना पड़ रहा था, कोरोना के सामने स्वास्थ्य व्यवस्था चरमरा गयी थी, कभी ऑक्सीजन, कभी बेड नहीं, कभी दवाई नहीं लेकिन जब स्थिति सुधरी तो कई तरह के चैलेंज थे, इसमें एक चैलेंज ये भी था कि कोरोना काल में कई भारतीय विदेश में फँसे हुए थे, सरकार द्वारा विदेश में फँसे हुए लोगों को लाने के लिए वन्दे भारत मिशन शुरू किया गया, विदेश राज्यमन्त्री वी. मुरलीधरन ने राज्यसभा में 17 मार्च, 2022 को बताया कि 6 मार्च, 2022 तक वन्दे भारत मिशन और एयर बबल व्यवस्थाओं के तहत संचालित उड़ानों के माध्यम से 2.97 करोड़ यात्रियों को सुविधा प्रदान की। क्या यही वजह है कि मोदी जनता से जुड़े हुए हैं? क्या मोदी के

प्रति दीवानगी है लोग बड़े से बड़े कष्ट को अमृत समझकर पी जाते हैं? यही हाल कोरोना काल में हुआ। 2020 में कोरोना के कहर से पूरी दुनिया में हाहाकर मच गया। मोदी ने 22 मार्च, 2020 को जनता कर्फ़्यू का ऐलान किया, लोगों से अपील की शाम 5 बजे अपने घर और बॉलकोनी से देश की सेवा में कोरोना वायरस से लड़ने के लिए स्वास्थ्य अधिकारी, पुलिस, प्रशासन, मीडिया के समर्थन में आभार व्यक्त करने के लिए ताली और थाली बजाने का आग्रह किया तो जनता ने जोश और जुनून से बड़े उत्साह के साथ पालन किया हालाँकि लोगों ने उनकी निन्दा भी की, क्या ताली-थाली से कोरोना जायेगा। जब इससे भी बात नहीं बनी 24 मार्च को 12 बजे रात से अगले 21 दिन देशबन्दी कर दी। मक़सद था कि सामाजिक दूरी बनेगी तो कोरोना वायरस पर क़ाबू किया जायेगा, कोरोना वायरस की कोई वैक्सीन तैयार नहीं हो सकी थी। ऐसे में जिस देश में कोरोना वायरस कम हुआ वो सामाजिक दूरी की वजह से ही हुआ। देश ने मोदी के आदेश का स्वागत किया, यही नहीं सरकार ने 1.76 लाख करोड़ का पैकेज का ऐलान किया ताकि ग़रीब और किसान को दिक़्क़त न हो। आरबीआई ने रेपो रेट घटा दी ताकि बाज़ार और अर्थव्यवस्था पर कोरोना महामारी का असर कम हो। घर के लिए लोन पर तीन महीने देरी से बकाये का भुगतान का आदेश दिया ताकि लोगों को मुश्किलों का सामना नहीं करना पड़े। मोदी सरकार ने सांसद निधि के तहत मिलने वाले 5 करोड़ रुपये को दो साल के लिए ख़त्म कर दिया और साथ-ही-साथ सांसदों की तनख़्वाह एक साल के लिए 30 फ़ीसदी घटा दी गई। कोरोना की वजह से इकोनॉमी पर ज़बरदस्त असर पड़ा था, जीडीपी घट गया, रोज़गार पर असर पड़ा, सारे सेक्टर पर बुरा असर हुआ, सरकार ने इकोनॉमी में जान डालने के लिए 20 लाख करोड़ के इन्वेस्टमेंट का ऐलान किया ताकि अर्थव्यवस्था मज़बूत हो, रोज़गार के अवसर पैदा हो। इस दौरान 15000 से कम कमाने वाले लोगों को सरकार ने मार्च से लेकर अगस्त 2020 तक ईपीएफ देने का फ़ैसला किया जहाँ कम्पनी में कर्मचारियों की संख्या 100 तक हो, जो मज़दूर वापस अपने घर लौटे थे उनके लिए मनरेगा के तहत अलग से काम की व्यवस्था की गयी, सरकार ने इसके लिए 40 हज़ार करोड़ की व्यवस्था की थी। 50 लाख रेहड़ी-पटरी वालों के लिए एक साल के लिए 10 हज़ार लोन की व्यवस्था की गयी थी। कोरोना काल में सरकार विपक्ष और जनता के निशाने पर थी, दवाई, ऑक्सीजन को लेकर सरकार से नाराज़गी भी बढ़ी, कितने लोगों की मौत ऑक्सीजन की कमी से हुई, देश की स्वास्थ्य व्यवस्था चरमरा गयी थी लेकिन धीरे-धीरे स्थिति

सुधरने लगी। ऑक्सीजन के लिए स्पेशल ट्रेन की व्यवस्था की गयी, हर राज्यों को ऑक्सीजन पहुँचाने की कोशिश हुई फिर केन्द्र सरकार ने हर राज्य को ज़रूरी सुविधा मुहैया कराने की कोशिश की। यही नहीं मोदी ने दुनिया को रास्ता दिखाने और कोरोना वायरस से विश्वस्तर पर लड़ने के लिए सार्क और जी 20 देशों की बैठक की पहल की। उनकी इस पहल को देश से दुनिया तक सराहा गया। यही नहीं हाइड्रोक्सीक्लोरोक्वीन की माँग के लिए दुनिया भारत पर निर्भर हो गयी। अमेरिका हो या ब्राजील सब भारत से हाइड्रोक्सीन की माँग करने लगे, भारत ने आफत के समय में सभी देशों को मदद करने का फ़ैसला किया।

सरकार के अपने कार्यकाल में सबसे बड़ी उपलब्धि यह है कि लोककल्याण योजनाओं के तहत ग़रीब जनता के बीच पैठ बनाने की कोशिश की। इस काम में कोई भेदभाव नहीं बल्कि सेक्युलरवाद की नीति अपनायी। नरेन्द्र मोदी ने जीत के दिन पार्टी ऑफ़िस में कार्यकर्ताओं को सम्बोधित करते हुए कहा, "मैं आने वाले दिनों में बद इरादे से, बदनीयत से कोई काम नहीं करूँगा, देशवासियों को फिर से कहूँगा कि मैं अपने लिए कुछ नहीं करूँगा, मेरे समय का पल-पल मेरे शरीर का कण-कण सिर्फ़ और सिर्फ़ देशवासियों के लिए है।" (23 मई, 2019, बीजेपी ऑफ़िस) देश में ये सन्देश देने की कोशिश की कि उनकी सरकार साफ़-सुथरी है, केन्द्रीय स्तर पर भ्रष्टाचार, लालफ़ीताशाही और फिज़ूलख़र्ची पर लगाम लगाने का सन्देश दिया। शासन और प्रशासन दोनों स्तर पर एक व्यवस्था बनायी, जिससे मोटे तौर पर केन्द्र सरकार के दफ़्तरों में पारदर्शिता, उत्तरदायित्व और समयबद्धता बढ़ी हालाँकि विपक्ष का आरोप है कि भ्रष्टाचार के मामले में सरकार की दोहरी नीति है, एक तरफ़ जहाँ विपक्ष को केन्द्रीय जाँच एजेंसी साधती हैं तो दूसरी ओर जो बीजेपी में शामिल हो चुके हैं उन पर कार्रवाई नहीं होती है, राफेल और अडानी के मुद्दे पर सरकार विपक्ष के निशाने पर रही है लेकिन विपक्ष जब सरकार को घेरता है तो उसका सन्देश जनता में तो जाता है लेकिन उसका असर जनता पर नहीं पड़ रहा है। जनता पर मोदी को लेकर अलग दीवानगी है, लोगों को विश्वास हो चला है कि मोदी के रहते सरकारी सुविधाओं को पाने में किसी भाई-भतीजावाद की गुंजाइश नहीं। मोदी की विजय में समावेशी विकास और समावेश राजनीति को व्यावहारिक स्वरूप देने का बड़ा योगदान है।

गुजरात दंगे के बाद मीडिया के धुरन्धर और एक्सपर्ट ये मानकर चल रहे थे कि वो राजनीतिक रूप से निपट जायेंगे, इन धुरन्धरों के सारे आकलन को धराशायी कर दिया। उनकी धारणा थी कि गुजरात के बाहर उनकी स्वीकार्यता नहीं बन पायेगी

लेकिन ये धुरन्धर उनकी क़ाबिलियत को आँकने में असफल हो गये। वो भूल गये कि मोदी में कुछ ख़ास है जो औरों से अलग है, उनमें एक स्पार्क है, पहले से रणनीति बनाते हैं, विज़न है और कुछ करने और सीखने की अद्भुत कला भी है। कहा जाता है कि जब मुख्यमन्त्री और प्रधानमन्त्री नहीं थे तब भी किसी कार्यक्रम के लिए अद्भुत रणनीति होती थी। ये भी कहा जाता है कि 2009 लोकसभा चुनाव में बीजेपी की हार के बाद से ही वो प्रधानमन्त्री बनने के लिए प्लानिंग कर रहे थे, 2014 में ऐसी जीत हुई, जो किसी ने सोची भी नहीं होगी, रणनीति और चुनाव प्रचार की प्लानिंग ऐसी थी कि पत्रकारों और एक्सपर्ट के सिर से चुनाव गुज़र गया, भनक भी नहीं लगी। मोदी में हरपल नयी चीज़ करने की कला है और ज़बरदस्त इच्छाशक्ति है। मनमोहन सिंह सरकार के ख़िलाफ़ एंटी इनकम्बेंसी थी 2014 में मोदी जीत गये, ख़ास बात ये है कि अपना चुनाव प्रचार आर्थिक विकास, भ्रष्टाचार, परिवारवाद, महँगाई पर रखा, हिन्दुत्व के मुद्दे को इक्की-दुक्की जगहों पर ज़िक्र किया। उन्हें मालूम था कि हिन्दुत्व के मुद्दे को ज़्यादा खेलने की ज़रूरत नहीं बल्कि खुद-ब-खुद अन्दर-अन्दर ही मुद्दा बन चुका है लेकिन 2019 में मोदी के समर्थन में प्रो. एंटी इनकम्बेंसी हो गयी तो फिर मोदी जीत गये हालाँकि ये सच है कि मोदी सरकार ने कभी जीत का हनीमून पीरियड नहीं मनाया। दरअसल चुनाव चार तरह के होते हैं, एक केन्द्र सरकार के कामकाज और मज़बूत नेतृत्व, दूसरा न तो सत्ता पक्ष के पास राष्ट्रीय मज़बूत नेता हो और न ही विपक्ष के पास राष्ट्रीय नेता हो तब चुनाव राज्य सरकार के प्रदर्शन और समीकरण पर होते हैं, तीसरा आधा केन्द्र सरकार और आधा राज्य सरकार की कामयाबी और नेतृत्व पर होता है और चौथा राष्ट्रीय गठबन्धन। ये सारे टेस्ट 1989 से लेकर 2014 तक हो चुके हैं लेकिन 2014 और 2019 के नतीजे ने साबित कर दिया कि ये चुनाव मोदी के नाम और काम पर लड़ा गया।

ऐसा नहीं है कि जनकल्याणकारी योजना के नाम पर सिर्फ़ मोदी ही जीते बल्कि इन्दिरा गांधी भी जीतीं, इन्दिरा गांधी ने 1971 के चुनाव बैंक और खनिज सम्पदा के राष्ट्रीयकरण, प्रिवी कौंसिल को ख़त्म करने और ग़रीबी हटाओ जैसे नारे, बांग्लादेश की मुक्ति, परमाणु प्रोग्राम की शुरुआत करने की वजह से जीते। राजीव गांधी ने ग़रीबों के लिए इन्दिरा आवास योजना, मतदाताओं की उम्र 21 से 18 करना, शिक्षा के लिए ग्रामीण इलाक़ों में जवाहर नवोदय विद्यालय की स्थापना की और पंचायती राज्य की शुरुआत की, वहीं पी.वी. नरसिम्हाराव के कार्यकाल में देश की आर्थिक रफ़्तार बढ़ाने के लिए उदारीकरण की नीति अपनायी जबकि मनमोहन सिंह के काल

में मनरेगा, किसानों का क़र्ज़ा माफ़ करना और सूचना के अधिकार को लाना आदि अहम था। ख़ास ये है कि नेहरू और इन्दिरा के समय की राजनीति और अब की राजनीति में ज़मीन-आसमान का फ़र्क़ हो गया है, उस युग और इस युग में बड़ा फ़ासला हो गया है। उस समय विकास के मुद्दे पर चुनाव कम होते थे क्योंकि एक तरफ़ विपक्ष कमज़ोर था और दूसरी तरफ़ साक्षरता, शिक्षा और जागरूकता कम थी और लोकतन्त्र भी जड़ तक नहीं पहुँचा था। ये बदलाव 1991 की आर्थिक नीति के बाद देखने को मिल रहा है। उस समय सरकार के पास पैसे कम थे अब सरकार की कमाई हो रही है तो वो जनता पर भी ख़र्च करती है।

ऐसा नहीं है कि सिर्फ़ जनकल्याणकारी योजना की बदौलत चुनाव जीता जा सकता है। चुनाव किसी युद्ध की तैयारी से कम नहीं होता है। जैसे युद्ध के मैदान में सेनापति होता है जो युद्धभूमि पर सबसे आगे होता है उसी तरह लोकतन्त्र में चुनाव जीतने के लिए एक नेतृत्व की ज़रूरत होती है जो पार्टी का चेहरा होता है। एक मज़बूत नेतृत्व के लिए मज़बूत संगठन की ज़रूरत होती है, नेतृत्व और संगठन का गहरा रिश्ता है, अगर संगठन मज़बूत है तो राजनीति जंग को फतह करने में आसानी होती है, अगर नेतृत्व मज़बूत हो तो कमज़ोर संगठन भी मज़बूत हो जाता है और जिस पार्टी का संगठन नहीं हो वो भी तैयार हो जाता है, तीसरी बात है विचारधारा पार्टी और संगठन में ऑक्सीजन की तरह काम करती है, पार्टी या संगठन की दिशा-दशा और उद्देश्य तय होता है, चौथी बात होती है नीति और नीयत, सरकार या संगठन की क्या नीति और नीयत है, किस दिशा में देश और प्रदेश को आगे ले जाना है, क्या विज़न है। पाँचवीं बात होती है रणनीति, कि कैसे सफलता हासिल करनी है, कैसे वायदे को पूरा करना है, माइक्रो लेवल में क्या प्लानिंग करनी है कि वोटर वोट दे, वोटर घर से बाहर निकले, कैसे और किसे कहाँ-कहाँ प्रचार करना है, कमज़ोर इलाक़े में कैसे फोकस करना है इत्यादि। जनता की भावना से कैसे कनेक्ट करना है, कैसे पार्टी, नारे, नेता, कामों का प्रमोशन करना है, रैली हो, रोड शो, पदयात्रा हो या नुक्कड़ कैसे प्रदर्शन करना है कि जनता को अपनी ओर खींचा जा सके। छठी बात है कि नेता और संगठन का कनेक्शन नहीं है तो पूरी क़वायद असफल हो जाती है। मोदी कल्याणकारी योजना के माध्यम से जनता के दिल में बस गये हैं। नरेन्द्र मोदी ने कहा–"मैं पहले दिन से कह रहा था कि ये चुनाव कोई दल नहीं लड़ रहा है, कोई उम्मीदवार नहीं लड़ रहा है, कोई नेता नहीं लड़ रहा है, चुनाव देश की जनता लड़ रही है... जिनके आँख-कान बन्द थे, उनके लिए मेरी

बात समझना मुश्किल था, लेकिन आज मेरी सम्भावना को जनता जनार्दन ने प्रकट कर दिया है, और इसलिए अगर कोई विजयी हुआ है, तो हिन्दुस्तान विजयी हुआ है।" (23 मई, 2019 बीजेपी ऑफ़िस, जीत के दिन)

ज़ाहिर है मोदी सरकार उपलब्धि का गुणगान करती है तो पार्टी उन्हें मसीहा साबित करने में लगी हुई है, इसके उलट उनके आलोचक और विपक्षी पार्टियाँ उनकी खामियाँ उजागर करते हैं। ऐसा लगता है कि मोदी ख़ुद को मसीहा महसूस करने लगे हैं। प्रधानमन्त्री नरेन्द्र मोदी ने हरदोई में एक जनसभा में सोशल मीडिया पर वायरल एक वीडियो का ज़िक्र किया। प्रधानमन्त्री मोदी ने कहा कि वीडियो में ग़रीब बुज़ुर्ग माँ के पास एक लोग इंटरव्यू के लिए माइक लेकर पहुँचे। उसने ग़रीब माँ से पूछा कि आपके यहाँ चुनाव कब है? ग़रीब माता ने चुनाव की तारीख़ बताई। उस माँ ने साथ ही यह भी कहा कि हमने नमक खाया है हम धोखा नहीं देंगे। इंटरव्यू करने वाले ने पूछा कि किसका नमक खाया है? माँ ने जवाब दिया, 'मोदी का नमक खाया है। मोदी ने हमें राशन दिया है। हमें मुफ़्त राशन मिल रहा है। हम भाजपा को वोट देंगे।' (20 फ़रवरी, 2022) इस बयान की जब निन्दा होने लगी तो मोदी ने अपने बयान में बदलाव करते हुए अहमदाबाद में दांडी यात्रा की शुरुआत के दौरान कहा कि हम आज भी कहते हैं कि हमने देश का नमक खाया है, ऐसा इसलिए नहीं कि नमक कोई बहुत क़ीमती चीज़ होती है ऐसा इसीलिए क्योंकि नमक हमारे यहाँ श्रम और समानता का प्रतीक है, उन्होंने कहा हमारे यहाँ नमक को कभी उसकी क़ीमत से नहीं आँका गया, हमारे यहाँ नमक का मतलब है ईमानदारी, हमारे यहाँ नमक का मतलब है विश्वास, हमारे यहाँ नमक का मतलब है वफ़ादारी। (12 मार्च, 2022, अहमदाबाद)। दीवानगी इस कदर है कि ब्रांड मोदी के नाम से टीशर्ट, टोपी, कप इत्यादि बेचे जा रहे हैं, यही नहीं नरेन्द्र मोदी ने अपने चाहने वालों को नमो एप के ज़रिये तोहफा दिया है, नमो एप पर ई-कॉमर्स साइट की तरह टीशर्ट जैसी चीज़ों को बेचने का ऐलान किया गया है यानी अब फ्लिपकार्ड, मिंत्रा और अमेज़ान की तरह नमो एप से भी टीशर्ट, नोटबुक, स्टीकर्स और रोज़मर्रा के उपभोग की चीज़ों की ख़रीदारी हो रही है। वोटरों को लगता है कि मोदी उनकी सारी समस्याओं का हल निकाल देंगे। बीजेपी में उनकी लोकप्रियता इतनी है कि राजस्थान और दिल्ली विधानसभा चुनाव के दौरान नारे लगे, मोदी तुझसे बैर नहीं, वसुन्धरा तेरी खैर नहीं, इसी तरह के नारे दिल्ली में भी लगे, मोदी तुझसे बैर नहीं, मनोज तिवारी की खैर नहीं, ज्ञात हो कि राजस्थान और दिल्ली विधानसभा चुनाव में बीजेपी बुरी तरह हार गयी थी।

ज़ाहिर है कि एक नोटबन्दी की बदनामी के बाद भी देशबन्दी करने के फ़ैसले से नहीं हिचकिचाये। इस पर भी देश की दो राय है एक तरफ़ नोटबन्दी और देशबन्दी पर मोदी का समर्थन किया तो दूसरी तरफ़ इसका विरोध भी हुआ। ख़ासकर कोरोना काल में देशबन्दी से लोगों को काफ़ी परेशानी हुई, कोरोना के ख़ौफ और काम धन्धे बन्द होने से लोग पैदल ही घर जाने लगे, ये ख़ौफ़नाक मंज़र था। देशबन्दी की वजह से सरकार की काफ़ी निन्दा हुई। भ्रष्टाचार का बोलबाला ख़त्म करने के लिए लाभार्थी के खातों में सीधे पैसे डालने से ग़रीबों, वंचितों और उपेक्षितों को आशा की एक किरण दिखाई दी। मोदी पर जुमलेवाला, पनौती, शूट-बूट की सरकार, फेंकू होने का इल्जाम राहुल गांधी और तमाम विपक्षी नेता लगाते रहे, लेकिन जिन ग़रीबों को मोदी की विकास योजनाओं का लाभ मिलने लगा, उन्हें आरोप बेबुनियाद लगा, सामाजिक सुरक्षा और लोक कल्याण के जो भी कार्यक्रम मोदी सरकार ने शुरू किये वो ज़मीन पर स्पष्ट दिखाई दिये। महिलाओं का बड़ा तबका बेटी बचाओ, बेटी पढ़ाओ, शौचालय, गैस कनेक्शन, सफ़ाई और तीन तलाक़ जैसे प्रयोग की वजह से मोदी की ओर आकृष्ट हुआ। यही नहीं नौकरी पेशावाली महिलाओं की मेटरनिटी छुट्टी बढ़ाकर 12 सप्ताह से 24 सप्ताह कर दी गयी। 3.18 करोड़ सुकन्या समृद्धि योजना खाते खुले, जिसमें बाज़ार से ज़्यादा ब्याज दर मिलता है ताकि बेटी के भविष्य को सुरक्षित किया जा सके और सेहत के लिए एक रुपये की प्रति दर से 27 करोड़ सेनेटरी पैड उपलब्ध कराये गये। घरेलू महिलाओं के लिए फ्री सिलाई मशीन जैसी योजना शुरू की ताकि घरेलू महिलाएँ अपने पैरों पर खड़ी हो सकें।

मोदी ने राजनीति में एक नया विमर्श गढ़ा, उन्होंने राजनीति को जातिवाद खाँचे से निकालकर जनवादी खाँचे अर्थात वर्गीय खाँचे में डाल दिया है, आज समाज के तमाम वर्गों जैसे महिलाओं, पिछड़ों, दलितों और यहाँ तक कि मुस्लिमों का भी विश्वास मोदी में जगा है। सबका साथ-सबका विकास, सबका विश्वास और सबका प्रयास जुमला नहीं एक हक़ीक़त बन गया है, इसमें पार्टी के जनाधार में क्रान्तिकारी परिवर्तन हुआ जिसमें बीजेपी के परम्परागत मतदाताओं के साथ-साथ समाज के साथ सभी वर्गों के नये मतदाता जुड़े।

जो नेता और पार्टी जनता की उपेक्षा करती थी उसे मोदी की वजह से जनता के बीच जाना पड़ा, पीएम के उम्मीदवार और विपक्षी इतना प्रचार कहाँ करते थे, प्रचार का डायनामिक्स बदल दिया है। सरकार को जनता तक पहुँचा दिया, पार्टी को हर कार्यकर्ता तक पहुँचाया, कार्यकर्ता हर गाँव और हर वोटर तक पहुँच गया, मतलब मोदी हर वोटर तक पहुँच गया। एक कार्यकर्ता पार्टी में विधायक, सांसद,

मुख्यमन्त्री और प्रधानमन्त्री बन सकते हैं, पार्टी भी सबका साथ सबका विकास के नारे पर चल रही है वहीं ज़्यादातर पार्टी पर एक परिवार और एक नेता का क़ब्ज़ा है, वहीं विकास शहर से गाँव तक पहुँच गया है, सरकारी योजनाओं का लाभ भी गली-गली पहुँच गया है। आज़ादी के बाद देश के हर गाँव में बिजली पहुँची, बचे हुए 2.86 करोड़ घरों को बिजली से रोशन सौभाग्य योजना के तहत जोड़ा गया है। बिजली, सड़क, मोबाइल नेटवर्क, घर-घर पानी, शौचालय, एलपीजी और अब तो गाँव में भी बिसलरी पानी का इस्तेमाल लोग कर रहे हैं, कौन ऐसा गाँव होगा जहाँ 10-20 कार नहीं होंगी। पहले दिल्ली से सत्ता चलती थी अब गाँव में सत्ता चलती है, चीज़ें बदल रही हैं, जिस पार्टी की गाँव-गाँव में पकड़ है वो पार्टी आज देश और राज्यों में राज कर रही है, पहले गाँव नेता तीर्थाटन के लिए जाते थे अब नेता गाँव में रात गुज़ारते हैं, विकास की धारा को गाँव से कनेक्ट किया गया और कल्याणकारी योजनाओं का लाभ भी गाँव तक पहुँच रहा है बल्कि विकास के लिए सांसद गाँव गोद लेते हैं और उसे आदर्श गाँव बनाते हैं। मोदी के आने के बाद और अपने आप को प्रधान सेवक कहने की वजह से विपक्षी भी मैदान में उतर रहे हैं। जो चुनावी घोषणा-पत्र था उसे भी पूरा किया, अयोध्या में राम मन्दिर, जम्मू-कश्मीर से धारा 370 ख़त्म करना और ट्रिपल तलाक़ पर पाबन्दी, ये ऐसे मुद्दे हैं जिन्हें पार्टी और संगठन ने पूरा किया। अर्थव्यवस्था को मज़बूती देने के लिए जीएसटी लागू किया, बैंकिंग व्यवस्था में ढाँचागत सुधार के लिए इन्सॉवेंसी एंड बैंकरप्सी कोड लाया गया जिसके तहत अगर कोई कम्पनी क़र्ज़ वापस नहीं चुकाती तो आईबीसी के तहत क़र्ज़ वसूलने के लिए उस कम्पनी को दिवालिया घोषित कर दिया जाता है और उसकी पूरी सम्पत्ति पर बैंक का क़ब्ज़ा हो जाता है। बैंकों की हालत नाजुक हो गयी थी और बैंक से लोन नहीं चुकाने की वजह से एनपीए का भार बढ़ता जा रहा था, सरकार ने बैंकों से एनपीए को अलग किया, सार्वजनिक क्षेत्र के बैंक जो घाटे में चल रहे थे उसकी सेहत में सुधार हुआ और धीरे-धीरे प्रॉफिट में आने लगे हालाँकि एनपीए की राशि काफ़ी बढ़ गयी है।

ज़ाहिर है, जो सरकार जनहित का काम करेगी, वही देश पर लम्बे समय तक राज करेगी। जनकवि नागार्जुन ने लिखा था, चाहे दक्षिण चाहे वाम, जनता को रोटी से काम, बदलते युग में जनता के लिए रोज़ी-रोटी, कपड़ा, मकान और ज़िन्दगी जीने के लिए चाहिए काम, रोटी और काम की चक्की ऐसी चल रही है कि वामपन्थ का क़िला पश्चिम बंगाल से लेकर त्रिपुरा तक में ढह गया चूँकि वामपन्थी आन्दोलन की जो राह थी अब वो जनता की राह से अलग-थलग होती जा रही है। ये भी वजह

है कि नक्सली आन्दोलन भी दम तोड़ रहा है। मोदी शासनकाल में किसान आन्दोलन छोड़कर कोई बड़ा आन्दोलन नहीं हुआ वो भी आन्दोलन दिल्ली और पंजाब में ही सिमटा था। चीज़ें बदल गयी हैं, आकांक्षा बदल गयी है, विचारधारा की लड़ाई भी कमज़ोर हो रही है अगर विचारधारा की लड़ाई है भी तो कामकाज तक सिमटी हुई है वरना मोदी ने अगर 10 साल से देश का कूड़ा किया है तो सवाल है कि विपक्ष ने बड़ा आन्दोलन क्यों नहीं शुरू किया या कहें कि शुरू करने की कोशिश की लेकिन जनता का साथ नहीं मिला। विपक्ष ने राफेल, महँगाई, भ्रष्टाचार को लेकर मोदी को घेरने की कोशिश की लेकिन जनता की अदालत में मोदी के ख़िलाफ़ आरोप सिद्ध नहीं हुए और जनता ने फ़ैसला सुनाते हुए सारे आरोपों से बरी कर दिया। दरअसल जनता सारे मुद्दों का आकलन करती है तब फ़ैसला करती है, लगता है कि मोदी पर कोई व्यक्तिगत भ्रष्टाचार का आरोप नहीं है इसीलिए कोई आरोप उन पर क़ायदे से चिपकता नहीं है। हिन्दुत्व की राजनीति, लोककल्याणकारी योजनाओं और मोदी की सोच ने भारत को बदल दिया जबकि लोग आस लगाये बैठे थे कि भारत उनको बदल देगा।

# मोदी का राष्ट्रवाद और हिन्दू हृदय सम्राट

**धर्मेन्द्र कुमार सिंह**

गुजरात दंगे को एक अरसा बीत गया, लेकिन उसकी राजनीतिक परछाईं ख़त्म नहीं हो रही है, बल्कि समय बीतता जा रहा है और यह ज़्यादा लम्बी ही होती जा रही है। 2014 और 2019 के लोकसभा चुनावों में मोदी की शानदार जीत के बाद कहा जा रहा है कि गुजरात दंगे से बनी उनकी छवि हिन्दू वोटरों में और गहरी होती जा रही है। मोदी की जीत की गुत्थी का क्या राज़ है, इसे समझने की कोशिश करते हैं। क्या गुजरात दंगे और सोनिया गांधी के मौत का सौदागर कहने की वजह से वे 2002 का विधानसभा चुनाव जीते थे? क्या 2007 का चुनाव हिन्दू हृदय सम्राट और विकास पुरुष की वजह से जीत गये? क्या 2012 का विधानसभा किसी गुजराती के प्रधानमन्त्री बनने की आस में जीत गये? क्या हिन्दू हृदय सम्राट और मनमोहन सिंह की सरकार की नाकामी की वजह से 2014 जीत गये? क्या पाकिस्तान पर हमला करके और जनकल्याणकारी योजनाओं की बदौलत 2019 का चुनाव जीत गये? सवाल है कि 2024 के चुनाव में क्या होगा, क्या गुजरात के मुख्यमन्त्री पद के लिए जिस तरह की हैट्रिक लगी थी, क्या वैसे ही प्रधानमन्त्री पद के लिए हैट्रिक लगेगी या आख़िर में उनकी हार की कहानी बनेगी? मोदी की हरेक जीत की एक थ्योरी बनती है कि फलाँ वजह से जीत गये, लेकिन ये भी सच है कि उनकी लगातार जीत हो रही है और जीत की कोई-न-कोई वजह तो होगी? ये भी सच है कि सिर्फ़ एक मुद्दे से ही जीत और हार नहीं सकते हैं, जैसा कि 2004 में अटल बिहारी वाजपेयी के साथ ही विपक्ष को भी लगा था कि गुजरात दंगे की वजह से हारे। लेकिन ये वाजपेयी और विपक्ष की दलील हो सकती है, पर अन्तिम सत्य नहीं हो सकता है? याद कीजिए, 2002 में मोदी विधानसभा चुनाव जीते तो कहा गया कि गुजरात दंगे

की वजह से जीत गये, 2004 में वाजपेयी हारे तो कहा गया कि गुजरात दंगे की वजह से हारे और 2014 में मोदी जीते तो कहा गया कि दंगे की वजह से मोदी देश में हिन्दू हृदय सम्राट बन गये हैं? सवाल है कि क्या उनकी जीत के राज़ को पकड़ने में हम लोग कामयाब हो रहे हैं या भटक रहे हैं? क्या मोदी हर चुनाव में एक नया चेहरा बना लेते हैं? मतलब हर चुनाव में अपनी पहचान बना लेते हैं और पुरानी उपलब्धि की नींव पर जीत की नयी इमारत बना लेते हैं? लेकिन सवाल ये भी कि 2024 में क्या होगा, अगर जीतते हैं उसकी क्या व्याख्या होगी? अगर हारते हैं तो क्या यही माना जायेगा कि इस बार उनकी रणनीति का अन्त हो गया? मोदी ख़ुद कहते हैं, "मैं देशभक्त हूँ। राष्ट्रभक्त हूँ। मैं जन्म से हिन्दू हूँ। इस तरह मैं हिन्दू राष्ट्रवादी हूँ।" (रायटर्स को दिया इंटरव्यू-2013) और फिर वो कहते हैं, "मैं सेक्युलर हूँ, क्योंकि जाति और धर्म के नाम पर कोई भेदभाव नहीं करता हूँ। न मैं मुसलमान के लिए करता हूँ न ही हिन्दू के लिए करता हूँ। मेरी सरकार सभी नागरिकों के लिए काम करती है और मेरी सरकार सब नागरिकों के लिए काम करेगी। मेरा मंत्र है– सबका साथ, सबका विकास।" गुजरात के एक कार्यक्रम में प्रधानमन्त्री नरेन्द्र मोदी ने कहा कि उनकी सरकार विभिन्न योजनाओं को लोगों तक पहुँचाने के दौरान न तो लाभार्थियों का धर्म और न ही उनकी जाति देखती है। उन्होंने कहा कि जहाँ कोई भेदभाव नहीं है, वहीं सच्ची धर्मनिरपेक्षता है और सभी की ख़ुशी व सहूलियत के लिए काम करने से बड़ा कोई सामाजिक न्याय नहीं है (12 मई, 2023, गांधीनगर)। वहीं संसद में ताल ठोंककर सारे सांसदों के सामने कहते हैं कि एक मोदी सब पर भारी है। फिर कहते हैं 2047 तक देश को विकसित राष्ट्र बनाना है और दुनिया में देश की इकोनॉमी को तीसरे स्थान पर पहुँचाना है। आख़िर क्या है उनकी जीत का राज़? इन्हीं सारे मुद्दों को लेकर उनकी हिन्दुत्व की राजनीति की पड़ताल करने की यह एक कोशिश है। सबसे बड़ा सवाल है कि जिस तरह से हिन्दू मतदाता में उनकी दीवानगी बढ़ रही है, वो दीवानगी दूसरे धर्मों में क्यों नहीं है? जिस तरह से हिन्दू मतदाता उनको वोट देते हैं तो दूसरे धर्मों के वोटर क्यों नहीं वोट देते हैं? बीजेपी और संघ परिवार जिस तरह से हिन्दू एजेंडे को आगे बढ़ा रहे हैं, इसके पीछे क्या कहानी है? क्या देश के हिन्दू मतदाताओं को लगता है कि मोदी हिन्दुत्व का सबसे बड़ा रखवाला और हितैषी है? सवाल है, क्या वोटर को भी लगता है कि मोदी भारत को हिन्दू राष्ट्र बना देगा? ये सवाल इसलिए, क्योंकि पहले की तुलना में हिन्दू राष्ट्र की माँग बढ़ी है, अभियान बढ़ गये हैं, अभियान की तीव्रता बढ़ी है और इसका भौगोलिक दायरा भी बढ़ा है, ख़ासकर हिन्दू सन्त और संघ परिवार

लगातार हिन्दू राष्ट्र की बात कर रहे हैं। इस पर सरकार चुप है तो क्या माना जाये कि यह एक तरह का मौन समर्थन है? सवाल इसीलिए है, क्योंकि मोदी जिस तरह से संघ और बीजेपी के एजेंडे को एक के बाद एक लागू कर रहे हैं, उससे वोटरों के एक तबके को लगता है कि हिन्दू राष्ट्र का भी सपना पूरा हो जायेगा। हालाँकि ये इतना आसान नहीं है क्योंकि हिन्दू राष्ट्र बनाने के लिए सुप्रीम मैंडेट की आवश्यकता होती है। मोदी अपने 9 साल के शासनकाल में आज़ादी के बाद सबसे बड़े हिन्दू हृदय सम्राट बनकर उभरे हैं। बीजेपी की तीन चुनावी घोषणा जो पार्टी का मूलमन्त्र है, जिसे पहले सत्ता मिलने के बाद लागू करने की बात तो दूर, उन्हें छूने की हिम्मत तक नहीं की जा सकी। लेकिन मोदी उन्हीं को बहादुरी से और डंके की चोट पर लागू कर रहे हैं और हिन्दुत्व का एजेंडा आगे बढ़ा रहे हैं। पहला कश्मीर से आर्टिकल 370 को ख़त्म करना, अयोध्या में भव्य राम मन्दिर का उद्घाटन भी 2024 के लोकसभा चुनाव के पहले करने वाले हैं। ग़ौर करने की बात है कि ये सुप्रीम कोर्ट का आदेश है, लेकिन आदेश से लेकर निर्माण मोदी शासनकाल में हुआ, कोर्ट के आदेश के बाद मोदी सरकार और जज को लेकर जिस तरह से विपक्ष ने सवाल उठाये, वो बात किसी से छिपी नहीं है और अगले एजेंडे में देश में यूनिफॉर्म सिविल कोड लागू करने की चर्चा भी ज़ोरों पर है। राम मन्दिर तो बीजेपी के चुनावी घोषणापत्र में था, लेकिन मथुरा-काशी को लेकर भी दावेदारी रही है। बीजेपी और वीएचपी ने अयोध्या-मथुरा-काशी को लेकर देशभर में आन्दोलन चलाया था, जिसमें अयोध्या मुद्दा सबसे ऊपर रहा था। राम जन्मभूमि आन्दोलन के दौरान 6 दिसम्बर, 1992 को बाबरी मस्जिद को कारसेवकों ने विध्वंस कर दिया था, उस समय वीएचपी का एक नारा था–बाबरी मस्जिद झाँकी है, काशी-मथुरा बाक़ी है। हालाँकि काशी-मथुरा को चुनावी घोषणापत्र में शामिल नहीं किया गया है, लेकिन समय-समय पर इसे बीजेपी और हिन्दू संगठन उठाते रहते हैं। काशी और मथुरा का मामला भी कोर्ट में चल रहा है। दावा किया जाता है कि काशी यानी वाराणसी में विश्वनाथ मन्दिर के एक हिस्से को तोड़कर ज्ञानवापी मस्जिद बनायी गयी है, वहीं मथुरा की शाही ईदगाह मस्जिद जिस ज़मीन पर बनायी गयी है, उसके नीचे ही कृष्ण जन्मभूमि है। वाराणसी में ज्ञानवापी मस्जिद-श्रृंगार गौरी विवाद का मामला कोर्ट में लम्बित है, हालाँकि वाराणसी में विवादित ज्ञानवापी मस्जिद पर एएसआई रिपोर्ट में ये बात साबित हुई है कि मन्दिर तोड़कर मस्जिद बनाई गई थी और तो और कोर्ट ने ज्ञानवापी मस्जिद के व्यास तहखाने में हिन्दू पक्ष को पूजा करने का अधिकार दे दिया है। जबकि कोर्ट की सुनवाई के दौरान उत्तर प्रदेश के उप

मुख्यमन्त्री केशव प्रसाद मौर्य ने बोला–"करवट लेती मथुरा काशी, अयोध्या काशी भव्य मन्दिर निर्माण जारी है, मथुरा की तैयारी है।" वहीं उत्तर प्रदेश के मुख्यमन्त्री योगी आदित्यनाथ ने एक इंटरव्यू में कहा–"ज्ञानवापी को अगर मस्जिद कहेंगे, तो विवाद होगा, भगवान ने जिसको दृष्टि दी है, वह देखे न, त्रिशूल मस्जिद के अन्दर क्या कर रहा है? हमने तो नहीं रखे, वहाँ ज्योतिर्लिंग हैं, देव प्रतिमाएँ हैं। दीवारें चिल्ला-चिल्ला कर क्या कह रही हैं और उन ऐतिहासिक साक्ष्यों को देखने की भी आवश्यकता है और मुझे लगता है कि ये प्रस्ताव मुस्लिम पक्ष की तरफ़ से आना चाहिए कि साहब ऐतिहासिक ग़लती हुई है और उस ग़लती के लिए हम चाहते हैं कि समाधान हो।" फिर यूपी के सीएम योगी ने विधानसभा में कहा कि "हमने तो केवल तीन जगह माँगी है। अन्य जगहों क बारे में कोई मुद्दे नहीं था। अयोध्या का उत्सव लोगों ने देखा, तो नंदी बाबा ने कहा कि हम काहे इंतज़ार करें। उन्होंने भी इंतज़ार किए बगैर रात्रि में बैरिकेड तुड़वा डाले और हमारे कृष्ण कन्हैया कहाँ मानने वाले हैं।" एक तरफ़ प्रधानमन्त्री नरेन्द्र मोदी, गृहमन्त्री अमित शाह और बीजेपी के अध्यक्ष जेपी नड्डा चुप्पी साधे हुए हैं, जबकि इनके कई और नेता समय-समय पर दावा करते रहते हैं। प्रधानमन्त्री नरेन्द्र मोदी ने मथुरा में कहा "ब्रजभूमि को विकास से वंचित रखा गया, लेकिन अब राम मन्दिर की तिथि आ गई है। वो दिन दूर नहीं जब यहाँ कृष्ण के दर्शन और भी दिव्य होंगे", पीएम मोदी के भाषण के भाव को भी समझने की ज़रूरत है। इसके अलावा संशोधित नागरिकता बिल (सीएए) और राष्ट्रीय नागरिकता क़ानून (एनआरसी) बिल को लेकर भारी विरोध हुआ और सीएए को लेकर दिल्ली और उत्तर प्रदेश में हिंसा भी हुई। वहीं, इसके पहले मोदी सरकार मुस्लिम महिलाओं को हक़ दिलाने के लिए संसद में क़ानून बनाकर ट्रिपल तलाक़ पर पाबन्दी लगा चुकी है। मुस्लिम महिलाओं ने मोदी सरकार के इस क़दम का स्वागत किया है, जबकि मुस्लिम मौलानाओं में इसको लेकर नाराज़गी भी है। जबसे मोदी प्रधानमन्त्री बने हैं, तबसे हिन्दुत्व की राजनीति को बल ही मिला है, वो देश में लगातार मन्दिर का निर्माण और पुनरोद्धार कर रहे हैं। अयोध्या में भव्य राम मन्दिर निर्माण से लेकर काशी विश्वनाथ कॉरिडोर तक, उज्जैन के महाकाल से लेकर केदारनाथ और चारधाम से लेकर कश्मीर में मन्दिरों का कायाकल्प कर रहे हैं। उनका व्यक्तिगत, आध्यात्मिक और धार्मिक झुकाव जगज़ाहिर है। कहा जा रहा है कि धार्मिक स्थलों के कायाकल्प के पीछे भारत के धार्मिक पर्यटन उद्योग को धीरे-धीरे विकसित करना है, ताकि देश के विकास के साथ-साथ लोगों को रोज़गार के भी अवसर मिलें। वहीं, विपक्ष लगातार सरकार को घेरने की कोशिश करता रहता

है कि वो हिन्दुत्व की राजनीति करती है। कहा ये भी जा रहा है कि उनकी लगातार जीत की वजह ही हिन्दुत्व की राजनीति की नींव है। ये भी सवाल बना हुआ है मोदी देश के प्रधानमन्त्री बनने के बाद लगातार मन की बात कर रहे हैं, लेकिन हिन्दुत्व को लेकर उनके मन की बात को पढ़ना आसान नहीं है, क्योंकि सारे एजेंडे पूरे होने के बाद भी हिन्दुत्व की राजनीति का किनारा नहीं दिख रहा है बल्कि एक माहौल बन रहा है कि 2024 में अगर मोदी फिर से हैट्रिक लगाते हैं तो देश हिन्दू राष्ट्र बन जायेगा? और देश में मुस्लिम की दोयम दर्जे की नागरिकता की हैसियत रह जायेगी? क्योंकि मुस्लिम को न तो देश से निकाल सकते हैं न ही ख़त्म कर सकते हैं? लेकिन मोदी के मन में क्या है उसे पूरी तरह पढ़ना आसान नहीं है। जो भी बातें हो रही हैं वो उनकी राजनीति, इतिहास और वर्तमान घटनाओं की व्याख्या और आख्यान पर निर्भर है। ग़ौर करने की बात है कि देश में इतने राजनीतिक और चुनाव विश्लेषक से लेकर बड़े-बड़े विद्वान नहीं समझा पाये हैं और न ही कभी मोदी ने इसका खुलासा किया है बल्कि ये राज दिनोंदिन गहराता जा रहा है आख़िरकार सैकड़ों मन की बात करने के बाद भी असली मन की बात का पता नहीं चल पाया है। दूसरी तरफ़ मुसलमान शासकों के नाम पर ऐतिहासिक शहर, रेलवे स्टेशन, चौक चौराहा, गलियों से लेकर किताबों के नाम और चैप्टर बदलने का सिलसिला जारी है। जब से मोदी सरकार आयी है, कई राज्यों में गोहत्या पर पाबन्दी लगायी गयी है और गौरक्षक के नाम पर हिंसा की ख़बरें इक्के-दुक्के आती रहती हैं, इस पर मोदी सरकार की चुप्पी से भी सवाल उठते रहते हैं। वहीं, दूसरी तरफ़ अल्लाह पर विवादित टिप्पणी करने पर सिर कलम कर दिया जाता है। उदयपुर और अमरावती में ऐसी वारदात हुई है और कई लोगों को सिर कलम करने की धमकी दी गयी है। वहीं, वन्देमातरम् के नारे लगाने पर मुस्लिम समाज को एतराज़ है। यूनिफॉर्म सिविल कोड के बारे में कहा जा रहा है कि वो क़बूल नहीं है। ये रस्साकशी लगातार चलती आ रही है, जिसकी वजह से मतदान पर भी इसका असर दिख रहा है। हिन्दू मतदाता का झुकाव बीजेपी की तरफ़ हो रहा है, वहीं मुस्लिम बीजेपी के ख़िलाफ़ दिख रहे हैं। ऐसा लगता है कि बीजेपी की कोशिश है कि हिन्दू वोटरों को और पार्टी की तरफ़ जोड़ा जा सकता है क्योंकि बीजेपी अपने बलबूते पर क़रीब 37 फ़ीसदी वोट ही हासिल की है जबकि हिन्दू मतदाताओं की संख्या क़रीब 80 फ़ीसदी है।

2002 के बाद देश में चुनाव पर चुनाव हुए, लेकिन गुजरात दंगे की बात हर चुनाव में आ ही जाती है। विपक्ष मोदी पर गुजरात दंगे का दाग़ बताता रहा है, तो दूसरी तरफ़ यह भी कहता रहा है कि वे मुस्लिम को लेकर नफ़रत की राजनीति

करते हैं। लेकिन यह भी साफ़ तौर पर दिखा है कि वे सरकारी योजनाओं में मुस्लिम से कोई भेदभाव भी नहीं करते हैं, साथ ही मुस्लिम महिलाओं के अधिकारों के पैरोकार भी रहे हैं। ट्रिपल तलाक़ के ख़त्म होने के बाद आज यूनिफॉर्म सिविल कोड के ज़रिये देश में समानता की बात हो रही है, लेकिन इसका विरोध भी हो रहा है। दरअसल अधिकतर मुस्लिम के मन में मोदी के प्रति अलग छवि बनी हुई है। कहा जाता है कि गुजरात दंगे में अगर राज्य सरकार कड़ाई से क़ानून-व्यवस्था लागू की होती, तो शायद दंगे ज़्यादा नहीं भड़कते। हालाँकि गुजरात दंगे के पहले भी बीजेपी के प्रति मुस्लिम मन में एक बेरुखी थी। 2010 में मोदी ने अहमदाबाद में सद्भावना उपवास किया, लेकिन उस आयोजन में भी उन्होंने एक इमाम द्वारा पेश की गयी टोपी पहनने से इनकार करके अपनी 'हिन्दू हृदय सम्राट' की छवि टूटने नहीं दी थी। लोकसभा चुनावों से पहले 'कुत्ते के पिल्ले' और 'हिन्दू राष्ट्रवादी' जैसे बयानों से भी इसे उन्होंने पुख्ता ही किया था। ये दोनों बातें उन्होंने एक विदेशी संवाददाता से साक्षात्कार में कही थीं। एक सवाल के जवाब में उन्होंने कहा, "मैं जन्मना हिन्दू हूँ और राष्ट्रवादी हूँ इसलिए हिन्दू राष्ट्रवादी हूँ।" दूसरा सवाल गुजरात दंगों को लेकर दुख पर था। उनका जवाब था, "कुत्ते का पिल्ला भी कार के चक्के के नीचे आ जाये तो दुख होता है।" विपक्ष का आरोप है कि जब से मोदी की सरकार बनी है, तब से देश में नफ़रत की राजनीति बढ़ी है और विपक्षी दल इसी को मुद्दे लेकर घेरना चाहते हैं लेकिन रोक नहीं पा रहे हैं।

## गुजरात की गुत्थी–कितनी सुलझी, कितनी उलझी

जब गुजरात में दंगे हुए तो कहा गया कि मोदी की राजनीति ख़त्म हो गयी है, लेकिन विधानसभा में मोदी की शानदार जीत हुई और विपक्षी खेमे में शोक की लहर दौड़ गयी। वहीं, 2004 के लोकसभा चुनाव में वाजपेयी की हार हुई तो कहा गया कि हिन्दुत्व की राजनीति ध्वस्त हो गयी। जानेमाने इतिहासकार, साहित्यकार, समाजशास्त्री से लेकर तमाम बुद्धिजीवी और जानेमाने पत्रकार तक की यही पक्की राय थी कि नफ़रत की राजनीति देश में नहीं चल सकती है, मतलब हिन्दुत्व की राजनीति की अग्निपरीक्षा हो गयी है। ये भी धारणा बनी कि भले मोदी गुजरात में मुख्यमन्त्री का चुनाव जीतते रहे हैं, लेकिन दिल्ली का दरवाज़ा उनके लिए बन्द हो चुका है? ऐसे में तमाम जानकार या तो चूक गये या उन्होंने अपने ज्ञान की लक्ष्मण रेखा पार करने की कोशिश नहीं की, क्योंकि राजनीतिक धारा और ज्ञान की कोई सीमा नहीं होती है और न ही मोदी ने कभी इस पर खुलकर पत्ता खोला है। जिसकी

उम्मीद ज़्यादा लोगों को नहीं थी, वही हुआ और मोदी गुजरात से दिल्ली पहुँच गये। 2014 में मोदी की शानदार जीत की एक बड़ी वजह गुजरात दंगों से बनी कट्टर हिन्दुत्व के नायक की छवि और चुनावों के कुछ समय पहले मुज़फ़्फ़रनगर दंगे की वजह से हुए ध्रुवीकरण को बताया गया। ज़ाहिर है, विपक्षी पार्टियों ने इसे मुद्दा बनाने में कोई कोर कसर नहीं छोड़ी, जबकि बीजेपी इस मुद्दे पर शान्त बनी रही या अपने कुछेक बयानों से समय-समय पर इसे हवा देती रही। बीजेपी की दुश्मन पार्टियों ने ही इस मुद्दे पर आक्रामकता दिखायी, क्योंकि वे इसी मुद्दे पर उसे या ख़ासकर मोदी को घेरना चाहती थीं। असल में उनके पास भ्रष्टाचार, विकास जैसे मुद्दों पर कुछ कहने को था भी नहीं। इसी वजह से मोदी विकास पर ज़ोर देते रहे और मतदाताओं की नज़र में छाने लगे। फिर, मोदी की पूर्व छवि के कारण मुस्लिम मतदाताओं ने मोदी के ख़िलाफ़ वोट देने का फ़ैसला किया तो दूसरा पक्ष शान्त कैसे रह सकता था! अब ये जानना ज़रूरी है कि नरेन्द्र मोदी की यह छवि कैसे बनी। दरअसल गोधरा में ट्रेन में कारसेवकों को जलाने और गुजरात दंगों के बाद पूरे देश की राजनीति की दशा और दिशा बदल चुकी थी। यह ऐसी घटना थी, जिससे मोदी ज़ीरो भी साबित हो सकते थे, लेकिन लाख उथल-पुथल के बाद भी वे हीरो बनकर निकले, क्योंकि विपक्ष इस मुद्दे को मरने नहीं देना चाहता था और ये मुद्दा ज़िन्दा होता रहा और मोदी की मज़बूती बढ़ती गयी? ये ऐसा मुद्दा था, जिस पर पार्टी के अन्दर और बाहर लगातार चर्चा होती रही है। तत्कालीन प्रधानमन्त्री अटल बिहारी वाजपेयी इस घटना के बाद नरेन्द्र मोदी का इस्तीफ़ा चाहते थे, लेकिन वाजपेयी की माँग के ख़िलाफ़ बीजेपी के कई दिग्गज और संघ उनके इस्तीफ़े के ख़िलाफ़ थे। मोदी ने दंगे के बाद गोवा में बीजेपी की कार्यकारिणी में मुख्यमन्त्री पद से इस्तीफे की पेशकश भी की, लेकिन उनके इस्तीफ़े के ख़िलाफ़ आवाज़ बुलन्द हो गयी और एक तरह से वाजपेयी की माँग को ठुकरा दिया गया। प्रधानमन्त्री वाजपेयी की नज़रों में गुजरात दंगे भारत के माथे पर काला धब्बा था और उन्होंने मोदी को राजधर्म निभाने की नसीहत भी दी थी। बात यहीं ख़त्म नहीं हुई, बल्कि इसे चुनाव की जीत और हार से भी जोड़ा गया। ग़ौर करने की बात है कि शायद वाजपेयी ख़ुद आरएसएस और लालकृष्ण आडवाणी भी नरेन्द्र मोदी की हिन्दुत्व की राजनीति पढ़ने में असफल रह गये क्योंकि वाजपेयी ने खुलकर राममन्दिर आन्दोलन में भाग नहीं लिया जैसे कि आडवाणी ने मुखर और खुलकर राममन्दिर आन्दोलन में भाग लिया। दरअसल राममन्दिर आन्दोलन और हिन्दुत्व की राजनीति की डोर संघ परिवार के पास था। भले वाजपेयी पार्टी का बड़ा चेहरा थे और तीन बार प्रधानमन्त्री

भी बने लेकिन लगता है कि हिन्दुत्व की राजनीति की गहराई को माप नहीं पाये? ये भी कहा जाता है कि वाजपेयी की राजनीति कट्टर हिन्दुत्ववादी की नहीं रही है लेकिन सवाल ये भी है कि बाबरी मस्जिद के विध्वंस के बाद बीजेपी का चेहरा फिर कैसे बने रहे?

राममन्दिर आन्दोलन के दौर से लेकर अब तक संघ परिवार के साथ जुड़े संगठन के काम करने के तरीक़े को समझना होगा। कैसे विश्व हिन्दू परिषद और उनके संगठन बजरंग दल अभी भी उसी अन्दाज़ से काम कर रहे हैं, मसलन गोहत्या, लव जिहाद और धर्मान्तरण इत्यादि पर मुहिम जारी है और सरकार की चुप्पी बरकरार है। यही वजह है कि नरेन्द्र मोदी की जीत में गुजरात दंगे का ज़बरदस्त असर था। नरेन्द्र मोदी गुजरात विधानसभा चुनाव 2002 तो भारी मतों से जीते, लेकिन जब बीजेपी 2004 में लोकसभा चुनाव हारी, तो यह भी कहा जा रहा था कि गुजरात दंगे की वजह से बीजेपी हार गयी। यह कांग्रेस ही नहीं, बल्कि हार के बाद पूर्व प्रधानमन्त्री अटल बिहारी वाजपेयी भी यही कह रहे थे। उन्होंने तब कहा था, "बीजेपी की हार गुजरात दंगों की वजह से हुई है", जबकि लोकसभा चुनाव के पहले गुजरात और गोवा के बाद तीन राज्यों मध्य प्रदेश, राजस्थान और छत्तीसगढ़ में बीजेपी जीत चुकी थी। 2004 की हार गुजरात दंगों की वजह से हुई या नहीं, इस पर पैनी नज़र से देखने की ज़रूरत है। दरअसल, 2004 के लोकसभा चुनाव में हार की दूसरी वजहें थीं। बीजेपी अपनी हार से भौचक्की थी तो कांग्रेस को भी यक़ीन नहीं हो रहा था कि उसकी जीत कैसे हुई।

अटल बिहारी वाजपेयी नरेन्द्र मोदी को गुजरात के मुख्यमन्त्री पद से हटाना चाहते थे, लेकिन जिस ढंग से मोदी के समर्थन में एक माहौल बना, उससे लगने लगा कि वाजपेयी की माँग कट्टर हिन्दुत्व के पैरोकारों की समझ से परे थी। मोदी से सहानुभूति रखने वालों को शायद लगा कि उन्हें अपमानित किया जा रहा है। हिन्दुत्ववादी संगठन आरएसएस और वीएचपी भी मोदी को मुख्यमन्त्री पद से हटाने के पक्ष में नहीं थे। इस तरह 2004 के चुनावों के पहले सोनिया गांधी के नेतृत्व में मज़बूत गठबन्धन खड़ा हो रहा था, लेकिन बीजेपी में गुजरात दंगे को लेकर मोदी के समर्थन और ख़िलाफ़ में राजनीति शुरू हो गयी। इससे बीजेपी कार्यकर्ताओं में अजीब असमंजस की स्थिति पैदा हो गयी थी। हो सकता है कि इसी असमंजस से संगठन में नकारात्मक सन्देश गया। इस नकारात्मक सन्देश से हिन्दू वोटरों में बिखराव हो गया, जबकि मुस्लिम वोटर हमेशा की तरह बीजेपी के ख़िलाफ़ लामबन्द थे। फिर एक वजह ये भी थी कि जिस राम जन्मभूमि आन्दोलन के दम

पर पार्टी सत्ता में आयी थी, उसी मुद्दे पर अटल बिहारी वाजपेयी की सरकार के तेवर ढीले पड़ गये थे। इससे राम जन्मभूमि आन्दोलन से जुड़े लोगों को निराशा हुई, जिसकी झलक लोकसभा चुनाव के नतीजों में दिखाई पड़ी। शायद गुजरात दंगे, यूपीए का महागठबन्धन, मुस्लिम मतदाताओं में एकजुटता और हिन्दू मतदाताओं का उत्साह कम पड़ने की वजह से एक ऐसी स्थिति बनी, जो एनडीए और बीजेपी के ख़िलाफ़ चली गयी। ऐसे में भले ही इंडिया शाइनिंग का नारा चारों दिशा में गूँज रहा था, लेकिन ज़मीन पर इसका असर नहीं हुआ। विकास की धारा बहती है तो उसका अहसास जनता को भी होना चाहिए था और साथ ही साथ ये भी हो सकता है कि वाजपेयी के इंडिया शाइनिंग पर हिन्दू वोटर की बेरुखी, यूपीए का बड़ा गठबन्धन और गुजरात दंगे का साया भारी पड़ गया।

ग़ौर करने वाली बात ये भी है कि पहले वाजपेयी और आडवाणी ने अपने राजनीतिक रुझान से कैसे नरेन्द्र मोदी को कट्टर हिन्दुत्व का नायक बनने में मदद की और कैसे इन दोनों नेताओं से मोहभंग के कारण मोदी राष्ट्रीय स्वयंसेवक संघ और बीजेपी के कट्टर समर्थकों के बीच पोस्टर ब्वॉय बन गये। दरअसल राम मन्दिर आन्दोलन और बाबरी मस्जिद विध्वंस के दौर में आडवाणी ही कट्टर हिन्दुत्व के नायक और 'हिन्दू हृदय सम्राट' हुआ करते थे। वहीं, बाबरी मस्जिद विध्वंस के बाद ही हिन्दू राष्ट्रवाद की परिकल्पना को मज़बूती मिली, क्योंकि इसके पहले तो भारतीय जनसंघ और बीजेपी राजनीतिक वजूद की लड़ाई ही लड़ रही थी। बात चाहे 1977 की हो या 1989 की, वो राजनीतिक बैसाखी के सहारे अपने पैरों पर खड़ा होना चाहती थी। कांग्रेस को हराने के लिए 1977 में भारतीय जनसंघ का विलय जनता पार्टी में तो कर लिया गया, लेकिन आरएसएस और जनता पार्टी की दोहरी सदस्यता को लेकर इसके नेता समाजवादी नेताओं और ख़ासकर मधु लिमये के निशाने पर थे। जनता पार्टी में क़द्दावर मन्त्री होने के बाद भी अटल बिहारी वाजपेयी और लालकृष्ण आडवाणी, जिनकी विचारधारा आरएसएस से ओतप्रोत थी, उनका भाव यही था कि पार्टी जाये तो जाये, लेकिन विचारधारा कभी न जाये। इन्हीं स्थितियों के बीच आख़िरकार 1980 में बीजेपी का गठन हुआ, जिसका लक्ष्य गांधीवादी समाजवाद रखा गया क्योंकि उस समय वजूद की लड़ाई थी और शायद संघ परिवार ने भी चुप रहने में ही भलाई समझा होगा। लेकिन 1984 लोकसभा चुनाव में हार के बाद गांधीवादी समाजवाद का लक्ष्य दम तोड़ने लगा। पहली बार 1996 में सबसे बड़ी पार्टी बनी बीजेपी के साथ सरकार बनाने में कोई दल गठबन्धन करने को तैयार नहीं हुआ और वाजपेयी की 13 दिनों की सरकार गिर गयी। उसके

बाद बीजेपी और संघ में नया चिन्तन शुरू हुआ। उस समय संघ प्रमुख रज्जू भैया उर्फ़ राजेन्द्र सिंह के साथ मिलकर वाजपेयी और आडवाणी ने तय किया कि कट्टर हिन्दुत्व की धारा को और आगे नहीं ले जाया जा सकता। इसी विचार से एनडीए गठजोड़ कायम करते वक़्त राम मन्दिर, आर्टिकल 370 और समान नागरिक संहिता के तीनों विवादास्पद मुद्दों को दरकिनार कर दिया गया। 2004 की हार के बाद आडवाणी की पाकिस्तान यात्रा के दौरान जिन्ना की तारीफ़ को भी इसी कड़ी में देखा जा सकता है। वे अपनी स्वीकार्यता बढ़ाने के लिए उदार छवि पेश करने की कोशिश कर रहे थे हालाँकि हिन्दुत्व वोटरों की शक्ति का अहसास शायद आडवाणी को भी नहीं था क्योंकि उन्हें लग रहा था कि हिन्दुत्व की राजनीति से बीजेपी की गाड़ी आगे अब नहीं बढ़ सकती है? इससे संघ और बीजेपी के समर्थकों में भारी रस्साकशी का भाव पैदा हो गया। इस बीच संघ का नेतृत्व भी बदल चुका था और 2002 के दंगों के बाद मोदी कट्टर हिन्दुत्व के नायक और 'हिन्दू हृदय सम्राट' बन गये थे। संघ को भी लगा कि बीजेपी पटरी से उतर रही है। जिन्ना विवाद के बाद से ही आडवाणी को हटाने की कोशिशें चल रही थीं। लेकिन माकूल चेहरा नहीं मिल पा रहा था। 2009 में मोहन भागवत ने संघ प्रमुख बनने से पहले इसी दिशा में काम शुरू कर दिया था। संघ के लोगों की आडवाणी से दूसरी दिक़्क़त यह भी थी कि वे सभी उनसे छोटे थे, लिहाज़ा उन्हें अपनी लाइन पर चलने को नहीं कह सकते थे। बाद में दिल्ली मण्डली को हटाकर पहले नितिन गडकरी और फिर राजनाथ सिंह को अध्यक्ष इसी योजना के तहत बनाया गया। तीसरी बार गुजरात विधानसभा चुनाव जीते मोदी की देशभर में कट्टर छवि पहले ही बन चुकी थी। मोदी ने संघ की उम्मीदों से ज़्यादा बड़ा हिन्दू नायक बनकर दिखाया। सवाल ये भी है कि जिस गुजरात दंगे से वाजपेयी की हार हुई, वही गुजरात दंगे कैसे मोदी के लिए संजीवनी बन गये। इसके पीछे की कहानी यह हो सकती है कि संघ परिवार को लगने लगा कि बीजेपी के दोनों क़द्दावर नेता अटल बिहारी वाजपेयी और लालकृष्ण आडवाणी के सहारे पार्टी का सफ़र आगे अपेक्षा के अनुरूप नहीं हो पायेगा। संघ परिवार को बीजेपी का शिल्पकार माना जाता है, जिसने भारतीय जनसंघ और बीजेपी के उत्थान के लिए समय-समय पर क्रान्तिकारी फ़ैसले लिए हैं। उसी की वजह से बीजेपी सफलता के शिखर पर पहुँची है। आज़ादी से लेकर 1977 तक केन्द्र और राज्य में कांग्रेस पार्टी चट्टान की तरह खड़ी थी और ये चट्टान सारी विपक्षी पार्टियों के लिए रोड़ा बनी हुई थी। इस राजनीतिक रोड़ा को हटाने के लिए ही शायद संघ परिवार भारतीय जनसंघ का विलय जनता पार्टी में कराने को तैयार हुआ, बावजूद इसके

कि इसमें भारतीय जनसंघ के वजूद के ख़त्म होने का ख़तरा था। वहीं 1984 में कांग्रेस की बम्पर जीत की वजह से बीजेपी और संघ परिवार सकते में आ गये और मजबूरन लेकिन सोची-समझी रणनीति के साथ 1989 में राजीव गांधी को हराने के लिए विश्वनाथ प्रताप सिंह से हाथ मिलाने में देरी नहीं की। मक़सद था–सत्ता के शिखर पर पहुँचना। लेकिन वी.पी. सिंह के दिल में मण्डल कमीशन को लेकर पल रहे ख़्वाब ने संघ परिवार और बीजेपी को राजनीतिक चाल चलने को मजबूर किया। ये ऐसी चाल थी, जिससे उसे पहली बार अपने बलबूते ख़ुद के पैरों पर खड़ा होने की शक्ति मिली और कमण्डल की वजह से बीजेपी सत्ता पथ पर दौड़ने लगी। ये ऐसी छलाँग थी, जिससे गठबन्धन की राजनीति ही पलट गयी, पहले बीजेपी और भारतीय जनसंघ दूसरी पार्टी से हाथ मिलाने के लिए तरसती थी अब दूसरी पार्टियाँ बीजेपी से हाथ मिलाने के लिए तरसती हैं। आगे चलकर बीजेपी के नेतृत्व में एनडीए की सरकार बनी, वो चली भी, लेकिन अपने बलबूते कभी बहुमत नहीं मिला। ये कचोट संघ को लगातार सालती रही और उसे लगने लगा कि अब तीसरी चाल चलनी पड़ेगी। वही हुआ, गुजरात दंगे के बाद पार्टी के अन्दर और पार्टी के बाहर रस्साकशी के केन्द्र बने मोदी में लगता है कि उसे पाँच बातें दिखीं–एक कट्टर हिन्दू पोस्टर ब्वॉय है, दूसरी बात ओबीसी बिरादरी का है, आरएसएस की विचारधारा रगरग में है, पारिवारिक-सांसारिक माया के जाल से मुक्त है और पाँचवीं बड़ी बात है–विकास की धारा को बेहतर समझता है, क्योंकि विकासवाद के बिना हिन्दुत्व और राष्ट्रवाद की गाड़ी आगे तेज़ नहीं दौड़ पायेगी। मतलब संघ परिवार मोदी में जितने गुणों की तलाश कर रहा था, उससे ज़्यादा गुणों से भरपूर मोदी थे। ऐसे में मोदी संघ के इतिहास में पहली बार उसकी उम्मीदों पर खरे उतरे। संघ परिवार ने मोदी जैसे अचूक बाण को चलाने में देरी नहीं की और उसका ये दाँव 100 फ़ीसदी सफल रहा। दरअसल, मोदी और वाजपेयी-आडवाणी की राजनीति में फ़र्क़ है। वाजपेयी क़रीब 7 साल तक देश के प्रधानमन्त्री रहे, लेकिन बीजेपी और संघ का जो कोर एजेंडा है वो शायद अनिच्छा या बीजेपी को बहुमत नहीं होने की वजह से लागू नहीं कर पाये। पर संघ परिवार को कहीं-न-कहीं ये विश्वास था कि मोदी बीजेपी और संघ के एजेंडे को सिर्फ़ लागू नहीं करेगा, बल्कि उनके एजेंडे को आगे भी बढ़ायेगा। ये भी सही है कि मोदी ने सिर्फ़ संघ परिवार और बीजेपी के एजेंडे को लागू नहीं किया बल्कि संघ के पिच से हटकर ऐसे कड़े क़दम उठाये, जिसकी भनक न तो संघ परिवार को थी, न देश की जनता और न ही विपक्ष को भी। इससे ये साबित होता है कि मोदी ख़ुद को रबर स्टाम्प नहीं बनाना चाहते थे यही वजह रही

है कि उन्होंने नोटबन्दी, देशबन्दी, कश्मीर से धारा 370 ख़त्म करना और जीएसटी जैसे कड़े फ़ैसले लिए। आज तक देश में जितने भी प्रधानमन्त्री हुए हैं, उनमें मोदी की पहचान अलग है। उनकी प्राथमिकता से लेकर संवाद करने की जो कला है, वो अलग है। उनकी व्यक्तिगत जीवन और इच्छाएँ भी अन्य नेताओं से अलग हैं। यही वजह रही कि वे अपनी विपरीत परिस्थिति को अनुकूल परिस्थिति में मोड़ने में कामयाब हुए और सबसे बड़ी बात है कि उन्होंने हिन्दुत्व की राजनीति को समझा और ये भी समझा कि विकासवाद के धागे से हिन्दुत्व की राजनीति की पतंग उड़ सकती है। अटल बिहारी वाजपेयी भी आरएसएस के बैचलर प्रचारक थे, लेकिन उनकी लोगों से दोस्ती थी और जान-पहचान भी थी। अविवाहित होते हुए भी घरेलू ज़िम्मेदारियाँ थीं। उनके कई फ़ैसलों में इन सारे मुद्दों का असर था, लेकिन मोदी इससे अलग हैं, न घर, न परिवार की ज़िम्मेदारी, न दोस्ती। अगर दोस्ती है तो काम से यानी काम के अलावा मोदी कुछ नहीं देखते हैं और न ही सुनते हैं। दोस्ती भी वहाँ करते हैं, जहाँ उनकी आकांक्षा पूरी होने वाली होती है और लोग उनके मुरीद हो जाते हैं हालाँकि उनके जीवन का मूलमन्त्र हमेशा मेहनत और लगन ही है, इसमें वे कहीं कोताही नहीं बरतते हैं। सबसे बड़ी बात है कि उनके मन की गहराई को मापना भी आसान नहीं है, क्या सोचते हैं, क्या करते हैं, क्या आगे की रणनीति बनाते हैं, क्या लक्ष्य है, यदि उनके विकास के एजेंडे का पता चल भी जाता है लेकिन हिन्दुत्व की राजनीति की कोई भनक नहीं लगने देते हैं।

गुजरात के मुख्यमन्त्री से लेकर देश के प्रधानमन्त्री के उनके सफ़र में सारी शक्तियाँ उनमें केन्द्रित हो गयी हैं। उन्हें संगठन, सरकार और पार्टी चलाने का भी अनुभव है, 22 साल का ऐसा अनुभव, जिसमें राजनीतिक चूक न के बराबर दिखी है। जब स्थिति प्रतिकूल हो तो वे चुप्पी साधने में कोताही नहीं बरतते हैं, ख़ासकर पार्टी और संघ के मामले में, जहाँ उनका बयान किरकिरी पैदा कर सकता है। उदाहरण के लिए संघ परिवार का घर वापसी प्रोग्राम या फिर लव जेहाद और भारत में रहने वाले सभी हिन्दू हैं जैसे बयान। इस मौक़े पर उनकी चुप्पी उनका हथियार बन जाती है। बीजेपी पर आरएसएस की पैनी नज़र है, इसके बावजूद मोदी के व्यक्तित्व का अपना अलग असर है। प्रधानमन्त्री बनने के बाद वो कभी नागपुर संघ के मुख्यालय नहीं गये, लेकिन संघ के एजेंडे को शिक्षा से लेकर हर जगह लागू कर रहे हैं। विपक्ष का आरोप है कि शैक्षणिक संस्थान में संघ परिवार का दबदबा बढ़ता जा रहा है। संघ में एक बदलाव देखा जा रहा है–पहले संघ बीजेपी में बड़े भाई की भूमिका में था अब भाई-भाई जैसा रिश्ता दिख रहा है, मतलब बराबरी से

ताल में ताल मिलाकर चल रहा है। ऐसे में संघ ही सरकार है और सरकार ही संघ है कहना अतिशयोक्ति नहीं, क्योंकि संघ को भी लगता है कि जब उसके एजेंडे पर काम हो ही रहा है, तो ज़्यादा बाँह मरोड़ने की क्या ज़रूरत है। इसीलिए 10 साल के मोदी के शासनकाल में कोई टकराव प्रत्यक्ष रूप से नहीं दिखा है। ग़ौर करने की बात ये भी है कि 2019 के चुनाव में पहली बार हिन्दू-मुस्लिम की राजनीति हावी नहीं हुई, क्योंकि पाकिस्तान का मुद्दा छाया हुआ था, जबकि परोक्ष रूप से हिन्दुत्व की राजनीति मज़बूत होती जा रही है। ये ज़रूरी नहीं है कि जो अन्दर चल रहा है, वो बाहर दिखे ही, लेकिन इसे छिपाया भी नहीं जा सकता है। 2014 की तुलना में 2019 में हिन्दू का मोदी प्रेम बढ़ा ही है, हालाँकि ये पाकिस्तान को सबक सिखाने का असर भी हो सकता है।

सवाल है कि हिन्दू वोटर की दीवानगी मोदी के प्रति इतनी क्यों बढ़ गयी है, मोदी से वोटर क्या उम्मीद करते हैं, वोटर को उनमें क्या दिखता है कि दिनोंदिन हिन्दू वोटर चुम्बक की तरह ख़िंचे चले आ रहे हैं? कोई तो बात होगी, कोई तो राज़ होगा, वोटर के मन में क्या पल रहा है, उन्हें क्यों लगता है कि मोदी उनके अरमानों को पूरा करेंगे? एक बात तो साफ़ लग रही है कि समय के साथ-साथ हिन्दू वोटर वाजपेयी और आडवाणी को ढुलमुल मानने लगे थे। आडवाणी से उम्मीद थी, लेकिन उन्होंने पाकिस्तान जाकर अपनी हिन्दुत्ववादी छवि को कमज़ोर किया। क्या ये वजह हो सकती है कि जब देश आज़ाद हुआ तो धर्म के नाम पर पाकिस्तान बना और भारत में एक वर्ग की सोच थी कि देश में हिन्दू राष्ट्र बने? हालाँकि ये भावना उस समय खुलकर उभरकर नहीं आयी, क्योंकि इसकी आवाज़ देने वाली कोई बुलन्द आवाज़ नहीं दिखी? देश में उस समय ऐसा माहौल नहीं था, जिसकी वजह से आवाज़ दब गयी। ऐसे में क्या मोदी के प्रधानमन्त्री बनने से फिर से दबे हुए अरमान जगने लगे? वैसे इसकी नींव भारतीय जनसंघ और बीजेपी के गठन के साथ ही पड़ गयी थी, लेकिन अगर मोदीकाल में हिन्दुत्व की राजनीति अपने चरम पर है, तो क्या इसलिए कि मोदी की विचारधारा में कट्टरता है या वे हिन्दुत्व की राजनीति के पुरोधा हैं? क्या ये विचारधारा की मज़बूती है या अवसरवादिता का दाँव है या दोनों का मिश्रण है? क्या कांग्रेस से हिन्दू वोटर के विमुख होने की कोई और वजह है? क्या सवाल कहीं कचोट तो नहीं रहा है कि पाकिस्तान को मुस्लिम राष्ट्र बना दिया, लेकिन भारत को हिन्दू राष्ट्र नहीं बनाया? नेहरू सरकार हिन्दू कोड बिल लायी, लेकिन मुस्लिम को इससे अलग रखा गया? कभी देश के पूर्व प्रधानमन्त्री मनमोहन सिंह ने कहा था कि देश के संसाधनों पर पहला हक मुस्लिमों का है, ये भी मुद्दा बना था और

इसे भी बीजेपी ने भुनाने की कोशिश की। ये भी डर दिखाया जा रहा है कि मुस्लिम जनसंख्या हिन्दू की जनसंख्या से ज़्यादा बढ़ रही है। ऐसा सवाल भी उठने लगा कि धीरे-धीरे मुस्लिम आबादी की बढ़ोतरी देश और हिन्दू के लिए ख़तरा पैदा कर देगी? अब देश के नाम और पहचान की भी जंग शुरू हो गयी, भारतीय संविधान में इंडिया और भारत का ज़िक्र है लेकिन पहली बार मोदी सरकार ने जी 20 की बैठक में इंडिया की जगह भारत का नाम इस्तेमाल किया और विदेशी मेहमान को आमंत्रित किया गया उसमें भारत के राष्ट्रपति का ज़िक्र किया गया न कि इंडिया के राष्ट्रपति। विपक्ष का आरोप है कि विपक्षी गठबन्धन इंडिया के नाम से मोदी सरकार डर गयी है लेकिन ये भी कहा जा रहा है कि मोदी सरकार ने इंडिया की जगह भारत नाम इस्तेमाल करने के लिए संविधान में संशोधन करने का मन बना लिया है?

ऐसा क्यों लगता है कि मोदी हिन्दुत्व की राजनीति कर रहे हैं? क्या इसलिए कि बरसों से प्रधानमन्त्री के आवास पर इफ्तार पार्टी चलती थी और मोदी के आने के बाद ये सिलसिला ख़त्म कर दिया गया। हालाँकि एक बात यह भी है कि मोदी अपने सरकारी आवास पर हिन्दू धर्म के त्योहार में किसी और पार्टी को दावत नहीं देते हैं। मोदी के शासनकाल में हज सब्सिडी ख़त्म की गयी। हर साल क़रीब 1 लाख 75 हज़ार लोग हज यात्रा करने के लिए मक्का मदीना जाते हैं, जिस पर सरकार के 700 करोड़ रुपये ख़र्च होते थे। हालाँकि सुप्रीम कोर्ट ने 2012 में आदेश दिया था कि 10 साल में हज पर जाने वाली सब्सिडी ख़त्म की जाये। देश में बढ़ते आतंक पर लगाम और पाकिस्तान से बढ़ते आतंकी हमले के ख़िलाफ़ मोदी के करारा जवाब से मोदी की लोकप्रियता बढ़ी है। ये भी बात छुपी नहीं है कि बीजेपी अपनी पार्टी और सरकार में अल्पसंख्यकों को कम अहमियत देती है, मसलन लोकसभा और विधानसभा में सिर्फ़ नाममात्र के लिए ही मुस्लिम उम्मीदवार को उतारा जाता है। वहीं, मन्त्रिमण्डल में भी उनकी बहुत कम भागीदारी है। बीजेपी की हमेशा यह दलील रहती है कि चूँकि मुस्लिम वोट नहीं करते हैं, इसीलिए जिसके जीतने की सम्भावना ज़्यादा रहती है, उसे टिकट दिया जाता है, लेकिन मुस्लिम के प्रति एक बेरुखी तो दिखती है। सरकार कहती है कि जनकल्याणकारी योजनाओं में धर्म और जाति के आधार पर कोई भेदभाव नहीं होता है, लेकिन ये भी सच है कि कोई भी पार्टी जनसंख्या के अनुपात में टिकट नहीं बाँटती है। देश में अभी भी जाति और धर्म के समीकरण को देखकर ही राजनीति होती है। मोदी के दूसरे कार्यकाल में मन्त्रिमण्डल का विस्तार हुआ था तो सवर्ण, ओबीसी, दलित और आदिवासियों को मिली जगह की लिस्ट जारी कर दी गयी थी। विपक्ष धर्म-निरपेक्षता पर ज़ोर देता है,

जबकि बीजेपी हिन्दूवाद और राष्ट्रवाद पर ज़्यादा ज़ोर देती है। कहीं-न-कहीं, बीजेपी की राजनीति के आगे बढ़ने में विपक्ष भी ज़िम्मेदार है। सेक्युलर और कम्युनल की राजनीति में एक दीवार खड़ी की गयी, सेक्युलरवादी राजनीति ने राष्ट्रवाद पर क़ब्ज़ा छोड़ दिया, बल्कि अपने को सेक्युलर बताने के लिए उससे किनारा कर लिया था और बीजेपी ने इसी को ब्रांड बना लिया। यहाँ तक कि भगवा रंग को सेक्युलरवादी नफ़रत से देखने लगे, जबकि भगवा तिरंगा का भी रंग है। हिन्दुत्व की राजनीति की वजह से हिन्दू धर्म को बीजेपी जहाँ अपना ब्रांड बनाने लगी, वहीं इफ्तार पार्टी पर भी राजनीति हुई और विपक्ष इसे जोर-शोर से मनाने लगा और बीजेपी इससे दूरी बनाने लगी। जिस तरह से विपक्ष बीजेपी पर साम्प्रदायिक राजनीति का आरोप लगाता है, उसी तरह बीजेपी भी विपक्ष पर छद्म धर्मनिरपेक्षता का आरोप लगाती है। विपक्ष पर आरोप है कि वो जिस भाव से इफ्तार पार्टी मनाता है, उसी भाव से हिन्दू पर्व को मनाने में हिचकिचाता है। कहीं विपक्ष का विरोध बीजेपी के लिए संजीवनी तो नहीं बन रहा है? बीजेपी ने जहाँ हिन्दू राष्ट्रवाद को ज़ोरशोर से अपनाया है, वहीं कांग्रेस ने वोट की ख़ातिर नरम हिन्दुत्व (सॉफ्ट हिन्दुत्व) को अपनाया है। गुजरात चुनाव के दौरान राहुल गांधी को ब्राह्मण के तौर पर पेश किया और इस दौरान उन्होंने कई मन्दिरों का दौरा किया। तब बताया गया कि राहुल गांधी जनेऊधारी ब्राह्मण हैं यानी ये सन्देश देने की कोशिश की गयी कि कांग्रेस हिन्दू के ख़िलाफ़ नहीं। लगता है कि बीजेपी इस रणनीति पर चल रही है कि हिन्दुत्व के साथ-साथ वो विकास के मुद्दे को बढ़ायेगी, भले ही पार्टी और सरकार में दोनों जगहों पर प्रत्यक्ष और परोक्ष रूप से हिन्दुत्व का बोलबाला है। इस सन्देश को देने की कोशिश के पीछे का कारण राजनीतिक और सांस्कृतिक दोनों है। एक तरफ़ तो यह भी बताना है कि भारत हिन्दू राष्ट्र है, दूसरी तरफ़ यह भी कि एक देश और एक विधान के तहत हमारे यहाँ एक ऐसी नीति है, जिसमें सभी धर्मों को समान अधिकार है और देश धर्म के नाम पर नहीं, बल्कि संविधान के आधार पर चलता है। लेकिन मुस्लिम बीजेपी की राजनीति से कतई सन्तुष्ट नहीं दिखते हैं। हालाँकि मोहन भागवत कह चुके हैं कि मुस्लिम के बिना हिन्दू राष्ट्र अधूरा है। उन्होंने कहा, "हम हिन्दू राष्ट्र में विश्वास रखते हैं, लेकिन इसका अर्थ ये नहीं है कि हम मुसलमानों के ख़िलाफ़ हैं।" मोहन भागवत ने आगे कहा, "हम वसुधैव कुटुम्बकम् में यक़ीन रखते हैं, जहाँ सभी धर्म और पन्त का स्थान है, हम कहते हैं कि हमारा हिन्दू राष्ट्र है, इसका मतलब इसमें मुसलमान नहीं चाहिए, ऐसा बिल्कुल नहीं होता है, जिस दिन ये कहा जायेगा कि यहाँ मुस्लिम नहीं चाहिए, उस दिन वो हिन्दुत्व नहीं रहेगा।"

(https://www.aajtak.in/india/story/rss-mohan-bhagwat-says-we-support-hindu-rashtra-but-not-against-muslims-565383-2018-09-18)

राजनीति में कथनी और करनी में फ़र्क़ होता है, लेकिन हक़ीक़त में क्या हो रहा है, उसे समझना ज़रूरी है। हाल के दिनों में मोदी सरकार और संघ में एक बदलाव आया है, लेकिन यह कितना तात्कालिक है और कितना दार्घकालिक, ये कहना मुश्किल है। एक तरफ़ ग़रीब पसमांदा वोटरों की बात करते हैं, तो दूसरी तरफ़ यूनिफॉर्म सिविल कोड की बात करते हैं। एक तरफ़ बीजेपी के नेता कहते हैं कि मुसलमानों को पाकिस्तान चले जाना चाहिए, लेकिन मोदी कहते हैं कि वो कभी भी इस प्रकार की भाषा को स्वीकार नहीं करते हैं। एक तरफ़ कहा जाता है कि बीजेपी सरकार मुस्लिम जनता से भेदभाव करती है, तो मोदी कहते हैं कि किसी के साथ कोई भेदभाव नहीं होता है, वे हिन्दू और मुस्लिम देखकर कोई काम नहीं करते हैं, देश के लिए काम करते हैं जिसमें सारे लोग हैं। अगर सब कुछ इतना सहज होता तो शायद खाई नहीं होती, लेकिन ये खाई भी तात्कालिक है या दीर्घकालिक है, ये भी कहना आसान नहीं है। आसान इसीलिए नहीं है, क्योंकि मोदी सरकार और संघ में थोड़ा बदलाव दिख रहा है। 2023 में मोदी मुम्बई में बोहरा समाज के कार्यक्रम में शरीक हुए और इस दौरान उन्होंने अल जामिया-तुस-सैफियाह (सैफ एकडेमी) के एक कैम्पस का उद्घाटन किया। कहा जाता है कि मोदी ने उस कार्यक्रम में कहा कि "मेरी एक शिकायत है, मैं चाहूँगा कि उसमें सुधार कीजिए, आपने मुझे बार-बार माननीय प्रधानमन्त्री कहा, मैं आपके परिवार का सदस्य हूँ, न मैं मुख्यमन्त्री हूँ, न पीएम हूँ। उन्होंने दावा किया कि वो 4 पीढ़ियों से बोहरा समाज से जुड़े हैं।" वैसे प्रधानमन्त्री नरेन्द्र मोदी पहले भी कई बार बोहरा समुदाय के कार्यक्रम में शामिल हो चुके हैं। इसके पहले भी बीजेपी की राष्ट्रीय कार्यकारिणी की बैठक में पीएम मोदी ने कहा था कि सभी धर्मों के कमज़ोर तबके तक हम लोगों को पहुँचना है। इसे बीजेपी की 2024 के लोकसभा चुनाव में मुस्लिम समुदाय तक पहुँचने की तैयारी के रूप में देखा जा रहा है। पीएम मोदी ने पार्टी की राष्ट्रीय कार्यकारिणी की मीटिंग में कहा कि "कोई हमें वोट दे या न दे, लेकिन हर वर्ग तक हमें पहुँचना होगा।" पीएम नरेन्द्र मोदी ने मीटिंग में पार्टी कार्यकर्ताओं से कहा कि "वे पसमांदा, बोहरा, मुस्लिम पेशेवरों और शिक्षित मुसलमानों तक पहुँचें। उन्होंने कहा कि वोट मिलने की चिन्ता किये बिना समाज के हर समुदाय तक पहुँचना ही टारगेट होना चाहिए।" जून 2023 में ही भोपाल के एक कार्यक्रम में मोदी ने कहा, "यूनिफॉर्म सिविल कोड के नाम पर भड़काने का काम हो रहा है। एक घर में परिवार के सदस्य के लिए

एक क़ानून हो, परिवार के दूसरे सदस्य के लिए दूसरा क़ानून हो, तो क्या वो घर चल पायेगा? फिर ऐसी दोहरी व्यवस्था से देश कैसे चल पायेगा। भारत के संविधान में भी नागरिकों के समान अधिकार की बात कही गयी है। सुप्रीम कोर्ट कह रहा है कि कॉमन सिविल कोड लाओ।" वहीं ट्रिपल तलाक़ पर उन्होंने कहा, "जो भी तीन तलाक़ के पक्ष में बात करते हैं, वकालत करते हैं, ये वोट बैंक के भूखे लोग मुस्लिम बेटियों के साथ बहुत बड़ा अन्याय कर रहे हैं। तीन तलाक़ से नुक़सान का दायरा बढ़ा है। बहुत अरमानों से पिता अपनी बेटी को ससुराल भेजता है। 8-10 साल बाद बेटी वापस आती है, तो उसका भाई, पिता सब उसकी चिन्ता में दुखी हो जाते हैं। तीन तलाक़ का इस्लाम से सम्बन्ध होता तो दुनिया के मुस्लिम बाहुल्य देश इसे ख़त्म नहीं करते। मिस्र में 90% से ज़्यादा सुन्नी मुस्लिम हैं। 80-90 साल पहले वहाँ तीन तलाक़ की प्रथा समाप्त हो चुकी है। अगर तीन तलाक़ इस्लाम का ज़रूरी अंग है, तो पाकिस्तान, इंडोनेशिया, कतर, जॉर्डन, सीरिया, बांग्लादेश में क्यों नहीं है। मुस्लिम बेटियों पर तीन तलाक़ का फन्दा लटकाकर कुछ लोग उन पर हमेशा अत्याचार करने की खुली छूट चाहते हैं। इसीलिए मेरी मुस्लिम बहनें, बेटियाँ बीजेपी और मोदी के साथ हैं।" राजनीति को पलटी मारने में देर नहीं लगती है, मोदी के मन में क्या है, ये पता लगाना आसान नहीं है, लेकिन एक बात ये हो सकती है कि लम्बे समय तक सत्ता में बने रहने के लिए सभी समुदाय और धर्मों में पैठ बनाने की यह एक कोशिश हो सकती है। इसका उदाहरण देखा जा सकता है कि पसमांदा मुस्लिम पर उनकी पैनी नज़र है। भोपाल की रैली में मोदी ने कहा, "पसमांदा मुस्लिम भाई-बहन हैं। वोट बैंक की राजनीति करने वालों ने इनका तो जीना मुश्किल करके रखा है। वे तबाह हो गये, कोई फ़ायदा नहीं मिला। कष्ट में गुज़ारा करते हैं। उनकी आवाज सुनने के लिए कोई तैयार नहीं। उनके ही धर्म के एक वर्ग ने पसमांदा मुसलमानों का शोषण किया है। इस पर देश में कभी चर्चा नहीं हुई। इनके साथ भेदभाव हुआ। इसका नतीजा इनकी कई पीढ़ियों को भुगतना पड़ा। बीजेपी सबका विकास, सबका साथ की भावना से काम कर रही है।"

(https://www.bhaskar.com/local/mp/bhopal/news/will-address-bjps-mera-booth-sabse-saubhag-program-in-bhopal-131453069.html)

क्या मोदी और योगी का हृदय परिवर्तन हो रहा है, इसका अन्दाज़ा इस बात से लगाया जा सकता है कि 2023 में उत्तर प्रदेश के निकाय चुनाव में नरेन्द्र मोदी के 10 साल के शासनकाल में सबसे बड़ा बदलाव दिखा। उत्तर प्रदेश के निकाय चुनावों में रिकॉर्ड 391 मुस्लिम उम्मीदवारों को टिकट दिया गया और उनमें से 61 जीते।

यही नहीं, बीजेपी की सहयोगी पार्टी अपना दल (सोनेलाल) ने स्वार विधानसभा उपचुनाव में मुस्लिम कैंडिडेट खड़ा किया, जो जीतने में भी कामयाब रहा। जैसा कि पहले ही ज़िक्र किया गया है कि बीजेपी कभी-कभार मुस्लिम उम्मीदवारों को टिकट देती है, क्योंकि उनकी राजनीति हिन्दुत्व है। वैसे कागज़ पर पार्टी सेक्युलर है, लेकिन प्रैक्टिकल में हिन्दूवादी पार्टी है। पार्टी में हमेशा अल्पसंख्यक सेल रहा है और जब भी सरकार बनी है तो कम-से-कम एक मन्त्री मुस्लिम समुदाय से रहता है। ग़ौर करने की बात है कि आरएसएस प्रमुख मोहन भागवत पिछले साल यानी 2022 में ही दिल्ली में पहली बार मदरसे का दौरा कर चुके हैं और कहा कि "पूजा के तरीक़े अलग-अलग हो सकते हैं, लेकिन सभी धर्मों का सम्मान करना चाहिए।" मुस्लिम को लेकर क्या खिचड़ी पक रही है, ये सिर्फ़ नरेन्द्र मोदी और मोहन भागवत को मालूम है। क्या विचारधारा और सोच में कोई बदलाव हुआ है? वैसे, एक तरह का बदलाव दिख रहा है, क्योंकि सरकार और संघ का रिमोट कंट्रोल मोदी और भागवत के पास ही है। लेकिन ये सन्देश निचले स्तर तक नहीं पहुँच पाया, क्योंकि 'कश्मीर फ़ाइल्स' और 'केरला स्टोरी' को लेकर अलग सुर-ताल देखने को मिले और कई राज्यों ने इन फिल्मों को टैक्स फ्री भी करने का ऐलान किया। लेकिन शाहरुख खान की फ़िल्म 'पठान' को लेकर हुए विरोध पर मोदी ने अलग राय पहली बार निकाली। उन्होंने कहा कि, "किसी को भी फ़िल्मों जैसे अर्थहीन मसले पर अपना ग़ैर-ज़रूरी कमेंट करने की कोई ज़रूरत नहीं है, साथ ही इस मामले से जितना बचा जाये उतना ठीक है।" ये इशारा मध्य प्रदेश के गृह मन्त्री नरोत्तम मिश्रा के लिए नसीहत थी, जिसके बाद फ़िल्म 'पठान' का विरोध थम गया। ध्यान देने की बात है कि 2019 में सीएसडीएस-लोकनीति के मुताबिक़ 9 फ़ीसदी और एक्सिस माई इंडिया के मुताबिक़ 10 फ़ीसदी मुस्लिम वोटरों ने बीजेपी गठबन्धन को वोट दिया, जबकि गुजरात में 10 फ़ीसदी से ज़्यादा मुस्लिम विधानसभा में बीजेपी को वोट देते हैं। मुस्लिम भी दो भागों में बँटा हुआ है। एक शिया के बारे में कहा जाता है कि बीजेपी को वोट देता है, जबकि सुन्नी हरेक राज्य में बीजेपी को हराने वाली पार्टी की तरफ़ रुख कर जाते हैं। लेकिन सवाल है कि क्या जिस तरह से बीजेपी मुस्लिम वोटरों पर डोरे डाल रही है, क्या पसमांदा मुस्लिमों पर कोई असर होगा?

ग़ौर करने वाली बात है कि लोकतान्त्रिक व्यवस्था में वोट का ख़ास महत्त्व है, कमोबेश हर पार्टी की नज़र पहले वोट पर ही रहती है। चाहे जाति हो, धर्म हो या फिर क्लास, अन्तिम मंज़िल वोट पाना ही होता है। उसी की धारा पकड़कर देश में राजनीति होती है। ज़ाहिर है कि मुस्लिम वोट पर पहले से राजनीतिक दलों की पैनी

नज़र है और अब भी है। सेक्युलर पार्टियों के मुसलमानों के वोट बैंक की तरह, हिन्दुत्ववादियों ने हिन्दू वोट बैंक बनाया है। ये उनका राजनीतिक लक्ष्य तो है ही, लेकिन उससे भी बड़ा लक्ष्य है–हिन्दू राष्ट्र बनाना? ऐसे में ही माना जा रहा है कि हिन्दू वोट बीजेपी की तरफ़ रुख़ कर गये हैं। अब ऐसा लग रहा है कि ज़्यादातर हिन्दू वोट बैंक फ़िलहाल मोदी के साथ हो चुके हैं लेकिन विपक्ष के साथ-साथ कई राजनीतिक जानकारों का मानना है कि रोज़गार की कमी, महँगाई के साथ ही आर्थिक स्थिति चिन्ताजनक है, इसीलिए हिन्दुत्व के नाम पर भटकाने का काम जारी है। ये भी सवाल है कि 2024 के लोकसभा चुनाव में हिन्दू वोट का झुकाव किस तरफ रहता है।

**2014 और 2019 में हिन्दू और मुस्लिम वोटरों का रुझान**

| | एनडीए को हिन्दू वोट मिला (%) | | मुस्लिम वोट किसी पार्टी को मिला (%) | |
|---|---|---|---|---|
| | 2014 | 2019 | 2014 | 2019 |
| देश | 43 | 52 | | |
| असम | 58 | 70 | कांग्रेस-41, एआईडीयूएफ-39 | कांग्रेस-70 |
| बिहार | 44 | 65 | यूपीए-68 | यूपीए-77 |
| गुजरात | 64 | 67 | कांग्रेस-64 | कांग्रेस-70 |
| कर्नाटक | 46 | 58 | कांग्रेस-68 | यूपीए-73 |
| केरल | 16 | 22 | यूडीएफ-63 | यूडीएफ-65 |
| मध्य प्रदेश | 59 | 60 | कांग्रेस-92 | कांग्रेस-67 |
| महाराष्ट्र | 54 | 62 | यूपीए-83 | यूपीए-86 |
| ओडिशा | 22 | 40 | * | * |
| राजस्थान | 57 | 63 | कांग्रेस-55 | कांग्रेस-79 |
| तमिलनाडु | 19 | 29 | एआईएडीएमके-37, डीएमके-33 | यूपीए-74 |
| उत्तर प्रदेश | 48 | 60 | सपा-59 | सपा+बीएसपी-73 |
| पश्चिम बंगाल | 21 | 57 | टीएमसी-40, लेफ्ट-31, कांग्रेस-24 | टीएमसी-70 |
| दिल्ली | 52 | 66 | आप-56 | कांग्रेस-66 |

| झारखण्ड | 53 | 64 | यूपीए-61 | कांग्रेस-78 |
|---|---|---|---|---|
| तेलंगाना | 10 | 22 | कांग्रेस-60 | टीआरएस-43, कांग्रेस-42-C0NG |

**स्रोत :** द हिन्दू सीएसडीएस-लोकनीति सर्वे, पेज 11, तारीख 30 मई, 2019

2019 के मतदान के रुझान को देखेंगे तो ये साफ़ दिख रहा है कि हिन्दू वोटरों का झुकाव बीजेपी की तरफ़ बढ़ता जा रहा है, क्योंकि कोई भी ऐसा राज्य नहीं दिख रहा है कि जहाँ 2014 की तुलना में इस बार कम वोटिंग हुई है। 2019 के चुनाव में हिन्दू-मुस्लिम की बात कम हुई है, जबकि पाकिस्तान पर हमले और मोदी के काम की बात ज़्यादा हुई है। सवाल ये भी है कि क्या पाकिस्तान पर भारत के हमले से मुस्लिम वोटर ख़ुश नहीं थे या मोदी के काम का फ़ायदा मुस्लिम वोटरों को नहीं मिला या फिर कोई ऐसा मुद्दा था, जो इन दो मुद्दों से ज़्यादा अहम था? ज़ाहिर है कि हिन्दू-मुस्लिम में धुव्रीकरण एक बड़ा मुद्दा माना जाता है। मुस्लिम की पसन्द बीजेपी कभी नहीं रही है। चूँकि उनको लगता है कि उनके हित की बात बीजेपी नहीं करती है, जबकि हिन्दू वोटरों का रुझान भी बीजेपी की तरफ़ नहीं था, लेकिन राम जन्मभूमि आन्दोलन, देश में आतंकी हमले और दंगे, बीजेपी की हिन्दुत्व की राजनीति और देश में पाकिस्तान के प्रति नफ़रत की वजह से हिन्दू मतदाता धीरे-धीरे बीजेपी से जुड़ने लगे। वैसे हिन्दुत्व की राजनीति की नींव 1980 के दशक में ही पड़ गयी थी। ये वही काल है, जिसमें बीजेपी 2 सीट से 86 सीट पर पहुँच गयी। बीजेपी की सीट में इतनी बढ़त कभी नहीं देखी गयी और इसकी मुख्य वजह शाहबानो केस, राम जन्मभूमि आन्दोलन, राम मन्दिर का ताला खुलना और जनता दल के साथ गठबन्धन को जाता है। यहाँ ग़ौर करने वाली बात यह भी है कि बीजेपी की हिन्दुत्व की राजनीति को घर-घर पहुँचाने में रामायण और महाभारत सीरियल ने भी अहम भूमिका निभायी। रामायण सीरियल ने तो एक प्रकार से राम मन्दिर आन्दोलन के दौरान घर-घर में रामक्रान्ति लाने का काम किया। इस सीरियल की दीवानगी किसी से छिपी नहीं है और राम की कहानी जिसने भी नहीं सुनी थी, जिसने भी इसे देखा, उसके दिलो-दिमाग़ पर छा गयी। अयोध्या में राम मन्दिर को किसने तोड़ा, सीरियल के माध्यम से ये भी कहानी आम जनों में पहुँचती दिखी। राम मन्दिर का मुद्दा बीजेपी के लिए वरदान साबित हुआ, हालाँकि बीजेपी ने तभी से लगातार अयोध्या में राम मन्दिर की माँग को ज़िन्दा रखा, फिर भी मोदी के पहले पार्टी बहुमत से दूर ही रही। मोदी जब पीएम उम्मीदवार बने, असल में वहाँ से ही

हिन्दू वोटरों की दीवानगी उनके प्रति बढ़ती चली गयी और 2019 में तो यह झुकाव और बढ़ गया। 2014 में 43 फ़ीसदी हिन्दू ने एनडीए को वोट किया था, जो 2019 में बढ़कर 52 फ़ीसदी हो गया। देश के सबसे बड़े राज्य उत्तर प्रदेश में 2014 में 48 फ़ीसदी हिन्दू ने वोट किया था, जो 2019 में बढ़कर 60 फ़ीसदी हो गया। असम में 2014 में 58 फ़ीसदी और 2019 में 70 फ़ीसदी, बिहार में 2014 में 44 फ़ीसदी तो 2019 में 65 फ़ीसदी वोट मिला। कर्नाटक में 46 से बढ़कर 58 फ़ीसदी, केरल में 16 से बढ़कर 22 फ़ीसदी, मध्य प्रदेश में 59 से बढ़कर 60 फ़ीसदी, महाराष्ट्र में 54 से बढ़कर 62 फ़ीसदी, ओडिशा में 22 से बढ़कर 40 फ़ीसदी, राजस्थान में 57 से बढ़कर 63 फ़ीसदी, तमिलनाडु में 19 से बढ़कर 29 फ़ीसदी, पश्चिम बंगाल में 21 से बढ़कर 57 फ़ीसदी, दिल्ली में 52 से बढ़कर 66 फ़ीसदी, झारखण्ड में 53 से बढ़कर 64 फ़ीसदी, तेलंगाना में 10 से बढ़कर 22 फ़ीसदी हिन्दू वोट बीजेपी गठबन्धन को मिला।

ख़ैर, 2004 का चुनाव जैसे निकला, वैसे ही 2009 का भी निकल गया। फिर 2014 के चुनाव में मुख्य चेहरा नरेन्द्र मोदी बन गये। इस तरह, जिस शख़्सियत को लेकर गुजरात में राजनीति होती थी, अब वही केन्द्र की राजनीति में आ गया था। जो मुद्दा गुजरात तक सिमटा था, मोदी की वजह से पूरे देश में फैल गया। गुजरात दंगे की वजह से शुरुआती दौर में नरेन्द्र मोदी के ख़िलाफ़ एक नाराज़गी थी, लेकिन दो-तीन साल के बाद उन पर लगातार हुए हमले से जो वोटर उनसे खफ़ा थे, वो भी हमदर्दी रखने लगे, क्योंकि वे गुजरात दंगे के बाद काफ़ी बदल चुके थे। वे अब विकास और सुशासन की बात करने लगे थे। समय बीतता चला गया, लेकिन राजनीति की भट्ठी में गुजरात दंगे की आग सुलगती रही। नरेन्द्र मोदी ने कभी इसको लेकर माफ़ी नहीं माँगी और न ही कभी ज़िम्मेदारी ली। यह सवाल इसीलिए भी अहम हो गया कि उन्हें सुप्रीम कोर्ट की गठित एसआईटी से भी क्लीन चिट मिल गयी, लेकिन राजनीतिक पटल से यह मुद्दा ग़ायब नहीं हुआ। यही वजह है कि 2014 के बाद 2019 में भी जीते।

**लोकसभा चुनाव 2014 के दौरान एबीपी न्यूज़ के घोषणापत्र प्रोग्राम में नरेन्द्र मोदी ने काफ़ी विस्तार से जवाब दिया।**

**शाज़ी ज़मां:** आपसे बहुत दफा दंगों के बारे में बहुत सारे सवाल हो चुके हैं। ज़िम्मेदारी के सवाल हो चुके हैं। कोर्ट केस पर हो चुके हैं। कुत्ते के पिल्ले के बारे में भी हो चुके हैं। एक सवाल मेरा थोड़ा-सा अलग है। किसी भी राज्य में किसी

भी नागरिक की जान जाती है तो अन्ततः ज़िम्मेदारी मुख्यमन्त्री की होती है, नैतिक ज़िम्मेदारी होती है, वह ज़िम्मेदारी आप लेते हैं?

**नरेन्द्र मोदी:** पहले दिन से ली है। मेरे विधानसभा में भाषण हैं, मेरे सब इंटरव्यू में है, उपलब्ध है। बस मेरी प्रार्थना है–रिसर्च कर लीजिए, सब कुछ उपलब्ध है, आप जो चाहते हैं वो जवाब उन्हीं शब्दों में है।

**शाज़ी ज़मां:** ऐसा लगता है कि एक ऐसा समय आया, जब आपने मुस्लिम समुदाय से सम्पर्क बढ़ाने की कोशिश की...

**नरेन्द्र मोदी:** पहली बात है कि मेरी ज़िम्मेदारी है। गुजरात के मुख्यमन्त्री के नाते 6 करोड़ नागरिकों से जितना जुड़ सकूँ, उतना जुड़ना चाहिए और इन दिनों मुझे देश की ज़िम्मेदारी मिली है, तो एड़ी-चोटी का ज़ोर लगा करके सवा सौ करोड़ तक पहुँचने की कोशिश करता हूँ। ये मेरी ज़िम्मेदारी है और मैं इसे अवश्य करूँगा। हो सकता है, 100 क़दम चलना हो, लेकिन 3 ही चल पाऊँ, 5 चल पाऊँ, 7 चल पाऊँ, वो अलग विषय है, लेकिन ये मेरी ज़िम्मेदारी है कि मेरे देश के हर किसी व्यक्ति तक, मेरे राज्य के हर व्यक्ति तक पहुँचने का मुझे प्रामाणिक प्रयास करना चाहिए।

**शाज़ी ज़मां:** उसमें मुस्लिम समुदाय भी शामिल है?

**नरेन्द्र मोदी :** ये आपकी टर्मिनोलॉजी है। मैं इस टर्मिनोलॉजी में कभी जाने वाला नहीं हूँ। आप रस्सी बाँध करके मुझे ले जाओगे तो भी नहीं ले जा पाओगे। मैं अपने देशवासियों से मिलूँगा। मैं एक ही भाषा समझता हूँ, ये मेरे भारतवासी हैं, ये मेरे भाई हैं। ये आपको जिस कलर से देखना है, आपकी मर्ज़ी। मोदी उस कलर में जाने वाला नहीं है। कल मैं चुनाव हार जाऊं तो हार जाऊँ मुझे कोई प्रॉब्लम नहीं है। लेकिन देश को तबाह कर दिया इस भाषा ने, बर्बाद कर दिया है आप लोगों की सोच ने। उस सोच को मैं कभी भी स्वीकार नहीं करूँगा और आप मेहरबानी करके मेरी स्वतन्त्रता पर इस प्रकार के हमले करना बन्द कर दीजिए।

न जाने कितनी बार मोदी के इंटरव्यू हुए, कितनी बार सवाल किये गये, कितनी बार विपक्षियों ने हमला बोला, लेकिन यह मुद्दा कभी ख़त्म नहीं हुआ। न तो विपक्ष की तरफ़ से, न ही बीजेपी की तरफ़ से। भले कहा गया कि 2019 के चुनाव में धर्म कोई मुद्दा नहीं था, लेकिन परोक्ष रूप से ये मुद्दा ख़ूब छाया था। जहाँ मुसलमानों ने बीजेपी और मोदी को वोट नहीं डालने का फ़ैसला किया, वहीं हिन्दू वोटरों में बीजेपी के प्रति ज़बरदस्त रुझान दिखाई पड़ा। लेकिन सवाल वही है कि 2024 के

चुनाव में क्या फिर धर्म के नाम पर मतदान होगा या कोई और नयी कहानी लिखी जायेगी? सवाल इसलिए भी, क्योंकि ये कहा जा रहा है कि विपक्ष की 26 पार्टियों का नाम इंडिया गठबन्धन करने के पीछे बीजेपी को उसी के राष्ट्रवाद वाले मैदान में टक्कर देने की तैयारी है। इंडिया गठबन्धन बीजेपी के राष्ट्रवाद और हिन्दुत्व की राजनीति को कितनी टक्कर दे पाता है, इसका इन्तज़ार पूरा देश कर रहा है।

# पिछड़ा, दलित और आदिवासी मोदी के मुरीद

धर्मेन्द्र कुमार सिंह

शतरंज हो या सियासी बिसात, दोनों ही जगह जीतने के लिए सही चाल चलनी पड़ती है। आख़िर राजनीति भी तो एक गेम की तरह ही है, क्योंकि जिसकी जैसी तैयारी, सोच और रणनीति होती है, उसी आधार पर उसका आकलन भी होता है। यहाँ जीत के लिए दाँव सबसे महत्त्वपूर्ण होता है, क्योंकि दाँव में भारी पड़ने वाला ही विजेता बनता है। मोदी ने 19 जून, 2022 को इन्दिरा गांधी स्टेडियम में 44वें शतरंज ओलंपियाड के मशाल रिले का शुभारम्भ किया और कहा कि "शतरंज के हर मोहरे की अपनी यूनिक ताक़त और यूनिक क्षमता होती है। अगर आपने एक मोहरे को लेकर सही चाल चल दी, उसकी ताक़त का सही इस्तेमाल कर लिया, तो वह सबसे शक्तिशाली बन जाता है। चेसबोर्ड की यही ख़ासियत हमें जीवन का बड़ा सन्देश देती है कि सही सपोर्ट और सही माहौल दिया जाये, तो कमज़ोर से कमज़ोर के लिए भी कोई लक्ष्य असम्भव नहीं होता।" बात शतरंज की कर रहे थे, लेकिन राजनीति भी शतरंज की तरह है, यहाँ तक कि शतरंज से भी रोमांचक होता है राजनीति का खेल। दुश्मन को पस्त करने के लिए एक-एक चाल महत्त्वपूर्ण होती है। उसी तर्ज़ पर 2024 के लोकसभा चुनाव लड़ने की तैयारी हो रही है। विपक्ष मोदी को हराने के लिए चुनावी चौसर बिछा रहा है। कैसे मोदी सरकार को घेरा जाये, उसके लिए तरह-तरह के चक्रव्यूह रचे जा रहे हैं। कोई जाति जनगणना की बात कर रहा है, कोई निजी क्षेत्र में आरक्षण की बात कर रहा है तो कोई रामचरितमानस में जातिगत भेदभाव के मुद्दे को उठा रहा है। ज़ाहिर है कि विपक्ष मोदी को हराने के लिए तरह-तरह की रणनीति बना रहा है दरअसल नरेन्द्र मोदी ऊँची जाति, ओबीसी, दलित और आदिवासी वोटरों के चहेते बनते जा रहे हैं। ज़्यादातर समुदायों के बीच मोदी की इस लोकप्रियता की जड़ को कैसे काटा जाये, उस पर विपक्ष रात-दिन

एक किये हुए है। इसी के तहत बिहार में नीतीश कुमार और तेजस्वी यादव ने जाति जनगणना कराने का फ़ैसला किया है, वहीं तेजस्वी यादव ने बिहार में निजी क्षेत्र में आरक्षण देने की बात की है। बिहार में जाति जनगणना कराकर आंकड़ा भी प्रकाशित कर दिया और नौकरी व शैक्षणिक संस्थानों में 75 फीसदी आरक्षण भी कर दिया है जिसमें 10 फीसदी ईडब्ल्यूएस भी शामिल है। हालाँकि नीतीश अब बीजेपी के साथ हैं, इसलिए बिहार में जाति जनगणना की राजनीति का असर कम सा गया है। यही राग उत्तर प्रदेश में अखिलेश यादव अलाप रहे हैं, योगी और मोदी सरकार से जाति जनगणना कराने की माँग कर रहे हैं। वहीं, कांग्रेस भी इस खेल में पीछे नहीं है। कर्नाटक चुनाव के दौरान राहुल गांधी ने प्रधानमन्त्री नरेन्द्र मोदी को 2011 की जाति आधारित जनगणना के आँकड़े को सार्वजनिक करने की चुनौती दी। उन्होंने प्रधानमन्त्री से आरक्षण पर 50 फ़ीसदी की सीमा को हटाने की माँग की है। लेकिन इसका विधानसभा चुनाव पर ख़ास असर नहीं हुआ, कर्नाटक में भले ही कांग्रेस की शानदार जीत हुई लेकिन कांग्रेस की जीत की वजह जेडीएस के वोट का बिखरना था जबकि बीजेपी के वोट में कोई असर नहीं हुआ। कांग्रेस को लगा कि जाति जनगणना के मुद्दे का असर है, पार्टी इतनी उत्साहित हो गई है इसे ब्रह्मास्त्र समझने लगी और पाँच राज्यों के मध्य प्रदेश, राजस्थान, तेलंगाना, छत्तीसगढ़ और मिज़ोरम के विधानसभा चुनाव में जाति जनगणना के मुद्दे को जोरशोर से उठाई और ये भी ऐलान कर दिया कि अगर पार्टी सत्ता में आती है तो तुरन्त जाति जनगणना कराएगी लेकिन मध्य प्रदेश, राजस्थान और छत्तीसगढ़ में कांग्रेस की करारी हार हुई जबकि तेलंगाना में जीत हुई। फिलहाल ये नहीं कह सकते हैं कि विधानसभा में ये मुद्दा नहीं चला तो लोकसभा में नहीं चलेगा, इसकी व्याख्या के लिए लोकसभा चुनाव के परिणाम का इन्तजार करना होगा। दरअसल जिस तरह से मोदी सरकार अन्य पिछड़ा वर्ग (ओबीसी) में पैठ बना रही है, उसकी काट के लिए विपक्षी पार्टियों ने भी जाति जनगणना का तुरुप का पत्ता फेंका है। दरअसल जाति जनगणना के मुद्दे को उठाकर विपक्षी पार्टियाँ फिर से पिछड़ा और अति पिछड़ा वर्ग में अपनी जड़ जमाना चाहती हैं। दबी ज़ुबान में सन्देश यही है कि जितनी जिसकी संख्या उतना ही उसका आरक्षण और सरकारी योजनाओं में फ़ायदा भी उसी के अनुरूप। लगता है कि तेजस्वी यादव और अखिलेश यादव को मण्डल और कमण्डल के दौरान की राजनीति दिख रही है, लेकिन सच यह है कि तब से लेकर अब तक राजनीति बहुत बदल चुकी है। मण्डल कमीशन की राजनीति से पनपे लालू प्रसाद यादव और मुलायम सिंह यादव पिछड़ी जाति के नेता बने थे, लेकिन जातिवाद और

परिवारवाद में घिरकर इनकी राजनीति सिकुड़ गयी थी। ऐसे में अब सवाल है कि क्या फिर पिछड़ी जातियों की राजनीति लौट सकती है? क्या तेजस्वी यादव और अखिलेश यादव जाति जनगणना के ज़रिये फिर से सारी पिछड़ी जातियों के नेता के रूप में उभर सकते हैं? इसका जवाब आने वाले वक़्त में ही मिलेगा। जैसे जाति जनगणना की गूँज बिहार और उत्तर प्रदेश से निकली है, उसी तरह रामचरितमानस के विरोध के सुर अचानक बिहार और उत्तर प्रदेश से निकले हैं। बिहार के शिक्षा मन्त्री चन्द्रशेखर और उत्तर प्रदेश में समाजवादी पार्टी के एमएलसी स्वामी प्रसाद मौर्य ने भी रामचरितमानस को लेकर विवादित बयान दिया। मौर्य ने कहा था–"कई करोड़ लोग रामचरितमानस को नहीं पढ़ते। यह तुलसीदास ने अपनी ख़ुशी के लिए लिखा है। सरकार को रामचरितमानस के आपत्तिजनक अंश हटाना चाहिए या इस पूरी पुस्तक को ही बैन कर देना चाहिए।" वहीं, बिहार के शिक्षा मन्त्री चन्द्रशेखर ने भी धर्मग्रन्थ के बारे में विवादित टिप्पणी की थी। उन्होंने रामचरितमानस को नफ़रत फैलाने वाली हिन्दू धर्म की पुस्तक बताया था। हालाँकि मामला नीतीश कुमार के पास भी पहुँचा था, लेकिन प्रोफ़ेसर चन्द्रशेखर ने माफ़ी नहीं माँगी और न ही तेजस्वी यादव ने इसकी निन्दा की। उत्तर प्रदेश में अखिलेश यादव परोक्ष रूप से स्वामी का समर्थन करते नज़र आये। यही नहीं इंडिया गठबन्धन की पार्टी डीएमके और तमिलनाडु के मुख्यमन्त्री एम.के. स्टालिन के बेटे और मन्त्री उदयनिधि स्टालिन चेन्नई में एक सनातन उन्मूलन कार्यक्रम में शामिल हुए थे। उन्होंने सनातन धर्म को लेकर विवादित टिप्पणी की और सनातन धर्म की तुलना डेंगू, मलेरिया और कोरोना से की। उदयनिधि ने कहा–मच्छर, डेंगू, फीवर, मलेरिया और कोरोना ये कुछ ऐसी चीज़ें हैं, जिनका केवल विरोध नहीं किया जा सकता, बल्कि उन्हें ख़त्म करना ज़रूरी होता है, बीजेपी ने उदयनिधि मारन के ख़त्म करने की बात को नरसंहार से जोड़ दिया। एक तरह से देखा जाये तो चुनावी मौसम में बिहार से लेकर उत्तर प्रदेश, महाराष्ट्र से लेकर तमिलनाडु तक जाति और धर्म की राजनीति चल रही है। ज़ाहिर है कि चुनाव जीतने के लिए हर पार्टी की रणनीति होती है फलाँ जाति में कैसे पहुँचा जाये और कैसे दुश्मन पार्टी की रणनीति को पंक्चर किया जाये लेकिन इस बार की राजनीति दाँव है–कैसे मोदी के प्रभाव को ओबीसी में रोका जाये हालाँकि देश की राजनीति बदल चुकी है, लेकिन सवाल है क्या पिछड़ी जाति के नेता इस बदली राजनीति की धारा को बदल पायेंगे?

2014 और 2019 का लोकसभा चुनाव नरेन्द्र मोदी के इर्द-गिर्द ही केन्द्रित था। देश में चुनावी हवा का हर झोंका मोदी का अहसास दिला रहा था। चुनावी

समीकरण का हर रुझान मोदी की जीत को मज़बूत कर रहा था। मुस्लिम मतदाताओं की बेरुखी के अलावा वोटरों के हर वर्ग में मोदी आकर्षण के केन्द्र में रहे हैं। यहाँ तक कि जिन इलाक़ों में बीजेपी का कोई नामलेवा न था, वहाँ भी मोदी पर चर्चाओं और क़हक़हों का दौर चल पड़ा था। राजनीतिक हवा कुछ इस क़दर बदली कि गांधी परिवार के अलावा किसी और नेता की चर्चा पहली बार देश के दूरदराज़ के कोनों तक पहुँची। वैसे, इसमें दो राय नहीं कि आधुनिक संचार साधनों–टीवी, मोबाइल, इंटरनेट, सोशल मीडिया और अख़बारों की भी इसमें बड़ी भूमिका थी, जिन पर मोदी ने चुनाव प्रचार का बड़ा हिस्सा ख़र्च किया। इसके अलावा मोदी का नाम, काम और हिन्दुत्व की राजनीति की भी भूमिका रही है।

जहाँ तक देश के उत्तर-पश्चिम के राज्यों और हिन्दी पट्टी का सवाल है, ऊँची और वैश्य जातियों में बीजेपी की पकड़ पहले से थी, लेकिन दो बार से पिछड़ी जातियों, दलित और आदिवासी मतदाताओं ने भी कमल के निशान का बटन दबाने का फ़ैसला किया। इसी वजह से पुराने सारे मानक भी टूटे और गणित भी बदला। पहले बीजेपी को शहरी पार्टी ही कहा जाता था। उसे ग्रामीण क्षेत्रों से कम वोट मिलते थे। लेकिन दो बार से बीजेपी शहरों और ग्रामीण इलाक़ों में अपना जनाधार बढ़ाती जा रही है। पहले बीजेपी की ओबीसी, दलित और आदिवासी वोटरों में पैठ नाममात्र की थी या कुछ गिने-चुने क्षेत्रों में ही उसे उनका वोट मिला करता था। लेकिन दो बार से बीजेपी ने उन्हें भी न सिर्फ़ हर इलाक़े में पुख्ता तौर पर अपने साथ जोड़ा, बल्कि हर चुनाव में उसकी पकड़ हर वर्ग में बढ़ती ही जा रही है। यह साफ़ दिखता है कि अगर ओबीसी, दलित और आदिवासियों के वोट बीजेपी को नहीं मिलते, तो शायद उसके लिए बहुमत का जादुई आँकड़ा हासिल करना आसान नहीं होता।

देश में क़रीब 67 फ़ीसदी मतदाता ओबीसी, दलित और आदिवासी जातियों के हैं। इनमें मोटे तौर पर ओबीसी मतदाताओं की संख्या 42 फ़ीसदी, दलितों की 16.6 फ़ीसदी और आदिवासियों की 8.6 फ़ीसदी है। दो बार से इन तीनों के एक बड़े वर्ग का झुकाव बीजेपी की तरफ़ था। दरअसल ओबीसी यानी पिछड़ी या मध्य जातियों के मतदाताओं पर बीजेपी की पैनी नज़र लम्बे समय से थी। देश की आबादी में यही सबसे बड़ा वर्ग है, जिसका परम्परागत वोटिंग रुझान मोटे तौर पर ग़ैर-कांग्रेसी रहा है। लेकिन ये समाजवादी पृष्ठभूमि और सामाजिक न्याय की बात करने वाली पार्टियों के प्रभाव में रहे हैं, जिनकी नीतियाँ किसान समर्थक रही हैं। लेकिन मण्डल पर कमण्डल की राजनीति हावी होने के साथ धीरे-धीरे ये मतदाता बीजेपी के साथ जुड़ते चले गये। 2019 के लोकसभा चुनाव में 44 फ़ीसदी पिछड़ी

और अति पिछड़ी जातियों ने बीजेपी को वोट दिया, जो कि उससे पहले के चुनाव से क़रीब 10 फ़ीसदी की बढ़ोतरी है। तब 34 फ़ीसदी वोट मिले थे, तो अब ऐसा क्या हुआ कि ओबीसी मतदाता मोदी पर मेहरबान हो गये। कहा जाता है कि गुजरात दंगे की वजह से बनी कट्टर हिन्दुत्व के नायक की छवि से मोदी को हिन्दू वोट मिले, गठबन्धन की राजनीति का भी लाभ मिला, लेकिन सच्चाई यह भी है कि मोदी अगर पिछड़ी जाति के न होते तो शायद इतनी बड़ी जीत न हो पाती। ऐसी जीत की कल्पना तो बीजेपी ने राम मन्दिर आन्दोलन और बाबरी मस्जिद विध्वंस के बाद भी नहीं की थी। अटल बिहारी वाजपेयी की लोकप्रियता के बावजूद पार्टी 200 सीटों के आँकड़े तक भी नहीं पहुँच पायी थी। 1996 में तत्कालीन प्रधानमन्त्री पी.वी. नरसिंह राव के ख़िलाफ़ भ्रष्टाचार के आरोपों के साथ ही कांग्रेस गुटबाज़ी से पस्त थी, इसके बावजूद बीजेपी बहुमत से कोसों दूर रही। बीजेपी की सरकार तो बनी, लेकिन 13 दिन में ही गिर गयी। बाद में भी संयुक्त मोर्चा की एचडी देवेगौड़ा और इन्द्रकुमार गुजराल की सरकारों के गिरने के बाद तथा करगिल युद्ध की सहानुभूति के बावजूद बीजेपी 182 सांसदों तक ही पहुँच पायी थी। तो फिर, 2014 से लेकर 2019 में ऐसा क्या हुआ कि नरेन्द्र मोदी के चुनाव मैदान में उतरते ही देश की राजनीतिक फ़िजा बदलती जा रही है।

बीजेपी के इतिहास में एकमात्र बड़ा आन्दोलन राम जन्मभूमि का ही रहा है। इसी से बीजेपी का वजूद कायम हुआ। यह वही दौर था, जब पार्टी की पहुँच देश में दूर-दूर तक हुई। फिर भी, बाबरी मस्जिद ढहाये जाने के बाद 1996 में हुए लोकसभा चुनाव में पार्टी को पिछले चुनाव की तुलना में सिर्फ़ 41 सीटों का ही फ़ायदा हुआ था। उस दौर में पार्टी में ओबीसी मतदाताओं और उनके नेताओं की भागीदारी कम थी। उस समय बीजेपी के बारे में कहा जाता था कि यह ब्राह्मण और बनियों की पार्टी है। यह सही भी था, क्योंकि पार्टी संगठन में अगड़ी जातियों और बनियों का दबदबा था। अब तक बंगारू लक्ष्मण, वेंकैया नायडू और अमित शाह को छोड़कर बीजेपी के सभी अध्यक्ष अगड़ी जातियों के रहे हैं। मसलन, अटल बिहारी वाजपेयी, लालकृष्ण आडवाणी, मुरली मनोहर जोशी, कुशाभाऊ ठाकरे, जना कृष्णमूर्ति, राजनाथ सिंह, नितिन गडकरी और जेपी नड्डा सभी अगड़े रहे हैं। बंगारू लक्ष्मण तो सिर्फ़ एक साल के लिए अध्यक्ष बने। उन्हें भ्रष्टाचार के आरोप में अपनी कुर्सी गँवानी पड़ी थी। अमित शाह को नरेन्द्र मोदी के प्रधानमन्त्री बनने के बाद पार्टी अध्यक्ष बनने का मौक़ा मिला और फिर जेपी नड्डा अध्यक्ष बने। मोदी जब से केन्द्र

की राजनीति में आये हैं, तब से लगातार ऊँची जाति, ओबीसी, दलित, आदिवासी यहाँ तक कि मुस्लिम वोटर में भी पैठ बना रहे हैं। अब तो बीजेपी की नज़र पसमांदा मुस्लिम पर भी है। ये कहा जा रहा है कि मोदी के आने से ओबीसी वोटरों पर बीजेपी की मज़बूत पकड़ हुई, लेकिन इतनी ही मज़बूत स्थिति दलित और आदिवासी में भी बनती जा रही है। ग़ौर करने की बात है कि बीजेपी की पकड़ सारी जातियों पर बने, इसी उद्देश्य से पहली बार दलित नेता रामनाथ कोविन्द को राष्ट्रपति चुना गया और फिर आदिवासी महिला नेता द्रौपदी मुर्मू को राष्ट्रपति बनाया गया।

**बीजेपी अध्यक्ष पदों पर ऊँची जाति का दबदबा**

| वर्ष | नाम | जाति |
|---|---|---|
| 1980-86 | अटल बिहारी वाजपेयी | ब्राह्मण, अगड़ी जाति |
| 1986-91 | लालकृष्ण आडवाणी | सिंधी, अगड़ी जाति |
| 1991-93 | मुरली मनोहर जोशी | ब्राह्मण, अगड़ी जाति |
| 1993-98 | लालकृष्ण आडवाणी | सिंधी, अगड़ी जाति |
| 1998-2000 | कुशाभाऊ ठाकरे | कायस्थ, अगड़ी जाति |
| 2000-01 | बंगारु लक्ष्मण | दलित, पिछड़ी जाति |
| 2001-02 | जना कृष्णमूर्ति | ब्राह्मण, अगड़ी जाति |
| 2002-04 | वेंकैया नायडू | कम्मा, पिछड़ी जाति |
| 2004-06 | लालकृष्ण आडवाणी | सिंधी, अगड़ी जाति |
| 2006-09 | राजनाथ सिंह | ठाकुर, अगड़ी जाति |
| 2009-13 | नितिन गडकरी | ब्राह्मण, अगड़ी जाति |
| 2013-14 | राजनाथ सिंह | ठाकुर, अगड़ी जाति |
| 2014- 20 | अमित शाह | वैश्य, पिछड़ी जाति |
| 2020- | जेपी नड्डा | ब्राह्मण, अगड़ी जाति |

बीजेपी को 1984 के लोकसभा चुनाव में सिर्फ़ 2 सीटें मिली थीं। इस प्रदर्शन के बाद एक तरह से चिन्तन शुरू हो गया था कि कैसे बीजेपी को पूरे देश और सभी जातियों में फैलाया जाये। एक तरफ़ राम जन्मभूमि आन्दोलन शुरू हुआ, तो दूसरी तरफ़ बीजेपी ताक में थी कि कैसे ओबीसी जातियों में पैठ बनायी जाये। बोफोर्स के मुद्दे पर राजीव गांधी के ख़िलाफ़ लामबन्दी शुरू हुई, तो बीजेपी ने पार्टी के विस्तार के लिए जनता दल के साथ हाथ मिलाने का फ़ैसला किया। विश्वनाथ प्रताप सिंह

के नेतृत्व में जनता दल के साथ बीजेपी को भी ज़बरदस्त फ़ायदा हुआ। इस बार बीजेपी ने सरकार का बाहर से समर्थन किया। वह अपनी अलग पहचान बनाने की रणनीति पर चल रही थी। इस बीच जनता दल नेताओं के बीच टकराव शुरू हुआ और चौधरी देवीलाल की चुनौतियों से निपटने के लिए तत्कालीन प्रधानमन्त्री वीपी सिंह ने पिछड़ी जातियों को आरक्षण की सिफ़ारिश करने वाले मण्डल कमीशन की रिपोर्ट को लागू करने का फ़ैसला किया। इससे अगड़ी जातियाँ बिदक गयीं और कई शहरों में इसके ख़िलाफ़ आन्दोलन शुरू हो गये। बीजेपी ने खुलकर आरक्षण का विरोध नहीं किया, न ही सरकार से समर्थन वापस लिया, क्योंकि जनता पार्टी और फिर जनता दल के साथ होने से उसे पिछड़ी जातियों में हासिल हुई सहानुभूति खोने का ख़तरा था। लेकिन उसकी कशमकश जारी थी, क्योंकि ऊँची जातियों को नाराज़ करने का जोखिम वह मोल नहीं ले सकती थी।

वीपी सिंह मण्डल कमीशन की रिपोर्ट के साथ चुनाव मैदान में जाना चाह रहे थे, तो बीजेपी कोई माकूल मुद्दा तलाश रही थी। 1986 में पूर्व प्रधानमन्त्री राजीव गांधी कथित राम जन्मभूमि में पूजा-अर्चना के लिए बाबरी मस्जिद का ताला खुलवा चुके थे। राम जन्मभूमि आन्दोलन की शुरुआत भी संघ के लोग कर चुके थे। बीजेपी के पास एक ही हथियार कमण्डल की राजनीति थी जिसके सहारे मण्डल की राजनीति की धार को कमज़ोर किया जा सकता है, सो, लालकृष्ण आडवाणी गुजरात के सोमनाथ मन्दिर से रामरथ लेकर निकले लेकिन मण्डल की राजनीति के पुरोधा को परख नहीं थी कि कमण्डल की राजनीति से मण्डल की राजनीति की कमर टूट सकती है, जब आडवाणी का रथ बिहार पहुँचा तो उन्हें गिरफ़्तार कर लिया, बस क्या था आडवाणी की गिरफ़्तारी के अगले ही दिन बीजेपी ने राष्ट्रपति को समर्थन वापसी की चिट्ठी दे दी। वीपी सिंह सरकार ख़तरे में आ गयी। संयोग कहें या प्रयोग कहें या कहें राजनैतिक सहानुभूति, 1991 के लोकसभा चुनाव में न तो मण्डल कार्ड चला और न ही कमण्डल का राजनैतिक गदा चला, भले ही बीजेपी की सीट बढ़ गयी लेकिन मण्डल और कमण्डल की राजनैतिक लड़ाई में राजीव गांधी की हत्या की वजह से कांग्रेस के पंजे में मण्डल और कमण्डल की राजनीति बेहोश हो गयी। भले 1991 के लोकसभा चुनाव में कांग्रेस की जीत हुई लेकिन कमण्डल की राजनीति की बुनियाद मज़बूत होती गयी और मण्डल की राजनीति टुकड़े-टुकड़े में बँटने से धूसित होती चली गयी, बस उत्तर प्रदेश और बिहार में मण्डल की राजनीति का वजूद बचा रह गया। इसी दौर में बीजेपी में

ओबीसी नेताओं को ख़ूब तरजीह दी गयी क्योंकि बीजेपी को मालूम था ओबीसी कार्ड के ज़रिये ही मण्डल की राजनीति की जड़ को कमज़ोर किया जा सकता है। बीजेपी की रणनीति के तहत वही हुआ जो सोच रही थी। ये हिन्दुत्व की राजनीति को बढ़ाने की भी योजना थी, बिहार में सुशील मोदी, नन्दकिशोर यादव, मध्य प्रदेश में सुन्दरलाल पटवा, उमा भारती, शिवराज सिंह चौहान और बाबूलाल गौर, महाराष्ट्र में गोपीनाथ मुंडे, कर्नाटक में बीएस येदियुरप्पा और बसवराज बोम्मई, आन्ध्र प्रदेश में बंगारु लक्ष्मण और वेंकैया नायडू, झारखण्ड में आदिवासी नेता बाबूलाल मरांडी, अर्जुन मुंडा और गुजरात में केशुभाई पटेल को बढ़ने का मौक़ा मिला। इसी कड़ी में आगे चलकर गुजरात में नरेन्द्र मोदी और अमित शाह को भी जोड़ा गया। ओबीसी नेताओं को तो आगे बढ़ाया ही गया, जहाँ यह सम्भव नहीं था, वहाँ पिछड़ी और दलित जातियों में पैठ बनाने के लिए गठजोड़ की रणनीति अपनायी गयी। बिहार में जेडीयू के नीतीश कुमार से गठबन्धन लालू प्रसाद यादव के 'जंगल राज' को ख़त्म करने के साथ राज्य में पार्टी के विस्तार में काफ़ी मददगार साबित हुआ। इस गठबन्धन से पहले पार्टी सिर्फ़ झारखण्ड वाले इलाक़े में ग़ैर-आदिवासियों के बीच ही लोकप्रिय थी। इसी तरह दलितों में पैठ बनाने के लिए उत्तर प्रदेश में बसपा नेता मायावती के साथ सत्ता में साझेदारी की गयी। पार्टी झारखण्ड में भी आदिवासी नेता शिबू सोरेन से हाथ मिला चुकी है। इस तरह आदिवासी नेताओं को भी फलने-फूलने का मौक़ा दिया गया। बीजेपी की रणनीति रही है कि किस प्रकार जाति के चक्रव्यूह को तोड़ना है। इसी रणनीति के तहत राम जन्मभूमि के आन्दोलन के ज़रिये पहले पार्टी ने अगड़ी जाति में पैठ बनाने की कोशिश की, फिर पिछड़ी जाति के वोटरों में सेंध लगाने में सफल हुई। मोदी जब प्रधानमन्त्री बने, तो इसके पैमाने को भी बदला गया। सामाजिक रूप से कमज़ोर जातियों को पार्टी में भागीदारी और आर्थिक हित को साधने के लिए जनकल्याणकारी योजनाओं को हथियार बनाया गया। हिन्दुत्व की राजनीति के शामियाने में क़रीब-क़रीब सारी जातियाँ समा गयीं। मोदी ने बीजेपी की राजनीति ही पलट दी। पहले पार्टी से सरकार में अगड़ी जातियों के नेताओं और मन्त्रियों की भरमार रहती थी, लेकिन मोदी ने ये सन्देश दिया कि ये अगड़ी जाति की जितनी सरकार है, उतनी ही पिछड़ी जाति, दलित और आदिवासी की भी सरकार है। मोदी ने 2021 में मन्त्रिमण्डल में जो फेरबदल किया, उसमें 27 ओबीसी, 12 दलित, 8 आदिवासी और 29 अगड़ी जाति के थे, जिनमें ब्राह्मण, ठाकुर, बनिया, भूमिहार, कायस्थ, लिंगायत, पाटीदार और अन्य को जगह दी गयी। वहीं,

5 अल्पसंख्यक मन्त्रियों को भी समाहित किया गया। इस क़दम से सारी जातियों में एक ही सन्देश गया कि इस सरकार में सारी जातियों का ख़्याल रखा जाता है। इसके अलावा समय-समय पर सारी जातियों को ख़ुश करने की भी कोशिश की गयी। मसलन, आर्थिक आधार पर कमज़ोर अगड़ी जाति को भी 10 फ़ीसदी आरक्षण देने का ऐलान किया गया, पिछड़ा वर्ग को संवैधानिक मान्यता दी गयी है, दलित और आदिवासी के मुद्दे पर सुप्रीम कोर्ट के फ़ैसले को सरकार ने पलट दिया। सुप्रीम कोर्ट ने अनुसूचित जाति और अनुसूचित जनजाति अत्याचार निवारण अधिनियम (एससी/एसटी एक्ट 1989) के तहत दर्ज मामलों में तत्काल गिरफ़्तारी पर रोक लगा दी थी। कोर्ट ने फ़ैसला देते हुए कहा था कि सरकारी कर्मचारियों की गिरफ़्तारी सिर्फ़ सक्षम अथॉरिटी की इजाज़त के बाद ही हो सकती है। ये मामला तूल पकड़ता जा रहा था, जिसे देखते हुए सरकार उस क़ानून को मूल रूप में ही ले आयी। दरअसल आज़ादी के बाद भारतीय राजनीति पर अगड़ी जाति का दबदबा था और 1977 में इन्दिरा गांधी की हार के बाद पिछड़ी और दलित जाति का उदय राजनीति में होना शुरू हुआ और मण्डल कमीशन के बाद पिछड़ी जाति का वर्चस्व बढ़ता चला गया लेकिन कांग्रेस इस बदलाव को भाँप नहीं पायी वहीं बीजेपी ने भी भांपने में बहुत देर कर दी, देर से ही सही पहली बार संघ परिवार और बीजेपी ने राजनीति की धारा को समझने की कोशिश की, और पहली बार ओबीसी नेता को प्रधानमन्त्री का उम्मीदवार बनाया और संयोग भी देखें मोदी के प्रधानमन्त्री बनने के बाद अमित शाह का पार्टी का अध्यक्ष बनाया गया। ऐसा बदलाव पहली बार बीजेपी में दिखा। मोदी को अमित शाह की जोड़ी आने के साथ ही मण्डल की राजनीति जो कमज़ोर हो रही थी, राष्ट्रीय स्तर पर कमर टूट गयी, इस राजनीति में दलित राजनीति भी कमज़ोर हुई।

2019 के चुनाव में इस 'सोशल इंजीनियरिंग' ने बीजेपी की जीत में अहम भूमिका निभायी। वैसे वो 2014 के चुनाव से ही पिछड़ी जातियों के लिए अछूत नहीं रह गयी है, बल्कि अब तो निरन्तर मज़बूत पैठ बना रही है। मोदी के उदय के साथ ही मण्डल की राजनीति के मसीहा कहे जाने वाले मुलायम सिंह यादव, शरद यादव, नीतीश कुमार और लालू प्रसाद यादव पिछड़ी जाति की राजनीति में मात खा गये। यह दूसरी बार हुआ कि नरेन्द्र मोदी के रूप में कोई ओबीसी नेता प्रधानमन्त्री की कुर्सी पर विराजमान हुआ। इसके पहले दक्षिण भारत से एचडी देवेगौड़ा प्रधानमन्त्री बने थे। हालाँकि देवेगौड़ा और मोदी के प्रधानमन्त्री बनने में एक बड़ा फ़र्क़ है। मोदी

सीधे चुनाव मैदान में कूदे, जबकि देवेगौड़ा ख़ास परिस्थिति की देन थे। कुछ शहरी क़िस्म के लोगों को यह भले विचित्र लगे, पर अपनी जाति के नेता को ऊँचे पद पर देख लोगों में एक तरह की आश्वस्ति और फ़ख़्र का भाव पैदा होता है और वही उस नेता के लिए जनाधार का काम करता है। इसी वजह से नरेन्द्र मोदी को पिछड़ी जाति के होने का लाभ मिला और इसे उन्होंने अच्छे से भुनाया भी और दूसरी बार बढ़ाया भी। नरेन्द्र मोदी कट्टर हिन्दुत्व के नायक, विकास पुरुष, निर्णायक नेता, कॉरपोरेट और मध्यम वर्ग के लाड़ले तो थे ही, वे पिछड़ी जाति से भी आते हैं। पिछड़ी जातियों के मतदाता अपने बाक़ी नेताओं को परख चुके थे और उनसे एक तरह का मोहभंग भी हो चुका था। फिर क्या था, इस कमी की भरपाई मोदी ने की और पिछड़ी जातियों में अपनी राजनीति का खूँटा भी गाड़ दिया। इसके पहले एचडी देवेगौड़ा भी पीएम बने थे, लेकिन विषम परिस्थिति में, क्योंकि उन्हें चुनाव के पहले प्रधानमन्त्री के तौर पर पेश नहीं किया गया था। हालाँकि चौधरी चरण सिंह को भी ओबीसी मतदाताओं का समर्थन प्राप्त था, लेकिन उन्हें भी चुनाव के पहले प्रधानमन्त्री के तौर पर पेश नहीं किया गया था। जब किया भी गया, तब वे चमक खो चुके थे।

लोकतन्त्र पैदल चलकर गाँव पहुँचा, तो प्रधानमन्त्री और मुख्यमन्त्री की कुर्सी की दावेदारी भी गाँव पहुँची। सुनने में तो बहुत सामान्य लगता है, लेकिन जिस देश में पिछड़ी जातियों की आबादी 40 फ़ीसदी से ज़्यादा है, उस देश में स्पष्ट जनादेश के साथ पिछड़ी जाति का प्रधानमन्त्री बनने में 67 साल लग गये। यदि देश में समानता, शिक्षा का अधिकार और जाति के नाम पर भेदभाव नहीं हुआ होता, तो शायद 50 साल पहले ही इस कुर्सी के हक़दार पिछड़ी जाति के नेता हो सकते थे हालाँकि ये हिन्दुत्व की राजनीति की छतरी के नीचे ओबीसी की राजनीति को संजीवनी मिली। एक बार जब प्रधानमन्त्री के पद पर पिछड़ी जाति के नेता का क़ब्ज़ा हुआ, तो देश ने दोबारा उस पर मुहर लगा दी। वाकई ये पिछड़ी जाति का मुद्दा है या कोई और ही मुद्दा है, क्योंकि पिछड़ी जाति के नेता को प्रधानमन्त्री बनाने में पिछड़ी जाति से ज़्यादा अगड़ी जाति के लोगों ने वोट दिया और पिछड़ी जाति से थोड़ा कम वोट ही सही, आदिवासी और दलित ने भी उस पर मुहर लगा दी। ये क्या राज है, ये भी समझने की ज़रूरत है। पहली बार पिछड़ी जाति के प्रधानमन्त्री की ताजपोशी के लिए सारी जातियाँ खड़ी हैं। क्या ये हिन्दुत्व की राजनीति है, जनकल्याणकारी योजनाओं के साथ एक निर्णायक नेता की राजनीति है या फिर कुछ और है? क्या ये एक बड़ी आबादी की वो दबी हुई इच्छा है, जो उसे मौजूदा नेतृत्व में पूरी होती

दिख रही है, जैसे यूनिफॉर्म सिविल कोड के लिए आगे बढ़ना, आर्टिकल 370 ख़त्म होना, राम मन्दिर का निर्माण होना और हिन्दू राष्ट्र की आस बँधना? क्या वोटर इस उम्मीद में वोट तो नहीं कर रहे हैं कि मोदी सरकार देश को हिन्दू राष्ट्र बना देगी? कई सवाल हैं, जिनका ठोस जवाब अभी छिपा हुआ है। जिस तरह से अगड़ी जाति और ओबीसी नेताओं को पार्टी में तरजीह मिली, उतनी ही तरजीह भले ही आदिवासी और दलित नेताओं को नहीं मिली हो, फिर भी वोट कमल छाप पर जा रहा है। ये भी ग़ौर करने की बात है कि बीजेपी से पहले जुड़ाव ब्राह्मण जाति का हुआ, फिर बनिया और उसके बाद ब्राह्मण के अलावा भी सवर्ण जुटे। बाद में ओबीसी, फिर आदिवासी और अब दलित भी जुड़ रहे हैं। हाँ, ये सवाल भी ज़रूर है कि वाजपेयी के दौरान सारी जातियों ने क्यों नहीं वोट किया और अब मोदी के समर्थन में क्यों वोट कर रहे हैं?

यह पहली बार हुआ कि कोई ओबीसी नेता चुनाव के पहले प्रधानमन्त्री के तौर पर पेश किया गया। यही वजह है कि दूसरी अन्य पार्टियों की तुलना में ओबीसी मतदाताओं ने बीजेपी और एनडीए को सबसे ज़्यादा मत दिया। इतना ही नहीं, मुसलमानों को छोड़कर बाक़ी सभी का झुकाव बीजेपी की तरफ़ था। पूरे देश में ऊँची जाति के 59 फ़ीसदी लोगों ने एनडीए गठबन्धन को वोट दिया, जबकि 54 फ़ीसदी ओबीसी मतदाताओं ने एनडीए को मत दिया। ओबीसी वोटर ने ऐसी वोटिंग कभी बीजेपी के पक्ष में नहीं की थी। एनडीए गठबन्धन को 46 फ़ीसदी आदिवासी, 40 फ़ीसदी दलित और क़रीब 9 फ़ीसदी मुसलमानों ने वोट दिया। अब सिर्फ़ बीजेपी की बात करते हैं– 52 फ़ीसदी सवर्ण ने 2019 में बीजेपी को वोट किया, जो 2014 में 47 फ़ीसदी था। वैसे सवर्ण जाति का एक बड़ा हिस्सा पिछले कई चुनावों से बीजेपी को ही वोट करता आ रहा है। 2019 में पिछड़ी जाति के 44 फ़ीसदी वोटर ने बीजेपी को वोट दिया था, जो 2014 में सिर्फ़ 34 फ़ीसदी था, यानी 10 फ़ीसदी का उछाल। वहीं, 2019 में 33 फ़ीसदी दलित ने बीजेपी को वोट दिया, जो 2014 में 24 फ़ीसदी था, यानी पिछली बार की तुलना में 9 फ़ीसदी की बढ़ोतरी। आदिवासी वोटरों में से 2019 में बीजेपी को 44 फ़ीसदी वोट मिले, जो 2014 में 38 फ़ीसदी था, यानी 6 फ़ीसदी की बढ़ोतरी। हाँ, मुस्लिम वोटों में मामूली गिरावट ज़रूर दर्ज हुई। 2019 में क़रीब 8 फ़ीसदी मुस्लिम वोटरों ने बीजेपी को वोट किया, जो 2014 में 9 फ़ीसदी था हालाँकि एक्सिस माई इंडिया के मुताबिक मुस्लिम ने 10 फ़ीसदी वोट दिया।

**2019 में किस जाति/धर्म का कितना वोट किस पार्टी को**

| | बीजेपी -2014 | बीजेपी-2019 | बीजेपी की सहयोगी | एनडीए | कांग्रेस | कांग्रेस की सहयोगी | यूपीए | बीएसपी-एसपी | अन्य |
|---|---|---|---|---|---|---|---|---|---|
| ऊँची जाति | 47 | 51.97 | 7.10 | 59.08 | 12.34 | 5.39 | 17.73 | 1.76 | 21.44 |
| ओबीसी | 34 | 43.75 | 10.42 | 54.17 | 15.15 | 7.30 | 22.46 | 4.57 | 18.80 |
| दलित | 24 | 33.46 | 6.90 | 40.36 | 19.88 | 5.47 | 25.35 | 10.94 | 23.35 |
| आदिवासी | 38 | 43.71 | 1.69 | 45.39 | 31.19 | 5.60 | 36.79 | 1.87 | 15.95 |
| मुस्लिम | 9 | 8.24 | 0.92 | 9.17 | 32.57 | 12.35 | 44.92 | 17.45 | 28.46 |
| अन्य | 19 | 24.80 | 7.73 | 32.53 | 22.64 | 5.94 | 28.58 | 4.99 | 33.90 |
| कुल | 31 | 37.36 | 7.05 | 44.41 | 19.49 | 7.03 | 26.52 | 6.40 | 22.67 |

**स्रोत :** 2019 में सीएसडीएस का पोस्ट पोल सर्वे

नेशनल सैम्पल सर्वे के 62वें दौर के सर्वेक्षण के मुताबिक़ देश में ओबीसी की जनसंख्या क़रीब 41.8 फ़ीसदी है। इसके अनुसार उत्तर प्रदेश में क़रीब 50 फ़ीसदी ओबीसी जाति के मतदाता हैं। हालाँकि बिहार में जाति जनगणना में ये बात सामने आई है कि राज्य में ओबीसी की जनसंख्या 63 फीसदी है जबकि पहले इनकी संख्या कम आंकी जाती थी। उत्तर प्रदेश में 2019 में एक्सिस माई इंडिया सर्वे के मुताबिक़ 77 फ़ीसदी सामान्य जाति, 76 फ़ीसदी पिछड़ी जाति (यादव छोड़कर), 64 फ़ीसदी आदिवासी, 21 फ़ीसदी जाटव, 60 फ़ीसदी ग़ैर जाटव दलित,11 फ़ीसदी मुस्लिम, 20 फ़ीसदी यादव, 57 फ़ीसदी जाट और 69 फ़ीसदी अन्य जातियों ने वोट दिया। बिहार में भी यादव जाति पर लालू प्रसाद यादव का वर्चस्व है, एक्सिस माई इंडिया के मुताबिक़ 27 फ़ीसदी यादव वोटरों ने बीजेपी गठबन्धन को वोट दिया। वहीं, 71 फ़ीसदी अन्य पिछड़ी जाति, 73 फ़ीसदी सामान्य जाति, 62 फ़ीसदी आदिवासी, 63 फ़ीसदी दलित, 13 फ़ीसदी मुस्लिम, 69 फ़ीसदी अन्य जाति के लोगों ने बीजेपी को वोट दिया। मुलायम सिंह यादव और लालू प्रसाद यादव की राजनीति अपनी जाति और अपने परिवार में फँस कर रह गयी। यादवों को छोड़कर दूसरी जातियों को लगने लगा कि अब मुलायम सिंह और लालू प्रसाद से उनका भला नहीं होने वाला है। इन दोनों नेताओं को लगने लगा था कि मुसलमान और यादव (एमवाई) गठजोड़ की कृपा से उनकी राजनीति चलती रहेगी। इन पर बीजेपी हमेशा मुस्लिम तुष्टिकरण की राजनीति का आरोप लगाती रही। मुलायम सिंह यादव

को तो मौलाना मुलायम तक कहा गया। मुलायम और लालू को यादवों के अलावा दूसरी ओबीसी जातियों की भी हमदर्दी हासिल थी, लेकिन इन दोनों ने यादवों और मुसलमानों के अलावा दूसरी जातियों की परवाह छोड़ दी, तो ये वोट उनसे कुछ हद तक बिदक गये। लेकिन राजनीति हमेशा इतिहास से नहीं चलती है, बदलते माहौल में कभी-कभी राजनीति भी उसी के अनुरूप बदल जाती है। बीजेपी उत्तर प्रदेश से लेकर बिहार में यादव वोटरों में सेंध लगाने में भी सफल हुई। उत्तर प्रदेश में 20 फ़ीसदी और बिहार में 27 फ़ीसदी यादवों के वोट बीजेपी को मिले। यही वजह रही है कि बिहार में लालू यादव की पार्टी आरजेडी को एक भी सीट नहीं मिली, जबकि उत्तर प्रदेश में अखिलेश यादव-मायावती दोनों गठबन्धन करने के बाद भी बीजेपी को नहीं हरा पाये। दोनों पार्टियों की सीटों की सूई 15 पर अटक कर रह गयी। उत्तर प्रदेश में मायावती के 21 फ़ीसदी जाटव वोटर भी बीजेपी की तरफ़ मुड़ गये।

मोदी क्या हैं, ये गुजरात को पूरी तरह मालूम था। गुजरात दंगे के बाद ऐसा भी सन्देश गया कि वे देश में हिन्दुओं के सबसे बड़े हितैषी हैं। लेकिन गुजरात की पिच से निकलकर देश की पिच पर राजनीति खेलने आये, तो देश को बताना पड़ा कि वो कौन हैं, उनकी क्या जाति है, उनका क्या काम था और देश में क्या करना चाहते हैं? उन्हें मालूम था कि बनिया और सवर्ण बीजेपी के साथ पहले से हैं, अगर ओबीसी वोटर में उनकी पैठ बन जाती है, तो बेड़ा पार हो जायेगा। मोदी की रणनीति भी रही है कि कैसे इन जातियों के रुख़ को अपनी तरफ़ मोड़ा जाये। इसीलिए उन्होंने पहले अपने चाय बेचने की बात की, फिर बाबासाहेब डॉ. भीमराव आम्बेडकर से ख़ुद को मज़बूती से जोड़ा और बाद में अपनी जाति को चुनावी समर में उतार दिया। मोदी की क्या जाति है, लोकसभा चुनाव के पहले कम ही लोगों को मालूम था। लेकिन फ़ायदा भाँपकर मोदी अपनी जाति बताने से बाज नहीं आये। मोदी बचपन में क्या करते थे और कैसे ज़िन्दगी बसर करते हैं, ये ज़्यादातर लोगों को मालूम था, फिर भी मोदी ने अपने मुँह से कहा कि वे चाय बेचते थे। लगता है, वे बीजेपी के पीएम उम्मीदवार बनने के पहले पूरी स्क्रिप्ट तैयार कर चुके थे। चाय बेचने वाली बात और उनकी जाति को लेकर पिछले चुनावों में ख़ूब राजनीति हो चुकी है। पहले ही चुनाव में नरेन्द्र मोदी की चाय वाले की छवि को भुनाने के लिए बीजेपी ने चाय पर चर्चा की शुरुआत कर दी थी और दूसरे चुनाव में भी इसे आज़माया गया। देशभर में मोदी को सिर्फ़ गुजरात दंगे की वजह से ही नहीं जाना गया, बल्कि विकास के गुजरात मॉडल की भी चर्चा देश में हो रही थी। ख़ास बात ये रही कि

मोदी के पीएम बनने से संगठन से लेकर सरकार में सारी जातियों को तरजीह मिलने लगी। यह सन्देश देने की कोशिश की गयी कि पहली बार किसी केन्द्रीय कैबिनेट में 27 ओबीसी और 20 आदिवासी-दलित मन्त्री बने हैं। इससे यह बताने का भी पूरा मौक़ा मिला कि कौन-सी सरकार सभी जातियों की हितैषी रही है। मोदी सरकार की नीति है, जो करती है, उसे जनता में बेचती है और फिर जनता से वोट के नाम पर रिटर्न गिफ्ट भी लेती है। ग़ौर करने की बात है कि गुजरात में भी मोदी की जाति की संख्या ज़्यादा नहीं है, लेकिन वे कमोबेश सारी जातियों के चहेते थे और लगभग 13 साल तक लगातार मुख्यमन्त्री बने रहे। (https://www.jagran.com/politics/national-27-from-obc-and-20-from-sc-st-community-in-modi-cabinet-21809261.html)

## सबका विकास, सबका वोट

गुजरात के मोदी अब देश के मोदी हो चुके हैं, हर जाति में पहली पसन्द बन चुके हैं। ऊँची जाति ही नहीं, बल्कि ओबीसी, आदिवासी और दलित में भी दूसरी राष्ट्रीय पार्टियों के नेताओं की तुलना में उनका पलड़ा काफ़ी भारी हो गया है। ज़ाहिर है कि मोदी के आने से देश की जाति की राजनीति की केमिस्ट्री और गणित बदल गये हैं। उत्तर प्रदेश को छोड़कर दलित मतदाता दूसरे राज्यों में बिखरे हुए हैं। उत्तर प्रदेश में बसपा और सपा मिलकर भी बीजेपी को टक्कर नहीं दे पायी। इसकी कई वजहें हो सकती हैं, लेकिन दो मुख्य वजहें हैं। सर्वजन की बात करने वाली मायावती की पार्टी में लोकतान्त्रिक व्यवस्था नहीं है, क्योंकि उस पार्टी में मायावती के अलावा किसी की पूछ नहीं है। पार्टी के नेता मीडिया में नहीं बोल सकते हैं और न ही अपनी आवाज़ बुलन्द कर सकते हैं। दूसरी तरफ़ समाजवादी पार्टी भी जाति और परिवार की पार्टी बनकर रह गयी है। दो पार्टियों का मिलन हुआ, दो नेताओं का मिलन हुआ लेकिन दोनों पार्टियों के वोटरों का मिलन नहीं हुआ, इसीलिए वोटों का हस्तान्तरण भी नहीं हुआ। कांग्रेस उत्तर प्रदेश में गठबन्धन के लिए तरसती रह गयी, लेकिन किसी पार्टी ने कांग्रेस को घास डालने की कोशिश नहीं की, क्योंकि 2017 के विधानसभा चुनाव में अखिलेश यादव और राहुल गांधी की जोड़ी बेअसर रही। इसी की वजह से विधानसभा चुनाव के बाद अखिलेश यादव ने कांग्रेस से दूरी बना ली और लोकसभा चुनाव के बाद मायावती ने अखिलेश यादव से गठबन्धन तोड़ लिया। बिहार में लालू यादव की पार्टी का कभी ऐसा हश्र नहीं हुआ, जैसा 2019 में हुआ। एक भी सीट नहीं मिली। मोदी की वजह से महाराष्ट्र, कर्नाटक, उत्तर प्रदेश, बिहार और झारखण्ड में गठबन्धन के गणित फेल हो गये।

**2019 में सामान्य, दलित और आदिवासी सीटों पर किस पार्टी का पलड़ा भारी रहा**

| | | एनडीए | | | | | | यूपीए | | | | | | अन्य | |
|---|---|---|---|---|---|---|---|---|---|---|---|---|---|---|---|
| | | 2019 | | 2014 | | फ़ायदा (+/-) | | 2019 | | 2014 | | फ़ायदा (+/-) | | 2019 | |
| | कुल सीटें | सीट | (%) | सीट | (%) | सीट | (%) | सीट | (%) | सीट | (%) | सीट | (%) | सीट | (%) |
| दलित | 84 | 54 | 44.3 | 49 | 35.4 | 5 | 8.9 | 13 | 22.6 | 7 | 18.9 | 6 | 3.7 | 17 | 33.1 |
| आदिवासी | 47 | 33 | 44.7 | 27 | 38.5 | 6 | 6.2 | 5 | 33.1 | 7 | 31.0 | -2 | 2.1 | 9 | 22.3 |
| सामान्य | 412 | 265 | 45.0 | 259 | 39.0 | 6 | 6.0 | 75 | 27.1 | 45 | 23.0 | 30 | 4.1 | 72 | 27.9 |
| **कुल** | **543** | **352** | **44.9** | **335** | **38.4** | **17** | **6.5** | **93** | **26.9** | **59** | **23.0** | **34** | **3.9** | **98** | **28.2** |

2019 में देश की राजनीति में क्या भूचाल आया, किस जाति ने किसे वोट किया, ज़रा इस गणित को समझने की कोशिश करते हैं। पहले सामान्य सीट की बात करते हैं। देश में सामान्य सीटों की संख्या 412 है, जिनमें से बीजेपी गठबन्धन ने 45 फ़ीसदी वोट लेकर 265 सीटें हासिल कीं, जबकि पिछले चुनाव में इसी एनडीए ने 39 फ़ीसदी वोट लेकर 259 सीटें हासिल की थीं। पिछले चुनाव की तुलना में 6 सीट और 6 फ़ीसदी वोट का फ़ायदा हुआ। देश में दलित की 84 सीटें आरक्षित हैं। 2019 के लोकसभा चुनाव में इन 84 सीटों में से 54 सीटें एनडीए को मिलीं। यह पिछले चुनाव की तुलना में 5 सीट और 8.9 फ़ीसदी का फ़ायदा था। आदिवासी सीटों पर भी बीजेपी का डंका बजा। 47 आदिवासी सीटों में से 33 सीटें एनडीए को मिलीं। यह पिछले चुनाव की तुलना में 6 सीट और 6.2 फ़ीसदी का फ़ायदा था। यूपीए को पिछले चुनाव की तुलना में 36 सीटों का फ़ायदा हुआ। सामान्य सीट पर 30 सीटों की बढ़ोतरी हुई और दलित सीटों पर 6 सीट का फ़ायदा हुआ। 2014 की तुलना में एनडीए से ज़्यादा फ़ायदा यूपीए को हुआ। कुल मिलाकर एनडीए को 17 और यूपीए को 35 सीटों का फ़ायदा हुआ, मतलब अन्य को ज़्यादा नुक़सान हुआ।

बीजेपी और संघ परिवार अनवरत देश में सामाजिक आधार बढ़ाने में लगा रहता है। इसका जीता जागता उदाहरण है कि 2 सीट वाली बीजेपी 303 पर पहुँच गयी है। ये एक दिन का सपना नहीं हैं और ऐसे सपने को पूरा करने में मंज़िल पाने से पहले अक्सर इरादे टूट जाते हैं। इस सफ़र को पूरा करने में भारतीय जनसंघ के जन्म से लेकर बीजेपी की यात्रा जारी है। आज़ादी के बाद कांग्रेस को छोड़कर कई राष्ट्रीय पार्टियाँ इस मुकाम में लगी थीं लेकिन बीजेपी ही ऐसी पार्टी है जिसका ग्राफ़ लगातार बढ़ता रहा है और दूसरी पार्टियाँ आगे बढ़ीं, टूटीं, ख़त्म हुईं और अब कुछ रेंग रही हैं। राजनीति के शिखर पर पहुँचने के लिए क्या-क्या नहीं किया और कौन-कौन सी रणनीति नहीं अपनायी, मंज़िल हासिल करने के लिए भारतीय जनसंघ और बीजेपी रिइमैजिंग, रि-पैकेजिंग और रिप्लानिंग करती रही है। संघ परिवार और भारतीय जनसंघ को मालूम था कि कांग्रेस की राजनीतिक दीवार को गिराये बिना आगे का सफ़र सम्भव नहीं है और जब 1977 में ऐसा मौक़ा आया तो भारतीय जनसंघ को जनता पार्टी में विलय करने में देर नहीं लगी। कभी-कभी राजनीति और ज़िन्दगी में आगे बढ़ने के लिए दो क़दम पीछे भी खींचने पड़ते हैं। 1977 के पहले भारतीय जनसंघ की रफ़्तार और बीजेपी के गठन के बाद की रफ़्तार में आसमान

और धरती का फ़र्क़ है, तो फिर 1984 में कांग्रेस की शानदार जीत से बीजेपी शायद सहम गयी और लगा कि 1977 में जैसे इन्दिरा गांधी को हराया गया उसी तरह का जुगाड़ फिर लागू करने का समय आ गया है, यही वजह रही कि 1989 में बीजेपी बोफोर्स के मुद्दे पर जनता दल से हाथ मिलाने में नहीं हिचकिचाई। जब बीजेपी भाँप गयी कि अयोध्या राम मन्दिर का मुद्दा मंज़िल हासिल करने में कारगर हो सकता है तो मण्डल कमीशन के मुद्दे पर बीजेपी ने वीपी सिंह सरकार से समर्थन वापस ले लिया। राजनीति हो या ज़िन्दगी, अगर आपकी समझ, परख और विश्वास भरपूर हो, एक निर्णय मील का पत्थर साबित हो सकता है, इसे ही दूरदर्शी कहा जाता है। दूरदर्शी का भी अलग-अलग पैमाना है। वाजपेयी के रहते हुए बीजेपी को सत्ता तो मिली लेकिन कभी स्पष्ट बहुमत नहीं मिला जबकि मोदी के आते ही बीजेपी की आख़िरी ख़्वाहिश पूरी हुई। जगज़ाहिर है कि 2009 के चुनाव में विपक्षी पार्टियों की तूती बोल रही थी, राहुल का गुणगान हो रहा था लेकिन अचानक प्रधानमन्त्री के रेस में मोदी के आने से विपक्षी और क्षेत्रीय पार्टियों की साख पर सवाल उठने लगे। स्वार्थी पार्टी, स्वार्थी नेता, जातिवाद और परिवारवाद से जोड़ने की क़वायद शुरू हो गयी लेकिन यही सवाल पहले नहीं हो रहे थे। मोदी को राष्ट्रीय राजनीति में लाने में संघ परिवार की अहम भूमिका रही, 2004 और 2009 में हार के बाद संघ परिवार को लगने लगा कि एक तो सत्ता में आने के बाद भी बहुमत हासिल नहीं हो पा रहा है और दूसरी वजह ये दिखने लगी कि 1984 के बाद कांग्रेस दोबारा सत्ता में आ गयी, तीसरी बात ये थी जिस हथियार से विपक्ष कांग्रेस को सत्ता से बेदखल किया, उसी को हथियार बनाकर कांग्रेस बीजेपी को राजनीति में किनारे लगा रही है, चौथी वजह ये थी कि संघ परिवार को समझ में शायद ये आ गया कि अगड़ी जाति के भरोसे संघ परिवार को आख़िरी मंज़िल नहीं मिल पा रही है क्योंकि बिना पूर्ण बहुमत के संघ और बीजेपी के एजेंडे को लागू नहीं किया जा सकता है।

दरअसल 2014 की ज़मीन बहुत पहले से तैयार हो रही थी, लेकिन इसकी भनक किसी को नहीं थी। वाकई किसी एक पार्टी को स्पष्ट बहुमत मिलेगा, ऐसी उम्मीद किसी को नहीं थी। चाहे ओबीसी मतदाता हो या दलित मतदाता या आदिवासी मतदाता, मोदी लहर में सभी बीजेपी के साथ हो गये। ये सारे मतदाता पारम्परिक रूप से कांग्रेस के मतदाता थे, लेकिन 1967 से कांग्रेस की दीवारें दरकने लगी थीं, लेकिन नेस्तनाबूद होने में 47 साल लगे। एक प्रक्रिया के तहत चाहे लोकतन्त्र में बदलाव हो या सामाजिक स्तर में बदलाव हो, यह सिलसिला चलता रहता है। कई बार इन बदलावों को हम पहले पढ़ नहीं पाते हैं। लेकिन जब ये घटित

होता है तो भौचक रह जाते हैं। धीरे-धीरे ये मतदाता कांग्रेस से दूर होते चले गये और कांग्रेस के पास अब अपना ख़ास कोई मतदाता वर्ग नहीं है, हालाँकि जहाँ क्षेत्रीय पार्टी नहीं है वहाँ पर मुस्लिम पर कांग्रेस की पकड़ बची हुई है, विधानसभा में थोड़ा बहुत असर रहता है लेकिन लोकसभा में स्थिति अलग हो जाती है। ये सिलसिला ख़त्म नहीं हुआ है, बल्कि जारी है। राजनीतिक और सामाजिक बदलाव काल चक्र की तरह निरन्तर चल रहा है, न जाने आगे क्या होगा, लेकिन देश जिस लोकतन्त्र की राह पर चल रहा है उसमें बेहतर होने की ज़्यादा सम्भावना है। देश में लोकतन्त्र मज़बूत हो रहा है, लोगों में जागरूकता फैलती जा रही है, शिक्षा का प्रचार-प्रसार हो रहा है। लोग ग़लत और सही, अच्छाई और बुराई, आकांक्षाएँ और असन्तोष में फ़र्क़ समझने लगे हैं लेकिन पिछले चुनाव की तुलना में 2019 लोकसभा चुनाव के परिणाम ने सबको भौचक्का बना दिया और पिछले रिकॉर्ड को तोड़ते हुए नया रिकॉर्ड बन गया। ये सिर्फ़ एक साल और पाँच साल की मेहनत नहीं है बल्कि सालों-सालों की मेहनत और रणनीति का परिणाम है। बीजेपी को राम मन्दिर का ऐसा हथियार मिल गया है जिसके ज़रिये हिन्दू में पैठ बनाने का अस्त्र मिल गया और मण्डल की धार को कमज़ोर करने का शस्त्र भी मिल गया और इसी हथियार के ज़रिये देश में फैलने की सवारी भी मिल गयी। तीसरी बात बड़ी ये रही जातिवाद-परिवारवाद की राजनीति की दलदल ने मोदी का रास्ता साफ़ कर दिया और चौथी बात मोदी के विकासवाद के सपने में आकांक्षी वर्ग को उम्मीद की किरण दिखी। ज़ाहिर है कि बनिया और ब्राह्मण की पार्टी बीजेपी पहले सवर्ण जाति में फैली फिर ओबीसी और आदिवासी में जड़ मज़बूत होने लगी और दलित में पैठ बनाने में वक़्त लगा और अभी भी आदिवासी और ओबीसी की तुलना में दलित के वोट नहीं मिल रहे हैं। 1996 लोकसभा चुनाव में 29 फ़ीसदी सवर्ण,17-17 फ़ीसदी ओबीसी और आदिवासी तथा 13 फ़ीसदी दलित ने बीजेपी को वोट दिया। इसी बदौलत बीजेपी 20.3 फ़ीसदी मत करके 161 सीट हासिल की, जैसे-जैसे बीजेपी का कारवाँ बढ़ता गया और जाति में पकड़ बढ़ने लगी। 1999 के लोकसभा में वाजपेयी के नेतृत्व में बीजेपी से जाति का लगाव बढ़ता चला गया। 35 फ़ीसदी सवर्ण, 22 फ़ीसदी आदिवासी, 20 फ़ीसदी ओबीसी और 14 फ़ीसदी दलित ने बीजेपी को वोट दिया जिसकी वजह से बीजेपी की सीट बढ़कर 182 पहुँच गयी और वोट भी 23.8 फ़ीसद तक पहुँच गया लेकिन राष्ट्रीय राजनीति में मोदी की एंट्री से सारी जातियों में मोदी की दीवानगी बढ़ गयी। इसी दीवानगी ने 2014 में मोदी को जिताने का काम किया और 2019 में फिर से ताजपोशी हो गयी। 2019 के लोकसभा चुनाव में 52

फ़ीसदी सवर्ण, 44 फ़ीसदी आदिवासी, 44 फ़ीसदी ओबीसी और 33 फ़ीसदी दलित ने बीजेपी को वोट दिया जिसकी वजह से बीजेपी को 303 सीट और 37.4 फ़ीसदी वोट मिले। अगर एनडीए की बात करें तो 59 फ़ीसदी सवर्ण, 54 फ़ीसदी ओबीसी, 45 फ़ीसदी आदिवासी और 40 फ़ीसदी दलित ने एनडीए को वोट दिया। अभी दूसरी जाति की तुलना में दलित का लगाव बीजेपी और एनडीए से हल्का कम है।

**हर जाति में बीजेपी का बढ़ता ग्राफ**

| साल | ऊँची जाति, सामान्य | ओबीसी | दलित | आदिवासी | बीजेपी जीती (सीट) | बीजेपी का वोट (%) |
|---|---|---|---|---|---|---|
| 1996 | 29 | 17 | 13 | 17 | 161 | 20.3 |
| 1998 | 31 | 26 | 14 | 24 | 182 | 25.6 |
| 1999 | 35 | 20 | 14 | 22 | 182 | 23.8 |
| 2004 | 28 | 22 | 13 | 23 | 138 | 22.2 |
| 2009 | 21 | 19 | 11 | 23 | 116 | 18.8 |
| 2014 | 47 | 34 | 24 | 38 | 282 | 31.4 |
| 2019 | 52 | 44 | 33 | 44 | 303 | 37.4 |

ईपीडब्लू, 27 सितम्बर, 2014, पेज 43 और 2019 सीएसडीएस सर्वे

दरअसल देश या जनता का एक बार मूड बन जाता है, तो वे आसमान से तारा तोड़कर लाने के प्रलोभन से भी नहीं हिलते हैं। ऐसे मौक़े पर उभरे हुए नेता पर लाख हमला करने से भी जनता विचलित नहीं होती है। इसके विपरीत नेता पर आरोप, लांछन और हमले से नफ़ा कम नुक़सान ज़्यादा होता है। महाराष्ट्र में भी कांग्रेस सरकार ने सरकारी नौकरियों और शैक्षणिक संस्थानों में मराठों को 16 फ़ीसदी और मुस्लिम को 5 फ़ीसदी आरक्षण देने का वायदा किया, लेकिन कोई फ़ायदा नहीं हुआ। बीजेपी के साथ पहले से ही सवर्ण जाति के लोग जुड़े हुए हैं। इस चुनाव में बीजेपी ने ओबीसी, दलित, आदिवासी मतों में अच्छी सेंध लगा ली है। बहरहाल, इस रुझान से यह भी पता चलता है कि लोग अब जाति के जंजाल में नहीं फँसना चाहते हैं, बल्कि उनके लिए अब रोज़ी, रोटी, कपड़ा, मकान, सुरक्षा और विकास अहम मुद्दा बन गया है। ये मुद्दे साल-दर-साल बदलते रहते हैं, लेकिन मोदी के ओबीसी होने से बीजेपी को ज़बरदस्त फ़ायदा हुआ। कहा जाता है कि जाति ख़त्म हुई लेकिन लहर होती है तो जातिवाद दब जाती है लेकिन लहर नहीं होती है तो फिर जातिवाद का ज़हर फैलने लगता है। जब केन्द्र में सत्ता और विपक्ष का निर्णायक

नेता नहीं होता है तो जाति का समीकरण भी चलता है और राज्य दर राज्य अलग-अलग समीकरण होते हैं उसी समीकरण के ज़रिये केन्द्र की राजनीति की दशा और दिशा तय होती है लेकिन केन्द्र में निर्णयाक नेता है इसीलिए कहा जाता है कि मोदी ने जातिवादी राजनीति के प्रभुत्व का मिथक तोड़ दिया, मोदी ने जातीय आधार पर दलीय अस्तित्व का वर्चस्व तोड़ दिया।

**ग्रामीण और शहरी सीटों के नतीजे- 2019**

| | एनडीए | | यूपीए | | अन्य | | |
|---|---|---|---|---|---|---|---|
| | सीटें | सफलता दर | सीटें | सफलता दर | सीटें | सफलता दर | कुल सीट |
| ग्रामीण | 233 | 68.13 | 45 | 13.16 | 64 | 18.71 | 342 |
| सेमी शहरी | 79 | 54.9 | 38 | 26.39 | 27 | 18.75 | 144 |
| शहरी | 40 | 70.2 | 10 | 17.54 | 7 | 12.28 | 57 |
| कुल | 352 | 64.8 | 93 | 17.13 | 98 | 18.05 | 543 |

आदिवासी और दलित सीट ही नहीं बल्कि शहरी और ग्रामीण इलाक़ों के तिलिस्म को भी मोदी ने तोड़ दिया। पहले कहा जाता रहा है कि बीजेपी की पकड़ शहरी इलाक़े में ज़्यादा है लेकिन ये मिथक भी टूटता जा रहा है। देश में क़रीब 342 ग्रामीण लोकसभा की सीटें हैं जिसमें एनडीए 233, यूपीए 45 और अन्य पार्टियाँ 64 सीटें जीतीं, इन सीटों में एनडीए की सफलता दर 68 फ़ीसदी, यूपीए की सफलता दर 13 फ़ीसदी और अन्य पार्टियों की सफलता दर 19 फ़ीसदी रही। देश में 57 शहरी लोकसभा की सीट हैं, एनडीए 40 सीट, यूपीए 10 सीट और अन्य पार्टियाँ सीट जीती हैं, इन सीटों पर एनडीए की सफलता दर 70 फ़ीसदी है मतलब एनडीए की सफलता कमोबेश शहरी और ग्रामीण में लगभग एक ही समान है। वहीं शहरी सीटों पर यूपीए की सफलता दर 18 फ़ीसदी और अन्य पार्टियों की सफलता दर 12 फ़ीसदी है। दिलचस्प ये है कि एनडीए की सफलता दर सेमी शहरी इलाक़े में गिर गयी है। देश में 144 सेमी शहरी सीट हैं जिसमें एनडीए को 79, यूपीए 38 और अन्य को 27 सीटें मिली हैं जबकि इन सीटों पर एनडीए की सफलता दर 55 फ़ीसदी, यूपीए की सफलता दर 26 फ़ीसदी और अन्य की 19 फ़ीसदी सफलता दर है। अब सवाल है कि 2024 में फिर मोदी का जलवा चलेगा या नहीं, विपक्षी एकता को देखते हुए कहना मुश्किल है। राजनीति क्या मोड़ लेती है इस पर सारी बातें निर्भर करती हैं।

# लोकसभा से विधानसभा चुनाव का कैसा रिश्ता?

**धमेन्द्र कुमार सिंह**

कर्नाटक में कांग्रेस की शानदार जीत के बाद से विपक्षी खेमा जोश में था, वहीं सत्ता पक्ष बीजेपी सदमे में, लेकिन कर्नाटक विधानसभा चुनाव के 6 महीने बाद ही पाँच राज्यों मध्य प्रदेश, राजस्थान, तेलंगाना, छत्तीसगढ़ और मिजोरम के चुनाव ने कांग्रेस समेत इंडिया गठबन्धन की चिन्ता बढ़ा दी है। मध्यप्रदेश, राजस्थान और छत्तीसगढ़ में बीजेपी की शानदार जीत हुई जबकि तेलंगाना में कांग्रेस की जीत हुई जहाँ कांग्रेस की टक्कर बीजेपी से नहीं बल्कि भारत राष्ट्र समिति (बीआएस) से थी जबकि मिजोरम में न तो बीजेपी और न ही कांग्रेस की जीत हुई। कर्नाटक की हार को लोकसभा 2024 चुनाव के पहले प्रधानमन्त्री नरेन्द्र के लिए खतरे की घण्टी की तरह बताया गया। अब बीजेपी मध्य प्रदेश, राजस्थान और छत्तीसगढ़ में जीती है तो यही व्याख्या पलट गई और अब कहा जा रहा है कि प्रधानमन्त्री मोदी के सामने इंडिया गठबन्धन लोकसभा चुनाव 2024 में नहीं टिक पाएगी। जीत के बाद बीजेपी ऑफिस में नरेन्द्र मोदी ने कार्यकर्ता और मीडिया को सम्बोधित करते हुए कहा है कि " आज की इस हैट्रिक ने 2024 की हैट्रिक की गारण्टी दे दी है, जहाँ से दूसरी पार्टियों से लोगों की उम्मीद खत्म होती है, वहीं से मोदी की गारण्टी शुरू होती है। मोदी की गारण्टी यानी गारण्टी पूरा होने की गारण्टी"। सवाल है कि क्या हार और जीत से व्याख्या बदल जाती है? क्या ऐसे पल-पल व्याख्या बदलती है? जब कर्नाटक में कांग्रेस जीती थी तो विपक्ष क्यों मानकर चलने लगा कि 2024 में मोदी की हार पक्की होगी? अब जब बीजेपी तीन राज्य जीती है तो क्यों मानकर चल रही है 2024 में मोदी की हार पक्की होगी? अब जब बीजेपी तीन राज्य जीती है तो क्यों मानकर चल रही है 2024 में मोदी की हैट्रिक लगेगी? अब सवाल है क्या विधानसभा चुनाव

का नतीजा लोकसभा चुनाव का पैमाना हो सकता है ? अगर विधानसभा में हार तो लोकसभा में भी हार और विधानसभा में जीत, क्या ये लोकसभा चुनाव का मापदण्ड हो सकता है? इसकी पड़ताल करने से पहले ये जान लेते है कि कर्नाटक के परिणामों ने 2024 की पहेली को जटिल बना दिया, कांग्रेस 135 सीट लेकर भारी बहुमत से जीती वहीं बीजेपी की करारी हार हुई, महज़ 66 सीट पर सिमट गयी है। ज़ाहिर है कि इस जीत ने कांग्रेस समेत पूरे विपक्ष को एक संजीवनी दे दी थी, इसीलिए इसके बाद से विपक्षी एकता का ढोल और ज़ोर से बजने लगा, वैसे ही जैसे मध्य प्रदेश, राजस्थान और छत्तीसगढ़ में बीजेपी की शानदार जीत के बाद नगाड़े बजने लगे कि अब 2024 के लोकसभा चुनाव में इंडिया गठबन्धन की हार पक्की हो गई है? मध्य प्रदेश की 230 सीटों में से बीजेपी को भारी बहुमत मिली, बीजेपी को 163 और कांग्रेस को महज 66 सीटें मिली जबकि राजस्थान की 200 सीटों में से बीजेपी को 115 और कांग्रेस को 69 सीटें मिली जबकि 90 सीटों वाली छत्तीसगढ़ विधानसभा में बीजेपी को 54 और कांग्रेस को 34 सीटें मिली। भले मध्य प्रदेश, राजस्थान और छत्तीसगढ़ में कांग्रेस को हार का सामना करना पड़ा लेकिन तेलंगाना में खुशखबरी मिली, पार्टी बीआरएस को हराकर सत्ता में आई हालाँकि तेलंगाना में बीजेपी रेस में नहीं थी, जबकि बीजेपी ने काफी जोर आजमाइश की लेकिन जंग से पहले ही टक्कर कांग्रेस और बीआरएस के बीच हो गई। कर्नाटक में जीत के बाद कांग्रेस जोश में थी अब बीजेपी हिन्दी के तीन राज्यों को जीतकर महाजोश में है। पर क्या विधानसभा चुनाव में हार-जीत राष्ट्रीय नेतृत्व की हार-जीत है? क्या कर्नाटक के नतीजे से नरेन्द्र मोदी की हार हुई है? क्या कर्नाटक के नतीजे से नरेन्द्र मोदी की हार हुई है? क्या मध्य प्रदेश, राजस्थान और छत्तीसगढ़ में राहुल गांधी की हार हुई है? क्या इस हार से इंडिया गठबन्धन का रास्ता लोकसभा 2024 के लिए बन्द हो गया? क्या ये माना जाए कि मोदी की हैट्रिक 2024 लोकसभा में पक्की हो गई है? जाहिर है एक जीत उम्मीद के कई रास्ते खोल देती है और एक हार आशंका के कई दरवाजे खोल देती है। अगर विधानसभा चुनाव लोकसभा चुनाव का मापदण्ड होता तो नरेन्द्र मोदी को 2019 में नहीं जीतना चाहिए था क्योंकि लोकसभा के पाँच महीने पहले पाँच राज्यों मध्य प्रदेश, छत्तीसगढ़, राजस्थान, तेलंगाना, मिजोरम के विधानसभा चुनाव में पार्टी की करारी हार हुई, जबकि इस बार बीजेपी 5 राज्यों में से 3 ही राज्य जीती है लेकिन ये भी कहा जाता है कि पुलवामा की वजह से पाकिस्तान पर एयर स्ट्राइक करने की वजह से लोकसभा 2019 में

मोदी को बम्पर जीत मिली। इससे पहले 2014 में मनमोहन सिंह के नेतृत्व वाली यूपीए सरकार के खिलाफ़ ज़बरदस्त हवा चल रही थी तब भी 2013 में कर्नाटक में बीजेपी की करारी हार हुई थी और कांग्रेस की जीत हुई थी लेकिन 2014 के लोकसभा चुनाव में कर्नाटक की जनता बीजेपी की तरफ़ मुड़ गयी, फिर पीएम मोदी की सत्ता में रहते हुए एक बार हार हुई। अब सिर्फ़ कर्नाटक की बात करें तो विधानसभा में जीत और हार का लोकसभा से कोई रिश्ता स्थापित नहीं हो रहा है। अगर कांग्रेस 2013 में जीती थी तो 2014 लोकसभा चुनाव में प्रधानमन्त्री मोदी को नहीं जीतना चाहिए था। दरअसल ये हार और जीत की बात पार्टी अपने हिसाब से पार्टी में जान फूँकने के लिए करती है और इस खेल में पत्रकार और एक्सपर्ट समां बाँधने का काम करते हैं लेकिन हकीकत में इसका कोई वास्ता नहीं दिख रहा है। अब मध्य प्रदेश, राजस्थान और छत्तीसगढ़ की बात कर लेते हैं, बात है 1998 की जब प्याज की कीमत आसमान पर चली गई और उसी साल हुए विधानसभा चुनाव में बीजेपी दिल्ली, मध्य प्रदेश (जिसमें अब का छत्तीसगढ़ भी शामिल) और राजस्थान हार गई और कहा गया कि प्याज की कीमत बीजेपी को चुकानी पड़ी और अगले साल हुए लोकसभा चुनाव में बीजेपी की फिर जीत हुई वहीं 2003 के विधानसभा चुनाव में बीजेपी तीनों राज्य कांग्रेस को हराकर जीती थी लेकिन अगले ही साल 2004 लोकसभा चुनाव में कांग्रेस की जीत हुई। मतलब विधानसभा में हार जीत की थ्योरी लोकसभा में फेल हो गई। वहीं 2008 के विधानसभा चुनाव में बीजेपी मध्य प्रदेश और छत्तीसगढ़ जीती जबकि कांग्रेस राजस्थान लेकिन 2009 लोकसभा चुनाव में केन्द्र में कांग्रेस की दोबारा जीत हुई फिर 2013 में बीजेपी तीनों राज्य जीती और फिर 2014 का लोकसभा का चुनाव भी जीती लेकिन यही थ्योरी लोकसभा 2019 के चुनाव में फेल हो गई, तीनों राज्यों के हार के बाद भी बीजेपी की शानदार जीत हुई, इसीलिए इस बार की तीन राज्यों की जीत को लोकसभा से जोड़ना स्थापित फॉर्मूला के हिसाब से फिट नहीं बैठ पा रहा है। परिणाम कयासों पर नहीं बल्कि हक़ीक़त पर टिका होता है लेकिन चुनाव में हार और जीत का राजनैतिक नैरेटिव बनाने की प्रथा रही है। अब ये समझना ज़रूरी हो गया है कि वाकई विधानसभा चुनाव में हार सत्ताधारी पार्टी और विपक्ष के लिए ख़तरे की घंटी है या मिथ्या है जो सालों से चलता आ रहा है, पत्रकार से लेकर एक्सपर्ट, चुनाव विश्लेषक से लेकर राजनीतिक विश्लेषक, रिसर्चर से लेकर प्रोफ़ेसर तक के सामने ये राज़ ही बना हुआ है कि विधानसभा में जीत और हार का साया लोकसभा चुनाव पर पड़ता है या नहीं? इस राज़ को खोलने के लिए गणित का तय फॉर्मूला नहीं है

लेकिन कई फैक्टर हैं जिसके आधार पर इस गुत्थी को समझा जा सकता है। दरअसल विधानसभा चुनाव के नतीजे का लोकसभा चुनाव पर कोई असर नहीं होता है क्योंकि विधानसभा चुनाव स्थानीय मुद्दे, स्थानीय नेतृत्व, स्थानीय गठबन्धन, एंटी इनकंबेंसी, राजनीतिक पार्टी के लुभावने घोषणापत्र, जाति, धर्म, स्थानीय उम्मीदवार इत्यादि पर निर्भर करता है। तो क्या केन्द्र में प्रधानमन्त्री और सत्ताधारी पार्टी का विधानसभा चुनाव पर असर नहीं होता है, ऐसा नहीं है लेकिन इसके भी कई फैक्टर और कई मायने हैं। सत्ताधारी दल के स्थानीय नेता निर्णायक नेता हैं या नहीं? क्या विपक्ष के नेता सत्ताधारी पार्टी के नेता से ज़्यादा निर्णायक हैं या कम? राज्य में किसकी सरकार है, अगर सत्ताधारी पार्टी की सरकार है तो पाँच साल में कैसा काम किया है, क्या भ्रष्टाचार का आरोप है या नहीं? पार्टी की पकड़ कैसी है? जनता के लिए सत्ता पक्ष और विपक्ष के लिए पिटारे में क्या है? मुख्यमन्त्री का चेहरा जिसे बनाया गया है उनकी छवि कैसी है और राज्य के जाति समीकरण में फिट बैठता है या नहीं इत्यादि? केन्द्र में सत्ताधारी और विपक्ष में किस पार्टी का नेतृत्व निर्णायक है, गठबन्धन की राजनीति में किसका पलड़ा भारी है? उम्मीदवार का चयन किस तरह किया गया है, जो पार्टी के ख़ास वोटर हैं क्या उनको टिकट बँटवारे में अहमियत दी गयी या नहीं? पार्टी का जनाधार कैसा है? बीजेपी हो या कांग्रेस कभी-कभी विधानसभा में बिना मुख्यमन्त्री के चेहरे के चुनावी मैदान में उतर जाती है पार्टी, इसकी अलग-अलग वजहें हो सकती हैं, पार्टी में निर्णायक नेता की कमी, चेहरा सामने रखने पर कई बार गुटबाज़ी के कारण पार्टी को नुक़सान हो सकता है, मुख्यमन्त्री के चेहरे को पर्दे के पीछे रखने से राज्य में जातिगत समीकरण में बिखराव नहीं होता है और कभी-कभी प्रधानमन्त्री के चेहरे पर विधानसभा चुनाव भी लड़ लिया जाता है, कभी-कभी इस रणनीति से फ़ायदा भी होता है और कभी नुक़सान भी होता है। नरेन्द्र मोदी के नाम से बीजेपी चुनाव जीती भी है हारी भी है। जैसे कर्नाटक में हारे और मध्य प्रदेश, राजस्थान और छत्तीसगढ़ में जीते, बीजेपी कहीं दोबारा सरकार बनायी है तो गुजरात में लगातार चुनाव जीत रही है, मोदी के प्रधानमन्त्री बनने के बाद जहाँ बीजेपी की सरकार नहीं थी वहाँ जीती भी है, और जहाँ जीती है वहाँ दोबारा फिर सरकार बनाने में सफल हुई है, जहाँ जीती है वहाँ हारी भी है और कुछ राज्य ऐसे हैं जहाँ पर पार्टी अभी तक चुनाव नहीं जीती है। कई ऐसे उदाहरण हैं मोदी के प्रधानमन्त्रित्व काल में बीजेपी चुनाव हारी है, तो कई जीती है लेकिन विधानसभा चुनाव का जो मिज़ाज होता है वो लोकसभा में साफ़ बदल जाता है। लोकसभा चुनाव में बीजेपी का वोट बढ़ जाता है जबकि विधानसभा में

वोट घट जाता है फिर लोकसभा चुनाव आने के बाद स्थिति सुधर जाती है। इसका मतलब साफ़ है कि लोकसभा चुनाव प्रधानमन्त्री के चेहरे और देश के मुद्दे पर लड़ा जाता है और विधानसभा चुनाव स्थानीय मुद्दे और स्थानीय नेता पर लड़े जाते हैं। मोदी लोकसभा चुनाव में विकास, पाँच ट्रिलियन की इकोनॉमी, राम मन्दिर, यूनिफॉर्म सिविल कोड और जनकल्याणकारी योजनाओं को मुद्दा बना सकते हैं जबकि राष्ट्रवाद, राष्ट्रीय सुरक्षा और हिन्दुत्व बीजेपी का मुद्दा मूल मुद्दा रहे हैं जबकि विपक्ष संवैधानिक संस्थाओं पर सरकार का क़ब्ज़ा, कॉरपोरेट लूट, सार्वजनिक संस्थाओं के निजीकरण, अडाणी, महँगाई और बेरोज़गारी इत्यादि का मुद्दा बना सकता है। दरअसल विधानसभा में स्थानीय मुद्दों के अलावा रेवड़ी कल्चर भी काफ़ी मशहूर हो रहा है। दिल्ली में अरविन्द केजरीवाल ने रेवड़ी कल्चर की शुरुआत की थी। 200 यूनिट फ्री बिजली और पानी फ्री, फिर तो खैरात की बरसात शुरू हो गयी है। मध्य प्रदेश हो या राजस्थान, तेलंगाना हो या छत्तीसगढ़ पंजाब हो या हिमाचल, उत्तर प्रदेश हो या कर्नाटक, हर जगह मुफ़्त की राजनीति शुरू हो गयी है, मुफ़्त का जिस पार्टी के पास जितना पिटारा उसे फ़ायदा होने की उम्मीद लेकिन इसका असर उसी राज्य पर पड़ता है, डंके की चोट पर नहीं कहा जा सकता है कि लोकसभा पर भी इसका असर होता है। जबसे मोदी प्रधानमन्त्री बने हैं तब से अभी तक लोकसभा और विधानसभा के 62 चुनाव हुए हैं जिसमें बीजेपी और गठबन्धन की 34 चुनावों में जीत हुई या नम्बर दो होने के बाद भी जुगाड़ करके सरकार बनाने में सफल रही है और 28 राज्यों में हार हुई। हम बीजेपी के चुनावी प्रदर्शन पर ग़ौर करें तो भी यह बात शिद्दत से समझ आती है। 2014 के लोकसभा चुनावों के बाद मध्य प्रदेश, राजस्थान और छत्तीसगढ़ में हारी और जीती, हरियाणा, महाराष्ट्र, उत्तरप्रदेश, गुजरात, त्रिपुरा, असम, उत्तराखण्ड, गोवा में लगातार जीत रही है, ऐसे भी राज्य हैं जहाँ एक बार जीती एक बार हारी वो राज्य हैं बिहार, झारखण्ड, हिमाचल प्रदेश, कर्नाटक इत्यादि लेकिन वो भी राज्य हैं जहाँ मोदी के प्रधानमन्त्री बनने के बाद काफी कोशिश की गई फिर भी नहीं जीत पाई वो है दिल्ली, बंगाल और ओड़िसा और तमिलनाडु, केरल, आन्ध्रप्रदेश और तेलंगाना में अभी तक पार्टी की जड़ मजबूत नहीं हो पाई है। कुछ राज्य में हार के बावजूद विधायकों को तोड़कर सरकार बनाने में कामयाब हुई और कुछ में जीत का मिश्रित दौर चलता रहा है। असम, त्रिपुरा से लेकर मेघालय, अरुणाचल, मिजोरम जैसे तमाम राज्यों में कांग्रेस के कई नेता अब बीजेपी के हो गये हैं। 2014 लोकसभा चुनाव से लेकर अभी तक मध्यप्रदेश, राजस्थान, तेलंगाना, छत्तीसगढ़ और मिजोरम

चुनाव के नतीजे देखने से साफ़ पता चल जाता है कि विधानसभा में बीजेपी को भले ही कम वोट मिले लेकिन ज़्यादातर राज्यों में बीजेपी के वोटों में लोकसभा में भारी उछाल आ जाता है इससे तात्कालिक अनुमान लगाया जा सकता है लेकिन दीर्घकालिक नहीं कहा जा सकता है।

**लोकसभा और विधानसभा में बीजेपी की बढ़ती और घटती शक्ति**

| कर्नाटक | | | | |
|---|---|---|---|---|
| **साल** | **चुनाव** | **जीती** | **(%)** | **कुल सीटें** |
| 2019 | लोकसभा | 25 | 51.7 | 28 |
| 2014 | लोकसभा | 17 | 43 | 28 |
| 2023 | विधानसभा | 66 | 36 | 224 |
| 2018 | विधानसभा | 104 | 36.22 | 224 |
| **मध्य प्रदेश** | | | | |
| **साल** | **चुनाव** | **जीती** | **(%)** | **कुल सीटें** |
| 2019 | लोकसभा | 28 | 58.5 | 29 |
| 2014 | लोकसभा | 27 | 54 | 29 |
| 2023 | विधानसभा | 163 | 48.5 | 230 |
| 2018 | विधानसभा | 109 | 41.2 | 230 |
| **राजस्थान** | | | | |
| **साल** | **चुनाव** | **जीती** | **(%)** | **कुल सीटें** |
| 2019 | लोकसभा | 24 | 59.1 | 25 |
| 2014 | लोकसभा | 25 | 54.9 | 25 |
| 2023 | विधानसभा | 115 | 41.69 | 200 |
| 2018 | विधानसभा | 73 | 38.77 | 200 |
| **छत्तीसगढ़** | | | | |
| **साल** | **चुनाव** | **जीती** | **(%)** | **कुल सीटें** |
| 2019 | लोकसभा | 9 | 51.4 | 11 |
| 2014 | लोकसभा | 10 | 48.7 | 11 |
| 2023 | विधानसभा | 54 | 46.3 | 90 |
| 2018 | विधानसभा | 15 | 33 | 90 |
| **उत्तर प्रदेश** | | | | |
| **साल** | **चुनाव** | **जीती** | **(%)** | **कुल सीटें** |
| 2019 | लोकसभा | 62 | 50.0 | 80 |

| 2014 | लोकसभा | 71 | 42.3 | 80 |
|---|---|---|---|---|
| 2022 | विधानसभा | 255 | 41.3 | 400 |
| 2017 | विधानसभा | 312 | 39.67 | 400 |
| | | **गुजरात** | | |
| **साल** | **चुनाव** | **जीती** | **(%)** | **कुल सीटें** |
| 2019 | लोकसभा | 26 | 63.1 | 26 |
| 2014 | लोकसभा | 26 | 59.1 | 26 |
| 2022 | विधानसभा | 156 | 52.5 | 182 |
| 2017 | विधानसभा | 99 | 49.05 | 182 |
| | | **उत्तराखण्ड** | | |
| **साल** | **चुनाव** | **जीती** | **(%)** | **कुल सीटें** |
| 2019 | लोकसभा | 5 | 61.7 | 5 |
| 2014 | लोकसभा | 5 | 55.3 | 5 |
| 2022 | विधानसभा | 47 | 44.3 | 70 |
| 2017 | विधानसभा | 56 | 46.5 | 70 |
| | | **असम** | | |
| **साल** | **चुनाव** | **जीती** | **(%)** | **कुल सीटें** |
| 2019 | लोकसभा | 9 | 36.4 | 14 |
| 2014 | लोकसभा | 7 | 36.5 | 14 |
| 2019 | विधानसभा | 60 | 33.21 | 126 |
| 2016 | विधानसभा | 60 | 29.41 | 126 |
| * बीजेपी का अन्य पार्टी से गठबन्धन था, बीजेपी को अकेला दिखाया गया है | | | | |
| | | **बिहार** | | |
| **साल** | **चुनाव** | **जीती** | **(%)** | **कुल सीटें** |
| 2019 | लोकसभा | 17 | 24.1 | 40 |
| 2014 | लोकसभा | 22 | 29.4 | 40 |
| 2021 | विधानसभा | 74 | 19.46 | 244 |
| 2015 | विधानसभा | 53 | 24.4 | 244 |

| *2015 में नीतीश से गठबन्धन नहीं था, 157 सीट पर लड़ी, 2020 में नीतीश से गठबन्धन था 110 सीट पर लड़ी थी | | | | |
|---|---|---|---|---|
| ** 2014 में जेडीयू का बीजेपी से गठबन्धन नहीं था, बीजेपी, एलजेपी, उपेन्द्र कुशवाहा की पार्टी से गठबन्धन था | | | | |
| **गोवा** | | | | |
| **साल** | **चुनाव** | **जीती** | **(%)** | **कुल सीटें** |
| 2019 | लोकसभा | 1 | 51.94 | 2 |
| 2014 | लोकसभा | 2 | 53.4 | 2 |
| 2022 | विधानसभा | 20 | 33.31 | 40 |
| 2017 | विधानसभा | 13 | 32.5 | 40 |
| **हरियाणा** | | | | |
| **साल** | **चुनाव** | **जीती** | **(%)** | **कुल सीटें** |
| 2019 | लोकसभा | 10 | 58.2 | 10 |
| 2014 | लोकसभा | 7 | 34.7 | 10 |
| 2019 | विधानसभा | 40 | 36.49 | 90 |
| 2014 | विधानसभा | 47 | 33.2 | 90 |
| **पश्चिम बंगाल** | | | | |
| **साल** | **चुनाव** | **जीती** | **(%)** | **कुल सीटें** |
| 2019 | लोकसभा | 18 | 40.6 | 42 |
| 2014 | लोकसभा | 2 | 16.8 | 42 |
| 2021 | विधानसभा | 77 | 38.0 | 294 |
| 2016 | विधानसभा | 3 | 10.16 | 294 |
| **हिमाचल प्रदेश** | | | | |
| **साल** | **चुनाव** | **जीती** | **(%)** | **कुल सीटें** |
| 2019 | लोकसभा | 4 | 69.7 | 4 |
| 2014 | लोकसभा | 4 | 53.3 | 4 |
| 2022 | विधानसभा | 25 | 43 | 68 |
| 2017 | विधानसभा | 44 | 48.79 | 68 |
| **झारखण्ड** | | | | |
| **साल** | **चुनाव** | **जीती** | **(%)** | **कुल सीटें** |
| 2019 | लोकसभा | 11 | 51.6 | 14 |
| 2014 | लोकसभा | 12 | 40.1 | 14 |

| | | | | |
|---|---|---|---|---|
| 2019 | विधानसभा | 25 | 33.37 | 81 |
| 2014 | विधानसभा | 37 | 31.26 | 81 |
| | | **केरल** | | |
| **साल** | **चुनाव** | **जीती** | **(%)** | **कुल सीटें** |
| 2019 | लोकसभा | 0 | 13 | 20 |
| 2014 | लोकसभा | 0 | 10.3 | 20 |
| 2021 | विधानसभा | 0 | 11.3 | 140 |
| 2016 | विधानसभा | 1 | 10.53 | 140 |
| | | **महाराष्ट्र** | | |
| **साल** | **चुनाव** | **जीती** | **(%)** | **कुल सीटें** |
| 2019 | लोकसभा | 23 | 27.3 | 48 |
| 2014 | लोकसभा | 23 | 27.8 | 48 |
| 2019 | विधानसभा | 105 | 25.75 | 288 |
| 2014 | विधानसभा | 122 | 27.81 | 288 |
| *2019 और 14 में शिवसेना का गठबन्धन था, बीजेपी को अकेले दिखाया गया है | | | | |
| | | **दिल्ली** | | |
| **साल** | **चुनाव** | **जीती** | **(%)** | **कुल सीटें** |
| 2019 | लोकसभा | 7 | 56.9 | 7 |
| 2014 | लोकसभा | 7 | 46.4 | 7 |
| 2020 | विधानसभा | 8 | 38.51 | 70 |
| 2015 | विधानसभा | 3 | 32.19 | 70 |
| | | **उड़ीसा** | | |
| **साल** | **चुनाव** | **जीती** | **(%)** | **कुल सीटें** |
| 2019 | लोकसभा | 8 | 38.9 | 21 |
| 2014 | लोकसभा | 1 | 21.5 | 21 |
| 2019 | विधानसभा | 23 | 32.49 | 147 |
| 2014 | विधानसभा | 10 | 17.99 | 147 |
| | | **पंजाब** | | |
| **साल** | **चुनाव** | **जीती** | **(%)** | **कुल सीटें** |
| 2019 | लोकसभा | 2 | 9.7 | 13 |
| 2014 | लोकसभा | 2 | 8.7 | 13 |

| | | | | |
|---|---|---|---|---|
| 2022 | विधानसभा | 2 | 6.6 | 117 |
| 2017 | विधानसभा | 3 | 5.4 | 117 |

**सिक्किम**

| साल | चुनाव | जीती | (%) | कुल सीटें |
|---|---|---|---|---|
| 2019 | लोकसभा | | 4.7 | 1 |
| 2014 | लोकसभा | | 2.4 | 1 |
| 2019 | विधानसभा | 0 | 1.6 | 32 |
| 2014 | विधानसभा | 0 | 0.71 | 32 |

**तमिलनाडु**

| साल | चुनाव | जीती | (%) | कुल सीटें |
|---|---|---|---|---|
| 2019 | लोकसभा | 0 | 3.6 | 39 |
| 2014 | लोकसभा | 1 | 5.5 | 39 |
| 2021 | विधानसभा | 4 | 2.6 | 234 |
| 2016 | विधानसभा | 0 | 2.9 | 234 |

**त्रिपुरा**

| साल | चुनाव | जीती | (%) | कुल सीटें |
|---|---|---|---|---|
| 2019 | लोकसभा | 2 | 49.6 | 2 |
| 2014 | लोकसभा | 0 | 5.0 | 2 |
| 2023 | विधानसभा | 32 | 39.0 | 60 |
| 2018 | विधानसभा | 35 | 43.6 | 59 |

**तेलंगाना**

| साल | चुनाव | जीती | (%) | कुल सीटें |
|---|---|---|---|---|
| 2019 | लोकसभा | 4 | 19.7 | 17 |
| 2023 | विधानसभा | 8 | 13.9 | 119 |
| 2018 | विधानसभा | 1 | 6.98 | 119 |

**जम्मू-कश्मीर**

| साल | चुनाव | जीती | (%) | कुल सीटें |
|---|---|---|---|---|
| 2019 | लोकसभा | 3 | 46.68 | 6 |
| 2014 | लोकसभा | 3 | 32.4 | 6 |
| 2014 | विधानसभा | 25 | 22.98 | 87 |

**मणिपुर**

| साल | चुनाव | जीती | (%) | कुल सीटें |
|---|---|---|---|---|
| 2019 | लोकसभा | 1 | 34.3 | 2 |

| | | | | |
|---|---|---|---|---|
| 2014 | लोकसभा | 0 | 11.9 | 2 |
| 2022 | विधानसभा | 32 | 37.83 | 60 |
| 2017 | विधानसभा | 21 | 36.3 | 60 |
| | | **मेघालय** | | |
| **साल** | **चुनाव** | **जीती** | **(%)** | **कुल सीटें** |
| 2019 | लोकसभा | 0 | 8 | 2 |
| 2014 | लोकसभा | 0 | 8.9 | 2 |
| 2018 | विधानसभा | 2 | 9.6 | 60 |
| 2023 | विधानसभा | 2 | 9.33 | 60 |
| | | **मिजोरम** | | |
| **साल** | **चुनाव** | **जीती** | **(%)** | **कुल सीटें** |
| 2019 | लोकसभा | 0 | 5.8 | 1 |
| 2014 | लोकसभा | 0 | 0 | 1 |
| 2023 | विधानसभा | 2 | 5.6 | 40 |
| 2018 | विधानसभा | 1 | 8.09 | 40 |
| | | **नगालैंड** | | |
| **साल** | **चुनाव** | **जीती** | **(%)** | **कुल सीटें** |
| 2019 | लोकसभा | 0 | नही लड़ी | 1 |
| 2014 | लोकसभा | 0 | नही लड़ी | 1 |
| 2018 | विधानसभा | 12 | 15.3 | 60 |
| 2023 | विधानसभा | 12 | 18.81 | 60 |
| | | **आन्ध्रप्रदेश** | | |
| **साल** | **चुनाव** | **जीती** | **(%)** | **कुल सीटें** |
| 2019 | लोकसभा | 0 | 1 | 25 |
| 2014 | लोकसभा | 3 | 8.5 | 25 |
| 2019 | विधानसभा | 0 | 0.84 | 175 |
| 2014 | विधानसभा | 9 | 4.13 | 294 |
| | | **अरुणाचल प्रदेश** | | |
| **साल** | **चुनाव** | **जीती** | **(%)** | **कुल सीटें** |
| 2019 | लोकसभा | 2 | 58.5 | 2 |
| 2014 | लोकसभा | 1 | 46.1 | 2 |
| 2019 | विधानसभा | 41 | 50.86 | 60 |
| 2014 | विधानसभा | 11 | 30.97 | 60 |

एक ज़माना था जब कहा जाता था कि इंडिया का मतलब इन्दिरा और इन्दिरा का मतलब इंडिया। नरेन्द्र मोदी की अगुवाई में जिस तरह राज्यों के चुनाव पूरी तरह राष्ट्रीय मुद्दे और राष्ट्रीय परिदृश्य में बदल गये, उससे यह भी सवाल पैदा होता है कि क्या नरेन्द्र मोदी इस सदी के इन्दिरा गांधी हैं, जहाँ राजनीति का मतलब मोदी इज़ इंडिया और इंडिया इज़ मोदी हो गया है, क्योंकि न तो पार्टी के अन्दर ही कोई मोदी को टक्कर देने वाला है और न ही पार्टी के बाहर। जैसे केन्द्र में नरेन्द्र मोदी निर्णायक नेता हैं वैसे ही राज्य में कई निर्णायक नेता हैं मसलन ओड़िशा में नवीन पटनायक, दिल्ली में अरविन्द केजरीवाल, पश्चिम बंगाल में ममता बनर्जी, बिहार में नीतीश कुमार, उत्तर प्रदेश में योगी आदित्यनाथ भी निर्णायक नेता बन गये हैं, असम में हेमन्त बिस्वा सरमा इत्यादि। अगर राज्य में बीजेपी के नेता की तुलना में विपक्ष का कोई निर्णायक नेता होता है तो बाज़ी पलट जाती है। लोकसभा और विधानसभा नतीजे को पैनी नज़र से देखना है तो 2019 में लोकसभा चुनाव के साथ ही ओड़िशा के विधानसभा चुनाव भी हुए थे, लोकसभा चुनाव में बीजेपी और बीजेडी की कड़ी टक्कर थी लेकिन विधानसभा में बीजेडी की टक्कर में बीजेपी नहीं थी। एक ही राज्य के दोनों चुनाव में बीजेपी को लोकसभा में ज़्यादा वोट मिले तो विधानसभा चुनाव में कम वोट मिले। लोकसभा की 21 सीटों में से बीजेपी को 8 सीटें मिलीं और 38.9 फ़ीसदी वोट लेकिन लोकसभा के साथ हुए विधानसभा चुनाव में बीजेपी को 117 सीटों में से सिर्फ़ 23 सीटें और 32.49 फ़ीसदी वोट मिले। इस गुत्थी को समझने के बेहतर उदाहरण हैं, एक बूथ, एक वोटर और दो सोच, केन्द्र में मोदी को जीतना है लेकिन राज्य में नवीन पटनायक मुख्यमन्त्री पर मुहर लगाना है हालाँकि 2014 में भी  ओड़िसा में लोकसभा और विधानसभा चुनाव साथ हुए थे लेकिन उस समय की तस्वीर अलग थी। लोकसभा में बीजेपी ने 21.5 फ़ीसदी वोट पाकर 1 सीट हासिल की थी जबकि विधानसभा में 18 फ़ीसदी वोट लेकर 10 सीट हासिल की थी। 2019 में लोकसभा चुनाव के साथ ही अरुणाचल प्रदेश में भी विधानसभा चुनाव हुए थे। बीजेपी ने लोकसभा की दोनों सीटें जीती थीं और विधानसभा की 60 सीटों में से 41 सीटें भी जीती थीं लेकिन लोकसभा में 58.5 फ़ीसदी वोट और विधानसभा में 50.86 वोट मिले, यानी 8 फ़ीसदी का फ़ासला रहा। इस गुत्थी को समझने के लिए दिल्ली से बेहतर उदाहरण नहीं हो सकता है। दिल्ली में 2013 से लेकर अभी तक विधानसभा के तीन चुनाव हुए। 2013 के चुनाव में बीजेपी सबसे बड़ी पार्टी बनी लेकिन बहुमत से दूर थी, अरविन्द केजरीवाल कांग्रेस के समर्थन से दिल्ली

में सरकार बनाने में कामयाब हो गये लेकिन इसके बाद जब प्रधानमन्त्री बनने की लालसा में केजरीवाल ने मुख्यमन्त्री पद से इस्तीफ़ा दिया तब 2014 के लोकसभा चुनाव में आम आदमी पार्टी को दिल्ली में एक भी सीट नहीं मिली, यही नहीं वाराणसी में मोदी को टक्कर देने गये केजरीवाल ख़ुद हार गये लेकिन फिर अगले ही साल दिल्ली के विधानसभा चुनाव में आम आदमी पार्टी ने बीजेपी का सूपड़ा साफ़ कर दिया। दिल्ली विधानसभा की 70 सीट में से आम आदमी पार्टी को 67 सीटें मिलीं जबकि सातों लोकसभा चुनाव जीतने वाली बीजेपी महज़ तीन विधानसभा सीटें ही जीत पायी, फिर अगले साल एमसीडी चुनाव में बीजेपी ने जीत का परचम लहराया और 2019 लोकसभा चुनाव में बीजेपी 2014 की तरह ही सातों सीट जीत गयी। लेकिन 2020 के विधानसभा चुनाव में दिल्ली में फिर से आम आदमी पार्टी की झाड़ू चली और वो 70 में 62 सीट जीतने में कामयाब हुई। इसके बाद 2022 में एमसीडी के चुनाव में पहली बार आम आदमी पार्टी का परचम लहराया। ऐसे कई राज्य हैं जहाँ पर बीजेपी की विधानसभा में हार हुई या वोट घटे लेकिन लोकसभा चुनाव में जीत हो गयी और वोट भी बढ़ गये। ये भी देखना ज़रूरी है, केन्द्र में मोदी निर्णायक नेता हैं, उनकी पार्टी को दोनों बार स्पष्ट बहुमत मिला है ये हिसाब किताब मोदी काल का है लेकिन मोदी काल के पहले 1989 से लेकर 2009 के चुनावों में क्या हुआ।

ये सर्वविदित है कि 1989 से लेकर 2009 तक किसी एक पार्टी को स्पष्ट बहुमत नहीं मिला, इससे ये भी साबित होता है कि किसी एक पार्टी के समर्थन में कोई लहर नहीं थी और पूरे देश में या अधिकतर राज्यों में किसी ख़ास पार्टी को जीत नहीं मिली। 1989 और 1991 की स्थिति थोड़ी भिन्न थी। 1989 में वीपी सिंह के नेतृत्व वाले जनता दल से बीजेपी का गठबन्धन था जबकि 1991 में कांग्रेस 232 सीट लेकर बड़ी पार्टी बनकर उभरी थी। 1991 के बाद से चुनाव एक राष्ट्रव्यापी मुक़ाबला नहीं रह गया, ये कहा जा सकता है कि केन्द्र में राष्ट्रीय पार्टी एक मुखौटे के तौर पर काम करती थी और राज्य के समीकरण, जोड़ और घटाव से सरकार बनती और बिगड़ती थी। मतलब राष्ट्रीय स्तर के नतीजे इन सभी राज्य स्तर के मुक़ाबलों के सकल जोड़ और घटाव पर निर्भर हो गये। लोकसभा चुनाव के लिए भी राज्य ही राजनीतिक चुनाव का अखाड़ा बन गया इसलिए चुनाव की सम्भावनाओं की चर्चा का उपयोगी तरीक़ा हर राज्य को अलग-अलग देखना, वहाँ मौजूद पार्टियों की क्षमता देखना, सामाजिक समीकरणों पर नज़र डालना, गठबन्धन

करना और मौजूदा राजनीतिक परिदृश्यों को देखते हुए सत्ता और विरोधी पार्टियों के खेमे में शामिल हो जाता है, विचारधारा की लकीर को ध्यान में रखकर समझौता करना नियति बन गयी थी। देश ने ये भी देखा कि विचारधारा की चट्टान कितनी मज़बूत है, 1989 लोकसभा चुनाव में वामपन्थी और दक्षिणपन्थी की राजनीतिक नूराकुश्ती हुई? गठबन्धन तो जनता दल और बीजेपी के बीच था और वामपन्थी और जनतादल का था लेकिन वामपन्थी पार्टी ने ये दिखाने के लिए कि हम जुदा हैं, कुछेक जगहों पर बीजेपी के ख़िलाफ़ उम्मीदवार उतार दिये, ताकि ये बताया जा सके कि विचारधारा से कोई समझौता नहीं हो सकता है लेकिन विचारधारा की चट्टान कितनी मज़बूत होती है ये समझने की ज़रूरत है कि वीपी सिंह की सरकार की साँसें दक्षिणपन्थी और वामपन्थी की राजनैतिक वेंटिलेटर पर टिकी हुई थीं, मतलब हर चुनाव की अपनी रणनीति, अहमियत और समीकरण होते हैं, कोई समीकरण और परिणाम स्थायी नहीं है। अब ख़ासकर विचारधारा की धनी पार्टी वामपन्थी और कांग्रेस कई राज्य में आमने-सामने थी लेकिन वामपन्थी विचारधारा की दीवार कमज़ोर हो रही है तो ये दोनों पार्टियाँ कई राज्यों में हाथ मिलाने को मजबूर हुए। पुराने इतिहास को खँगालेंगे तो जवाहरलाल नेहरू की सरकार में कमोबेश सारी विचारधारा समाहित थी जिसमें आरएसएस की विचारधारा को भी जगह दी गयी थी लेकिन उस समय अलग परिस्थिति थी और नेहरू बड़े नेता थे। तो कहा जा सकता है कि विचारधारा से ज़्यादा सत्ता का संघर्ष रहा है, जब पार्टी मज़बूत रही तो विचारधारा की टकराहट हुआ, जब कमज़ोर हुई तो वजूद की लड़ाई में हाथ मिलाने से गुरेज भी नहीं हुई। ऐसे में ये सवाल है कि इंडिया गठबन्धन मोदी के तिलिस्म को तोड़ने में कितना कामयाब होता है।

जैसे 2024 लोकसभा चुनाव के पहले विधानसभा चुनाव को पैमाना बनाया जा रहा है। उसी को आधार मानते हुए विधानसभा के नतीजे की तलाश करते हैं। आख़िरकार क्या पैमाना है और लोकसभा चुनाव के नतीजे और विधानसभा के चुनाव में क्या रिश्ता है। आज़ादी से लेकर 1984 तक चाहे कांग्रेस की सरकार हो या जनता पार्टी की सरकार रही हो लोकसभा में स्पष्ट बहुमत मिला। 1984 में इन्दिरा गांधी की हत्या के बाद कांग्रेस को बम्पर जीत मिली थी ऐसी जीत भारतीय लोकतन्त्र में किसी पार्टी को नहीं मिली है लेकिन अगले ही साल हुए विधानसभा चुनाव में कांग्रेस पार्टी आन्ध्र प्रदेश, असम, कर्नाटक, पंजाब, सिक्किम हार गयी। यही नहीं 1989 के लोकसभा चुनाव के नतीजे 2 दिसम्बर को आये थे, कांग्रेस हार

गयी थी लेकिन इसके पहले विधानसभा में कांग्रेस आन्ध्र प्रदेश, गोवा, कर्नाटक, मिजोरम और नगालैंड जीती थी और तमिलनाडु में डीएमके, उत्तर प्रदेश में जनता दल, सिक्किम में एसएसपी जीती थी और त्रिपुरा में सीपीएम जीती थी। फिर दो साल बाद 1991 में 6 जून को लोकसभा के नतीजे आये थे और कांग्रेस को बहुमत तो नहीं मिला था लेकिन 232 सीट लेकर बड़ी पार्टी बनकर उभरी थी, इसके बाद कांग्रेस को कभी इतनी सीट नहीं मिली हैं, 1990 में हुए विधानसभा चुनाव में कांग्रेस की जीत सिर्फ़ महाराष्ट्र और अरुणाचल प्रदेश में हुई थी जबकि बिहार, हिमाचल प्रदेश, गुजरात, मध्य प्रदेश, मणिपुर, उड़ीसा, पुड्डुचेरी और राजस्थान में हार गयी थी और 1991 में लोकसभा के पहले और लोकसभा के दौरान हुए विधानसभा चुनाव में कांग्रेस की जीत असम, हरियाणा और केरल में हुई थी जबकि तमिलनाडु, उत्तर प्रदेश और पश्चिम बंगाल में हार गयी थी, अब बात करते हैं 1996 लोकसभा चुनाव की। इस चुनाव में किसी पार्टी को बहुमत नहीं मिला था लेकिन बीजेपी सबसे बड़ी पार्टी बनकर उभरी थी, वाजपेयी ने सरकार बनायी थी लेकिन बहुमत साबित नहीं करने से उनकी सरकार गिर गयी थी फिर संयुक्त मोर्चा की सरकार बनी थी। 1996 में मई में लोकसभा के नतीजे आये थे, लोकसभा के दौरान और लोकसभा के पहले असम में एजीपी, हरियाणा में हरियाणा विकास पार्टी, केरल में लेफ्ट, तमिलनाडु में डीएमके, पश्चिम बंगाल में लेफ्ट, पुड्डुचेरी में डीएमके जीती थी जबकि इस दौरान बीजेपी अपने बलबूते पर कहीं नहीं जीती थी। अब क्या कहा जाये जबकि लोकसभा में बीजेपी सबसे बड़ी पार्टी बनकर उभरी थी। 1996 के बाद फिर 1998 में लोकसभा का चुनाव हुआ, बीजेपी 182 सीट लेकर सबसे बड़ी पार्टी बनी और एनडीए गठबन्धन को बहुमत भी मिल गया। मार्च 1998 में लोकसभा के नतीजे घोषित हुए, ज़रा नज़र डालते हैं कि लोकसभा के दौरान और लोकसभा के एक साल में विधानसभा में क्या परिणाम रहे। 1997 में सिर्फ़ एक जगह विधानसभा के चुनाव हुए वो पंजाब था जहाँ पर बीजेपी और अकाली दल को बहुमत मिला। 1998 में मार्च तक हुए विधानसभा चुनाव में गुजरात, हिमाचल प्रदेश में बीजेपी की जीत हुई, ओड़िसा में बीजेपी और बीजेडी गठबन्धन की जीत हुई। त्रिपुरा में लेफ्ट, मेघालय और नगालैंड में कांग्रेस की जीत हुई। वाजपेयी सरकार के एक साल पूरे ही हुए थे कि अविश्वास प्रस्ताव में वाजपेयी की सरकार गिर गयी और फिर 1999 में सितम्बर-अक्टूबर में लोकसभा के चुनाव हुए और वाजपेयी की सरकार दोबारा चुनी गयी लेकिन एक बात ग़ौर करने की है कि लोकसभा चुनाव के पहले 1998

के आख़िरी में मध्य प्रदेश, राजस्थान और दिल्ली के विधानसभा चुनाव में कांग्रेस की शानदार जीत हुई और मिजोरम में एमएनएफ की जीत हुई अगर विधानसभा लोकसभा चुनाव का पैमाना है तो वाजपेयी सरकार को 1999 में नहीं जीतना चाहिए था, ज़रा 1999 के विधानसभा के नतीजे पर ग़ौर करते हैं, आन्ध्र प्रदेश में टीडीपी और बीजेपी गठबन्धन की जीत हुई जबकि महाराष्ट्र, कर्नाटक, गोवा, सिक्किम में कांग्रेस की जीत हुई जबकि मणिपुर में एमएससीपी की जीत हुई लेकिन लोकसभा में मध्य प्रदेश में 40 में 29 बीजेपी, राजस्थान में 25 में से 16 बीजेपी, दिल्ली में सातों सीट बीजेपी, महाराष्ट्र में बीजेपी-शिवसेना गठबन्धन 48 में से 28 से ज़्यादा सीट जीती, कैसा है चुनावी संसार विधानसभा में हार और लोकसभा में उन्हीं राज्यों में जीत हुई, कर्नाटक में 28 में से 18 कांग्रेस, आन्ध्र प्रदेश में 42 में से 36 में टीडीपी-बीजेपी गठबन्धन की जीत हुई थी। ज़ाहिर है कि विधानसभा और लोकसभा के चुनाव में रिश्ता कभी ख़शी और कभी ग़म की तरह प्रतीत हो रहा है। 2004 और 2009 में यूपीए गठबन्धन की सरकार थी लेकिन 2004 के पहले 2003 में विधानसभा में मध्य प्रदेश, छत्तीसगढ़ और राजस्थान में बीजेपी की जीत हुई थी, दिल्ली में कांग्रेस की जीत हुई थी। 2004 में लोकसभा चुनाव तक आन्ध्र प्रदेश में कांग्रेस, कर्नाटक में किसी को बहुमत नहीं मिला था बाद में कांग्रेस और जेडीएस गठबन्धन की सरकार बनी थी, ओड़िसामें बीजेपी और बीजेपी की सरकार बनी थी। 2009 के लोकसभा चुनाव में कांग्रेस को 206 सीटें मिली थीं और यूपीए गठबन्धन की सरकार बनी थी और विधानसभा में पिछले चुनाव की तरह खिचड़ी सरकार बनी थी, मध्य प्रदेश, छत्तीसगढ़, कर्नाटक में बीजेपी की सरकार बनी थी और राजस्थान, दिल्ली, असम में कांग्रेस की सरकार, ओड़िसामें बीजेडी की सरकार बनी थी। इससे मोटे तौर पर कहा जा सकता है कि विधानसभा चुनाव लोकसभा चुनाव का पैमाना नहीं है हालाँकि इस जीत और हार से सत्ता और विपक्ष उत्साहित होता है, नेता से समर्थक, संगठन से सियासत तक राजनीतिक बिजली गिरती है लेकिन ऐसी बिजली में सिर्फ़ चमक होती है, नुक़सान नहीं के बराबर होता है। ऐसा ही रिश्ता लोकसभा पर विधानसभा के नतीजे का प्रतीत होता है।

# लोकतन्त्र का सफ़र: नेहरू से मोदी युग तक

धर्मेन्द्र कुमार सिंह

भारतीय लोकतन्त्र 76 साल का सुहाना सफ़र पूरा कर चुका है और इस रास्ते में वह अनेक उतार-चढ़ाव का गवाह भी बना। हालाँकि देश में लोकतन्त्र के क़दम जैसे-जैसे आगे बढ़ते जा रहे हैं, उसकी जड़ें गहरी होती जा रही हैं। इसका फल हर आम-ओ-ख़ास तक पहुँच रहा है। हो सकता है कि लम्बी ग़ुलामी के बाद मिली आज़ादी में अपने अधिकारों व कर्तव्यों के बारे में आम लोगों को समझने में थोड़ा वक़्त लगा हो। सम्भव है कि इस वास्तविक अहसास में भी कुछ वक़्त लग गया हो कि सबके अधिकार बराबर हैं, फिर चाहे वे लोग पढ़े-लिखे, सम्भ्रान्त परिवारों, राजा-रजवाड़ों की क़तार में हों या निरक्षर और निर्धन तबकों से आते हों। वोट देने का सबका बराबर अधिकार और उसकी अहमियत का पूरा अहसास भी शायद धीरे-धीरे ही हुआ। लेकिन ये सब अहसास लगातार गहराते गये हैं। देश की सत्ता तथा संसाधनों में हिस्सेदारी की ख़्वाहिश और माँग बढ़ती गयी है और उसके नतीजे भी दिखते रहे हैं। फिर भी लोकतन्त्र का यह सफ़र मंज़िल से अभी कोसों दूर है, क्योंकि देश में जाति, धर्म, अमीर-ग़रीब, भाई-भतीजावाद की दीवारें बनी हुई हैं।

लोकतन्त्र में राजनैतिक सत्ता की रफ़्तार पर नज़र डालें तो आज़ादी के तीस साल तक बदलाव की रफ़्तार धीमी थी। देश के प्रथम प्रधानमन्त्री जवाहरलाल नेहरू केन्द्र में सतरह साल और चुनाव के बाद कांग्रेस पार्टी छब्बीस साल तक सत्ता में बनी रही। न ही उस समय नेहरू का कोई विरोध था, न ही किसी नेता का क़द नेहरू जैसा था, न ही समूचे देश के स्तर पर कोई टक्कर देने वाला विरोधी दल था, न ही जनता में कोई बड़ी नाराज़गी थी। देश में पढ़े-लिखे या साक्षर लोगों की तादाद भी कम थी, न ही मीडिया की पहुँच पूरे देश में थी। फिर, आज़ादी के बाद देश जश्न के मूड में भी था। लोकतन्त्र के उस काल को हनीमून या चन्द्रमुखी काल कहा जा सकता है। हालाँकि राजा-रजवाड़ों का असर भी पूरी तरह टूटा नहीं था। शायद इसी

वजह से इन्दिरा गांधी ने अपने बूते सत्ता सँभाली तो रियासतदारों को मिलने वाली रियायतें ख़त्म कीं, जिन्हें प्रिवी पर्स कहा जाता था। हालाँकि सुदूर ग्रामीण इलाक़ों में एक समान्तर सामन्ती तन्त्र चल रहा था। वह था अगड़ी जातियों और ज़मींदारों का दबदबा। वोट भी उनके या जाति या सामुदायिक मुखिया के कहने पर पड़ता था, क्योंकि जागरूकता और अशिक्षा का अभाव था। जैसे-जैसे लोकतन्त्र जवान होने लगा, अगड़ी जातियों का वर्चस्व कमज़ोर हुआ, महिलाओं में जागरूकता, वोटरों में समानता का भाव आने लगा और शिक्षा बढ़ी तो पुरुषों के मुक़ाबले महिलाओं का वोट प्रतिशत भी बढ़ने लगा। मीडिया मज़बूत हुआ तो दिल्ली से लेकर देश-प्रदेश की ख़बरें कोने-कोने तक पहुँचने लगीं। इसका भी व्यापक असर हुआ। अगर हम देश के चुनावी इतिहास के पन्नों को खँगालें तो जनता की विकल्प तलाशने की चाहत बढ़ती गयी है। अब मतदाता काम नहीं करने पर, जनता की उम्मीद पर खरा नहीं उतरने पर सरकार को सज़ा देते हैं। ये बदलाव लोगों की बेहतर ज़िन्दगी की चाहत से आया है। बदलाव की रफ़्तार इतनी तेज़ हो गयी है कि इसने हर घर और परिवार में नये सपनों को जन्म दे दिया है।

पहले तीन चुनावों 1952, 1957, 1962 में तो लोगों ने आज़ादी की लड़ाई के दौरान कांग्रेस और उसके नेताओं के प्रति स्थापित आस्था और विश्वास को ही प्रकट किया। उसे लोकतन्त्र का भक्ति काल भी कहा जा सकता है, लेकिन 1962 में ही मोहभंग के संकेत मिलने लगे। 1967 में लोहिया के ग़ैर-कांग्रेसवाद के नारे के तहत कई राज्यों में संविद (संयुक्त विधायक दल) सरकारों के बनने के साथ मोहभंग और विकल्प की तलाश को मुखर अभिव्यक्ति मिलने लगी। लेकिन साझा सरकार में शामिल दलों के टकराव से वह प्रयोग नाकाम होते ही लोग कांग्रेस की ओर लौटे। इन्दिरा गांधी के रूप में एक सशक्त नेता और ग़ैर-बराबरी मिटाने वाले कुछेक आर्थिक क़दमों (बैंक और खनिज सम्पदा के राष्ट्रीयकरण, प्रिवी पर्स को ख़त्म करने और ग़रीबी हटाओ जैसे नारे, बांग्लादेश की मुक्ति, परमाणु प्रोग्राम की शुरुआत करना) से नया विश्वास पैदा हुआ था। 1971 में पाकिस्तान के साथ युद्ध में उसके दो टुकड़े हुए और बांग्लादेश नाम का एक नया देश बना, तो 1972 में इन्दिरा गांधी की शानदार वापसी हुई जबकि नेहरू के निधन के बाद कांग्रेस दो टुकड़ों में बँट चुकी थी। हालाँकि भ्रष्टाचार, इमरजेंसी की ज्यादतियों ने इन्दिरा गांधी की कलई खोल दी।

इसके बाद 1977 में जयप्रकाश नारायण के जनता पार्टी वाले प्रयोग में लोगों ने अपना विश्वास प्रकट किया। जयप्रकाश नारायण ने कई विपक्षी पार्टियों को एक

धागे में पिरोकर जनता पार्टी का गठन किया था। इसे देश में गठजोड़ राजनीति की शुरुआत कह सकते हैं लेकिन मोरारजी देसाई के नेतृत्व में जनता पार्टी में विद्रोह शुरू हुआ। समाजवादियों ने जनसंघ घटक से राष्ट्रीय स्वयंसेवक संघ (आरएसएस) के साथ दोहरी सदस्यता का मुद्दा उठाया तो पार्टी टूट गयी। फिर 1980 के चुनाव में लोग कांग्रेस की ओर लौटे। इन्दिरा गांधी की भारी जीत हुई। 1984 में इन्दिरा गांधी की हत्या से उपजी सहानुभूति लहर में राजीव गांधी को 414 संसदीय सीटों के बहुमत के बावजूद ढाई-तीन साल में मोहभंग शुरू हो गया और विश्वनाथ प्रताप सिंह के नेतृत्व में जनता दल को 1989 में बीजेपी और कम्युनिस्ट पार्टियों के समर्थन से बहुमत प्राप्त हो गया। वह प्रयोग भी नेताओं की टकराहट में गुम हुआ, जबकि यह वही दौर था जब मण्डल और कमण्डल की राजनीति ने देश की राजनीतिक दशा और दिशा बदल दी थी।

लेकिन 1991 में राजीव गांधी की हत्या से सहानुभूति उपजी तो कांग्रेस सबसे बड़े दल के रूप में उभरी। पी.वी. नरसिंह राव प्रधानमन्त्री बने तो वित्त मन्त्री मनमोहन सिंह ने आर्थिक उदारीकरण की नीति शुरू की। मण्डल और कमण्डल की राजनीति और आर्थिक उदारीकरण देश में मील का पत्थऱ साबित हुआ। लेकिन उदार आर्थिक नीतियों से कुछ लोगों की समृद्धि में तेज़ी आयी तो आम लोगों की दिक़्क़तें बढ़ीं। सो, 1996 के बाद संयुक्त मोर्चा सरकारों और फिर एनडीए की सरकार और बाद में यूपीए की सरकारों में भी नयी आर्थिक नीतियों में तेज़ी-नरमी आती रही और लोग हर चुनाव में सरकारों को बदलते रहे लेकिन देश की राजनीति ने फिर करवट ली।

गुजरात में नरेन्द्र मोदी मुख्यमन्त्री बनाये गये और उसके बाद गुजरात में भीषण दंगे हुए तो देश की राजनीति दो ध्रुवों में बँट गयी। एक तरफ़ सेक्युलरवाद और दूसरी तरफ़ सम्प्रदायवाद। एनडीए की पहली अटल बिहारी वाजपेयी की सरकार 2004 में हार गयी। कहा गया कि गुजरात दंगे की वजह से वाजपेयी की सरकार हार गयी लेकिन बड़ी वजह कांग्रेस के पक्ष में बड़ा गठबन्धन भी था। फिर 2009 में यूपीए की सरकार ही दोबारा ज़्यादा सीटों के साथ आयी। इस पूरे दौर में मुख्यधारा की लगभग हर पार्टी को सरकार में आने और अपना प्रदर्शन दिखाने का मौक़ा मिला, लेकिन मनमोहन सिंह सरकार में भ्रष्टाचार, आर्थिक संकट और पॉलिसी पैरालाइसिस के अफ़साने से जनता में मोहभंग पैदा हुआ। इसी मौक़े पर भ्रष्टाचार के मुद्दे पर अन्ना आन्दोलन ने जनता की नाराज़गी को हवा दी और नरेन्द्र मोदी ने नाराज़ जनता के मन में तरह-तरह की उम्मीदें जगाईं तो 2014 का आम चुनाव कई मायनों में अलग-सा

दिखने लगा। विपक्ष में एकजुटता की कमी और मोदी की समाज कल्याण योजनाओं और पुलवामा काण्ड तथा पाकिस्तान पर सर्जिकल स्ट्राइक की फ़िज़ा में एनडीए-2 सरकार बड़े बहुमत से 2019 में केन्द्र में बरकरार रही।

कोशिश यह जानने की है कि लोकतन्त्र के इस सफ़र में दीर्घकालिक और अल्पकालिक बदलाव कौन-से हुए हैं और लोकतन्त्र कहाँ तक पहुँचा है। 76 साल की राजनैतिक धारा, इतिहास और भूगोल को चार खण्डों में विभाजित करके इसे परखने की कोशिश की गयी है। आख़िर लोकतन्त्र के 76 साल के सफ़र में देश में क्या बदलाव हुए, क्यों हुए और कैसे हुए? यह कोशिश इसी का जवाब तलाशने की है। 1951 से लेकर 1976 तक के लोकतन्त्र के काल को हनीमून काल या ख़ुशहाल दौर, 1977 से लेकर 1990 के काल को रौद्र काल, 1991 से लेकर 2001 को उदारवादी तथा मण्डल-कमण्डल काल और 2002 से लेकर 2023 तक को आकांक्षी और मोदी काल के तौर पर अध्ययन का पैमाना बनाया गया है। देश में आज़ादी से लेकर दिसम्बर 2023 तक देश में लोकसभा और विधानसभा मिलाकर क़रीब 422 चुनाव हुए, जिसमें कांग्रेस ने 213 चुनाव जीतकर 50 फ़ीसदी सफलता दर हासिल की है। लेकिन जैसे-जैसे लोकतन्त्र का सफ़र लम्बा होता जा रहा है कांग्रेस की सफलता दर घटती जा रही है। ऐसा क्यों और कैसे हुआ, इसका बारीकी से अध्ययन करने की यह एक कोशिश है।

**कांग्रेस का 76 साल का सफ़र-घटती शक्ति**

| लोकतन्त्र का सफ़र | साल | कांग्रेस+ | (%) | बीजेपी | (%) | अन्य | (%) | कुल |
|---|---|---|---|---|---|---|---|---|
| **ख़ुशहाल/ हनीमून काल** | 1951-76 | 90 | 78 | 0 | 0 | 26 | 22 | 116 |
| **रौंद्र काल** | 1977-90 | 44 | 44 | 3 | 3 | 54 | 53 | 101 |
| **उदारवाद/मण्डल/ कमण्डल काल** | 1991-2001 | 28 | 44 | 13 | 20 | 23 | 36 | 64 |
| **आकांक्षी/मोदी काल** | 2002-23 | 51 | 36 | 56 | 40 | 34 | 24 | 141 |
| **सफलता दर** | | 213 | 50 | 72 | 17 | 137 | 32 | 422 |

## हनीमून काल/खशहाल दौर (1951-1976)

भारत की आज़ादी के साथ ही लोकतन्त्र का सफ़र 1947 से शुरू हुआ और सतत जारी है, 76 साल में लोकतन्त्र का सफ़र ख़ुशनुमा काल से शुरू हुआ और कई काल से गुज़रते हुए सुनहरे, मज़बूत डगर पर अग्रसर है। इस लोकतन्त्र के सफ़र

की चाबी जनता के पास है, जनता इस लोकतन्त्र की मालिक है। आज़ादी के बाद, भारत ने अपना संविधान बनाने की प्रक्रिया तेज़ की। देश के आलातरीन क्षेत्रों के बेहतरीन दिमाग़ों की अगुवाई में संविधान सभा गठित की गयी, विद्वान सदस्यों के बीच तीखी, तर्कपूर्ण, सदाशयी, जानदार और फलदायक बहसें हुईं तथा 26 जनवरी 1950 को भारतीय संविधान प्रभावी हुआ। यह भारत को एक संवैधानिक लोकतन्त्र बनाने का महत्त्वपूर्ण क़दम था। सन् 1951-52 से देश में नियमित आम चुनाव हो रहे हैं। जनता निर्धारित समय-सीमा में वोट के ज़रिये सरकार के कामकाज पर फ़ैसला सुनाती है, बेहतर काम करने पर मुहर लगाती है, मनमाने काम पर सज़ा भी सुनाती है, उम्मीदों पर खरा नहीं उतरने पर दण्ड देती है।

आज़ादी के बाद कई बार सवाल उठे कि दुनिया का सबसे बड़ा लोकतन्त्र ख़तरे में है। लोकतन्त्र को बन्धक बना लिया गया है। हिटलरशाही आ गयी है लेकिन हर संकट की घड़ी में देश की जनता ने अपना निर्णय सुनाया है। जनता के निर्णय के बाद बिगड़ैल सरकार और नेता अपनी ग़लतियों से सीखते रहे हैं। देश मज़बूत होकर उभर रहा है क्योंकि देश की जनता के रग-रग में लोकतन्त्र बसा हुआ है। जिस जनता ने कांग्रेस पार्टी को 1977 में हराने का काम किया, उसी ने इसी पार्टी को 26 साल तक लगातार देश में शासन करने का मौक़ा भी दिया। देश की जनता, सरकार और नेता को आसमान पर भी चढ़ाती है लेकिन समय आने पर उसी सरकार को ज़मींदोज भी कर देती है। ऐसा नहीं है कि जनता ने सिर्फ़ कांग्रेस पार्टी को ही लम्बे वक़्त तक शासन करने का मौक़ा दिया, पश्चिम बंगाल में जनता लगातार एक ही वामपन्थी सरकार को 35 साल तक चुनती रही है। जब से देश में चुनाव हुए हैं तब से लेकर 1976 तक 25 साल तक कांग्रेस लगातार शासन करती रही है। इस दौरान देश में लोकसभा और विधानसभा के 116 चुनाव हुए जिसमें 90 बार कांग्रेस ही जीती है जबकि अन्य पार्टी 26 बार। कांग्रेस की सफलता दर 78 फ़ीसदी रही जबकि विपक्ष को 22 फ़ीसदी ही सफलता मिली है। लेकिन सवाल है कि 25 साल तक एक ही पार्टी ने कैसे शासन किया और क्यों? सरकार से जनता इतनी खुश क्यों थी? क्या नेहरू के अलावा कोई मज़बूत विकल्प नहीं था? या देश में ऐसी कमी थी कि जिसका फ़ायदा कांग्रेस पार्टी उठा रही थी?

1951 से लेकर 1976 तक 25 साल में हनीमून पीरियड यानी लोकतन्त्र का ख़ुशहाल काल या भक्तिकाल भी कह सकते हैं, जहाँ वोटर सरकार को लेकर आशा, विश्वास और आभार की मुद्रा में थे, कांग्रेस पार्टी से प्यार था क्योंकि जनता के पास कोई विकल्प नहीं था या विपक्षी पार्टियाँ लाचार थीं, क्योंकि आज़ादी के

बाद किसी भी एक पार्टी को 50 फ़ीसदी वोट नहीं मिले, तो फिर 1977 के पहले विपक्षी एकता की बात क्यों नहीं की गयी? या ऐसा कहें कि विपक्ष के दिमाग़ में ये विचार 25 साल तक आया ही नहीं? अंग्रेज़ों की ग़ुलामी से देश आज़ाद हुआ था। आज़ादी के आन्दोलन में अनेक महापुरुषों और नेताओं का योगदान रहा है। कई महापुरुषों ने देश के लिए अपनी बलि भी दी। जब देश आज़ाद हुआ तो कांग्रेस में कई नेता थे लेकिन सबसे बड़े महात्मा गांधी और जवाहरलाल नेहरू थे। गांधी का मानना था कि कांग्रेस पार्टी का उद्देश्य पूरा हो गया है। गांधी ने लिखा, "भारत को...सामाजिक, नैतिक और आर्थिक आज़ादी हासिल करना अभी बाक़ी है, भारत में लोकतन्त्र के लक्ष्य की ओर बढ़ते समय सैनिक सत्ता पर जनसत्ता के आधिपत्य के लिए संघर्ष होना अनिवार्य है। हमें कांग्रेस को राजनीतिक दलों और साम्प्रदायिक संस्थाओं की अस्वस्थ स्पर्धा से दूर रखना है, ऐसे ही कारणों से अ.भा. कांग्रेस कमेटी मौजूदा संस्था को भंग करके 'लोक सेवक संघ' के रूप में उसे विकसित करने का निश्चय करती है।" (यह हरिजन के 15 फ़रवरी, 1948 के अंक में छपा था, जबकि उनकी हत्या 30 जनवरी 1948 को हो गयी थी)।

1947 में भारत का विभाजन हुआ और भारत और पाकिस्तान दो अलग देश बने। इस संकटकाल में राष्ट्रीय एकता को सुरक्षित रखने के लिए कांग्रेस ने नेहरू को प्रधानमन्त्री के रूप में चुना। ज़ाहिर है, नेहरू सबसे लोकप्रिय नेता थे और उनको चुनौती देने वाला भी कोई नहीं था। उनकी पहली कैबिनेट में सभी विचारधारा के नेताओं को जगह मिली, जिसमें सी. राजगोपालाचारी, बी.आर. आम्बेडकर, बलदेव सिंह, श्यामा प्रसाद मुखर्जी इत्यादि नेता थे। सबसे बड़ी बात थी कांग्रेस ऐसी पार्टी थी जिसमें सारी विचारधाराओं का संगम था। कांग्रेस के अन्दर क्रान्तिकारी से शान्तिवादी, गरमपन्थी से नरमपन्थी, दक्षिणपन्थी से लेकर वामपन्थी, समाजवादी से साम्यवादी, ग़रीब से अमीर और अंग्रेजीदां से ज़मीन से जुड़े लोग भी जुड़े। नेहरू की इस सोच के पीछे देश को एकजुट रखना, एक धारा में पिरोकर रखना वजह हो सकती है। नेहरू को मालूम था देश के विभाजन के बाद कई समस्याएँ आ सकती हैं, जैसे विभाजन के बाद धार्मिक तनाव, भारत की सम्प्रभुता-एकता, पूरे देश को एक धागे में पिरोकर रखना, जाति, धर्म, भाषा, क्षेत्रीयता वग़ैरह के मुद्दे थे। फिर, संविधान तैयार करना और देश में चुनाव कराना बहुत बड़ा काम था।

नेहरू की इस बड़ी सोच का ही नतीजा था कि विभाजन के बाद लाख समस्याओं के बावजूद देश को एक धागे में पिरोकर रखा जा सका। हालाँकि इसी

दौरान चीन और पाकिस्तान ने भारत में कुछ भूभाग को अपने कब्जे में लिया। पहली सरकार के ख़िलाफ़ कोई पार्टी और नेता नहीं था। सरकार ही विपक्ष थी और विपक्ष ही सरकार था। ज़ाहिर है, जनता भी उसी भाव में थी, सरकार ही जनता है और जनता ही सरकार है। कांग्रेस पार्टी प्रमुख पार्टी थी और भारतीय लोकतन्त्र में तभी अनिवार्य रूप से एक पार्टी प्रणाली थी जिसे 'कांग्रेस प्रणाली' भी कहा जाता है। कांग्रेस ऐसी पार्टी के रूप में विकसित हुई थी, जो बड़ी छतरी की तरह थी जिसके तहत सभी समुदायों, हितों और विचारधाराओं को जगह मिली हुई थी। जवाहरलाल नेहरू पर लोगों का अटूट विश्वास था। जो विरोधी थे वे भी सत्ता पक्ष में शामिल थे। नेहरू के ख़िलाफ़ तब आवाज़ उठने लगी और चुनाव की तैयारी शुरू हुई जब ग़ैर-कांग्रेस और कुछ कांग्रेस के नेता कैबिनेट से निकलना शुरू हुए। श्यामा प्रसाद मुखर्जी ने कैबिनेट से इस्तीफ़ा देकर 1950 में भारतीय जनसंघ की स्थापना की, सी. राजगोपालाचारी ने 1951 में इस्तीफ़ा देकर स्वतन्त्र पार्टी के गठन में अहम भूमिका निभायी, आम्बेडकर ने 1951 में इस्तीफ़ा देकर अपनी पार्टी बनायी और आचार्य कृपलानी ने कांग्रेस पार्टी को तिलांजलि देकर किसान मज़दूर प्रजा पार्टी का गठन किया और फिर सोशलिस्ट पार्टी में विलय करके प्रजा सोशलिस्ट पार्टी का गठन किया। कांग्रेस के ख़िलाफ़ धीरे-धीरे समां बनने लगा लेकिन कांग्रेस की जड़ पहले से मज़बूत थी और दूसरी नयी पार्टी की मज़बूती कांग्रेस की जैसे नहीं थी। कांग्रेस की जो विचारधारा और सोच थी उसकी वजह से विपक्षी पार्टियों को लोगों के दिलों में जगह बनाने में बहुत वक़्त लगा हालाँकि केरल में नम्बूदिरीपाद के नेतृत्व में देश की पहली ग़ैर-कांग्रेसी सरकार बनी। नम्बूदिरीपाद 5 अप्रैल, 1957 को केरल के पहले ग़ैर-कांग्रेसी मुख्यमन्त्री बने थे। उनकी सरकार ने भूमि और शिक्षा क्षेत्र में सुधार के लिए कई अहम क़दम उठाये हालाँकि 1954 में अब का केरल जब त्रावणकोर/कोचीन का हिस्सा था, उस समय भी कांग्रेस की नहीं, बल्कि प्रजा सोशलिस्ट पार्टी की सरकार बनी थी। 1954 के चुनाव में कांग्रेस बड़ी पार्टी उभरी थी लेकिन बहुमत से दूर थी इसीलिए लेफ्ट पार्टी और अन्य के समर्थन से प्रजा सोशलिस्ट पार्टी के पट्टम थानु पिल्लई मुख्यमन्त्री बने हालाँकि उनकी सरकार नहीं चल पायी फिर कांग्रेस की सरकार बनी लेकिन बाद में राष्ट्रपति शासन लगाना पड़ा। यही नहीं 1957 में नम्बूदिरीपाद की भारी जीत को कांग्रेस नहीं पचा पायी, केरल में सत्ता से बेदखल करने के लिए लेफ्ट की सरकार ने 'मुक्ति संघर्ष' छेड़ दिया। 1959 में केन्द्र की कांग्रेस की सरकार ने संविधान के अनुच्छेद 356 के अतर्गत बहुमत वाली केरल की सरकार को बर्ख़ास्त कर दिया गया। यह फ़ैसला

बड़ा विवादास्पद हुआ था और आरोप लगा कि पहली बार बहुमत वाली सरकार को बर्ख़ास्त किया गया।

विपक्ष की राजनीति के लिए नम्बूदिरीपाद मील के पत्थर साबित हुए। विपक्ष की राजनीति को बुलन्दी देने के लिए कांग्रेस के ख़िलाफ़ हवा बनने लगी। इसी दौर में राममनोहर लोहिया, सी.एन. अन्नादुरै वग़ैरह ने कांग्रेस को चुनौती दी। 1964 में जवाहरलाल नेहरू के निधन के बाद विपक्ष में हल्की ऊर्जा आयी। विपक्ष ने धीरे-धीरे कांग्रेस को चुनौती देना शुरू किया और कांग्रेस के कमज़ोर होने का सिलसिला शुरू हुआ। 1951-52 के पहले चुनाव में कांग्रेस ने कुल 489 सीटों में 364 सीटें जीतकर 75 फ़ीसदी सफलता हासिल की। वैसे कांग्रेस के ख़िलाफ़ भारतीय कम्युनिस्ट पार्टी, भारतीय जनसंघ, आरएसपी, सोशलिस्ट पार्टी, किसान मज़दूर प्रजा पार्टी थी, लेकिन किसी भी एक पार्टी को 20 सीट नहीं मिल पायी, जबकि 37 निर्दलीय उम्मीदवारों की जीत हुई थी। एक तो विपक्ष बहुत कमज़ोर था तो दूसरी तरफ़ अशिक्षा, वोटर की अनभिज्ञता, जाति का दबदबा, सामन्ती समाज, रियासतदारों का दबदबा, ग़रीबी की वजह से वोटर जागरूक नहीं हुए थे। नेता तो कई थे, लेकिन नेहरू के क़द की कोई बराबरी नहीं कर सकता था। मीडिया की पहुँच न के बराबर थी। टीवी तो था ही नहीं, रेडियो भी कम ही लोगों के पास हुआ करता था, अख़बारों की पहुँच भी बहुत सीमित थी। लोकतन्त्र के चौथे स्तम्भ मीडिया की ग़ैर-मौजूदगी से लोगों में जागरूकता की कमी रही। जैसे-जैसे मीडिया की पहुँच बढ़ी, लोकतन्त्र निडर और मज़बूत हुआ।

देश का पहला चुनाव कराना भी बड़ी चुनौती थी। वोटर तैयार करना और सीट का परिसीमन आसान काम नहीं था। कुल साक्षरता दर बहुत कम 18.33 फ़ीसदी थी। पुरुषों की साक्षरता दर 27.16 फ़ीसदी और महिला साक्षरता दर सिर्फ़ 8.86 फ़ीसदी थी। पुरुष और महिला साक्षरता दर में 18.30 फ़ीसदी का फ़ासला था। ज़ाहिर है, वोटर लिस्ट बनाने में काफ़ी परेशानी हुई होगी। ख़ासकर रूढ़िवाद और अशिक्षा की वजह से लोग वोटर लिस्ट में नाम तक दर्ज नहीं करवाना चाह रहे थे इसके बावजूद भी 40 लाख महिलाओं का नाम दर्ज नहीं हो सका क्योंकि इन महिलाओं को अलां की बेटी, फलां की बीवी के रूप में दर्ज किया गया था। 1951 में देश की आबादी क़रीब 36 करोड़ थी और उस वक़्त मतदान सिर्फ़ 44.87 फ़ीसदी हुआ था यानी 17.32 करोड़ वोटरों ने ही मतदान में भाग लिया। पहला चुनाव ऐसा चुनौती भरा था कि इसे 17 चरणों में पूरा किया गया। 1962 के

लोकसभा चुनाव में मतदान 55.42 फ़ीसदी हुआ, मतदान में महिलाओं की भागीदारी क़रीब 40 फ़ीसदी थी, इसी से अन्दाज़ा लगा सकता है देश में अशिक्षा की वजह से कितनी कम जागरूकता थी। 1961 में कुल साक्षरता दर 28.30 फ़ीसदी थी। पुरुष साक्षरता दर 40.30 फ़ीसदी जबकि महिला साक्षरता दर सिर्फ़ 15.35 फ़ीसदी थी।

जवाहरलाल नेहरू के निधन के बाद गुलजारी लाल नन्दा देश के कार्यकारी प्रधानमन्त्री बनाये गये, लेकिन 13 दिन बाद लालबहादुर शास्त्री देश के दूसरे प्रधानमन्त्री बने। उन्हीं ने नारा दिया था–जय जवान जय किसान। उनका भी निधन 1966 में हो गया। प्रधानमन्त्री की कुर्सी पर इन्दिरा गांधी बैठीं। लेकिन यहीं से कांग्रेस में मतभेद शुरू होने लगे। दरअसल लालबहादुर शास्त्री के प्रधानमन्त्री बनने के दौरान ही मोरारजी देसाई प्रधानमन्त्री पद के दावेदार थे, लेकिन कांग्रेस की अन्दरूनी लड़ाई की वजह से न तो नेहरू जी के निधन के बाद उन्हें मौक़ा मिला और न ही लालबहादुर शास्त्री के निधन के बाद। मोरारजी देसाई नाराज़ तो चल ही रहे थे। लेकिन इन्दिरा गांधी के प्रधानमन्त्री बनने के बाद कांग्रेस में विरोध के स्वर तेज़ होने लगे, खटपट शुरू हुई तो बाहर भी कांग्रेस के ख़िलाफ़ सुगबुगाहट शुरू हो गयी। इन्दिरा गांधी के प्रधानमन्त्री बनने के साथ ही विपक्षी नेताओं के साथ जनता में भी जागरूकता बढ़ने लगी। दूसरी तरफ़ देश में शिक्षा का प्रसार भी बढ़ रहा था। जो सम्मान जवाहरलाल नेहरू को हासिल था, वैसा इन्दिरा गांधी के लिए नहीं था। इन्दिरा गांधी के सत्ता सँभालते ही देश में राजनीतिक हलचल शुरू हो गयी। 1967 में पहली बार दीवार दरकने लगी और कांग्रेस विधानसभा चुनाव में 8 राज्यों में हार गयी। विपक्ष का आठ राज्यों में क़ब्ज़ा हो गया। गोवा, बिहार, केरल, ओडिशा, पंजाब, बंगाल, तमिलनाडु, उत्तर प्रदेश में संविद सरकारें बन गयीं। कांग्रेस के ख़िलाफ़ पहली सुगबुगाहट थी, लेकिन विपक्ष ने जिस फॉर्मूले पर 1967 में अमल किया था, उसे लोकसभा में लागू करते-करते उसको 10 साल लग गये।

इस दौरान जागरूकता में कमी, अशिक्षा और ग़रीबी की वजह से मतदान केन्द्र पर अलग ही सिस्टम था। आज की तरह इलेक्ट्रॉनिक वोटिंग मशीन नहीं हुआ करती थी। मतदान के तरीक़ों पर भी कई सवाल थे। मतदान केन्द्र पर बैलेट पेपर की छापामारी, बूथ क़ब्ज़ा जैसी चुनावी धाँधली भी चला करती थी या फिर गाँव में सामूहिक फ़ैसला होता था कि फलाँ पार्टी को वोट दिया जाये। कभी मुखिया का आदेश होता था या कभी जाति और धर्म का फरमान होता था या कभी ज़मींदार का आदेश होता था कि फलाँ पार्टी को वोट किया जाये। मैं इस सिस्टम का 1977 और

1984 में ख़ुद गवाह रहा हूँ। जेपी आन्दोलन के असर में 1977 में गाँव के वोटरों ने एकमुश्त जनता पार्टी को वोट देने का फ़ैसला किया। इन्दिरा गांधी की हत्या के बाद 1984 में कांग्रेस पार्टी को वोट देने का फ़ैसला किया गया क्योंकि कोई विरोध नहीं था। उस मतदान में गाँव के सारे लोग शरीक नहीं हुए, बल्कि कुछेक लोगों ने ही गाँव का मतदान कर दिया। चाहे केन्द्रीय मन्त्री हों या सांसद, राज्य के मन्त्री हों या विधायक इक्के-दुक्के ही कभी-कभार ही अपने क्षेत्र में पहुँचते थे। अमूमन चुनाव के वक़्त ही पहुँचते थे। महिलाएँ कम ही वोट डालने पहुँचती थीं। जो जाती भी थीं, वोट का फ़ैसला अपना नहीं होता था बल्कि ज़्यादातर परिवार, पति, जाति और धर्म पर आधारित हुआ करता था। चुनाव में महिलाओं की पूछ कम होती थी, न राजनीति में भागीदारी और न ही मतदाता की हैसियत से।

ताज्जुब की बात थी कि 1977 में इन्दिरा गांधी के ख़िलाफ़ हवा चल रही थी और महिला राजनीतिक परिदृश्य से ग़ायब थी। उस चुनाव में तत्कालीन इतिहास की सबसे कम यानी मात्र 19 महिलाएँ ही सांसद बन पायीं। पुरुष वोटरों पर ही फोकस किया जाता था, लेकिन अब मतदान में महिलाओं की हिस्सेदारी बढ़ती जा रही है। सामन्तवादी और ज़मींदारी व्यवस्था भी इसके लिए ज़िम्मेदार है। ये ज़्यादातर लोग कांग्रेस को समर्थन कर रहे थे। ज़्यादातर इलाक़ों में लोग उसी को वोट देते थे जिसे सामन्ती तत्त्व बता देते थे। प्रिवीपर्स ख़त्म होने के बाद चीज़ें बदलीं, सोच बदली। लोग जमींदारों या रसूखदारों के हुक्म की बेड़ी से आज़ाद होने लगे थे। यह भी वजह थी कि मीडिया की पहुँच कम थी इसीलिए न्यूज़ और मैसेज को दूरी तय करने में वक़्त लगता था। न नेता से सवाल पूछने वाला कोई था और न ही जनता की आवाज़ कोई सुनने वाला था। न सरकारी चैनल था और न ही निजी न्यूज़ चैनल था। अख़बार थे लेकिन साक्षरता दर कम होने की वजह से आम लोग नहीं पढ़ते थे। जो थोड़ा पढ़े-लिखे थे, उनकी आर्थिक स्थिति ऐसी नहीं थी कि अख़बार ख़रीद सकें। 1951 में क़रीब 397 अख़बार थे। एक तरह से कहा जा सकता था कि लोकतन्त्र विकलांग था, विकास की रफ़्तार कम थी, लोग अपनी ज़िन्दगी को नियति मानते थे। उधर, इन्दिरा गांधी से पुराने कांग्रेसी दिग्गजों के बीच दरार बढ़ने लगी, जिसकी वजह से 1969 में कांग्रेस दो धड़ो में बँट गयी। के. कामराज गुट को कांग्रेस (संगठन) का नाम दिया गया है और इन्दिरा गांधी के गुट को कांग्रेस (आर) कहा

गया। 1972 में इन्दिरा गांधी की शानदार जीत ने उन्हें निर्णायक नेता बना दिया। बाद में उनके इमरजेंसी लगाने के साथ यह हनीमून दौर ज्वालामुखी काल में बदल गया।

## 1977-1990–रौद्र काल, लोकतन्त्र का स्वर्णिम काल

1977 को भारतीय लोकतन्त्र का स्वर्णिम काल कहा जाता है, जहाँ से लोकतन्त्र के सभी दरवाज़े जनता के लिए खुल गये। आज़ादी के 30 साल बाद कांग्रेस की पराजय हुई। पराजय से ज़्यादा महत्त्वपूर्ण यह था कि लोकतन्त्र की लकीर जो अधोलम्ब थी वह समानान्तर हो गयी। इन्दिरा गांधी की प्रधानमन्त्री की कुर्सी 1977 में गयी, लेकिन बदलाव की पृष्ठभूमि बहुत पहले तैयार होने लगी थी। उस आन्दोलन के प्रणेता थे जयप्रकाश नारायण। जयप्रकाश नारायण ने इन्दिरा गांधी की तानाशाही और भ्रष्टाचार के ख़िलाफ़ जनआन्दोलन शुरू किया। यहीं से सत्ता का संघर्ष शुरू हुआ। यही दौर था जब देश की राजनीति बदल गयी। भेदभाव, छुआछूत, ऊँच-नीच, ग़रीब-अमीर, साक्षर-निरक्षर, महिला-पुरुष के बीच खाई कम होने लगी। आज़ादी के 30 साल बाद लोकतन्त्र की असली फ़सल कटने लगी। मज़दूर, किसान, गायवाला, चायवाला, पहलवान, दलित, शोषित, ग़रीब, सभी की आँखों में विधायक, सांसद, मुख्यमन्त्री, प्रधानमन्त्री बनने का सपना पलने लगा। पहले राजनीति की दशा-दिशा तय करने का अधिकार पढ़े-लिखे, कुलीन वर्ग के हाथ में था, अब आम आदमी के हाथ में आ गया। फिर बहने लगी लोकतन्त्र की गंगा, अपने अधिकारों की माँग शुरू हो गयी। देश में बराबरी की माँग शुरू हो गयी। अब तय होने लगा कि जिसकी जितनी संख्या, सत्ता पर अधिकार उतना ज़्यादा होगा। यही दौर था जब पिछड़ी जातियों के लिए मण्डल कमीशन की माँग उठने लगी। फिर लोकतन्त्र अँगड़ाई लेने वाला था। यही वह दौर था जब भारतीय राजनीति में भूचाल आ गया। ऐसा भूचाल जिसमें पुरानी व्यवस्था, पुराने सिस्टम, पुराने वर्चस्व की चूलें हिलने लगीं। सत्ता में ज़बरदस्त उलटफेर होने लगा। जिसकी जनतन्त्र पर पकड़ नहीं उसकी विदाई शुरू हो गयी।

यही दौर था जहाँ शिक्षा और विकास का दरवाज़ा खुलने लगा। मीडिया की मज़बूती दिखने लगी, साक्षरता दर में बढ़ोतरी शुरू हो गयी। महिला अपनी आवाज़ उठाने लगी। शहर से गाँव के बीच कनेक्शन शुरू होने लगा। गाँव से शहर सड़क मार्ग जुड़ने लगा। गाँव में बिजली कनेक्शन पहुँचने का सिलसिला शुरू हुआ। जागरूकता फैली, लोकतन्त्र को लेकर गम्भीरता बनी। बुनियादी सुविधाओं की माँग

होने लगी। लोगों को लगने लगा कि इस लोकतन्त्र में उसकी भागीदारी है। लोकतन्त्र के अधिकार का बोध हुआ और देश की राजनीति उलट गयी। यही दौर था जब राजनीति का अपराधीकरण शुरू हुआ। गली-गली बाहुबली बनने लगे। राजनीतिक दलों ने पहले उनका इस्तेमाल किया। फिर बाहुबली अपनी शक्ति का इस्तेमाल करके लोकसभा और विधानसभा पहुँचने लगे। जब यह सरकार के लिए सिरदर्द बनने लगा तो फिर उन पर नकेल कसने की कार्रवाई शुरू हुई। यही दौर है जब विकास ने रफ़्तार पकड़ी। पानी, बिजली, सड़क, अस्पताल, स्कूल की माँग होने लगी और जनता पार्टी की सरकार बनी तो इस कार्य में ज़बरदस्त प्रगति देखी गयी। दरअसल लोकतन्त्र का विस्तार होता है। आभिजात्य वर्ग का शिकंजा ढीला होता जाता है। फिर लोकतन्त्र की धारा समान्तर चलने लगती है। यह धारा ऐसी थी कि हर मुरझाये चेहरे पर उम्मीद की किरण दिखने लगी। लेकिन भारतीय लोकतन्त्र पर क्या दीर्घकालिक असर हुआ? इसके पहले यह जान लेते हैं कि इन्दिरा गांधी की सरकार की विदाई क्यों हुई?

भारतीय राजनीति में 1967 के बाद से जो बदलाव हो रहे थे, उस दौरान इन्दिरा गांधी कद्दावर नेता के रूप में उभरीं। लेकिन वे मनमानी भी शुरू कर चुकी थीं। पहले पार्टी में मनमानी शुरू हुई और फिर देश में मनमानी पर उतर आयी। 1971 के चुनाव में इन्दिरा गांधी ने ग़रीबी हटाओ का नारा दिया। पाकिस्तान को दो फाड़ करने के बाद इन्दिरा गांधी की लोकप्रियता सातवें आसमान पर थी। लेकिन बांग्लादेश के संकट से भारत की अर्थव्यवस्था पर भारी बोझ पड़ा। 80 लाख बांग्लादेशियों ने भारत में शरण ली। उसके बाद पाकिस्तान से युद्ध करना पड़ा। अमेरिका ने भारत को हर तरह की सहायता देना बन्द कर दिया। अन्तरराष्ट्रीय बाज़ार में तेल की क़ीमत बढ़ने से देश में महँगाई काफ़ी बढ़ गयी। 1974 में चीज़ों की क़ीमत में 30 फ़ीसदी की बढ़ोतरी हो गयी। एक तरफ़ इन्दिरा गांधी की मनमानी तो दूसरी तरफ़ आर्थिक बदहाली से जनता में ज़बरदस्त नाराज़गी पैदा हो रही थी। (https://ncert.nic.in/textbook/pdf/lhps206.pdf)

सरकार ने 1973 में सुप्रीम कोर्ट के तीन वरिष्ठ न्यायाधीशों की अनदेखी करके न्यायमूर्ति ए.एन. रे को प्रधान न्यायाधीश बनाया। यह निर्णय राजनीतिक रूप से विवादास्पद बन गया। फिर, 12 जून, 1975 को इलाहाबाद हाइकोर्ट के न्यायाधीश जगनमोहन लाल सिन्हा ने लोकसभा के लिए इन्दिरा गांधी के निर्वाचन को रद्द कर दिया। समाजवादी नेता राजनारायण 1971 में इन्दिरा गांधी के ख़िलाफ़ खड़े हुए थे

और आरोप लगाया कि इन्दिरा गांधी ने अपने चुनाव प्रचार में सरकारी अधिकारियों की सेवा का इस्तेमाल किया था। हाइकोर्ट के फ़ैसले को चुनौती सुप्रीम कोर्ट में दी गयी और सुप्रीम कोर्ट ने हाइकोर्ट के फ़ैसले को आंशिक रूप से पलटते हुए यह फ़ैसला सुनाया कि इन्दिरा गांधी सांसद बनी रहेंगी, लेकिन वे लोकसभा की कार्रवाई में भाग नहीं ले सकती हैं। उधर, जयप्रकाश नारायण के नेतृत्व में विपक्ष एकजुट हो रहा था। बिहार में जेपी आन्दोलन की वजह से इन्दिरा गांधी के ख़िलाफ़ बिगुल बज चुका था। जयप्रकाश नारायण ने सम्पूर्ण क्रान्ति का आह्वान किया। विपक्ष इन्दिरा गांधी पर इस्तीफ़े का दबाव बना रहा था। उसी दौरान जयप्रकाश नारायण ने इन्दिरा गांधी के ख़िलाफ़ हवा को तूफ़ान में बदलने की कोशिश की। उन्होंने 25 जून, 1975 को दिल्ली के लाल किला मैदान में एक विशाल रैली को सम्बोधित किया और इन्दिरा के इस्तीफ़े की माँग करते हुए राष्ट्रव्यापी सत्याग्रह की घोषणा की। जेपी ने सेना, पुलिस और सरकारी कर्मचारियों का आह्वान किया कि वे सरकार के अनैतिक और असंवैधानिक आदेशों का पालन न करें। इससे भी सरकारी कामकाज के ठप्प हो जाने का अन्देश पैदा हुआ। जॉर्ज फर्नांडिस पहले ही देशव्यापी रेल हड़ताल करके 18 दिनों तक रेलवे को ठप्प कर चुके थे।

इन्दिरा गांधी के ख़िलाफ़ विरोध बढ़ता जा रहा था। आख़िरकार इन्दिरा गांधी ने 25 जून, 1975 को इमरजेंसी की घोषणा कर दी। जेपी से लेकर तमाम नेताओं को गिरफ़्तार कर लिया गया। जो गिरफ़्तार नहीं हुए वे भूमिगत होकर सरकार के ख़िलाफ़ मुहिम में जुट गये। अख़बारों पर सेंसरशिप थोप दी गयी। लेकिन अखबार पूरी तरह झुके नहीं। गाहे-बगाहे या परोक्ष तरीक़े से खबरें छापते रहे। इन्दिरा गांधी के ख़िलाफ़ कांग्रेस (ओ), भारतीय लोकदल, सोशलिस्ट पार्टी और भारतीय जनसंघ ने विलय करके जनता पार्टी का गठन किया। 1977 के चुनाव में कांग्रेस की करारी हार हुई। जेपी को भी मालूम था कि कोई अकेली पार्टी इन्दिरा को चुनौती नहीं दे सकती है इसीलिए जेपी ने सारी पार्टियों को एकजुट करने की कोशिश की। सारी पार्टियाँ विचारधारा और मुद्दों को ठण्डे बस्ते में डालकर एकजुट हो गयीं।

इमरजेंसी के ख़िलाफ़ देश में आवाज़ उठने लगी। इसका उत्तर भारत की राजनीति में दूरगामी असर देखने को मिला। उत्तर भारत में मध्यवर्ग और पिछड़ा वर्ग कांग्रेस से दूर जाने लगा। अप्रत्यक्ष रूप से 1977 के बाद पिछड़े वर्गों की भलाई का मुद्दा भारतीय राजनीति में हावी होना शुरू हुआ। 1978 में कई राज्यों में विधानसभा के चुनाव हुए। उत्तर भारत के राज्यों में ग़ैर-कांग्रेस सरकारें बनीं। इन सरकारों के बनने में पिछड़ी जातियों ने अहम भूमिका निभायी। अठारह राज्यों में

विधानसभा चुनाव हुए सिर्फ़ केरल में कांग्रेस की जीत हुई। उत्तर भारत में लोकसभा और विधानसभा में कांग्रेस का लगभग सूपड़ा साफ़ हो गया। बिहार और उत्तर प्रदेश में अन्य पिछड़ी जातियों के आरक्षण के सवाल पर बहुत शोर मचा। केन्द्र का जनता पार्टी ने सामाजिक और शैक्षणिक रूप से पिछड़े लोगों की पहचान के लिए वी पी मण्डल की अध्यक्षता में आयोग का गठन किया जिसने अपनी रिपोर्ट 1980 में सौंप दी थी। आगे की राजनीति का मुहाना भी इसके ज़रिये खुल गया, जो आगे चलकर पिछड़ी जाति की राजनीति के रूप में उभरा। गठबन्धन की राजनीति का भी जन्म हुआ। 1977 के बाद इसी फॉर्मूले के तहत 1989 से लेकर अभी तक गठबन्धन की राजनीति चल रही है।

कभी-कभी काले दाग भी बेहतरी के लिए अच्छे हो जाते हैं। अगर इन्दिरा गांधी इमरजेंसी नहीं लगातीं तो शायद उनकी हार नहीं होती, क्योंकि 1977 में विपक्षी एकता के बावजूद कांग्रेस को 35 फ़ीसदी वोट मिले जबकि जनता पार्टी को 41 फ़ीसदी वोट मिले। विपक्ष को एकजुट होने का मौक़ा मिला। जनता में आक्रोश पैदा हुआ कि इन्दिरा और कांग्रेस लोकतन्त्र का गला घोंट रही है। इमरजेंसी की वजह से देश की जनता में जागरूकता फैली कि उसकी आज़ादी छीनी जा रही है, वहीं शहर से लेकर ग्रामीण इलाक़े में सरकार के ख़िलाफ़ एक तरह की नाराज़गी फैली या यूँ कहें कि ग्रामीण इलाक़े के वोटर को अहसास हुआ कि उनकी भी भागीदारी है, उनका भी अधिकार है, हम ही सरकार चुनते हैं तो हम सरकार को बेदखल भी कर सकते हैं। अलग-अलग ग्रुप और पार्टियों के एक साथ आ जाने से इन्दिरा के ख़िलाफ़ सामूहिक आन्दोलन खड़ा हो गया।

## आज़ादी के बाद लोकतन्त्र का टर्निंग प्वाइंट

कांग्रेस की सफलता दर 1951 से लेकर 1976 के बीच 78 फ़ीसदी थी। वह दर 1977 से लेकर 1990 में घटकर 44 फ़ीसदी हो गयी जबकि कांग्रेस के विरोधियों की सफलता दर 56 फ़ीसदी हो गयी हालाँकि 1984 में कांग्रेस ने इतिहास रच दिया, लोकसभा चुनाव में 414 सीट हासिल करके 76 फ़ीसदी सफलता दर हासिल की। यह आँकड़ा दर्शाता है कि कांग्रेस के दिन लदने लगे। इस दौरान देश में 101 चुनाव हुए, जिसमें कांग्रेस 44 चुनाव जीती और अन्य 57 चुनाव जीतीं। यह वही दौर था जब 1977 और 1979 में विधानसभा के 25 चुनाव हुए थे, जिसमें ग़ैर-कांग्रेस पार्टियों की जीत बिहार, उत्तर प्रदेश, मध्य प्रदेश, राजस्थान, तमिलनाडु, पश्चिम बंगाल, दिल्ली, हरियाणा, ओडिशा, पंजाब, गोवा, हिमाचल प्रदेश, जम्मू-कश्मीर,

नगालैंड, त्रिपुरा, अरुणाचल प्रदेश, असम, मेघालय, मिजोरम और सिक्किम में हुई थी, जबकि कांग्रेस को चार राज्यों केरल, आन्ध्र प्रदेश, कर्नाटक और महाराष्ट्र में ही जीत मिली थी।

| लोकतंत्र का सफर | साल | कांग्रेस+ | (%) | बीजेपी | (%) | अन्य | (%) | कुल |
|---|---|---|---|---|---|---|---|---|
| रौद्र काल | 1977-90 | 44 | 44 | 3 | 3 | 54 | 53 | 101 |

गौर करने की बात है कि जेपी आन्दोलन का जितना असर उत्तरी, पश्चिमी और उत्तर-पूर्व के राज्यों में हुआ था, उतना असर दक्षिण के राज्यों में नहीं था। 1977 के लोकसभा चुनाव में भी दक्षिण के राज्यों में कांग्रेस ने बेहतर प्रदर्शन किया, जबकि इन्दिरा गांधी रायबरेली और संजय गांधी अमेठी से चुनाव हार गये। हालाँकि जनता पार्टी की सरकार आपसी फूट की वजह से गिर गयी। जनसंघ के नेताओं की आरएसएस की दोहरी सदस्यता, नेताओं के अहम, अति-महत्त्वाकांक्षा और प्रधानमन्त्री पद की दावेदारी वग़ैरह से जनता पार्टी सरकार अपना कार्यकाल पूरा नहीं कर पायी। मोरारजी देसाई की सरकार गिरी और कांग्रेस के समर्थन से चौधरी चरण सिंह देश के प्रधानमन्त्री बने, लेकिन चरण सिंह की सरकार ज़्यादा दिन नहीं चल पायी। 1980 से लेकर 1989 तक कांग्रेस की सरकार रही। 1980 में कांग्रेस की शानदार जीत हुई और 1984 में इन्दिरा गांधी की हत्या के बाद हुए चुनाव में कांग्रेस को सहानुभूति वोट मिला, लेकिन 1977 में जनता पार्टी की जीत के बाद राष्ट्रीय और क्षेत्रीय पार्टियों का गठन तेज़ी से हुआ। भारतीय जनता पार्टी, बहुजन समाज पार्टी, असम गण परिषद का गठन हुआ। यूँ तो क्षेत्रीय दलों की प्रक्रिया 1964 से शुरू हो गयी थी। केन्द्र में कांग्रेस और राज्य स्तर पर नये उभरे क्षेत्रीय दलों के बीच संघर्ष शुरू हो गया था। इसी दौरान राष्ट्रपति शासन का दुरुपयोग ज़्यादा हुआ।

1977 से लेकर 1990 तक उथल-पुथल का माहौल रहा। इस काल के वोटर ग़ुस्से में थे। सरकारों के कामकाज पर बात होने लगी, उम्मीद पर खरे न उतरने वाले से मोहभंग शुरू हुआ। ऐसी धारणा बनने लगी कि कांग्रेस के शासनकाल में ख़ास वर्गों, जातियों और समुदायों को फ़ायदा हुआ। कांग्रेस के कोर वोटर मुस्लिम, दलित, आदिवासी और सवर्ण माने जाते थे। सवर्णों के वर्चस्व के ख़िलाफ़ आदिवासी, दलित और ओबीसी जातियों में ग़ुस्सा तेज़ होने लगा। उनकी संख्या सवर्णों से काफ़ी ज़्यादा है लेकिन शासन-प्रशासन में भागीदारी बहुत थोड़ी थी। इससे समाज में तनाव पनप रहा था। यानी हनीमून काल अब ज्वालामुखी बनकर

विस्फोट का रूप लेने लगा था। दरअसल गठजोड़ की राजनीति एक तरह से यहीं से शुरू हुई।

## क्रोधित मतदाता का जन्म और विकास

हनीमून दौर टूटने लगा, तो आशावाद क्रोध में परिवर्तित हो गया। 1977 के बाद मोरारजी देसाई की कैबिनेट में उन जाति-बिरादरियों को भागीदरी मिली, जो वंचित थे। जब विरोधाभास और अति-महत्त्वाकांक्षा की वजह से सरकार बिखरने लगी तो पुरानी पार्टियाँ अलग-अलग हो गयीं। नयी-नयी पार्टियाँ बनने लगीं। इस बिखराव से राजनीति नयी करवट लेने लगी। कांग्रेस में कुछ टूटे नेताओं की वापसी होने लगी। उसके मुक़ाबले समूचे देश में कमोबेश असर रखने वाली सोशलिस्ट पार्टी और लोकदल में कई धड़े उभर आये। उसके अलावा राष्ट्रीय असर वाली वामपन्थी पार्टियाँ थीं, जो 1957 में ही केरल की सत्ता में पहुँच गयी थीं और बाद में बंगाल और त्रिपुरा जैसे राज्यों की सत्ता में पहुँचीं। सीमित असर रखने वाले भारतीय जनसंघ ने ख़ुद को भारतीय जनता पार्टी (बीजेपी) के रूप में संगठित किया। उस दौर के माहौल को देखते हुए, उसने अपने हिन्दुत्ववादी एजेंडे को मुल्तवी रखकर गांधीवादी समाजवाद को अपना लक्ष्य घोषित किया। इससे यह हुआ कि उसमें कई ऐसे समूहों और नेताओं के शामिल होने का मौक़ा मिला, जो उसके और आरएसएस के मूल विचारों से सहमत नहीं थे। कह सकते हैं कि बाद के दौर में इससे उसके विस्तार में मदद मिली। भारतीय जनसंघ का जन्म 1951 में हुआ था।

1980 के दौर में राष्ट्रीयता की भी नयी परिभाषा गढ़ी गयी। पंजाब में भिंडरावाले के नेतृत्व में खालिस्तान की पुरानी माँग ने उग्र रूप ले लिया। बाद में कश्मीर भी अलगाववादी हिंसा में झुलसने लगा। इन दोनों में ही केन्द्र और स्थापित राजनैतिक पार्टियों की सन्दिग्ध भूमिकाओं के अलावा अलगाववादियों को शह देने में पाकिस्तान का हाथ था। पाकिस्तान 1971 की शर्मनाक हार के बाद से ही छद्म युद्ध के मौक़े तलाश रहा था। पंजाब में अमृतसर में सेना के ब्लूस्टार ऑपरेशन और बाद में प्रधानमन्त्री इन्दिरा गांधी की हत्या से बहुसंख्यक वर्ग में उग्र राष्ट्रीयता की धारणा पैदा होने लगी और शायद अल्पसंख्यकों के प्रति अविश्वास का भाव गहराने लगा। कट्टरता बढ़ने लगी। इसी दौरान असम में बहिरागतों (असमी नहीं, बाहर से आकर बसे लोग) के ख़िलाफ़ असम गण परिषद का आन्दोलन उग्र हुआ, जो मोटे तौर पर बांग्लादेश से आये शरणार्थियों के ख़िलाफ़ था। इसी के आसपास श्रीलंका में तमिल मूल के लोगों का अलगाववादी आन्दोलन शुरू हुआ।

इन्दिरा गांधी हत्याकाण्ड के बाद भारी बहुमत से प्रधानमन्त्री बने राजीव गांधी ने इन ज्वालाओं को शान्त करने की कोशिश में पंजाब समझौता, असम समझौता, श्रीलंका शान्ति समझौते किये। यही नहीं, अयोध्या में बाबरी मस्जिद के भीतर रखी रामलला की मूर्ति की पूजा-अर्चना की इजाज़त एक स्थानीय अदालत ने दी तो सरकार ने उसके ख़िलाफ़ कोई पहल नहीं की। यह धारणा बनी कि इसमें राजीव गांधी सरकार की सहमति शामिल थी। तब उत्तर प्रदेश में भी कांग्रेस की सरकार थी। इससे मुसलमानों में ग़ुस्सा पैदा हुआ। शायद इसी ग़ुस्से को शान्त करने के लिए राजीव मुस्लिम रूढ़िवादियों और कट्टर तत्त्वों की यह माँग मान बैठे कि शाह बानो मुक़दमे में गुजारा-भत्ता देने के सुप्रीम कोर्ट के फ़ैसले को पलटा जाये और सलमान रश्दी की किताब सैटेनिक वर्सेस पर पाबन्दी लगाई जाये। शाह बानो प्रकरण में सुप्रीम कोर्ट के फ़ैसले को पलटने के लिए संसद में संशोधन लाया गया। बीजेपी ने कांग्रेस पर छद्म धर्मनिरपेक्षता का आरोप लगाया जबकि कांग्रेस समेत तमाम दूसरी पार्टियों के निशाने पर बीजेपी हिन्दू राष्ट्रवाद के लिए रही। नब्बे के दशक में बीजेपी और आरएसएस ने तीन मुद्दों कश्मीर में अनुच्छेद 370 को हटाना, समान नागरिक संहिता और अयोध्या में बाबरी मस्जिद की जगह राम मन्दिर के निर्माण पर ज़ोर दिया।

अक्सर राजनीति में जो दिखता है, वह होता नहीं है, जो होता है वह दिखता नहीं। 1977 में सिर्फ़ इन्दिरा गांधी को हटाना मक़सद था, लेकिन कई दूसरी राजनैतिक धाराएँ फूट पड़ीं। पहचान की राजनीति की शुरुआत हुई, लोकतन्त्र की जड़ें मज़बूत हुईं, जाति और धर्म की राजनीति का सूत्रपात हुआ, बीजेपी को शह मिलने लगी, क्षेत्रवाद की राजनीति बढ़ी, पंजाब में आतंकवाद का दौर शुरू हुआ। 1984 में इन्दिरा गांधी की हत्या के बाद राजीव गांधी देश के प्रधानमन्त्री बने और कांग्रेस पार्टी की शानदार जीत हुई। लेकिन ढाई-तीन साल बाद ही राजीव गांधी सरकार में शामिल विश्वनाथ प्रताप सिंह ने बोफोर्स के मुद्दे को लेकर राजीव पर ही सवाल खड़े कर दिये। विश्वनाथ प्रताप सिंह ने कांग्रेस से इस्तीफ़ा देकर राजीव गांधी को घेरना शुरू कर दिया और 1977 की राजनीति को दोहराते हुए सारी विपक्षी पार्टियों को एकजुट करने में कामयाब हुए। 1989 के चुनाव में कांग्रेस पार्टी की करारी हार हुई। जिस पार्टी ने 1984 में लोकसभा चुनाव में 414 सीटें जीती थीं, वह 1989 में 197 सीटों पर सिमट गयी।

विश्वनाथ प्रताप सिंह की सरकार का बाहर से बीजेपी और लेफ्ट पार्टियाँ समर्थन कर रही थीं। लेकिन एक साल पूरा भी नहीं हुआ था कि बीजेपी और संघ

परिवार ने राम जन्मभूमि आन्दोलन शुरू कर दिया। अयोध्या में कारसेवा का ऐलान किया गया। उस दौरान उत्तर प्रदेश में मुलायम सिंह की सरकार थी और बिहार में लालू प्रसाद यादव की सरकार थी। मुलायम सिंह ने कहा था कि अयोध्या में परिन्दा भी पर नहीं मार सकता। उत्तर प्रदेश में कार सेवा के दौरान दो बार फायरिंग हुई। क़रीब 28-30 लोग मारे गये। दरअसल बीजेपी को भनक लग गयी थी कि विश्वनाथ प्रताप सिंह मण्डल कमीशन की रिपोर्ट को लागू करने वाले हैं, इसलिए उसने अयोध्या आन्दोलन को तेज़ करने का फ़ैसला किया। विश्वनाथ प्रताप सिंह सरकार ने 7 अगस्त, 1990 को ऐतिहासिक मण्डल कमीशन की रिपोर्ट को लागू किया, जिसके तहत पिछड़ी जातियों को नौकरियों और शैक्षणिक संस्थाओं में 27 फ़ीसदी आरक्षण देने का फ़ैसला था। बीजेपी इसके ख़िलाफ़ थी लेकिन सीधे तौर पर मण्डल कमीशन के लागू करने पर समर्थन वापस नहीं लेना चाहती थी, ताकि पिछड़ी जातियों में यह सन्देश न जाये कि बीजेपी आरक्षण के ख़िलाफ़ है।

राम मन्दिर आन्दोलन में बीजेपी नेतृत्व और ख़ासकर उसके अध्यक्ष लालकृष्ण आडवाणी को मण्डल की राजनीति की काट सूझ गयी। इससे बीजेपी को अगड़ी जातियों की सहानुभूति भी मिल गयी और पार्टी मण्डल कमीशन के विरोध से भी बच गयी। ऊपर से कट्टर हिन्दुत्व की लहर पैदा करने की गुंजाइश भी बन गयी। सो, लालकृष्ण आडवाणी गुजरात के सोमनाथ मन्दिर से रथ लेकर निकले। वीपी सिंह सरकार के लिए सन्देश यही था कि अगर उनकी रथयात्रा को रोका गया, तो बीजेपी सरकार से समर्थन वापस ले लेगी। बीजेपी को समर्थन तो वापस लेना ही था, बस पार्टी मण्डल नहीं, बल्कि कमण्डल के मुद्दे पर सरकार से समर्थन वापस लेना चाह रही थी। वही हुआ जो बीजेपी सोच रही थी। 23 अक्टूबर, 1990 को बिहार के समस्तीपुर में आडवाणी को गिरफ़्तार कर लिया गया। आडवाणी की गिरफ़्तारी के अगले ही दिन बीजेपी ने राष्ट्रपति को समर्थन वापसी की चिट्ठी दे दी। वीपी सिंह सरकार ख़तरे में आ गयी। फिर कांग्रेस के बाहरी समर्थन से चन्द्रशेखर के नेतृत्व में सरकार बनी। जनता दल टूट गया।

### 1991-2001 : मण्डल, कमण्डल, गठबन्धन और विकासवाद

भारतीय राजनीति का यह काल महत्त्वपूर्ण है। कई घटनाएँ हुईं जिनसे राजनीति पूरी तरह बदल गयी। एक, मण्डल और कमण्डल की राजनीति की नींव 1990 में पड़ गयी थी। मण्डल कमीशन को हथियार बनाकर विश्वनाथ प्रताप सिंह बढ़े तो दूसरी तरफ़ कमण्डल से मण्डल को पंक्चर करने के लिए बीजेपी बढ़ी। तीसरी बड़ी

घटना यह थी कि देश आर्थिक बदहाली से गुज़र रहा था और मण्डल-कमण्डल की राजनीति को पंक्चर करने के लिए कांग्रेस ने आर्थिक क्रान्ति की राह पर चलने का फ़ैसला किया, जिसे आर्थिक सुधार के नाम से जाना जाता है। तत्कालीन प्रधानमन्त्री पी.वी. नरसिंह राव और वित्त मन्त्री मनमोहन सिंह ने इसकी शुरुआत की। हालाँकि इसकी नींव राजीव गांधी की सरकार के समय पड़ गयी थी लेकिन देश की आज़ादी के बाद पहली बार आर्थिक नीति में आमूलचूल परिवर्तन 1991 में ही हुआ।

इसी दौर में देश की राजनीति गठबन्धन के इर्द-गिर्द घूमने लगी। इसकी शुरुआत 1989 में हो गयी थी, जब कांग्रेस की करारी हार हुई थी लेकिन किसी पार्टी को बहुमत नहीं मिला। इसी दौर में उदारवादी नीतियों की वजह से आकांक्षी वर्ग तैयार होने लगा। बहरहाल, जितनी सरकारें अभी तक बनीं, सभी ने इसी आर्थिक नीति पर चलना जारी रखा और लगभग सभी दलों ने इसी आर्थिक नीति को अपना लिया। मण्डल, कमण्डल, गठबन्धन की राजनीति और नयी आर्थिक नीति भारतीय राजनीति के लिए संविधान जैसा बन गया। कमण्डल राजनीति की परिणति 6 दिसम्बर, 1992 को अयोध्या में बाबरी मस्जिद के विध्वंस में हुई। इस घटना ने राजनीति में कई परिवर्तनों को जन्म दिया। इससे देश में राष्ट्रवाद और धर्मनिरपेक्षता पर बहस तेज़ हो गयी। बीजेपी और हिन्दुत्व की राजनीति का उदय हुआ। लेकिन बीजेपी को मालूम था कि सिर्फ़ कमण्डल की राजनीति से सत्ता हासिल नहीं की जा सकती। इस वजह से कमण्डल राजनीति के दौर में बीजेपी ने देश में ओबीसी नेताओं को बढ़ाने का सिलसिला शुरू किया। इसे सोशल जस्टिस के बरअक्स सोशल इंजीनियरिंग कहा गया।

1991 के लोकसभा चुनाव में लग रहा था कि विश्वनाथ प्रताप सिंह के मण्डल कमीशन से राजनीतिक तूफ़ान आ जायेगा, लेकिन ऐसा नहीं हुआ क्योंकि जनता दल में फूट हो गयी और बीजेपी रथ यात्रा की वजह से मज़बूत हो गयी। वहीं लोकसभा चुनाव के दौरान राजीव गांधी की हत्या से बचे हुए चुनावों में कांग्रेस को सहानुभूति वोट मिला और कांग्रेस को पूर्ण बहुमत तो नहीं मिला, लेकिन वह सबसे बड़ी पार्टी बनकर उभरी और पी.वी. नरसिंह राव देश के प्रधानमन्त्री बने। दरअसल राजनीति की धारा दिल्ली से पता नहीं चलती है बल्कि जनता पर मुद्दे का छाप कितना पड़ता है उससे अहसास होता है। ये भी दिलचस्प है कि मण्डल और कमण्डल की लड़ाई में फ़ायदा कांग्रेस को मिला।

उधर, उदारीकरण की नीतियों से विकास की रफ़्तार तेज़ हो गयी। देश में विदेशी कम्पनियों के आने के रास्ते खुल गये। कुछ मध्यवर्गीय युवाओं को लाखों

और करोड़ों में वेतन मिलने लगा। देश में एक नया मध्यम वर्ग तैयार होने लगा। इस बदलाव को कुछ नेता समझ रहे थे और कुछ नज़रअन्दाज़ कर रहे थे। जिन्होंने इसे परखा, उसी हिसाब से काम करना शुरू किया। हालाँकि इस पर अमल करने वाली कांग्रेस को इसका लाभ उस कदर नहीं हो पाया क्योंकि पार्टी में वर्चस्व की लड़ाई में नरसिंह राव ने कई नेताओं को किनारे लगा दिया। 1996 में कांग्रेस की बुरी हार हुई। इसकी चार वजहें हैं–1991 में कांग्रेस की जीत राजीव गांधी की हत्या से उत्पन्न हुई सहानुभूति की वजह से हुई थी, दूसरी वजह, बीजेपी हिन्दुत्व की राजनीति से लगातार बढ़ रही थी, तीसरी जनता दल टुकड़े-टुकड़े होकर क्षेत्रीय पार्टी बन गयी और चौथी वजह क्षेत्रीय पार्टियाँ, जो इसके पहले दो अंक में सीट हासिल करती थीं, पहली बार तीन अंक में पहुँच गयीं। इसके बाद लगातार क्षेत्रीय पार्टियाँ तीन अंक पर बनी हुई हैं। ख़ासकर राष्ट्रीय पार्टी, जो 400 से ज़्यादा सीट हासिल करती आ रही थी, वह 1998 की 400 सीटों से गिरकर 300 के दायरे में पहुँच गयी। यही दौर था जब कांग्रेस को दोहरी मार पड़नी शुरू हो गयी थी, एक तरफ़ बीजेपी ने और दूसरी तरफ़ क्षेत्रीय पार्टियों ने उसे भारी नुक़सान पहुँचाना शुरू कर दिया था, और यह सिलसिला आगे बढ़ता ही चला गया।

**कमज़ोर होती राष्ट्रीय पार्टियाँ और मज़बूत होती क्षेत्रीय पार्टियाँ**

| चुनाव साल | कितनी पार्टी भाग लिया | नेशनल पार्टी कितनी जीती | क्षेत्रीय पार्टी कितनी जीती | पंजीकृत अमान्यता प्राप्त पार्टी | निर्दलीय | कुल सीट |
|---|---|---|---|---|---|---|
| 1951 | 53 | 418 | 34 | | 37 | 489 |
| 1957 | 15 | 421 | 31 | 0 | 42 | 494 |
| 1962 | 27 | 440 | 28 | 6 | 20 | 494 |
| 1967 | 25 | 440 | 43 | 2 | 35 | 520 |
| 1971 | 53 | 451 | 40 | 13 | 14 | 518 |
| 1977 | 34 | 481 | 49 | 3 | 9 | 542 |
| 1980 | 36 | 485 | 34 | 1 | 9 | 529 |
| 1984-85 | 35 | 462 | 66 | 0 | 13 | 541 |
| 1989 | 113 | 471 | 27 | 19 | 12 | 528 |
| 1991-92 | 145 | 478 | 51 | 4 | 1 | 534 |
| 1996 | 209 | 403 | 129 | 2 | 9 | 543 |
| 1998 | 176 | 387 | 101 | 49 | 6 | 543 |

| 1999 | 169 | 369 | 158 | 10 | 6 | 543 |
|---|---|---|---|---|---|---|
| 2004 | 230 | 364 | 159 | 15 | 5 | 543 |
| 2009 | 363 | 376 | 146 | 12 | 9 | 543 |
| 2014 | 464 | 342 | 182 | 16 | 3 | 543 |
| 2019 | 673 | 397 | 136 | 6 | 4 | 543 |

नब्बे का दशक ताक़तवर पार्टियों और आन्दोलनों के उभार का साक्षी रहा। इन पार्टियों और आन्दोलनों ने दलित तथा पिछड़े वर्ग (अन्य पिछड़ा वर्ग या ओबीसी) की नुमाइन्दगी की। इसकी वजह से राष्ट्रीय पार्टियों की सीटें घटने लगीं और क्षेत्रीय पार्टियों की शक्ति बढ़ने लगी। क्षेत्रीय पार्टियों ने क्षेत्रीय आकांक्षाओं और अपनी बिरादरी का ख़्याल रखा। इसी से गठबन्धन राजनीति पैदा हुई। वैसे, 1977 की राजनीति को भी गठबन्धन राजनीति कहा जा सकता है क्योंकि चार पार्टियों के विलय से जनता पार्टी बनी थी और 1989 में भी कई क्षेत्रीय पार्टियों के विलय से जनता दल बना था। 1996 में बनी संयुक्त मोर्चा की सरकार में क्षेत्रीय पार्टियों ने अहम किरदार निभाया। वैसे बीजेपी सबसे बड़ी पार्टी बनकर उभरी थी और अटल बिहारी वाजपेयी पहली बार प्रधानमन्त्री बने थे, लेकिन अधिकांश पार्टियाँ बीजेपी की नीतियों के ख़िलाफ़ थीं और 13 दिनों में ही अटल बिहारी वाजपेयी की सरकार गिर गयी। कांग्रेस के समर्थन से एच.डी. देवेगौड़ा की सरकार बनी, लेकिन यह सरकार भी ज़्यादा दिन नहीं चल सकी। उसके बाद इन्द्रकुमार गुजराल प्रधानमन्त्री बने, लेकिन कांग्रेस के समर्थन वापस लेने से उनकी सरकार भी गिर गयी। आख़िरकार बीजेपी की अगुवाई में एनडीए (राष्ट्रीय जनतान्त्रिक गठबन्धन) की सरकार 1998 में बनी, वह भी 13 महीने में गिर गयी। फिर 1999 में अटल बिहारी वाजपेयी के नेतृत्व में सरकार ने अपना कार्यकाल पूरा किया।

दरअसल किसी सरकार का तम्बू उखड़ने से पहले ही उसकी नींव पड़ जाती है। मसलन, 1967 में आठ राज्यों में कांग्रेस विरोधी संविद सरकारें बनी थीं और उसी समय भी नींव पड़ी, जिससे 1977 में इन्दिरा गांधी हारीं। इसी तरह राजीव गांधी सरकार की विदाई से पहले वीपी सिंह के आने की आहट शुरू हो गयी थी। 1984 के बाद 2014 तक किसी भी एक पार्टी को स्पष्ट बहुमत नहीं मिला, इसीलिए वैशाखी के सहारे ही सरकारें चलीं। चाहे नरसिंह राव की सरकार हो या देवेगौड़ा या गुजराल या फिर अटल बिहारी वाजपेयी की। या 2004 के बाद यूपीए (संयुक्त प्रगतिशील गठबन्धन) की मनमोहन सिंह नेतृत्व की सरकार दो कार्यकाल तक।

2004 में कांग्रेस को पहली बार लगा कि अब गठबन्धन का समय है और बिना गठबन्धन के सरकार बनाना नामुमकिन है। अटल बिहारी वाजेपयी की सरकार के बाद धर्मनिरपेक्षता और राष्ट्रवाद की राजनीति की खाई लम्बी होती चली गयी तो इन्दिरा गांधी और राजीव गांधी की सरकारों की विरोधी पार्टियाँ भी कांग्रेस के साथ हो गयीं। गठबन्धन सरकारों के फ़ायदे और नुक़सान दोनों हैं। गठबन्धन की राजनीति में सबको लेकर चलना पड़ता है, गठबन्धन सरकार में निरंकुश शासन की सम्भावना कम होती है। गठबन्धन की सरकार में कामकाज में एक ही राजनीतिक दल का वर्चस्व नहीं होता है। लेकिन सबको साथ लेकर चलना आसान नहीं होता है, इसी वजह से कई गठबन्धन सरकारें कार्यकाल पूरा नहीं कर पायीं। 1977, 1989, 1996, 1998 में गठबन्धन की सरकारें अन्दरूनी लड़ाई और अति-महत्त्वाकांक्षी नेताओं की भेंट चढ़ गयीं।

| **लोकतन्त्र का सफ़र** | **साल** | **कांग्रेस +** | **(%)** | **बीजेपी +** | **(%)** | **अन्य** | **(%)** | **कुल** |
|---|---|---|---|---|---|---|---|---|
| उदारवाद/मण्डल/ कमण्डल काल | 1991-2001 | 28 | 44 | 13 | 20 | 23 | 36 | 64 |

वर्ष 1991 से 2001 के बीच लोकसभा और विधानसभा के कुल 64 चुनाव हुए, जिसमें कांग्रेस 28 चुनाव और विपक्षी पार्टियाँ 36 चुनाव जीतीं। कांग्रेस की सफलता दर 44 फ़ीसदी और विपक्ष की सफलता 56 फ़ीसदी थी। कांग्रेस की सफलता दर दिनोदिन घटती जा रही थी। आज़ादी के समय की कांग्रेस और इस दौर की कांग्रेस में काफ़ी फ़र्क़ दिखता है। उसकी वजह मण्डल, कमण्डल और दलित राजनीति का उभार रही। दलित राजनीति में मायावती, रामविलास पासवान और रामदास आठवले जैसे नेताओं का उभार होने के चलते कांग्रेस से दलित वोट खिसकने लगा। वहीं हिन्दुत्व बनाम धर्मनिरपेक्षता राजनीति के द्वन्द्व में बीजेपी की तरफ़ रुझान बढ़ने लगा। जहाँ क्षेत्रीय पार्टियाँ मज़बूत थीं, वहाँ मुस्लिम वोट उनकी तरफ़ मुड़ गये। साक्षरता दर बढ़ने से मतदाताओं में जागरूकता आयी। इसमें मीडिया के बढ़ते दायरे और पहुँच ने भी जनमत निर्माण में भूमिका निभायी। विकास ने गति पकड़ी तो ख़ासकर आकांक्षी मध्यमवर्ग उस सरकार को तरजीह दे रहा था, जिसका ज़ोर विकास पर था। इसीलिए केन्द्र और राज्यों के चुनावों में अलग-अलग रुझान देखने को मिले।

## 2002-2023–मोदी युग-आकांक्षी वर्ग

भारतीय राजनीति में मण्डल, कमण्डल और आर्थिक विकास की राजनीति, जो नब्बे के दशक में शुरू हुई थी, वह 21वीं सदी में भी जारी है। लेकिन 2002 की एक घटना ने देश की राजनीति में भूचाल ला दिया था, और वो थे गुजरात के दंगे। 2002 की फ़रवरी-मार्च के दौरान गुजरात में बड़े पैमाने पर हिंसा हुई। अयोध्या से आ रही साबरमती एक्सप्रेस में गोधरा रेलवे स्टेशन पर आग लगा दी गयी थी और उसमें सत्तावन लोगों की मौत हुई। इस घटना के बाद पूरे गुजरात में दंगे की आग भड़क गयी, जिसमें क़रीब 1100 लोग मारे गये। गुजरात के तत्कालीन मुख्यमन्त्री नरेन्द्र मोदी विपक्ष के निशाने पर आ गये थे और आरोप लगा कि मुख्यमन्त्री की शह पर ही दंगों को रोका नहीं गया, और मुख्यमन्त्री चाहते तो जल्द से जल्द दंगे पर क़ाबू किया जा सकता था। ये दंगे क़रीब एक महीने तक चलते रहे।

गुजरात सरकार और बीजेपी पूरे विपक्ष के निशाने पर थी, मानवाधिकार आयोग ने भी गुजरात सरकार की आलोचना की। हालाँकि सुप्रीम कोर्ट के द्वारा नियुक्त एसआईटी से मोदी को क्लीन चिट मिल गयी, लेकिन नरेन्द्र मोदी राजनीति का केन्द्र बिन्दु बन गये थे। इसी बीच उन्होंने गुजरात विधानसभा को भंग करके फिर से चुनाव कराने की माँग की। चुनाव आयोग ने गुजरात विधानसभा चुनाव को रोकने का फ़ैसला किया। लेकिन आगे चल कर जब चुनाव हुए तो बीजेपी की शानदार जीत हुई। मोदी तो गुजरात के चुनाव जीत गये लेकिन केन्द्र की बीजेपी सरकार को विपक्ष ने घेरने का बीड़ा उठा लिया। 2004 के आम चुनाव से पहले सोनिया गांधी के नेतृत्व में मज़बूत गठबन्धन खड़ा हो रहा था, लेकिन गुजरात दंगे को लेकर बीजेपी के भीतर ही मोदी के समर्थन और विरोध की राजनीति शुरू हो गयी।

2004 में अटल बिहारी सरकार के स्वर्णिम भारत का रंग फीका हो चला था और बीजेपी हार भी गयी, लेकिन मोदी और गुजरात देश की राजनीति का केन्द्र बिन्दु बन गये। इसके बाद देश में हुए हर चुनाव पर गुजरात और मोदी की छाप दिखी। हिन्दू और मुस्लिम वोटर में ध्रुवीकरण और तेज़ हो गया। यहीं से देश में मोदी का क़द भी बढ़ना शुरू हो गया। वजह यह थी कि वे लगातार विपक्ष और मीडिया के निशाने पर थे, गुजरात के एक नेता का क़द राष्ट्रीय हो रहा था। विपक्षी पार्टियों को शायद ये अहसास ही नहीं हुआ कि जिस राजनीतिक दुश्मन को वे कमज़ोर करना चाहती थीं, वह मज़बूत हो रहा था। 2014 में मनमोहन सिंह की विदाई से तीन साल पहले ही मोदी का स्वागत हो रहा था। वहीं मोदी दंगे की छवि से निकलकर विकास

की छवि बना रहे थे। यही वजह थी कि गुजरात दंगे के साथ-साथ गुजरात विकास मॉडल की चर्चा देश में होने लगी थी। लग रहा था कि मोदी देश के प्रधानमन्त्री बनेंगे तो सारी समस्याएँ छूमंतर हो जायेंगी।

दूसरी तरफ़ उदारीकरण और वैश्वीकरण की वजह से आर्थिक विकास में तेज़ी आ रही थी। 1991 की उदारवादी नीतियों की वजह से जिस आकांक्षी वर्ग की उत्पति हुई थी, उसका लगातार विस्तार हो रहा था। रोज़ी-रोटी की तलाश में पहले मज़दूर वर्ग ही पलायन कर रहा था, लेकिन 1991 के बाद पढ़ा-लिखा और मध्यम वर्ग नौकरी की तलाश में एक राज्य से दूसरे राज्य में भारी संख्या में कूच करने लगा। मध्यम वर्ग के युवा अपने पैरों पर खड़े होना चाहते थे, उनकी आँखों में ख़ुद का वजूद बनाने का सपना पल रहा था। दरअसल आबादी और परिवार बढ़ रहा था, खेती का रकबा घट रहा था, घर में लोगों की ज़रूरतें बढ़ रही थीं। शिक्षा का विस्तार हुआ तो ये वर्ग न तो खेती कर सकते थे और न ही मज़दूरी। जीडीपी में कृषि का योगदान कम हुआ तो सर्विस सेक्टर और उद्योग के क्षेत्र में रोज़गार काफ़ी बढ़ा। इस विकासधारा ने ख़ासकर मध्यमवर्ग को ज़्यादा प्रभावित किया। हालाँकि परोक्ष और प्रत्यक्ष रूप से इसका असर पूरे देश पर पड़ा।

देश का विकास हो रहा है तो कम्पनियों को भी फ़ायदा हो रहा है। नौकरी मिल रही है तो ये पैसा निचले स्तर पर भी जा रहा है। सिक्यूरिटी गार्ड और घरेलू कामकाज करने वाले भी बढ़ रहे हैं। सरकार इंफ्रास्ट्रक्चर पर ज़ोर दे रही है, तो पढ़े-लिखे लोगों से लेकर निरक्षरों तक को भी काम मिल रहा है। ज़मीन की क़ीमत आसमान छू रही है तो किसानों को भी फ़ायदा हो रहा है। टूरिज्म से लेकर ट्रांसपोर्टेशन, होटल से लेकर इंड्रस्ट्री, आईटी सेक्टर से लेकर रिएल इस्टेट, ऑनलाइन कारोबार से लेकर ऑफलाइन कार्यों इत्यादि में नौकरी के लिए दरवाज़े खुले।

हालाँकि इतनी विशाल आबादी के लिए यह सब ऊँट के मुँह में जीरा ही साबित हो रहा है। लेकिन सरकार बनाने में मध्यम वर्ग की भूमिका अहम हो गयी। नेता इस आकांक्षी वर्ग की आवाज़ सुनने को मजबूर हुए, सरकार के कामों का हिसाब-किताब करने पर भी जनता की नज़रें रहने लगीं। जैसे निजी कम्पनियों में कर्मचारियों की उन्नति और प्रगति का पैमाना उनका काम होता है उसी तरह वोटर सरकार के कामकाज का मुआयना करने लगे और फ़ैसला करने लगे। यही वजह रही कि सरकार ने जनता के लिए काम करना शुरू किया और उनकी ज़िन्दगी बेहतर करने की कोशिश शुरू हो गयी। इस दौर में राजनीति बदल गयी और ये डर सताने लगा कि काम नहीं करेंगे तो हरा दिये जायेंगे और अच्छा काम करेंगे तो सत्ता

में फिर वापसी होगी। विकास की रफ़्तार ने मण्डल और कमण्डल की राजनीति को कमज़ोर किया लेकिन ख़त्म नहीं किया। विकास के बिना किसी सरकार का दोबारा फिर से चुने जाना मुश्किल हो गया, क्योंकि देश की सोच में आमूलचूल परिवर्तन हो चुका है। पहले जहाँ परिवार के मुखिया तय करते थे कि किस पार्टी को वोट देना है, अब लोग अपना-अपना फ़ैसला खुद करते हैं। वोट देने को लेकर एक ही परिवार की तीन पीढ़ी अलग-अलग फ़ैसला करती है। गाँव में मतदान का पैटर्न भी बदल चुका है।

दरअसल 1991 में विकास की बयार शुरू हुई, देश में आकांक्षी वर्ग तैयार होने लगे, मूलभूत सुविधा रोटी, कपड़ा और मकान के साथ-साथ पानी, बिजली और सड़क की माँग बढ़ने लगी। ये यही दौर था जहाँ पर नेता के नाम और पार्टी की पहचान के बावजूद काम की बात होने लगी। यहीं से मध्य वर्ग और नव मध्यवर्ग की शुरुआत हुई। देश-विदेश में विकल्प खुलने लगे, विदेशी कम्पनियाँ देश में आने लगीं और देसी आकांक्षी वर्ग विदेश जाने लगा। मध्य वर्ग में ख़ासकर युवाओं की आकांक्षाओं का कोई ठिकाना नहीं है। इसे महत्त्वाकांक्षी वर्ग भी कह सकते हैं। इनकी चाहत और उम्मीद तो अच्छी नौकरी, अच्छा पैसा, मस्ती भरी ज़िन्दगी है। नव युवा वर्ग की चाहत, रहन-सहन और सोच अलग ही है, जिस पर कोई ख़ास अध्ययन नहीं हुआ है और न ही किसी निष्कर्ष पर पहुँचा जा सकता है।

ये बदलाव कमोबेश हर जाति और धर्म में हो रहे हैं, क्योंकि बेहतर ज़िन्दगी हर शख़्स की ख़्वाहिश है। लेकिन मतदान में विचारधारा, धर्म आड़े हाथ आता है। चुनाव में जाति एक बड़ा फैक्टर होती है, लेकिन इसकी दीवारें धीरे-धीरे कमज़ोर होने लगी हैं। प्राइस रिसर्च के मुताबिक़ मध्यम वर्ग की आबादी 31 फ़ीसदी है जो आने वाले 25 साल में 64 फ़ीसदी हो सकती है। नव मध्य वर्ग को पहली पीढ़ी का मध्य वर्ग भी कह सकते हैं। यह वर्ग टेक्नोसेवी, डिजिटल से वर्चुअल और आर्टिफिशियल भी हो गया है और अपने सपने पूरे करने के लिए कड़ी मेहनत करता है। इस वर्ग में मंझोली और बड़ी कम्पनियों में काम करने वाले लोग आते हैं। मध्य वर्ग के शिक्षित युवाओं को बाज़ार और बड़ी कम्पनियों में बड़ा आकर्षण दिखता है इसलिए कारोबार और बाज़ार का विस्तार करने वाली नीतियाँ उन्हें पसन्द आती हैं। ये युवा माँ-बाप की मदद से या लोन लेकर भी शिक्षा पाने की कोशिश करते हैं, ताकि उन्हें अपनी क़िस्मत सँवारने का मौक़ा मिले। उनकी तमन्ना अच्छे कपड़े, अच्छे फ़ोन, घर और गाड़ी की होती है। ये युवा चाहे जेब में पैसे न हों लेकिन घर और गाड़ी के लिए लोन लेने से नहीं हिचकते हैं।

पहले लोग बुरे दिनों के लिए पैसा इकट्ठा करके रखते थे, लेकिन अब नव मध्य वर्ग के युवा अपनी पॉकेट की औकात से अधिक जोखिम उठाने की हिम्मत रखते हैं। बदलते दौर में परिवार में हम दो और हमारे दो का फॉर्मूला भी सिकुड़ रहा है। अब तो मध्यम वर्ग के कई लोग हम दो और हमारा एक के फॉर्मूले पर चल रहे हैं, लेकिन उनकी इच्छाएँ ज़रूर फैलती जा रही हैं। इस वर्ग की माँग भी बदलती जा रही है। पहले रोटी, कपड़ा और मकान के बाद स्वास्थ्य, शिक्षा, पानी, बिजली, सुरक्षा जैसी सुविधाओं की माँग हुआ करती थी। अब बदलते दौर में अच्छा घर, अच्छी नौकरी, अच्छी गाड़ी, अच्छे स्कूल में बच्चे की पढ़ाई और क़ीमती मोबाइल का ज़माना आ गया है। हवाई सफ़र करना, साल में कम-से-कम दो बार छुट्टी और विदेश घूमना भी शामिल हो गया है। ये वर्ग अपनी ज़िन्दगी का फ़ैसला ख़ुद कर रहे हैं, मतलब पारम्परिक शादी की जगह प्रेम विवाह पर ज़ोर दे रहे हैं, जहाँ जाति की दीवार भी टूट रही है।

इन युवाओं का एक ही मन्त्र है–मेरी ज़िन्दगी और मेरा फ़ैसला। यह बेचैन वर्ग है और इनका पहला पैमाना है–सरकार का कामकाज, सरकार के कामकाज से उनका भला हो रहा है या नहीं? इसीलिए 1991 के बाद हुए चुनावों में इस वर्ग की अहमियत बढ़ गयी। अब तो यही पैमाना बनता जा रहा है कि काम करोगे तो राज करोगे। इस वर्ग को कभी अटलबिहारी वाजपेयी अच्छे लगे तो कभी सोनिया गांधी अच्छी लगीं। कभी मनमोहन सिंह इसके चहेते बने, तो कभी अरविन्द केजरीवाल तो कभी नीतीश कुमार, नवीन पटनायक, ममता बनर्जी और शिवराज सिंह चौहान, योगी आदित्यनाथ इत्यादि। अब तो देश में इसकी उम्मीदें नरेन्द्र मोदी पर टिक गयी हैं। लिहाज़ा, इस वर्ग में कोई विचारात्मक रुझान भी नहीं है। दरअसल इस वर्ग के सामाजिक, राजनीतिक और पारिवारिक सरोकार बदल गये हैं।

1991 के बाद भी कई राज्य हैं जहाँ नेता 10 साल से लेकर 25 साल तक राज करते चले आ रहे हैं। कहा जा रहा है कि 2014 और 2019 में मोदी की जीत में इनकी अहम भूमिका रही है। दूसरी महत्त्वपूर्ण बात यह है कि मध्य वर्ग जनमत को प्रभावित करने लगा है। इसी वर्ग की राय इलेक्ट्रॉनिक मीडिया से लेकर प्रिंट और सोशल मीडिया तक में आक्रामक ढंग से दिखाई पड़ती है। इसी वजह से यह भी कहा जा रहा है कि पहली बार इलेक्ट्रॉनिक मीडिया और एक ख़ास वर्ग में सोशल मीडिया ने महती भूमिका निभायी। हालाँकि ये सौभाग्य आज़ादी के दौरान नहीं था। हालाँकि यह वर्ग बेहद चंचल भी है। इनकी चाहत अलग है। इसका पता इसी से लग जाता है कि विधानसभा और लोकसभा में इनके विकल्प अलग हो जाते हैं। इन्हें पता है कि कौन राज्य चलायेगा और कौन देश चलायेगा।

इस वर्ग की या देश की कितनी बेचैनी और कितना गुस्सा था इस बात से समझा जा सकता है कि जिस देश में 30 सालों से किसी भी पार्टी को बहुमत नहीं मिला, यहाँ तक 210 का भी आँकड़ा लोकसभा में नहीं पार कर पाया, एक झटके में एक पार्टी को बहुमत भी दिया और उसे 282 सीट तक भी पहुँचा दिया। इस भाव, तथ्य, दर्द, उत्साह, बदलाव को समझना ज़रूरी है, क्योंकि बोफोर्स घोटाले के बाद हुए चुनाव, बाबरी मस्जिद के विध्वंस, गुजरात दंगे के बाद हुए चुनाव में भी ऐसे नतीजे नहीं आये थे। एक तरफ़ मीडिया की धूम, दूसरी तरफ़ सोशल मीडिया की बहार, जनता में जागरूकता, साक्षरता दर में भारी बढ़ोतरी। ख़ासकर महिला की जागरूकता काफ़ी बढ़ी है। मतदान में महिला उत्साह दिख रहा है।

आर्थिक विकास और जनता के लिए कल्याणकारी योजना और रेवड़ी राजनीति का भी असर है। आकांक्षी वर्ग को ख़ुश करने के लिए रेवड़ी कल्चर शुरू हुआ है और जिस सरकार ने इसे लागू किया उसे राजनैतिक फ़ायदा भी हुआ। अब केन्द्र सरकार हो या राज्य सरकार, जनता के लिए कल्याणकारी योजना की वजह से मतदाता की दिलचस्पी बढ़ गयी है। चुनावों ने यह भी संकेत दिया कि इन वर्गों में जाति और मज़हब के मुद्दों से अधिक आर्थिक ख़ुशहाली को महत्त्व दिया जाने लगा है। कह सकते हैं कि कुछ वर्षों से मुखर हुए इस वर्ग की मानसिकता को पूरी तरह समझना मुश्किल है। यह आर्थिक बेहतरी के सपने देखता है और आधुनिक जीवन-शैली पाने को लालायित रहता है। मोटे तौर पर यह वर्ग उसके पीछे चल पड़ता है जिसमें बेहतर सपने बुनने और आकाशचुम्बी वादे करने की कुव्वत हो। लेकिन इसके साथ ख़तरा यह भी है कि अपनी आकांक्षाओं को पूरा होते न देख जल्दी ही यह उतावला हो उठता है। मोदी ने इसी वर्ग में विश्वास जगाया। लोगों को भी लगा कि जो काम वे गुजरात में कर सकते हैं, वैसा ही प्रदर्शन देश में भी कर सकते हैं। मोदी की कथित पृष्ठभूमि भी उन्हें आकर्षित करती थी।

विकास की बहार शुरू हुई तो मुफ़्त की रेवड़ी भी शुरू हुई, बेहतर शिक्षा, और बेहतर इलाज की माँग शुरू हुई, कहीं पर बच्चे को फ्री किताब, फ्री कपड़े और फ्री साइकिल देने की व्यवस्था हुई, बात आगे बढ़ी, फ्री लैपटॉप और फ्री स्कूटी देने का सिलसिला शुरू हुआ, आवास, टॉयलेट, सिलेंडर और फ्री बिजली, फ्री पानी, गहने और शादी में पैसे बाँटने का सिलसिला शुरू हुआ। राजनीतिक दल दावा कर रहा है कि वो जनता के जीवन स्तर को बेहतर बना रहा है। हनीमून और रौद्रकाल में इक्के-दुक्के नेता ही अपने क्षेत्रों में अक्सर जाते थे और मिलते थे, अब जनता से लगातार सम्पर्क बनाने की कोशिश करते हैं। अब नेता जनता के सेवक

और चौकीदार बोलने में नहीं हिचकिचाते हैं बल्कि गर्वान्वित होते हैं। कौन देश का पीएम होगा और सीएम होगा वो दिल्ली दरबार से तय नहीं हो रहा है बल्कि गाँव और शहर की जनता तय कर रही है। उनके दिल पर कौन राज करेगा, वोटर की अहमियत इतनी बढ़ गयी है नेता जनता के पैर धोने से नहीं हिचिकचाते हैं और ग़रीब को घर पर बिठाकर खाना खिलाते हैं। अब सरकार मानवीयता को तवज्जो दे रही है। आपदाकाल यानी बाढ़, बारिश, तूफ़ान, अकाल आने पर सरकार अब जनता की ज़रूरत पूरा करती है, दुर्घटना में मुआवज़ा घोषित करती है, सरहद पर सैनिक के शहीद होने पर राज्य सरकार मुआवज़ा दे रही है। अब तो रेवड़ी और जनकल्याणकारी योजना पर गलाकाट प्रतियोगिता शुरू हो गयी है।

यही बात है कि जो हाल कांग्रेस का इमरजेंसी के दौरान नहीं हुआ था, जो हाल मण्डल और कमण्डल की राजनीति में नहीं हुआ, उससे बदतर हाल मोदी काल में हुआ। इस दौरान कांग्रेस की लोकसभा और विधानसभा में सिर्फ़ 36 फ़ीसदी सफलता दर है। 2002-23 के बीच 141 चुनाव हुए जिसमें कांग्रेस की जीत 51 चुनाव में हुई और 90 चुनाव में हार हुई। इस 90 चुनाव में बीजेपी गठबन्धन की 56 चुनाव में जीत हुई सफलता दर 40 फ़ीसदी रही जबकि अन्य की 34 चुनाव में जीत हुई और सफलता दर 24 फीसदी थी। जबसे मोदी प्रधानमन्त्री बने तबसे कांग्रेस का सबसे बुरा हाल हुआ है। देश में 63 चुनाव हुए और 63 चुनाव में बीजेपी ने 32 चुनाव जीतकर 51 फ़ीसदी सफलता दर हासिल की। कांग्रेस ने 14 जगहों पर जीतकर 22 फ़ीसदी सफलता दर हासिल की, वहीं अन्य 17 जगहों पर जीतकर 27 फ़ीसदी सफलता दर हासिल की। कांग्रेस की जीत में बिहार, झारखण्ड और तमिलनाडु के विधानसभा चुनाव भी शामिल हैं तथा गोवा और मणिपुर में बहुमत किसी को नहीं मिला, लेकिन कांग्रेस सबसे बड़ी पार्टी बनकर उभरी। इसके बावजूद वहाँ सरकार बीजेपी ने बना ली। वो भी राज्य कांग्रेस की इस सफलता में शामिल हैं।

| लोकतन्त्र का सफ़र | साल | कांग्रेस + | (%) | बीजेपी | (%) | अन्य | (%) | कुल |
|---|---|---|---|---|---|---|---|---|
| आकांक्षी/मोदी काल | 2002-23 | 51 | 36 | 56 | 40 | 34 | 24 | 141 |

मोदी काल या आकांक्षी काल में लोकतन्त्र घर-घर और गली-गली पहुँच गया। अब देश में मतदान 68 फ़ीसदी पहुँच गया। साक्षरता दर सांख्यिकी मन्त्रालय की रिपोर्ट के मुताबिक़ 2017 में 78 फ़ीसदी हो गयी है। केन्द्र और राज्य सरकारें

विकास भी गली-गली और घर-घर तक पहुँचाने की कोशिश कर रही हैं। वैसे, इसकी शुरुआत 1977 के बाद होने लगी थी। गाँव जाने के लिए सड़कें नहीं थीं, पुल बारिश में बह जाया करते थे, गाँव में स्वास्थ्य केन्द्र और स्कूल नदारद थे। सरकार बदली तो विकास गाँव तक पहुँचना शुरू हुआ था। इन्दिरा आवास से लेकर प्रधानमन्त्री आवास के ज़रिये ग़रीब लोगों को घर मुहैया हो रहा है। अब मतदाता के पास विकल्प है कि किसे जिताना है और किसे हराना है। वोटर नेताओं को मजबूर करने लगे हैं कि ज़मीन पर काम करके दिखाओ वरना हटा दिये जाओगे। जिसने अच्छा काम करना शुरू किया, उसकी वापसी भी हुई। जैसे विधानसभा चुनाव में गुजरात में नरेन्द्र मोदी तीन बार चुने गये, पश्चिम बंगाल में ममता बनर्जी, ओडिशा में नवीन पटनायक, मध्य प्रदेश में शिवराज सिंह चौहान, छत्तीसगढ़ में रमन सिंह, दिल्ली में केजरीवाल, हरियाणा में मनोहरलाल खट्टर, बिहार में नीतीश कुमार इत्यादि।

लोकसभा चुनाव में 2014 के बाद 2019 में मोदी सरकार को मौक़ा मिला इसके पहले 2004 से 2014 तक कांग्रेस के मनमोहन सिंह को मौक़ा मिला। 1971 से क़रीब 48 साल बाद किसी एक पार्टी और एक नेता को दोबारा बहुमत की सरकार बनाने का मौक़ा मिला। लेकिन यह नहीं कहा जा सकता है कि सिर्फ़ काम के बल पर ही उनकी जीत हुई है। इसमें कई दूसरे फैक्टर शामिल हैं। मसलन, निर्णायक नेता, रेवड़ी राजनीति, बेहतर काम, हिन्दुत्व की राजनीति, हिन्दू-मुस्लिम ध्रुवीकरण और जोड़-जुगाड़ की राजनीति का भी असर है। जैसे नीतीश कुमार, अपने बलबूते पर कभी चुनाव नहीं जीते हैं लेकिन वैशाखी के सहारे सत्ता में बने हुए हैं। जब सत्ता विरोधी लहर होती है तो केन्द्र से लेकर राज्य तक सरकार के ख़िलाफ़ हवा होती है और जनता सरकार को उखाड़ फेंकती है। कई चुनाव भावनात्मक भी हुए हैं जहाँ विकास या नाकामी पर भी भावना हावी हो जाती है साथ ही जाति और धर्म के आधार पर भी चुनाव हुए हैं।

मोदी काल में विकास के साथ-साथ जाति समीकरण का अहम रोल रहा है। पहले अगड़ी जातियों और व्यापारी वर्ग का वर्चस्व था, बाद में ओबीसी, दलित और आदिवासी कार्ड भी खेला गया। मोदी के ख़ुद को चायवाला यानी ग़रीब और ओबीसी यानी पिछड़ा घोषित करने का भी फ़ायदा हुआ। बीजेपी ने हिन्दुत्ववादी राजनीति की चादर को फैलाकर ओबीसी, दलित और आदिवासी वोटरों में अपनी पहुँच बनायी। वैसे, इन वर्गों में सरकार के विकास की धारा भी पहुँची है। मोदी ने

भ्रष्टाचार के ख़िलाफ़ मुहिम शुरू की। हालाँकि विपक्ष का आरोप है कि केन्द्रीय एजेंसियों का राजनीतिक दुरुपयोग हो रहा है।

मोदी और आकांक्षी काल में बीजेपी के बढ़ने में वामपन्थी, समाजवादी और मध्यमार्गी कांग्रेस का हाथ भी रहा है। देश के पहले चुनाव में वामपन्थी कम्युनिस्ट पार्टी ऑफ़ इंडिया कांग्रेस के विकल्प के रूप में देखा जा रही थी, कांग्रेस से फ़ासला बहुत था लेकिन 16 सीट हासिल करके मुख्य विपक्षी पार्टी उभरी थी, यही नहीं वामपन्थी पार्टी लोकसभा चुनावों में पाँच बार मुख्य विपक्षी पार्टी की भूमिका में उभरी लेकिन वामपन्थी को बीजेपी की साम्प्रदायिकता नहीं बल्कि कांग्रेस की उदारीकरण नीति ने कमज़ोर किया। कांग्रेस की उदारीकरण और आर्थिक नीति से लोगों को आर्थिक आज़ादी मिलने लगी और लोग धीरे-धीरे दूर होते चले गये। जिस साल यानी 1991 में देश में उदारीकरण की नीति अपनायी गयी उसी साल सोवियत संघ बिखर गया और रूसी कम्युनिस्ट पार्टी के शासन का अन्त हो गया। रूसी और देसी राजनीति की वजह से देश में मार्क्सवादी राजनीति अप्रासंगिक होती चली गयी और इसका असर ये हुआ कि पश्चिम बंगाल और त्रिपुरा से वामपन्थी का तम्बू उखड़ गया, सो बस वामपन्थी राजनीति का अन्तिम क़िला केरल ही बचा हुआ है। वहीं कमण्डल से मण्डल की राजनीति 1991 से ही कमज़ोर होती चली गयी, ख़ासकर बचीखुची समाजवादी पार्टियाँ जातिवाद और परिवारवाद के दलदल में फँसते चली गयीं और जबकि कांग्रेस परिवारवाद, हिन्दुत्व की राजनीति और भ्रष्टाचार की वजह से कमज़ोर हुई। कांग्रेस के कमज़ोर होने में एक और वजह माना जा सकती है, वो है प्रधानमन्त्री पद के लिए सोनिया गांधी और राहुल गांधी की बेरुखी ने भी शायद कमज़ोर किया, वोटर का जो रिश्ता नेहरू-गांधी परिवार से था वो कमज़ोर होता चला गया, इसीलिए मोदी ने जब अहमदाबाद से दिल्ली के लिए कूच किया तो न तो वामपन्थी, न तो समाजवादी और न ही मध्यमार्गी कांग्रेस रास्ता रोकने में कामयाब हो पायी।

लोकतन्त्र के इस सफ़र में चुनाव आयोग की महत्त्वपूर्ण भूमिका है। बदलते दौर के साथ चुनाव आयोग ने लोकतन्त्र के साथ क़दम से क़दम मिलाकर चलने का काम किया। लोकतन्त्र कैसे मज़बूत हो, इसका ख़्याल रखने की कोशिश की। चुनाव आयोग ने समय-समय पर अहम बदलाव किये। भानुमति के कुनबे जैसी अस्थायी केन्द्र सरकारों के दौर से ऊब कर जब मतदाताओं में गहरी उदासी पैदा होने लगी और वे मतदान करने से मुँह मोड़ने लगे, तो चुनाव आयोग ने मतदान प्रतिशत बढ़ाने के लिए कई प्रकार के मतदाता जागरूकता अभियान चलाये। पहले

चुनी हुई सरकार मनमानी करती थीं और अपने स्वार्थ के लिए राष्ट्रपति शासन लगा देती थीं, उसमें भारी कमी आयी है। हालाँकि राजनीतिक दल चुनाव आयोग पर सरकार का पिछलग्गू होने का आरोप लगाते रहे हैं। पहले मतदान के दौरान बूथ लूटने और ख़ूनख़राबा आम बात थी लेकिन इलेक्ट्रॉनिक वोटिंग मशीन के आने की बाद बूथ लूट की इंड्रस्ट्री बन्द हुई। जो डर से बूथ पर नहीं जाते थे अब बेफ़िक्र होकर मतदान कर रहे हैं। पहले दागी और अपराधी क़िस्म के उम्मीदवार पर कोई पाबन्दी नहीं थी लेकिन चुनाव आयोग और सरकार की पहल से ऐसे दागी और अपराधी लोगों पर लगाम लगनी शुरू हुई। कोर्ट के द्वारा दो साल की सज़ा होने पर माननीय सांसद और विधायकों की सदस्यता तुरन्त ख़त्म हो जाती है लेकिन अभी भी लोकसभा और विधानसभा में इनकी संख्या भरमार है क्योंकि जब तक पार्टी ऐसे उम्मीदवारों पर नकेल नहीं कसेगी तब तक दागी और अपराधी को रोकना आसान नहीं है।

पहले उम्मीदवार चुनाव के दौरान कोई ब्यौरा नहीं देते थे, अब सारे उम्मीदवारों को हलफनामा में सारी जानकारी देनी पड़ती है मसलन आपराधिक मामले, सम्पत्ति और शिक्षा की जानकारी देनी पड़ती है। ग़लत जानकारी देने पर सदस्यता भी जा सकती है। मतदताओं की न्यूनतम उम्र 21 साल से 18 साल तक कर दी गयी जिससे युवा वर्ग में ज़बरदस्त उत्साह दिख रहा है। उम्मीदवारों के ख़र्च की सीमा लोकसभा और विधानसभा के लिए तय कर दी गयी है। अगर तय सीमा से अधिक कोई ख़र्च करता है तो कार्रवाई हो सकती है। अब उम्मीदवारों को चुनावी ख़र्च का लेखा-जोखा भी देना पड़ता है, हालाँकि इस पर लगाम लगाने में चुनाव आयोग विफल रहा है या कहा जा सकता है कि चुनाव आयोग के दायरे से बाहर है, क्योंकि अभी भी चुनाव में तयशुदा सीमा से बाहर रकम ख़र्च की जाती है।

लोकसभा और विधानसभा में सांसद और विधायक कितने दिन सत्र में शामिल हुए, कितना वक़्त दिया और क्या चर्चा की, इन सारी बातों का रिकॉर्ड लोकसभा और विधानसभा में रखा जाता है। सरकार को स्थायित्व देने के लिए दलबदल क़ानून लाया गया, ताकि सांसद और विधायक एक दल से दूसरे दल में कूदफाँद न कर सकें। मक़सद है कि चुनी हुई सरकार को स्थायित्व मिले और सांसद-विधायक पार्टी के अधीन रहें और उसके उसूलों का पालन करें। अब ऐसे सदस्यों की सदस्यता जा सकती है जो मनमाने तरीक़े से दूसरी पार्टी के सदस्य बन जाते हैं। पार्टी में टूट के लिए कम-से-कम दो-तिहाई सदस्यों की आवश्यकता होती है। महत्त्वपूर्ण निर्णय में पार्टी के व्हिप को मानना ज़रूरी हो गया है, व्हिप के ख़िलाफ़ विद्रोह करना

सांसद या विधायक को महँगा पड़ सकता है। सांसद और विधायक की सदस्यता ख़त्म करने का अधिकार लोकसभा और विधानसभा के स्पीकर के पास है।

महिलाओं में भी मतदान को लेकर जागरूकता फैली है। विधानसभा व लोकसभा में चुनी हुई महिलाओं की भागीदारी लगातार बढ़ती जा रही है। पहली बार 2019 में 78 महिलाएँ सांसद बनीं, यानी 14.4 फ़ीसदी, जो आज़ादी के बाद का ऐतिहासिक आँकड़ा है। पारम्पारिक मीडिया से लेकर डिजिटल मीडिया में आयी क्रान्ति ने भारतीय राजनीति की दिशा और दशा बदल दी है। डिजिटल युग में ख़बरें बिजली की रफ़्तार से पूरे देश में पहुँच रही हैं। साक्षरता और जागरूकता बढ़ी है लेकिन ध्रुवीकरण और विद्वेष भी बढ़ा है। चुनाव आयोग को रास्ता निकालना होगा कि मतदान में ज़्यादा से ज़्यादा निष्पक्षता के साथ नागरिकों की भागीदारी कैसे हो। भारतीय लोकतन्त्र ने 76 साल के सफ़र में ज़मीन-आसमान का बदलाव दर्ज किया है। कहा जा सकता है कि देश का लोकतन्त्र पहले से ज़्यादा परिपक्व, मज़बूत और निर्णायक हो गया है।

❑❑

# परिशिष्ट : चुनाव आँकड़ों की डायरी

**तालिका 1 - 2019 लोकसभा चुनाव के चार मापदंड, कितनी सीटों पर किससे कितनी टक्कर**

| | बीजेपी बनाम कांग्रेस | | बीजेपी बनाम कांग्रेस+अन्य | | कांग्रेस बनाम अन्य | | अन्य बनाम अन्य | | कुल | |
|---|---|---|---|---|---|---|---|---|---|---|
| | सीट | (%) | सीट | (%) | सीट | (%) | सीट | (%) | सीट | (%) |
| एनडीए | 147 | 56.84 | 199 | 46.59 | 5 | 24.02 | 1 | 18.15 | 352 | 44.87 |
| यूपीए | 10 | 35.3 | 16 | 18.75 | 29 | 44.44 | 38 | 30.93 | 93 | 26.93 |
| अन्य | 3 | 7.86 | 64 | 34.65 | 6 | 31.54 | 25 | 50.93 | 98 | 28.2 |
| **कुल** | **160** | | **279** | **100** | **40** | **100** | **64** | **100** | **543** | **100** |

तालिका 2 - 1984 से 2019 का बीजेपी और कांग्रेस का प्रदर्शन

| | बीजेपी | | | | कांग्रेस | | | |
|---|---|---|---|---|---|---|---|---|
| Year | लड़ी | जीती | (%) | सफलता दर (%) | लड़ी | जीती | (%) | सफलता दर (%) |
| 1984 | 223 | 2 | 7.7 | 0.9 | 517 | 414 | 48.12 | 80.1 |
| 1989 | 225 | 86 | 11.4 | 37.8 | 510 | 197 | 39.53 | 38.6 |
| 1991 | 468 | 120 | 20.1 | 25.6 | 500 | 244 | 36.4 | 48.8 |
| 1996 | 471 | 161 | 20.3 | 34.2 | 471 | 140 | 28.8 | 29.7 |
| 1998 | 388 | 182 | 25.6 | 46.9 | 477 | 141 | 25.82 | 29.6 |
| 1999 | 339 | 182 | 23.8 | 53.7 | 453 | 114 | 28.3 | 25.2 |
| 2004 | 364 | 138 | 22.2 | 39.9 | 417 | 145 | 26.53 | 34.8 |
| 2009 | 433 | 116 | 18.8 | 26.8 | 440 | 206 | 28.55 | 46.8 |
| 2014 | 428 | 282 | 31.3 | 65.9 | 464 | 44 | 19.52 | 9.5 |
| 2019 | 436 | 303 | 37.27 | 69.50 | 421 | 52 | 19.67 | 12.4 |

### तालिका 3 - 2019 में एनडीए और यूपीए को कितनी सीटें और वोट

| एनडीए 2019 | | | | यूपीए 2019 | | | |
|---|---|---|---|---|---|---|---|
| पार्टी | लड़ी | जीती | (%) | पार्टी | लड़ी | जीती | (%) |
| बीजेपी | 436 | 303 | 37.27 | कांग्रेस | 425 | 52 | 19.44 |
| शिवसेना | 23 | 18 | 2.05 | डीएमके | 24 | 24 | 2.34 |
| जेडीयू | 17 | 16 | 1.45 | एनसीपी | 19 | 5 | 1.36 |
| एलजेपी | 6 | 6 | 0.52 | आईयूएमएल | 3 | 3 | 0.26 |
| अपना दल | 2 | 2 | 0.17 | सीपीआई | 3 | 2 | 0.17 |
| अकाली दल | 10 | 2 | 0.61 | सीपीएम | 3 | 2 | 0.17 |
| एडीएमके | 22 | 1 | 1.35 | जेडीएस | 7 | 1 | 0.55 |
| आजसू | 1 | 1 | 0.11 | जेएमएम | 5 | 1 | 0.28 |
| निर्दलीय | 1 | 1 | 0.11 | केरला कांग्रेस (एम) | 1 | 1 | 0.07 |
| एनडीपीपी | 1 | 1 | 0.08 | आरएसपी | 1 | 1 | 0.08 |
| आरएलटीपी | 1 | 1 | 0.11 | वीएसके | 1 | 1 | 0.08 |
| पीएमके | 7 | | 0.37 | निर्दलीय | 3 | 1 | 0.12 |

| डीएमडीके | 4 |  | 0.15 | आरजेडी | 21 | 0 | 1.08 |
|---|---|---|---|---|---|---|---|
| बीडीजेएस | 4 |  | 0.06 | बीएलएसपी | 5 | 0 | 0.24 |
| एजीपी | 3 |  | 0.24 | हम | 3 | 0 | 0.16 |
| टीएमसी(मूपनार) | 1 |  | 0.04 | वीआईपी | 3 | 0 | 0.02 |
| बीडोलैंड फ्रंट(बीपीएफ) | 1 |  | 0.07 | जेवीएम | 2 | 0 | 0.12 |
| केरल कांग्रेस(थॉमस) | 1 |  | 0.03 | एसडब्लूपी | 2 | 0 | 0.14 |
| एआईएनआरसी | 1 |  | 0.04 | बीवीए | 1 | 0 | 0.08 |
|  |  |  |  | सीपीआई माले | 1 | 0 | 0.07 |
|  |  |  |  | जनाधिकार पार्टी | 3 | 0 | 0.01 |
| **कुल** | **542** | **352** | **44.83** |  | **536** | **94** | **26.82** |

**तालिका 4 - 2019 लोकसभा चुनाव में किस रीजन में किस पार्टी का प्रभाव**

| इलाका | एनडीए | | यूपीए | | अन्य | | कुल |
|---|---|---|---|---|---|---|---|
| | सीट | (%) | सीट | (%) | सीट | (%) | |
| पूरब | 26 | 41.3 | 3 | 4.8 | 34 | 54.0 | 63 |
| हिंदी इलाका | 203 | 90.2 | 7 | 3.1 | 15 | 6.7 | 225 |
| उत्तर | 8 | 40.0 | 8 | 40.0 | 4 | 20.0 | 20 |
| उत्तरी पूर्व | 15 | 57.7 | 5 | 19.2 | 6 | 23.1 | 26 |
| दक्षिण | 31 | 23.7 | 64 | 48.9 | 36 | 27.5 | 131 |
| पश्चिमी | 69 | 88.5 | 7 | 9.0 | 2 | 2.6 | 78 |
| **कुल** | **352** | **64.8** | **94** | **17.3** | **97** | **17.9** | **543** |

**तालिका 5 - 2019 लोकसभा चुनाव के ग्रामीण और शहरी सीटों पर सफलता दर**

| | | एनडीए | | यूपीए | | अन्य | |
|---|---|---|---|---|---|---|---|
| | सीटें | सफलता दर | सीटें | सफलता दर | सीटें | सफलता दर | कुल सीट |
| ग्रामीण | 233 | 68.13 | 45 | 13.16 | 64 | 18.71 | 342 |
| अर्द्ध शहरी | 79 | 54.9 | 38 | 26.39 | 27 | 18.75 | 144 |
| शहरी | 40 | 70.2 | 10 | 17.54 | 7 | 12.28 | 57 |
| **कुल** | **352** | **64.8** | **93** | **17.13** | **98** | **18.05** | **543** |

तालिका 6 - 2019 में सामान्य, दलित और आदिवासी सीटों पर किस पार्टी का पलड़ा भारी रहा

| | | एनडीए | | | | | | यूपीए | | | | | | अन्य | |
|---|---|---|---|---|---|---|---|---|---|---|---|---|---|---|---|
| | | 2019 | | 2014 | | फायदा (+/-) | | 2019 | | 2014 | | फायदा (+/-) | | 2019 | |
| | कुल सीटें | सीट | (%) | सीट | (%) | सीट | (%) | सीट | (%) | सीट | (%) | सीट | (%) | सीट | (%) |
| दलित | 84 | 54 | 44.3 | 49 | 35.4 | 5 | 8.9 | 13 | 22.6 | 7 | 18.9 | 6 | 3.7 | 17 | 33.07 |
| आदिवासी | 47 | 33 | 44.7 | 27 | 38.5 | 6 | 6.2 | 5 | 33.1 | 7 | 31.0 | -2 | 2.1 | 9 | 22.26 |
| सामान्य | 412 | 265 | 45.0 | 259 | 39.0 | 6 | 6.0 | 75 | 27.1 | 45 | 23.0 | 30 | 4.1 | 72 | 27.86 |
| **कुल** | **543** | **352** | **44.9** | **335** | **38.4** | **17** | **6.5** | **93** | **26.9** | **59** | **23.0** | **34** | **3.9** | **98** | **28.20** |

**तालिका 7 - 2019 लोकसभा चुनाव में कौन गठबंधन कितने वोट मार्जिन से जीता चुनाव**

| जीत का फासला (वोट में) | एनडीए | यूपीए | अन्य | कुल |
|---|---|---|---|---|
| > 3 लाख से ज़्यादा | 110 | 15 | 6 | 131 |
| < 3 लाख से कम > 2 लाख से ज़्यादा | 78 | 12 | 15 | 105 |
| < 2 लाख से कम > 1 लाख से ज़्यादा | 77 | 27 | 30 | 134 |
| < 1 लाख से कम | 87 | 40 | 46 | 173 |
| **कुल** | **352** | **94** | **97** | **543** |

**तालिका 8 - 2014 के लोकसभा चुनाव के नतीजे, किसको फायदा और नुकसान**

| पार्टी | लड़ी | जीती | वोट | फायदा/ नुकसान (सीट) | फायदा/ नुकसान (वोट) |
|---|---|---|---|---|---|
| **यूपीए** | **540** | **60** | **23.01** | **-174** | **-9.77** |
| कांग्रेस | 464 | 44 | 19.31 | -162 | -9.24 |
| बोडोलैंड पीपुल्स फ्रंट | 2 | 0 | 0.06 | -1 | -0.1 |
| आरजेडी | 28 | 4 | 1.34 | 0 | 0.22 |
| एनसीपी | 22 | 6 | 1.48 | -3 | -0.3 |
| मुस्लिम लीग | 2 | 2 | 0.15 | 0 | -0.05 |
| आरएसपी (केरल) | 1 | 1 | 0.07 | 1 | 0.07 |
| सोशलिस्ट जनता (डोमोक्रेटिक) | 1 | 0 | 0.06 | 0 | 0.06 |
| आरएलडी | 8 | 0 | 0.12 | -5 | -0.31 |
| महान दल | 3 | 0 | 0 | 0 | -0.01 |
| नेशनल कांफ्रेंस | 3 | 0 | 0.07 | -3 | -0.05 |
| जेएमएम | 4 | 2 | 0.22 | 0 | -0.04 |

| | | | | | |
|---|---|---|---|---|---|
| बहुजन विकास आघाडी | 1 | 0 | 0.05 | -1 | 0 |
| केरल कांग्रेस (एम) | 1 | 1 | 0.08 | 0 | -0.02 |
| **एनडीए** | **540** | **336** | **38.79** | **194** | **12.03** |
| बीजेपी | 428 | 282 | 31 | 166 | 12.19 |
| शिवसेना | 20 | 18 | 1.81 | 7 | -0.31 |
| टीडीपी | 30 | 16 | 2.55 | 10 | 0.03 |
| लोक जनशक्ति पार्टी | 7 | 6 | 0.41 | 6 | 0.03 |
| शिरोमणि अकाली दल | 10 | 4 | 0.66 | 0 | -0.3 |
| राष्ट्रीय लोक समता पार्टी | 3 | 3 | 0.19 | 3 | 0.19 |
| नगा पीपुल्स फ्रंट | 1 | 1 | 0.13 | 0 | -0.07 |
| स्वाभिमानी पक्ष | 2 | 1 | 0.2 | 0 | 0.08 |
| एनपीपी | 1 | 1 | 0.4 | | |
| अपना दल | 2 | 2 | 0.15 | 2 | 0.03 |
| ऑल इंडिया एन आर कांग्रेस | 1 | 1 | 0.05 | 1 | 0.05 |
| पीएमके | 8 | 1 | 0.33 | 1 | -0.09 |
| राष्ट्रीय समाज पक्ष | 1 | 0 | 0.08 | -1 | 0.03 |
| हरियाणा जनहित कांग्रेस | 2 | 0 | 0.13 | -1 | -0.07 |
| एमडीएमके | 7 | 0 | 0.26 | 0 | -0.01 |
| डीएमडीके | 14 | 0 | 0.38 | 0 | -0.36 |
| रिपब्लिकन पार्टी ऑफ इंडिया (ए) | 1 | 0 | 0.01 | 0 | -0.04 |
| रिवोल्यूशनरी सोशलिस्ट पार्टी ऑफ केरल (बी) | 1 | 0 | 0.01 | 0 | 0.01 |
| निर्दलीय (बीजेपी) | 2 | 0 | 0.04 | 0 | 0.02 |
| **लेफ्ट पार्टियां** | **210** | **12** | **4.83** | **-12** | **-2.7** |

| सीपीआई | 67 | 1 | 0.78 | -3 | -0.65 |
|---|---|---|---|---|---|
| सीपीआई(एम) | 93 | 9 | 3.25 | -7 | -2.08 |
| फॉरबर्ड ब्लॉक | 39 | 0 | 0.22 | -2 | -0.1 |
| आरएसपी | 5 | 0 | 0.23 | -2 | -0.15 |
| जेडी(एस) केरल | 1 | 0 | 0.05 | 0 | 0.05 |
| निर्दलीय (लेफ्ट) | 5 | 2 | 0.3 | 2 | 0.23 |
| बीएसपी | 503 | 0 | 4.14 | -21 | -2.02 |
| समाजवादी पार्टी | 197 | 5 | 3.37 | -18 | -0.05 |
| एआईडीएमके | 40 | 37 | 3.27 | 28 | 1.6 |
| तृणमूल कांग्रेस | 45 | 34 | 3.67 | 15 | 0.47 |
| बीजेडी | 21 | 20 | 1.71 | 6 | 0.12 |
| नोटा | 543 | 0 | 1.08 | 0 | 1.08 |
| अन्य | 6261 | 132 | 25.18 | 31 | 1.43 |
| | 8251 | 543 | 100 | | |

- तमिलनाडु में सीपीआई और सीपीएम यूपीए का हिस्सा थी

**तालिका 9 - 1989 से गैर कांग्रेसी गठबंधन बाद में एनडीए बनाम कांग्रेस बाद में यूपीए गठबंधन**

| | गैर कांग्रेसी गठबंधन/एनडीए का गठबंधन | | | यूपीए या कांग्रेस का गठबंधन | | |
|---|---|---|---|---|---|---|
| **साल** | **कितनी पार्टी** | **Seats** | **(%)** | **कितनी पार्टी** | **Seats** | **(%)** |
| 1989* | 7 | 275 | 43.95 | 3 | 211 | 41.05 |
| 1991 | 2 | 124 | 20.9 | 3 | 256 | 38.1 |
| 1996 | 5 | 187 | 23.8 | 4 | 143 | 29.8 |
| 1998 | 15 | 256 | 37.2 | 10 | 164 | 29.6 |
| 1999 | 20 | 299 | 40.6 | 12 | 139 | 34.6 |

| 2004 | 13 | 189 | 35.9 | 21 | 225 | 36.5 |
|---|---|---|---|---|---|---|
| 2009 | 11 | 159 | 24.2 | 13 | 262 | 36.5 |
| 2014 | 19 | 336 | 38.79 | 14 | 59 | 23.01 |
| 2019 | 19 | 352 | 44.83 | 21 | 94 | 26.82 |

* 1989 में नेशनल फ्रंट में बीजेपी और लेफ्ट से जनता दल का गठबंधन हुआ था, लेकिन कितनी सीटों पर हुआ था ये साफ नहीं है,हालाँकि गैर कांग्रेसी गठबंधन था

** 1989 में लेफ्ट और बीजेपी के बीच सीट का समझौता नहीं हुआ था, एक दूसरे के सीट पर दोनों पार्टी उम्मीदवार उतारी थी

*** 1989 में एनडीए नहीं बल्कि नेशनल फ्रंट था जबकि 1991 में ना एनडीए था और ना ही यूपीए

**तालिका 10 - 1951 से लेकर 2019 तक विजेता और उपविजेता की सीट और वोट**

| साल | जीती पार्टी | सीट | (%) | रनर पार्टी | सीट | (%) |
|---|---|---|---|---|---|---|
| 1951 | कांग्रेस | 364 | 44.99 | सीपीआई | 16 | 3.29 |
| 1957 | कांग्रेस | 371 | 47.78 | सीपीआई | 27 | 8.92 |
| 1962 | कांग्रेस | 361 | 44.72 | सीपीआई | 29 | 9.94 |
| 1967 | कांग्रेस | 283 | 40.78 | स्वतंत्र पार्टी | 44 | 8.67 |
| 1971 | कांग्रेस | 352 | 43.68 | सीपीएम | 25 | 5.12 |
| 1977 | जनता पार्टी | 295 | 41.32 | कांग्रेस | 154 | 34.52 |
| 1980 | कांग्रेस | 353 | 42.69 | जनता पार्टी सेक्युलर | 41 | 9.39 |
| 1984-85 | कांग्रेस | 414 | 48.12 | सीपीएम | 22 | 5.71 |
| 1989 | कांग्रेस | 197 | 39.53 | जनता पार्टी | 143 | 17.79 |
| 1991-92 | कांग्रेस | 244 | 36.4 | बीजेपी | 120 | 20.07 |

| | | | | | | |
|---|---|---|---|---|---|---|
| 1996 | बीजेपी | 161 | 20.29 | कांग्रेस | 140 | 28.8 |
| 1998 | बीजेपी | 182 | 25.59 | कांग्रेस | 141 | 25.82 |
| 1999 | बीजेपी | 182 | 23.75 | कांग्रेस | 114 | 28.3 |
| 2004 | कांग्रेस | 145 | 26.53 | बीजेपी | 138 | 22.16 |
| 2009 | कांग्रेस | 206 | 28.55 | बीजेपी | 116 | 18.8 |
| 2014 | बीजेपी | 282 | 31.34 | कांग्रेस | 44 | 19.52 |
| 2019 | बीजेपी | 303 | 37.7 | कांग्रेस | 52 | 19.67 |

तालिका 11 – लोकसभा में महिलाओं की भागीदारी, उम्मीदवारों की संख्या, सांसदों की संख्या और मतदान

| | महिला उम्मीदवार | कितनी जीतीं | महिलाओं में जागरूकता | | | |
|---|---|---|---|---|---|---|
| साल | उम्मीदवार की संख्या | कुल उम्मीदवार में भागीदारी (%) | कुल सांसद | कुल सांसदों में हिस्सदारी ( %) | कुल मतदान में महिला का मतदान (%) | कुल महिला वोटर में महिला का मतदान (%) |
| 1951 | | | 24 | | | |
| 1957 | 45 | 3 | 22 | 4.5 | 38.3 | 38.8 |
| 1962 | 66 | 3.3 | 31 | 6.3 | 39.8 | 46.6 |
| 1967 | 68 | 2.9 | 29 | 5.6 | 43.4 | 55.5 |
| 1971 | 61 | 2.2 | 29 | 5.6 | 42.3 | 49.1 |
| 1977 | 70 | 2.9 | 19 | 3.5 | 43.6 | 54.9 |
| 1980 | 143 | 3.1 | 28 | 5.3 | 43.1 | 51.2 |
| 1984-85 | 171 | 3.1 | 43 | 7.9 | 44.46 | 59.25 |
| 1989 | 198 | 3.2 | 29 | 5.5 | 43.9 | 57.3 |
| 1991-92 | 330 | 3.8 | 39 | 7.3 | 42.9 | 50.6 |

| | | | | | | |
|---|---|---|---|---|---|---|
| 1996 | 599 | 4.3 | 40 | 7.4 | 44 | 53.4 |
| 1998 | 274 | 5.8 | 43 | 7.9 | 44.4 | 57.7 |
| 1999 | 284 | 6.1 | 49 | 9 | 44.3 | 55.6 |
| 2004 | 355 | 6.5 | 45 | 8.3 | 44.4 | 5360 |
| 2009 | 556 | 6.9 | 59 | 10.9 | 45.8 | 55.8 |
| 2014 | 668 | 8 | 62 | 11.4 | 46.95 | 65.5 |
| 2019 | 726 | 9 | 78 | 14.4 | 47.93 | 67.18 |

**स्रोत-** चुनाव आयोग , 1951 में कितनी महिला चुनाव लड़ी थी और कितना मतदान हुआ था वो आंकड़ा उपलब्ध नहीं है

**तालिका 12 - कमजोर होती राष्ट्रीय पार्टी, मजबूत होती क्षेत्रीय-राज्यस्तरीय पार्टियां**

| साल | कितनी पार्टी भाग लिया | नेशनल पार्टी कितनी जीती | क्षेत्रीय पार्टी कितनी जीती | पंजीकृत अमान्यताप्राप्त पार्टी | निर्दलीय | कुल सीट |
|---|---|---|---|---|---|---|
| 1951 | 53 | 418 | 34 | | 37 | 489 |
| 1957 | 15 | 421 | 31 | 0 | 42 | 494 |
| 1962 | 27 | 440 | 28 | 6 | 20 | 494 |
| 1967 | 25 | 440 | 43 | 2 | 35 | 520 |

| 1971 | 53 | 451 | 40 | 13 | 14 | 518 |
|---|---|---|---|---|---|---|
| 1977 | 34 | 481 | 49 | 3 | 9 | 542 |
| 1980 | 36 | 485 | 34 | 1 | 9 | 529 |
| 1984-85 | 35 | 462 | 66 | 0 | 13 | 541 |
| 1989 | 113 | 471 | 27 | 19 | 12 | 528 |
| 1991-92 | 145 | 478 | 51 | 4 | 1 | 534 |
| 1996 | 209 | 403 | 129 | 2 | 9 | 543 |
| 1998 | 176 | 387 | 101 | 49 | 6 | 543 |
| 1999 | 169 | 369 | 158 | 10 | 6 | 543 |
| 2004 | 230 | 364 | 159 | 15 | 5 | 543 |
| 2009 | 363 | 376 | 146 | 12 | 9 | 543 |
| 2014 | 464 | 342 | 182 | 16 | 3 | 543 |
| 2019 | 673 | 397 | 136 | 6 | 4 | 543 |

**तालिका 13 - 1951 से लेकर 2019 तक उम्मीदवार,मतदान केन्द्र, मतदाता, मतदान का ब्योरा**

| साल | कुल सीट | दलित सीट | आदिवासी सीट | उम्मीदवार | कितने मतदान केन्द्र | मतदाता (करोड़) | मतदान(%) |
|---|---|---|---|---|---|---|---|
| 1951 | 489 | 72 | 26 | 1874 | 196084 | 173.2 | 45.67 |
| 1957 | 494 | 76 | 31 | 1519 | 220478 | 193.7 | 47.74 |
| 1962 | 494 | 76 | 31 | 1985 | 238031 | 216.4 | 55.42 |
| 1967 | 520 | 77 | 37 | 2369 | 243693 | 250.2 | 61.04 |
| 1971 | 518 | 76 | 36 | 2784 | 342918 | 274.2 | 55.27 |
| 1977 | 543 | 79 | 41 | 2439 | 373910 | 321.2 | 60.49 |
| 1980 | 543 | 79 | 41 | 4629 | 436813 | 356.2 | 56.92 |
| 1984-85 | 543 | 79 | 41 | 5492 | 506058 | 400.3 | 64.01 |
| 1989 | 543 | 79 | 41 | 6160 | 580798 | 498.9 | 61.95 |
| 1991-92 | 543 | 79 | 41 | 8749 | 591020 | 511.5 | 55.88 |
| 1996 | 543 | 79 | 41 | 13952 | 767462 | 592.6 | 57.94 |
| 1998 | 543 | 79 | 41 | 4750 | 772681 | 605.9 | 61.97 |
| 1999 | 543 | 79 | 41 | 4648 | 774651 | 619.5 | 59.99 |

| | | | | | | | |
|---|---|---|---|---|---|---|---|
| 2004 | 543 | 79 | 41 | 5435 | 687473 | 671.5 | 58.07 |
| 2009 | 543 | 84 | 47 | 8070 | 830866 | 717 | 58.21 |
| 2014 | 543 | 84 | 47 | 8251 | 927553 | 834 | 66.44 |
| 2019 | 543 | 84 | 47 | 8054 | 1037848 | 912 | 67.4 |

**तालिका 14 - 1951 से लेकर 2019 तक अधिसूचना, मतदान, कितने फेज और गठन का ब्योरा**

| साल | लोकसभा | अधिसूचना जारी हुआ | मतदान की तारीख | कितने फेज | लोकसभा का गठन |
|---|---|---|---|---|---|
| 1951 | 1 | 01.11.1951 to 29.11.1951 | 02.01.1952 to 25.01.1952 | 17 | 02.04.1952 |
| 1957 | 2 | 19.01.1957 | 24.02.1957 to 15.03.1957 | 20 | 05.04.1957 |
| 1962 | 3 | 13.01.1962 and 20.01.1962 | 19.02.1962 to 25.02.1962 | 7 | 02.04.1962 |
| 1967 | 4 | 13.01.1967 and 16.01.1967 | 15.02.1967 to 28.02.1967 | 13 | 04.03.1967 |
| 1971 | 5 | 27.01.1971 to 03.02.1971 | 01.03.1971 to10.03.1971 | 9 | 15.03.1971 |
| 1977 | 6 | 10.02.1977 | 16.03.1977 to 20.03.1977 | 4 | 23.03.1977 |
| 1980 | 7 | 03.12.1979 | 03.01.1980 and 06.01.1980 | 2 | 10.01.1980 |
| 1984 | 8 | 20.111984 | 24.12.1984 to 28.12.1984 | 3 | 31.12.1984 |
| 1989 | 9 | 23.10.1989 | 22.11.1989 to 26.11.198 | 3 | 02.12.1989 |

| | | | | | |
|---|---|---|---|---|---|
| 1991 | 10 | 19.04.1991 | 20.05.1991 to 05.06.1991 | 4 | 26.06.1991 |
| 1996 | 11 | 27.03.1996 | 27.04.1996 to 07.05.1996 | 3 | 15.05.1996 |
| 1998 | 12 | 20.01.1998 to 28.02.1998 | 06.02.1998 to 28.02.1998 | 4 | 10.03.1998 |
| 1999 | 13 | 11.08.1999 to 07.09.1999 | 05.09.1999 to 03.10.1999 | 8 | 10.10.1999 |
| 2004 | 14 | 24.03.2004 to 16.04.2004 | 20.04.2004 to 10.05.2004 | 4 | 17.05.2004 |
| 2009 | 15 | 23.03.2009 to 13.05.2009 | 16.04.2009 to 13.05.2009 | 5 | 18.05.2009 |
| 2014 | 16 | 14.03.2014 to 17.04.2014 | 07.04.2014 to 12.05.2014 | 10 | 04.06.2014 |
| 2019 | 17 | 18.03.2019 to 02.04.2019 | 11.04.2019 to 19.05.2019 | 7 | 25.05.2019 |

**तालिका 15 - लोकसभा, विधानसभा, राज्यसभा और दलित और आदिवासी सीटों का ब्योरा**

| | | लोकसभा की सीट | | | राज्यसभा की सीट | विधानसभा की सीट | | |
|---|---|---|---|---|---|---|---|---|
| | | कुल सीट | दलित | आदिवासी | कुल सीट | कुल सीट | दलित | आदिवासी |
| 1 | अंडमान और निकोबार द्वीप | 1 | | | | - | | |
| 2 | आंध्र प्रदेश | 25 | 4 | 1 | 11 | 175 | 29 | 7 |

| | | | | | | | | |
|---|---|---|---|---|---|---|---|---|
| 3 | अरुणाचल प्रदेश | 2 | | | 1 | 60 | | 59 |
| 4 | असम | 14 | 1 | 2 | 7 | 126 | 8 | 16 |
| 5 | बिहार | 40 | 6 | 0 | 16 | 243 | 38 | 2 |
| 6 | चंडीगढ़ | 1 | | | | | | |
| 7 | छत्तीसगढ़ | 11 | 1 | 4 | 5 | 90 | 10 | 29 |
| 8 | दादर और नगर हवेली | 1 | | 1 | | | | |
| 9 | दमन और दीयू | 1 | | | | | | |
| 10 | गोवा | 2 | | | 1 | 40 | 1 | |
| 11 | गुजरात | 26 | 2 | 4 | 11 | 182 | 13 | 27 |
| 12 | हरियाणा | 10 | 2 | | 5 | 90 | 17 | |
| 13 | हिमाचल प्रदेश | 4 | 1 | | 3 | 68 | 17 | 3 |
| 14 | जम्मू और कश्मीरग | 6 | | | 4 | 87 | 7 | 0 |
| 15 | झारखंड | 14 | 1 | 5 | 6 | 81 | 9 | 28 |
| 16 | कर्नाटक | 28 | 5 | 2 | 12 | 224 | 36 | 15 |

| | | | | | | | | |
|---|---|---|---|---|---|---|---|---|
| 17 | केरला | 20 | 2 | | 9 | 140 | 14 | 2 |
| 18 | लक्षद्वीप | 1 | | | | | | |
| 19 | मध्यप्रदेश | 29 | 4 | 6 | 11 | 230 | 35 | 47 |
| 20 | महाराष्ट्र | 48 | 5 | 4 | 19 | 288 | 29 | 25 |
| 21 | मणिपुर | 2 | | 1 | 1 | 60 | 1 | 19 |
| 22 | मेघालय | 2 | | 2 | 1 | 60 | 0 | 55 |
| 23 | मिजोरम | 1 | | 1 | 1 | 40 | 0 | 39 |
| 24 | नागालैंड | 1 | | | 1 | 60 | | 59 |
| 25 | ओडिशा | 21 | 3 | 5 | 10 | 147 | 24 | 33 |
| 26 | पंजाब | 13 | 4 | 0 | 7 | 117 | 34 | |
| 27 | राजस्थान | 25 | 4 | 3 | 10 | 200 | 34 | 25 |
| 28 | सिक्किम | 1 | | | 1 | 32 | 2 | 12 |
| 29 | तमिलनाडु | 39 | 7 | | 18 | 234 | 44 | 2 |
| 30 | तेलंगाना | 17 | 3 | 2 | 7 | 119 | 19 | 12 |
| 31 | त्रिपुरा | 2 | | 1 | 1 | 60 | 10 | 20 |

| | | | | | | | | |
|---|---|---|---|---|---|---|---|---|
| 32 | उत्तराखंड | 5 | 1 | | 3 | 70 | 13 | 2 |
| 33 | उत्तर प्रदेश | 80 | 17 | | 31 | 403 | 84 | 2 |
| 34 | पश्चिम बंगाल | 42 | 10 | 2 | 16 | 294 | 68 | 16 |
| 35 | दिल्ली | 7 | 1 | | 3 | 70 | 12 | |
| 36 | पुड्डुचेरी | 1 | | 1 | 1 | 30 | 5 | |
| | | 543 | 84 | 47 | 233 | 4120 | 613 | 556 |
| | | | | | | | | |

* लोकसभा के लिए दो सदस्यों का मनोनयन होता है

** राज्यसभा के लिए 12 सदस्यों का मनोनयन होता है

### तालिका 16 - लोकसभा 2019 का चुनाव - 7 फेज में हुआ

| फेज | कितने सीटों पर चुनाव हुए | चुनाव की तारीख |
|---|---|---|
| पहला | 91 | 11 अप्रैल, 2019 |
| दूसरा | 95 | 18 अप्रैल,2019 |
| तीसरा | 117 | 23 अप्रैल, 2019 |
| चौथा | 71 | 29 अप्रैल, 2019 |
| पांचवा | 50 | 6 मई, 2019 |
| छठा | 59 | 12 मई, 2019 |
| सातवां | 59 | 19 मई, 2019 |
| मतगणना | | 23 मई, 2019 |

* वेल्लोर सीट का चुनाव 5 अगस्त, 2019 को हुआ था

### तालिका 17 - मोदी काल में विधानसभा की तुलना में लोकसभा चुनाव में उछाल

| कर्नाटक | | | | |
|---|---|---|---|---|
| साल | चुनाव | जीती | (%) | कुल सीटें |
| 2019 | लोकसभा | 25 | 51.7 | 28 |
| 2014 | लोकसभा | 17 | 43 | 28 |
| 2023 | विधानसभा | 66 | 36 | 224 |
| 2018 | विधानसभा | 104 | 36.22 | 224 |
| मध्य प्रदेश | | | | |
| साल | चुनाव | जीती | (%) | कुल सीटें |
| 2019 | लोकसभा | 28 | 58.5 | 29 |
| 2014 | लोकसभा | 27 | 54 | 29 |
| 2018 | विधानसभा | 109 | 41.2 | 230 |
| राजस्थान | | | | |
| साल | चुनाव | जीती | (%) | कुल सीटें |
| 2019 | लोकसभा | 24 | 59.1 | 25 |
| 2014 | लोकसभा | 25 | 54.9 | 25 |
| 2018 | विधानसभा | 73 | 38.77 | 200 |

| छत्तीसगढ़ | | | | |
|---|---|---|---|---|
| साल | चुनाव | जीती | (%) | कुल सीटें |
| 2019 | लोकसभा | 9 | 51.4 | 11 |
| 2014 | लोकसभा | 10 | 48.7 | 11 |
| 2018 | विधानसभा | 15 | 33 | 90 |
| **उत्तर प्रदेश** | | | | |
| साल | चुनाव | जीती | (%) | कुल सीटें |
| 2019 | लोकसभा | 62 | 50.0 | 80 |
| 2014 | लोकसभा | 71 | 42.3 | 80 |
| 2022 | विधानसभा | 255 | 41.3 | 400 |
| 2017 | विधानसभा | 312 | 39.67 | 400 |
| **गुजरात** | | | | |
| साल | चुनाव | जीती | (%) | कुल सीटें |
| 2019 | लोकसभा | 26 | 63.1 | 26 |
| 2014 | लोकसभा | 26 | 59.1 | 26 |
| 2022 | विधानसभा | 156 | 52.5 | 182 |
| 2017 | विधानसभा | 99 | 49.05 | 182 |
| **उत्तराखण्ड** | | | | |
| साल | चुनाव | जीती | (%) | कुल सीटें |
| 2019 | लोकसभा | 5 | 61.7 | 5 |
| 2014 | लोकसभा | 5 | 55.3 | 5 |
| 2022 | विधानसभा | 47 | 44.3 | 70 |
| 2017 | विधानसभा | 56 | 46.5 | 70 |
| **असम** | | | | |
| साल | चुनाव | जीती | (%) | कुल सीटें |
| 2019 | लोकसभा | 9 | 36.4 | 14 |
| 2014 | लोकसभा | 7 | 36.5 | 14 |
| 2019 | विधानसभा | 60 | 33.21 | 126 |
| 2016 | विधानसभा | 60 | 29.41 | 126 |
| * बीजेपी का अन्य पार्टी से गठबन्धन था लेकिन सिर्फ़ बीजेपी का ज़िक्र है | | | | |

| बिहार | | | | |
|---|---|---|---|---|
| साल | चुनाव | जीती | (%) | कुल सीटें |
| 2019 | लोकसभा | 17 | 24.1 | 40 |
| 2014 | लोकसभा | 22 | 29.4 | 40 |
| 2021 | विधानसभा | 74 | 19.46 | 244 |
| 2015 | विधानसभा | 53 | 24.4 | 244 |

* 2015 में नीतीश से गठबन्धन नहीं था, 157 सीट पर लड़ी, 2020 में नीतीश से गठबन्धन था 110 सीट पर लड़ी थी

** 2014 में जेडीयू का बीजेपी से गठबन्धन नहीं थी, बीजेपी, एलजेपी, उपेन्द्र कुशवाहा की पार्टी से गठबन्धन था

| गोवा | | | | |
|---|---|---|---|---|
| साल | चुनाव | जीती | (%) | कुल सीटें |
| 2019 | लोकसभा | 1 | 51.94 | 2 |
| 2014 | लोकसभा | 2 | 53.4 | 2 |
| 2022 | विधानसभा | 20 | 33.31 | 40 |
| 2017 | विधानसभा | 13 | 32.5 | 40 |

| हरियाणा | | | | |
|---|---|---|---|---|
| साल | चुनाव | जीती | (%) | कुल सीटें |
| 2019 | लोकसभा | 10 | 58.2 | 10 |
| 2014 | लोकसभा | 7 | 34.7 | 10 |
| 2019 | विधानसभा | 40 | 36.49 | 90 |
| 2014 | विधानसभा | 47 | 33.2 | 90 |

| पश्चिम बंगाल | | | | |
|---|---|---|---|---|
| साल | चुनाव | जीती | (%) | कुल सीटें |
| 2019 | लोकसभा | 18 | 40.6 | 42 |
| 2014 | लोकसभा | 2 | 16.8 | 42 |
| 2021 | विधानसभा | 77 | 38.0 | 294 |
| 2016 | विधानसभा | 3 | 10.16 | 294 |

| हिमाचल प्रदेश | | | | |
|---|---|---|---|---|
| साल | चुनाव | जीती | (%) | कुल सीटें |
| 2019 | लोकसभा | 4 | 69.7 | 4 |

| | | | | |
|---|---|---|---|---|
| 2014 | लोकसभा | 4 | 53.3 | 4 |
| 2022 | विधानसभा | 25 | 43 | 68 |
| 2017 | विधानसभा | 44 | 48.79 | 68 |
| **झारखण्ड** | | | | |
| **साल** | **चुनाव** | **जीती** | **(%)** | **कुल सीटें** |
| 2019 | लोकसभा | 11 | 51.6 | 14 |
| 2014 | लोकसभा | 12 | 40.1 | 14 |
| 2019 | विधानसभा | 25 | 33.37 | 81 |
| 2014 | विधानसभा | 37 | 31.26 | 81 |
| **केरल** | | | | |
| **साल** | **चुनाव** | **जीती** | **(%)** | **कुल सीटें** |
| 2019 | लोकसभा | 0 | 13 | 20 |
| 2014 | लोकसभा | 0 | 10.3 | 20 |
| 2021 | विधानसभा | 0 | 11.3 | 140 |
| 2016 | विधानसभा | 1 | 10.53 | 140 |
| **महाराष्ट्र** | | | | |
| **साल** | **चुनाव** | **जीती** | **(%)** | **कुल सीटें** |
| 2019 | लोकसभा | 23 | 27.3 | 48 |
| 2014 | लोकसभा | 23 | 27.8 | 48 |
| 2019 | विधानसभा | 105 | 25.75 | 288 |
| 2014 | विधानसभा | 122 | 27.81 | 288 |
| *2019 और 14 में शिवसेना का गठबन्धन था, बीजेपी को अकेले दिखाया गया है | | | | |

| दिल्ली | | | | |
|---|---|---|---|---|
| साल | चुनाव | जीती | (%) | कुल सीटें |
| 2019 | लोकसभा | 7 | 56.9 | 7 |
| 2014 | लोकसभा | 7 | 46.4 | 7 |
| 2020 | विधानसभा | 8 | 38.51 | 70 |
| 2015 | विधानसभा | 3 | 32.19 | 70 |

| उड़ीसा | | | | |
|---|---|---|---|---|
| साल | चुनाव | जीती | (%) | कुल सीटें |
| 2019 | लोकसभा | 8 | 38.9 | 21 |
| 2014 | लोकसभा | 1 | 21.5 | 21 |
| 2019 | विधानसभा | 23 | 32.49 | 147 |
| 2014 | विधानसभा | 10 | 17.99 | 147 |

| पंजाब | | | | |
|---|---|---|---|---|
| साल | चुनाव | जीती | (%) | कुल सीटें |
| 2019 | लोकसभा | 2 | 9.7 | 13 |
| 2014 | लोकसभा | 2 | 8.7 | 13 |
| 2022 | विधानसभा | 2 | 6.6 | 117 |
| 2017 | विधानसभा | 3 | 5.4 | 117 |

| सिक्किम | | | | |
|---|---|---|---|---|
| साल | चुनाव | जीती | (%) | कुल सीटें |
| 2019 | लोकसभा | | 4.7 | 1 |
| 2014 | लोकसभा | | 2.4 | 1 |
| 2019 | विधानसभा | 0 | 1.6 | 32 |
| 2014 | विधानसभा | 0 | 0.71 | 32 |

| तमिलनाडु | | | | |
|---|---|---|---|---|
| साल | चुनाव | जीती | (%) | कुल सीटें |
| 2019 | लोकसभा | | 3.6 | 39 |
| 2014 | लोकसभा | 1 | 5.5 | 39 |

| 2021 | विधानसभा | 4 | 2.6 | 234 |
|---|---|---|---|---|
| 2016 | विधानसभा | | 2.9 | 234 |
| | | **त्रिपुरा** | | |
| **साल** | **चुनाव** | **जीती** | **(%)** | **कुल सीटें** |
| 2019 | लोकसभा | 2 | 49.6 | 2 |
| 2014 | लोकसभा | | 5.0 | 2 |
| 2023 | विधानसभा | 32 | 39.0 | 60 |
| 2018 | विधानसभा | 35 | 43.6 | 59 |
| | | **तेलंगाना** | | |
| **साल** | **चुनाव** | **जीती** | **(%)** | **कुल सीटें** |
| 2019 | लोकसभा | 4 | 19.7 | 17 |
| 2018 | विधानसभा | 1 | 6.98 | 119 |
| | | **जम्मू-कश्मीर** | | |
| **साल** | **चुनाव** | **जीती** | **(%)** | **कुल सीटें** |
| 2019 | लोकसभा | 3 | 46.68 | 6 |
| 2014 | लोकसभा | 3 | 32.4 | 6 |
| 2014 | विधानसभा | 25 | 22.98 | 87 |
| | | **मणिपुर** | | |
| **साल** | **चुनाव** | **जीती** | **(%)** | **कुल सीटें** |
| 2019 | लोकसभा | 1 | 34.3 | 2 |
| 2014 | लोकसभा | 0 | 11.9 | 2 |
| 2022 | विधानसभा | 32 | 37.83 | 60 |
| 2017 | विधानसभा | 21 | 36.3 | 60 |
| | | **मेघालय** | | |
| **साल** | **चुनाव** | **जीती** | **(%)** | **कुल सीटें** |
| 2019 | लोकसभा | 0 | 8 | 2 |
| 2014 | लोकसभा | 0 | 8.9 | 2 |
| 2018 | विधानसभा | 2 | 9.6 | 60 |
| 2023 | विधानसभा | 2 | 9.33 | 60 |

| मिजोरम | | | | |
|---|---|---|---|---|
| साल | चुनाव | जीती | (%) | कुल सीटें |
| 2019 | लोकसभा | 0 | 5.8 | 1 |
| 2014 | लोकसभा | 0 | 0 | 1 |
| 2018 | विधानसभा | 1 | 8.09 | 40 |
| **नगालैंड** | | | | |
| साल | चुनाव | जीती | (%) | कुल सीटें |
| 2019 | लोकसभा | 0 | नही लड़ी | 1 |
| 2014 | लोकसभा | 0 | नही लड़ी | 1 |
| 2018 | विधानसभा | 12 | 15.3 | 60 |
| 2023 | विधानसभा | 12 | 18.81 | 60 |
| **आंधप्रदेश** | | | | |
| साल | चुनाव | जीती | (%) | कुल सीटें |
| 2019 | लोकसभा | 0 | 1 | 25 |
| 2014 | लोकसभा | 3 | 8.5 | 25 |
| 2019 | विधानसभा | 0 | 0.84 | 175 |
| 2014 | विधानसभा | 9 | 4.13 | 294 |
| **अरुणाचल प्रदेश** | | | | |
| साल | चुनाव | जीती | (%) | कुल सीटें |
| 2019 | लोकसभा | 2 | 58.5 | 2 |
| 2014 | लोकसभा | 1 | 46.1 | 2 |
| 2019 | विधानसभा | 41 | 50.86 | 60 |
| 2014 | विधानसभा | 11 | 30.97 | 60 |

## राज्यवार लोकसभा के नतीजे 1989 से लेकर 2019 तक

### अंडमान और निकोबार - 1 सीट

| पार्टी | 2019 | | 2014 | | 2009 | | 2004 | | 1999 | | 1998 | | 1996 | | 1991 | | 1989 | |
|---|---|---|---|---|---|---|---|---|---|---|---|---|---|---|---|---|---|---|
| | सीट | (%) | सीट | (%) | सीट | (%) | सीट | (%) | सीट | (%) | सीट | (%) | सीट | (%) | सीट | (%) | सीट | (%) |
| बीजेपी | | 45.6 | 1 | 47.8 | 1 | 44.2 | | 35.9 | 1 | 52.7 | | 35.5 | | 24.3 | | 4.9 | | |
| कांग्रेस | 1 | 46.3 | | 43.7 | | 42.5 | 1 | 55.8 | | 43.2 | 1 | 35.9 | 1 | 58.2 | 1 | 50.4 | 1 | 47.2 |
| अन्य | | 8.1 | | 8.5 | 1 | 13.3 | 1 | 8.3 | 1 | 4.1 | 1 | 28.6 | 1 | 17.5 | 1 | 44.8 | 1 | 52.8 |

### आंध्र प्रदेश- 25 सीटें

| पार्टी | 2019 | | 2014 | | 2009 | | 2004 | | 1999 | | 1998 | | 1996 | | 1991 | | 1989 | |
|---|---|---|---|---|---|---|---|---|---|---|---|---|---|---|---|---|---|---|
| | सीट | (%) | सीट | (%) | सीट | (%) | सीट | (%) | सीट | (%) | सीट | (%) | सीट | (%) | सीट | (%) | सीट | (%) |
| टीडीपी | 3 | 40.2 | 16 | 29.1 | 6 | 24.9 | 5 | 33.1 | 29 | 39.9 | 12 | 32.0 | 16 | 32.6 | 13 | 32.3 | 2 | 34.5 |
| वाईएसआर कांग्रेस | 22 | 49.9 | 9 | 28.9 | | | | | | | | | | | | | | |
| टीआरएस | | | 11 | 13.9 | 2 | 6.1 | 5 | 6.8 | | | | | | | | | | |
| कांग्रेस | | 1.3 | 2 | 11.5 | 33 | 39.0 | 29 | 41.6 | 5 | 42.9 | 22 | 38.5 | 22 | 39.7 | 25 | 45.6 | 39 | 51.0 |
| बीजेपी | | 1.0 | 3 | 8.5 | | 3.8 | | 8.4 | 7 | 9.9 | 4 | 18.3 | | 5.6 | 1 | 9.6 | | 2.0 |
| एआईएमआईएम | | | 1 | 1.4 | 1 | 0.7 | 1 | 1.2 | 1 | 1.3 | 1 | 1.5 | 1 | 1.1 | 1 | 1.8 | | |

| सीपीआई | | | | 0.4 | | 1.6 | 1 | 1.3 | | 1.3 | 2 | 2.6 | 2 | 2.4 | 1 | 1.9 | | 2.0 |
|---|---|---|---|---|---|---|---|---|---|---|---|---|---|---|---|---|---|---|
| सीपीएम | | | | 0.3 | | 1.3 | 1 | 1.0 | | 1.4 | | 2.9 | 1 | 2.9 | 1 | 2.4 | | 2.4 |
| अन्य | | 7.6 | 0 | 5.9 | 0 | 22.6 | 0 | 6.5 | 0 | 3.3 | 1 | 4.3 | 0 | 15.7 | 0 | 6.5 | 1 | 8.2 |

* आंध्रप्रदेश में पहले 42 सीट थी, तेलंगाना के अलग होने के बाद आंध्राप्रदेश के पास सिर्फ 25 सीटें बची है, 2019 के पहले 42 सीटें पर परिणाम हैं

**अरुणाचल प्रदेश-2 सीटें**

| पार्टी | 2019 | | 2014 | | 2009 | | 2004 | | 1999 | | 1998 | | 1996 | | 1991 | | 1989 | |
|---|---|---|---|---|---|---|---|---|---|---|---|---|---|---|---|---|---|---|
| | सीट | (%) | सीट | (%) | सीट | (%) | सीट | (%) | सीट | (%) | सीट | (%) | सीट | (%) | सीट | (%) | सीट | (%) |
| बीजेपी | 2 | 58.9 | 1 | 46.1 | | 37.2 | 2 | 53.9 | | 16.3 | | 21.8 | | 17.4 | | 6.1 | | |
| कांग्रेस | | 20.9 | 1 | 41.2 | 2 | 51.1 | | 10.0 | 2 | 56.9 | | 23.9 | | 28.8 | 2 | 68.9 | 2 | 50.0 |
| निर्दलीय | | | | 0.4 | | 0.6 | | 12.1 | | | | | 2 | 53.8 | | 0.3 | | 14.8 |
| अन्य | | 20.2 | | 12.3 | | 11.1 | | 24.0 | | 26.8 | 2 | 54.4 | | 0.0 | | 24.7 | | 35.2 |

**असम- 14 सीटें**

| पार्टी | 2019 | | 2014 | | 2009 | | 2004 | | 1999 | | 1998 | | 1996 | | 1991 | | 1989 | |
|---|---|---|---|---|---|---|---|---|---|---|---|---|---|---|---|---|---|---|
| | सीट | (%) | सीट | (%) | सीट | (%) | सीट | (%) | सीट | (%) | सीट | (%) | सीट | (%) | सीट | (%) | सीट | (%) |
| बीजेपी | 9 | 36.4 | 7 | 36.5 | 4 | 16.2 | 2 | 22.9 | 2 | 29.8 | 1 | 24.5 | 1 | 15.9 | 2 | 9.6 | चुनाव नहीं हुए | |
| कांग्रेस | 3 | 35.8 | 3 | 29.6 | 7 | 34.9 | 9 | 35.1 | 10 | 38.4 | 10 | 39.0 | 5 | 31.6 | 8 | 28.5 | | |
| एआईयूडीएफ | 1 | 7.9 | 3 | 14.8 | | | | | | | | | | | | | | |

|  |  |  |  |  |  |  |  |  |  |  |  |  |  |  |  |  |  |  |
|---|---|---|---|---|---|---|---|---|---|---|---|---|---|---|---|---|---|---|
| निर्दलीय | 1 | 4.3 | 1 | 9.5 |  | 7.6 | 1 | 13.4 | 1 | 9.4 | 1 | 9.5 | 1 | 11.7 | 1 | 14.2 |  |  |
| असम गण परिषद |  | 8.3 |  | 3.8 | 1 | 14.6 | 2 | 20.0 |  | 11.9 |  | 12.7 | 5 | 27.2 | 1 | 17.6 |  |  |
| अन्य |  | 7.3 | 0 | 5.7 | 2 | 26.7 | 0 | 8.6 | 1 | 10.4 | 2 | 14.3 | 2 | 13.6 | 2 | 30.1 |  |  |

**बिहार- 40 सीटें**

| पार्टी | 2019 |  | 2014 |  | 2009 |  | 2004 |  | 1999 |  | 1998 |  | 1996 |  | 1991 |  | 1989 |  |
|---|---|---|---|---|---|---|---|---|---|---|---|---|---|---|---|---|---|---|
|  | सीट | (%) | सीट | (%) | सीट | (%) | सीट | (%) | सीट | (%) | सीट | (%) | सीट | (%) | सीट | (%) | सीट | (%) |
| बीजेपी | 17 | 24.1 | 22 | 29.4 | 12 | 13.9 | 5 | 14.2 | 12 | 16.9 | 8 | 17.5 | 6 | 16.5 |  | 11.4 | 3 | 7.52 |
| आरजेडी |  | 15.7 | 4 | 20.1 | 4 | 19.3 | 19 | 29.8 | 6 | 33.9 | 17 | 30.8 |  |  |  |  |  |  |
| समता/जेडीयू | 16 | 22.3 | 2 | 15.8 | 20 | 24.0 | 6 | 22.9 | 18 | 26.4 | 10 | 20.54 | 6 | 18.82 |  |  |  |  |
| कांग्रेस | 1 | 7.9 | 2 | 8.4 | 2 | 10.3 | 3 | 4.8 | 2 | 4.8 | 3 | 4.7 | 1 | 12.1 | 1 | 25.2 | 2 | 28.35 |
| एलजेपी | 6 | 8.0 | 6 | 6.4 |  | 6.5 | 4 | 8.7 |  |  |  |  |  |  |  |  |  |  |
| आरएलएसपी |  | 3.7 | 3 | 3.0 |  |  |  |  |  |  |  |  |  |  |  |  |  |  |
| एनसीपी |  | 0.1 | 1 | 1.2 |  | 1.2 |  | 1.0 |  | 1.3 |  |  |  |  |  |  |  |  |
| सीपीआई |  | 0.7 |  | 1.2 |  | 1.4 |  | 1.1 |  | 2.7 |  | 3.4 | 3 | 6.0 | 7 | 8.8 | 4 | 7.9 |
| सीपीएम |  | 0.7 |  | 0.3 |  | 0.5 |  | 0.8 | 1 | 1.3 |  | 0.4 |  | 1.1 | 1 | 1.8 | 1 | 1.4 |
| जनता दल |  |  |  |  |  |  |  |  |  |  | 1 | 10.5 | 22 | 34.8 | 29 | 40.7 | 29 | 44.72 |
| अन्य | 0 | 17.0 | 0 | 14.3 | 2 | 22.8 | 3 | 16.8 | 1 | 12.8 | 1 | 12.1 | 2 | 10.7 | 2 | 12.1 | 1 | 10.1 |

| * बिहार में लोकसभा की 40 सीटें हैं जबकि 2004 के पहले 54 सीटें थी, झारखंड राज्य बनने के बाद 14 सीटें झारखंड में चली गई, परिणाम 40 सीट पर ही आधारित है | | | | | | | | | | | | | | | | | | |
|---|---|---|---|---|---|---|---|---|---|---|---|---|---|---|---|---|---|---|
| **चंडीगढ़ - 1 सीट** | | | | | | | | | | | | | | | | | | |
| **पार्टी** | **2019** | | **2014** | | **2009** | | **2004** | | **1999** | | **1998** | | **1996** | | **1991** | | **1989** | |
| | **सीट** | **(%)** | **सीट** | **(%)** | **सीट** | **(%)** | **सीट** | **(%)** | **सीट** | **(%)** | **सीट** | **(%)** | **सीट** | **(%)** | **सीट** | **(%)** | **सीट** | **(%)** |
| बीजेपी | 1 | 51.12 | 1 | 42.2 | | 29.7 | | 35.2 | | 45.1 | 1 | 42.4 | 1 | 39.0 | | 28.8 | | 12.3 |
| कांग्रेस | | 40.74 | | 26.8 | 1 | 46.9 | 1 | 52.1 | 1 | 47.0 | | 38.7 | | 29.8 | 1 | 35.9 | | 40.2 |
| आप | | 3.05 | | * | | | | | | | | | | | | 2.8 | 1 | 42.1 |
| अन्य | | | | 31.0 | | 23.4 | | 12.7 | | 7.9 | | 18.9 | | 31.2 | | 32.6 | | 5.5 |
| **छत्तीसगढ़- 11 सीटें** | | | | | | | | | | | | | | | | | | |
| **पार्टी** | **2019** | | **2014** | | **2009** | | **2004** | | **1999** | | **1998** | | **1996** | | **1991** | | **1989** | |
| | **सीट** | **(%)** | **सीट** | **(%)** | **सीट** | **(%)** | **सीट** | **(%)** | **सीट** | **(%)** | **सीट** | **(%)** | **सीट** | **(%)** | **सीट** | **(%)** | **सीट** | **(%)** |
| बीजेपी | 9 | 51.4 | 10 | 48.7 | 10 | 45.0 | 10 | 47.8 | 8 | 47.9 | 7 | 44.5 | 6 | 37.3 | | 33.3 | 6 | 29.6 |
| कांग्रेस | 2 | 41.5 | 1 | 38.4 | 1 | 37.3 | 1 | 40.2 | 3 | 43.4 | 4 | 41.1 | 4 | 36.6 | 11 | 48.0 | 3 | 39.7 |
| अन्य | | 7.1 | 0 | 12.9 | 0 | 17.7 | 0 | 12.1 | 0 | 8.7 | 0 | 14.4 | 1 | 26.1 | 0 | 18.7 | 2 | 30.7 |
| * छत्तीसगढ़ के लिए 11 सीटें हैं ये पहले मध्यप्रदेश का हिस्सा था, पहला चुनाव 2004 में हुआ और 11 सीट को ही मानकर 2004 के पहले के चुनाव को दर्शाया गया है | | | | | | | | | | | | | | | | | | |

**दादर और नगर हवेली- 1 सीट**

| पार्टी | 2019 | | 2014 | | 2009 | | 2004 | | 1999 | | 1998 | | 1996 | | 1991 | | 1989 | |
|---|---|---|---|---|---|---|---|---|---|---|---|---|---|---|---|---|---|---|
| | सीट | (%) | सीट | (%) | सीट | (%) | सीट | (%) | सीट | (%) | सीट | (%) | सीट | (%) | सीट | (%) | सीट | (%) |
| बीजेपी | | 41.5 | 1 | 48.9 | 1 | 46.4 | | 15.6 | | 20.8 | 1 | 53.7 | | 42.4 | | 35.4 | | |
| कांग्रेस | | 4.4 | | 45.1 | | 45.9 | | 25.7 | | 14.7 | | 4.1 | 1 | 55.6 | 1 | 61.7 | | 28.6 |
| अन्य | 1 | 54.1 | 0 | 6.0 | 0 | 7.7 | 1 | 58.7 | 1 | 64.4 | 0 | 42.1 | 0 | 2.0 | 0 | 2.9 | 1 | 71.4 |

**दमन और दीयू-1 सीट**

| पार्टी | 2019 | | 2014 | | 2009 | | 2004 | | 1999 | | 1998 | | 1996 | | 1991 | | 1989 | |
|---|---|---|---|---|---|---|---|---|---|---|---|---|---|---|---|---|---|---|
| | सीट | (%) | सीट | (%) | सीट | (%) | सीट | (%) | सीट | (%) | सीट | (%) | सीट | (%) | सीट | (%) | सीट | (%) |
| बीजेपी | 1 | 43.7 | 1 | 53.8 | 1 | 65.5 | | 48.4 | | 43.1 | 1 | 42.0 | | 40.4 | 1 | 31.9 | | |
| कांग्रेस | | 32.2 | | 43.3 | | 29.0 | 1 | 49.5 | 1 | 49.5 | | 2.0 | 1 | 50.6 | | 22.7 | | 37.8 |
| अन्य | | 24.1 | 0 | 2.9 | 0 | 5.5 | 0 | 2.1 | 0 | 7.4 | 0 | 56.1 | 0 | 8.9 | 0 | 45.4 | 1 | 62.2 |

**गोवा- 2 सीटें**

| पार्टी | 2019 | | 2014 | | 2009 | | 2004 | | 1999 | | 1998 | | 1996 | | 1991 | | 1989 | |
|---|---|---|---|---|---|---|---|---|---|---|---|---|---|---|---|---|---|---|
| | सीट | (%) | सीट | (%) | सीट | (%) | सीट | (%) | सीट | (%) | सीट | (%) | सीट | (%) | सीट | (%) | सीट | (%) |
| बीजेपी | 1 | 51.94 | 2 | 53.4 | 1 | 44.8 | 1 | 46.8 | 2 | 51.5 | | 30.0 | | 13.8 | | 15.6 | | 0.7 |

| कांग्रेस | 1 | 43.55 | | 36.6 | 1 | 22.6 | 1 | 29.8 | | 39.0 | 2 | 31.6 | | 34.4 | 2 | 57.7 | 1 | 47.4 |
|---|---|---|---|---|---|---|---|---|---|---|---|---|---|---|---|---|---|---|
| अन्य | | 4.51 | 0 | 10.0 | 0 | 32.6 | 0 | 23.4 | 0 | 9.5 | 0 | 38.4 | 2 | 51.9 | 0 | 26.7 | 1 | 51.9 |

## गुजरात- 26 सीटें

| पार्टी | 2019 | | 2014 | | 2009 | | 2004 | | 1999 | | 1998 | | 1996 | | 1991 | | 1989 | |
|---|---|---|---|---|---|---|---|---|---|---|---|---|---|---|---|---|---|---|
| | सीट | (%) | सीट | (%) | सीट | (%) | सीट | (%) | सीट | (%) | सीट | (%) | सीट | (%) | सीट | (%) | सीट | (%) |
| बीजेपी | 26 | 63.1 | 26 | 59.1 | 15 | 46.5 | 14 | 47.4 | 20 | 52.5 | 19 | 48.3 | 16 | 48.5 | 20 | 50.4 | 12 | 30.5 |
| कांग्रेस | 0 | 32.6 | | 32.9 | 11 | 43.4 | 12 | 43.9 | 6 | 45.4 | 7 | 36.5 | 10 | 38.7 | 5 | 29.0 | 3 | 37.2 |
| जनता दल | | | | | | | | | | | | 2.9 | | 0.4 | | 3.4 | 11 | 27.8 |
| अन्य | | 4.4 | 0 | 8.1 | 0 | 10.1 | 0 | 8.8 | 0 | 2.1 | 0 | 12.3 | 0 | 12.4 | 1 | 17.2 | 0 | 4.6 |

## हरियाणा- 10 सीटें

| पार्टी | 2019 | | 2014 | | 2009 | | 2004 | | 1999 | | 1998 | | 1996 | | 1991 | | 1989 | |
|---|---|---|---|---|---|---|---|---|---|---|---|---|---|---|---|---|---|---|
| | सीट | (%) | सीट | (%) | सीट | (%) | सीट | (%) | सीट | (%) | सीट | (%) | सीट | (%) | सीट | (%) | सीट | (%) |
| बीजेपी | 10 | 58.2 | 7 | 34.7 | | 12.1 | 1 | 17.2 | 5 | 29.2 | 1 | 18.9 | 4 | 19.7 | | 10.2 | | 8.3 |
| आईएनएलडी | | 1.9 | 2 | 24.4 | | 15.8 | | 22.4 | 5 | 28.7 | | | | | | | | |
| कांग्रेस | | 28.5 | 1 | 22.9 | 9 | 41.8 | 9 | 42.1 | | 34.9 | 3 | 26.0 | 2 | 22.6 | 9 | 37.2 | 4 | 46.1 |
| एचजेसी | | | | 6.1 | 1 | 10.0 | | | | | | | | | | | | |
| जेजेपी | | 4.9 | | | | | | | | | | | | | | | | |

| | | | | | | | | | | | | | | | | | | |
|---|---|---|---|---|---|---|---|---|---|---|---|---|---|---|---|---|---|---|
| जनता दल | | | | | | | | | | | | 0.4 | | 1.5 | | 12.5 | 6 | 38.9 |
| | | 6.5 | 0 | 11.9 | 0 | 20.4 | 0 | 18.2 | 0 | 7.1 | 6 | 54.7 | 4 | 56.1 | 1 | 40.1 | 0 | 6.6 |

**हिमाचल प्रदेश- 4 सीटें**

| पार्टी | 2019 | | 2014 | | 2009 | | 2004 | | 1999 | | 1998 | | 1996 | | 1991 | | 1989 | |
|---|---|---|---|---|---|---|---|---|---|---|---|---|---|---|---|---|---|---|
| | सीट | (%) | सीट | (%) | सीट | (%) | सीट | (%) | सीट | (%) | सीट | (%) | सीट | (%) | सीट | (%) | सीट | (%) |
| बीजेपी | 4 | 69.7 | 4 | 53.3 | 3 | 49.6 | 1 | 44.2 | 3 | 46.3 | 3 | 51.4 | | 39.6 | 2 | 42.8 | 3 | 45.3 |
| कांग्रेस | | 27.5 | | 40.7 | 1 | 45.6 | 3 | 51.9 | | 39.5 | 1 | 41.9 | 4 | 54.3 | 2 | 46.2 | 1 | 42.0 |
| अन्य | | 2.8 | 0 | 6.0 | 0 | 4.8 | 0 | 3.9 | 1 | 14.2 | 0 | 6.7 | 0 | 6.0 | 0 | 11.0 | 0 | 12.8 |

**झारखंड- 14 सीटें**

| पार्टी | 2019 | | 2014 | | 2009 | | 2004 | | 1999 | | 1998 | | 1996 | | 1991 | | 1989 | |
|---|---|---|---|---|---|---|---|---|---|---|---|---|---|---|---|---|---|---|
| | सीट | (%) | सीट | (%) | सीट | (%) | सीट | (%) | सीट | (%) | सीट | (%) | सीट | (%) | सीट | (%) | सीट | (%) |
| बीजेपी | 11 | 51.6 | 12 | 40.1 | 8 | 27.5 | 1 | 33.0 | 11 | 45.5 | 12 | 45.5 | 12 | 34.0 | 5 | 32.9 | 5 | 27.74 |
| कांग्रेस | 1 | 15.8 | | 13.3 | 1 | 15.0 | 6 | 21.4 | 2 | 23.8 | 2 | 15.7 | 1 | 16.0 | | 17.9 | 2 | 25.18 |
| जेवीएम | | 5.1 | | 12.1 | 1 | 10.5 | | | | | | | | | | | | |
| जेएमएम | 1 | 11.7 | 2 | 9.3 | 2 | 11.7 | 4 | 16.3 | | 9.5 | | 10.5 | 1 | 11.0 | 6 | 21.4 | 3 | 15.25 |
| आरजेडी | | 2.4 | | 1.6 | | 5.3 | 2 | 3.5 | 1 | 7.5 | | 9.2 | | | | | | |

| जनता दल | | | | | | | | | | | | 2.75 | | 22.24 | 2 | 9.71 | 3 | 10.78 |
|---|---|---|---|---|---|---|---|---|---|---|---|---|---|---|---|---|---|---|
| अन्य | 1 | 13.4 | 0 | 23.6 | 2 | 29.9 | 1 | 25.8 | 0 | 13.7 | 0 | 16.3 | 0 | 16.7 | 1 | 18.0 | 1 | 21.1 |
| **कर्नाटक- 28 सीटें** | | | | | | | | | | | | | | | | | | |
| **पार्टी** | **2019** | | **2014** | | **2009** | | **2004** | | **1999** | | **1998** | | **1996** | | **1991** | | **1989** | |
| | **सीट** | **(%)** | **सीट** | **(%)** | **सीट** | **(%)** | **सीट** | **(%)** | **सीट** | **(%)** | **सीट** | **(%)** | **सीट** | **(%)** | **सीट** | **(%)** | **सीट** | **(%)** |
| बीजेपी | 25 | 51.7 | 17 | 43.0 | 19 | 41.6 | 18 | 34.8 | 7 | 27.2 | 13 | 26.9 | 6 | 24.8 | 4 | 28.8 | | 2.6 |
| कांग्रेस | 1 | 32.1 | 9 | 40.8 | 6 | 37.6 | 8 | 36.8 | 18 | 45.4 | 9 | 36.2 | 5 | 30.3 | 23 | 42.1 | 27 | 48.9 |
| जनता दल(एस) | 1 | 9.7 | 2 | 11.0 | 3 | 13.6 | 2 | 20.4 | | 10.8 | | | | | | | | |
| जनता दल(यू) | | | | 0.0 | | 0.1 | | 1.9 | 3 | 13.3 | | | | | | | | |
| जनता दल | | | | | | | | | | | 3 | 21.7 | 16 | 34.9 | | 18.5 | 1 | 28.3 |
| अन्य | 1 | 6.4 | 0 | 5.2 | 0 | 7.0 | 0 | 6.1 | 0 | 3.3 | 3 | 15.2 | 1 | 10.0 | 1 | 10.6 | 0 | 20.2 |
| **केरल- 20 सीटें** | | | | | | | | | | | | | | | | | | |
| **पार्टी** | **2019** | | **2014** | | **2009** | | **2004** | | **1999** | | **1998** | | **1996** | | **1991** | | **1989** | |
| | **सीट** | **(%)** | **सीट** | **(%)** | **सीट** | **(%)** | **सीट** | **(%)** | **सीट** | **(%)** | **सीट** | **(%)** | **सीट** | **(%)** | **सीट** | **(%)** | **सीट** | **(%)** |
| कांग्रेस | 15 | 37.5 | 8 | 31.1 | 13 | 40.1 | | 32.1 | 8 | 39.4 | 8 | 38.7 | 7 | 38.0 | 13 | 38.8 | 14 | 41.7 |
| सीपीएम | 1 | 26.0 | 5 | 21.6 | 4 | 30.5 | 12 | 31.5 | 8 | 27.9 | 6 | 21.0 | 5 | 21.2 | 3 | 20.7 | 2 | 22.9 |
| बीजेपी | | 13.0 | | 10.3 | | 6.3 | | 10.4 | | 6.6 | | 8.0 | | 5.6 | | 4.6 | | 4.5 |

| | | | | | | | | | | | | | | | | | | |
|---|---|---|---|---|---|---|---|---|---|---|---|---|---|---|---|---|---|---|
| सीपीआई | | 6.1 | 1 | 7.6 | | 7.4 | 3 | 7.9 | | 7.6 | 2 | 8.3 | 2 | 8.2 | | 8.1 | | 6.2 |
| आईयूएमएस/ एमयूएल | 2 | 5.5 | 2 | 5 | 2 | 5 | 1 | 5 | 2 | 5 | 2 | 5 | 2 | 5 | 2 | 5 | 2 | 5 |
| केईसी(एम)/ केसीएम | 1 | 2.1 | 1 | 2.4 | 1 | 2.5 | | 1.4 | 1 | 2.3 | 1 | 2.4 | 1 | 2.7 | 1 | 2.7 | 1 | 2.4 |
| आरएसपी | 1 | 2.5 | 1 | 2.3 | | | | | | | 1 | 2.7 | 1 | 2.5 | | 2.4 | | 2.4 |
| निर्दलीय | | | 2 | 11.4 | | 3.8 | 1 | 4.6 | | 4.8 | | 6.8 | 1 | 7.0 | | 7.7 | | 9.5 |
| अन्य | 0 | 7.5 | 0 | 8.9 | 0 | 4.2 | 3 | 7.2 | 1 | 6.3 | 0 | 7.1 | 1 | 9.8 | 1 | 9.9 | 1 | 5.2 |

**लक्षद्वीप- 1 सीट**

| पार्टी | 2019 | | 2014 | | 2009 | | 2004 | | 1999 | | 1998 | | 1996 | | 1991 | | 1989 | |
|---|---|---|---|---|---|---|---|---|---|---|---|---|---|---|---|---|---|---|
| | सीट | (%) | सीट | (%) | सीट | (%) | सीट | (%) | सीट | (%) | सीट | (%) | सीट | (%) | सीट | (%) | सीट | (%) |
| एनसीपी | 1 | 48.7 | 1 | 50.1 | | 46.3 | | | | | | | | | | | | |
| कांग्रेस | | 47.0 | | 46.6 | 1 | 51.9 | | 48.8 | 1 | 54.0 | 1 | 51.6 | 1 | 51.7 | 1 | 50.6 | 1 | 52.3 |
| बीजेपी | | 0.3 | | 0.4 | | 0.6 | | | | | | | | | | | | |
| अन्य | | 4.1 | 0 | 2.9 | 0 | 1.2 | 1 | 51.2 | 0 | 46.0 | 0 | 48.5 | 0 | 48.3 | 0 | 49.4 | 0 | 47.7 |

**मध्य प्रदेश- 29 सीटें**

| पार्टी | 2019 | | 2014 | | 2009 | | 2004 | | 1999 | | 1998 | | 1996 | | 1991 | | 1989 | |
|---|---|---|---|---|---|---|---|---|---|---|---|---|---|---|---|---|---|---|
| | सीट | (%) | सीट | (%) | सीट | (%) | सीट | (%) | सीट | (%) | सीट | (%) | सीट | (%) | सीट | (%) | सीट | (%) |
| बीजेपी | 28 | 58.5 | 27 | 54.0 | 16 | 43.4 | 25 | 48.1 | 21 | 46.1 | 23 | 46.2 | 21 | 42.8 | 12 | 43.2 | 21 | 43.22 |
| कांग्रेस | 1 | 34.8 | 2 | 34.9 | 12 | 40.1 | 4 | 34.1 | 8 | 44.1 | 6 | 38.8 | 4 | 28.9 | 16 | 44.5 | 5 | 36.99 |
| बसपा | | 2.4 | | 3.8 | 1 | 5.9 | | 4.8 | | 5.3 | | 9.2 | 2 | 8.4 | 1 | 3.3 | | 4.3 |
| अन्य | | 4.2 | 0 | 7.3 | 0 | 10.6 | 0 | 13.0 | 0 | 4.5 | 0 | 5.8 | 2 | 19.8 | 0 | 9.0 | 3 | 15.5 |

**महाराष्ट्र- 48 सीटें**

| पार्टी | 2019 | | 2014 | | 2009 | | 2004 | | 1999 | | 1998 | | 1996 | | 1991 | | 1989 | |
|---|---|---|---|---|---|---|---|---|---|---|---|---|---|---|---|---|---|---|
| | सीट | (%) | सीट | (%) | सीट | (%) | सीट | (%) | सीट | (%) | सीट | (%) | सीट | (%) | सीट | (%) | सीट | (%) |
| बीजेपी | 23 | 27.8 | 23 | 27.3 | 9 | 18.2 | 13 | 22.6 | 13 | 21.2 | 4 | 22.5 | 18 | 21.8 | 5 | 20.2 | 10 | 23.7 |
| शिवसेना | 18 | 23.5 | 18 | 20.6 | 11 | 17.0 | 12 | 20.1 | 15 | 16.9 | 6 | 19.7 | 15 | 16.8 | 4 | 9.4 | 1 | 1.2 |
| कांग्रेस | 1 | 16.4 | 2 | 18.1 | 17 | 19.6 | 13 | 23.8 | 10 | 29.7 | 33 | 43.6 | 15 | 34.8 | 38 | 48.4 | 28 | 45.4 |
| एनसीपी | 4 | 15.7 | 4 | 16.0 | 8 | 19.3 | 9 | 18.3 | 6 | 21.6 | | | | | | | | |
| जनता दल | | | | | | | | | | | | 1.7 | | 3.3 | | 10.5 | 5 | 10.9 |
| एआईएमआईएम | 1 | 0.7 | | | | | | | | | | | | | | | | |

| | | | | | | | | | | | | | | | | | | |
|---|---|---|---|---|---|---|---|---|---|---|---|---|---|---|---|---|---|---|
| स्वाभिमानी पक्ष | | | 1 | 2.3 | 1 | 1.3 | | | | | | | | | | | | |
| अन्य | 1 | 15.9 | 0 | 15.7 | 2 | 24.6 | 1 | 15.2 | 4 | 10.7 | 5 | 12.5 | 0 | 23.3 | 1 | 11.4 | 4 | 18.7 |

**मणिपुर- 2 सीटें**

| पार्टी | 2019 | | 2014 | | 2009 | | 2004 | | 1999 | | 1998 | | 1996 | | 1991 | | 1989 | |
|---|---|---|---|---|---|---|---|---|---|---|---|---|---|---|---|---|---|---|
| | सीट | (%) | सीट | (%) | सीट | (%) | सीट | (%) | सीट | (%) | सीट | (%) | सीट | (%) | सीट | (%) | सीट | (%) |
| कांग्रेस | | 24.7 | 2 | 41.7 | 2 | 43.0 | 1 | 37.0 | | 25.3 | | 18.6 | 2 | 40.2 | 1 | 38.4 | 2 | 45.0 |
| बीजेपी | 1 | 34.3 | | 11.9 | | 9.5 | | 16.0 | | 1.0 | | 12.6 | | 5.2 | | 8.1 | | 2.3 |
| एमएससीपी | | | | | | | | | 1 | 24.9 | 1 | 25.4 | | | | | | |
| एमपीपी | | | | | | 7.6 | | | | 16.2 | | 15.4 | | 6.7 | 1 | 20.0 | | |
| एनपीएफ | 1 | 22.6 | | 19.9 | | | | | | | | | | | | | | |
| सीपीआई | | 8.3 | | 14.0 | | 14.9 | | 25.1 | | 4.0 | 1 | 20.5 | | 4.0 | | | | 5.6 |
| अन्य | | 10.1 | 0 | 12.5 | 0 | 25.0 | 1 | 21.9 | 1 | 28.6 | 0 | 7.5 | 0 | 43.9 | 0 | 33.5 | 0 | 47.1 |

**मेघालय- 2 सीटें**

| पार्टी | 2019 | | 2014 | | 2009 | | 2004 | | 1999 | | 1998 | | 1996 | | 1991 | | 1989 | |
|---|---|---|---|---|---|---|---|---|---|---|---|---|---|---|---|---|---|---|
| | सीट | (%) | सीट | (%) | सीट | (%) | सीट | (%) | सीट | (%) | सीट | (%) | सीट | (%) | सीट | (%) | सीट | (%) |
| कांग्रेस | 1 | 48.7 | 1 | 37.9 | 1 | 47.1 | 1 | 45.5 | 1 | 32.8 | 2 | 47.6 | 1 | 53.6 | 2 | 56.6 | 2 | 55.4 |
| एनपीपी | 1 | 22.4 | 1 | 22.2 | | | | | | | | | | | | | | |

| एनसीपी | | | | | 1 | 19.7 | | | 1 | 27.9 | | | | | | | | |
|---|---|---|---|---|---|---|---|---|---|---|---|---|---|---|---|---|---|---|
| बीजेपी | | 8.0 | | 8.9 | | | | 8.6 | | 9.5 | | 9.0 | | 9.1 | | 6.9 | | |
| अन्य | | 20.9 | 0 | 31.0 | 0 | 33.1 | 1 | 45.8 | 0 | 29.8 | 0 | 43.4 | 1 | 37.2 | 0 | 36.5 | 0 | 44.6 |

**मिजोरम- 1 सीट**

| पार्टी | 2019 | | 2014 | | 2009 | | 2004 | | 1999 | | 1998 | | 1996 | | 1991 | | 1989 | |
|---|---|---|---|---|---|---|---|---|---|---|---|---|---|---|---|---|---|---|
| | सीट | (%) | सीट | (%) | सीट | (%) | सीट | (%) | सीट | (%) | सीट | (%) | सीट | (%) | सीट | (%) | सीट | (%) |
| कांग्रेस | | | 1 | 48.6 | 1 | 65.6 | | | | | | 34.9 | 1 | 42.5 | 1 | 38.1 | 1 | 48.5 |
| बीजेपी | | 5.8 | | | | | | | | | | 2.9 | | | | | | |
| एमएनएफ | 1 | 45.1 | | | | | 1 | 52.5 | | | | 26.9 | | 37.6 | | 34.1 | | 31.3 |
| निर्दलीय | | 46.4 | | 47.2 | | 33.4 | | 45.7 | 1 | 95.6 | 1 | 35.0 | | 19.9 | | 4.4 | | 1.0 |
| अन्य | | 2.7 | 0 | 4.2 | 0 | 1.0 | 0 | 1.9 | 0 | 4.4 | 0 | 0.3 | 0 | 0.0 | 0 | 23.5 | 0 | 19.3 |

**नागालैंड -1 सीट**

| पार्टी | 2019 | | 2014 | | 2009 | | 2004 | | 1999 | | 1998 | | 1996 | | 1991 | | 1989 | |
|---|---|---|---|---|---|---|---|---|---|---|---|---|---|---|---|---|---|---|
| | सीट | (%) | सीट | (%) | सीट | (%) | सीट | (%) | सीट | (%) | सीट | (%) | सीट | (%) | सीट | (%) | सीट | (%) |
| एनपीएफ | | | 1 | 68.7 | 1 | 70.0 | 1 | 73.1 | | | | | | | | | | |
| कांग्रेस | | 48.2 | | 30.1 | | 29.4 | | 25.8 | 1 | 71.2 | 1 | 86.7 | 1 | 62.3 | | 44.3 | 1 | 60.3 |
| बीजेपी | | | | | | | | | | 5.1 | | | | | | 3.0 | | |

| एनडीपीपी | 1 | 49.8 | | | | | | | | | | | | | | | | |
|---|---|---|---|---|---|---|---|---|---|---|---|---|---|---|---|---|---|---|
| एनपीपी | | 1.5 | | | | | | | | | | | | | | | | |
| अन्य | | 0.5 | | 1.2 | | 0.7 | | 1.1 | | 23.7 | | 13.3 | | 37.7 | 1 | 52.7 | | 39.7 |
| **दिल्ली- 7 सीटें** | | | | | | | | | | | | | | | | | | |
| **पार्टी** | **2019** | | **2014** | | **2009** | | **2004** | | **1999** | | **1998** | | **1996** | | **1991** | | **1989** | |
| | **सीट** | **(%)** | **सीट** | **(%)** | **सीट** | **(%)** | **सीट** | **(%)** | **सीट** | **(%)** | **सीट** | **(%)** | **सीट** | **(%)** | **सीट** | **(%)** | **सीट** | **(%)** |
| बीजेपी | 7 | 56.9 | 7 | 46.4 | | 35.2 | 1 | 40.7 | 7 | 51.8 | 6 | 50.7 | 5 | 49.6 | 5 | 40.2 | 4 | 26.2 |
| आप | | 18.2 | | 32.9 | | | | | | | | | | | | | | |
| कांग्रेस | | 22.6 | | 15.1 | 7 | 57.1 | 6 | 54.8 | | 42.0 | 1 | 42.6 | 2 | 37.3 | 2 | 39.6 | 2 | 43.4 |
| अन्य | | 2.3 | 0 | 5.5 | 0 | 7.7 | 0 | 4.5 | 0 | 6.3 | 0 | 6.6 | 0 | 13.1 | 0 | 20.2 | 1 | 30.4 |
| **उड़ीसा- 21 सीटें** | | | | | | | | | | | | | | | | | | |
| **पार्टी** | **2019** | | **2014** | | **2009** | | **2004** | | **1999** | | **1998** | | **1996** | | **1991** | | **1989** | |
| | **सीट** | **(%)** | **सीट** | **(%)** | **सीट** | **(%)** | **सीट** | **(%)** | **सीट** | **(%)** | **सीट** | **(%)** | **सीट** | **(%)** | **सीट** | **(%)** | **सीट** | **(%)** |
| बीजेडी | 12 | 43.3 | 20 | 44.1 | 14 | 37.2 | 11 | 30.0 | 10 | 33.0 | 9 | 27.5 | | | | | | |
| कांग्रेस | 1 | 14.0 | | 26.0 | 6 | 32.7 | 2 | 40.4 | 2 | 36.9 | 5 | 41.0 | 16 | 44.9 | 13 | 44.0 | 3 | 38.4 |
| बीजेपी | 8 | 38.9 | 1 | 21.5 | | 16.9 | 7 | 19.3 | 9 | 24.6 | 7 | 21.2 | | 13.4 | | 9.5 | | 1.3 |

| जनता दल | | | | | | | | | | | | 4.9 | 4 | 30.1 | 6 | 34.6 | 16 | 49.5 |
|---|---|---|---|---|---|---|---|---|---|---|---|---|---|---|---|---|---|---|
| अन्य | | 3.8 | 0 | 8.4 | 1 | 13.1 | 1 | 10.3 | 0 | 5.4 | 0 | 5.3 | 1 | 11.6 | 2 | 11.8 | 2 | 10.8 |

**पुडुचेरी- 1 सीट**

| पार्टी | 2019 | | 2014 | | 2009 | | 2004 | | 1999 | | 1998 | | 1996 | | 1991 | | 1989 | |
|---|---|---|---|---|---|---|---|---|---|---|---|---|---|---|---|---|---|---|
| | सीट | (%) | सीट | (%) | सीट | (%) | सीट | (%) | सीट | (%) | सीट | (%) | सीट | (%) | सीट | (%) | सीट | (%) |
| एआईएनआरसी | | 31.8 | 1 | 34.6 | | | | | | | | | | | | | | |
| कांग्रेस | 1 | 57.2 | | 26.3 | 1 | 49.4 | | | 1 | 37.2 | | 32.1 | 1 | 40.0 | 1 | 53.1 | 1 | 50.5 |
| एडीएमके | | | | 17.9 | | | | | | | | 25.1 | | | | | | |
| डीएमके | | | | 8.2 | | | | | | | 1 | 41.1 | | 39.9 | | 35.8 | | 41.6 |
| पीएमके | | | | 3.1 | | 34.3 | 1 | 49.9 | | 31.7 | | | | 4.3 | | 3.4 | | 6.6 |
| अन्य | | 11.0 | | 9.9 | | 16.3 | | 50.1 | | 31.1 | | 1.7 | | 15.8 | | 7.7 | | 1.3 |

**पंजाब- 13 सीटें**

| पार्टी | 2019 | | 2014 | | 2009 | | 2004 | | 1999 | | 1998 | | 1996 | | 1991 | | 1989 | |
|---|---|---|---|---|---|---|---|---|---|---|---|---|---|---|---|---|---|---|
| | सीट | (%) | सीट | (%) | सीट | (%) | सीट | (%) | सीट | (%) | सीट | (%) | सीट | (%) | सीट | (%) | सीट | (%) |
| कांग्रेस | 8 | 40.6 | 3 | 33.1 | 8 | 45.2 | 2 | 34.2 | 8 | 38.4 | | 25.8 | 2 | 35.1 | 12 | 49.3 | 2 | 26.5 |
| अकाली दल | 2 | 27.8 | 4 | 26.3 | 4 | 33.9 | 8 | 34.3 | 2 | 28.6 | 8 | 32.9 | 8 | 28.7 | | 2.6 | | 1.3 |
| आप | 1 | 7.5 | 4 | 24.4 | | | | | | | | | | | | | | |

| | | | | | | | | | | | | | | | | | | |
|---|---|---|---|---|---|---|---|---|---|---|---|---|---|---|---|---|---|---|
| बीजेपी | 2 | 9.7 | 2 | 8.7 | 1 | 10.1 | 3 | 10.5 | 1 | 9.2 | 3 | 11.7 | | 6.5 | | 16.5 | | 4.2 |
| अकाली दल (मान) | | 0.4 | | 0.3 | | 0.4 | | 3.8 | 1 | 3.4 | | 2.7 | | 3.8 | | | 6 | 29.2 |
| बसपा | | 3.5 | | 1.9 | | 5.7 | | 7.7 | | 3.8 | | 12.6 | 3 | 9.4 | 1 | 19.7 | 1 | 8.6 |
| अन्य | | 10.6 | 0 | 5.4 | 0 | 4.7 | 0 | 9.6 | 1 | 16.6 | 2 | 14.2 | 0 | 16.5 | 0 | 11.9 | 4 | 30.3 |

**राजस्थान- 25 सीट**

| पार्टी | 2019 | | 2014 | | 2009 | | 2004 | | 1999 | | 1998 | | 1996 | | 1991 | | 1989 | |
|---|---|---|---|---|---|---|---|---|---|---|---|---|---|---|---|---|---|---|
| | सीट | (%) | सीट | (%) | सीट | (%) | सीट | (%) | सीट | (%) | सीट | (%) | सीट | (%) | सीट | (%) | सीट | (%) |
| बीजेपी | 24 | 59.1 | 25 | 54.9 | 4 | 36.6 | 21 | 49.0 | 16 | 47.2 | 5 | 41.7 | 12 | 42.4 | 12 | 40.9 | 13 | 29.6 |
| कांग्रेस | | 34.6 | | 30.4 | 20 | 47.2 | 4 | 41.4 | 9 | 45.1 | 18 | 44.5 | 12 | 40.5 | 13 | 44.0 | | 37.0 |
| जनता दल | | | | | | | | | | | | 2.3 | | 2.6 | | 6.2 | 11 | 25.7 |
| अन्य | 1 | 6.3 | 0 | 14.7 | 1 | 16.2 | 0 | 9.6 | 0 | 7.7 | 2 | 11.6 | 1 | 14.5 | 0 | 9.0 | 1 | 7.7 |

**सिक्किम-1 सीट**

| पार्टी | 2019 | | 2014 | | 2009 | | 2004 | | 1999 | | 1998 | | 1996 | | 1991 | | 1989 | |
|---|---|---|---|---|---|---|---|---|---|---|---|---|---|---|---|---|---|---|
| | सीट | (%) | सीट | (%) | सीट | (%) | सीट | (%) | सीट | (%) | सीट | (%) | सीट | (%) | सीट | (%) | सीट | (%) |
| एसडीएफ | | 44.2 | 1 | 53.0 | 1 | 63.3 | 1 | 69.8 | 1 | 52.6 | 1 | 65.7 | 1 | 72.1 | | | | |
| एसएसपी | | | | | | | | 1.5 | | 42.2 | | | | 24.5 | 1 | 90.1 | 1 | 68.5 |
| कांग्रेस | | | | 2.3 | | 29.6 | | 27.4 | | 4.8 | | 33.1 | | | | | | 21.6 |

| एसकेएम | 1 | 47.8 | | 39.5 | | | | | | | | | | | | | | |
|---|---|---|---|---|---|---|---|---|---|---|---|---|---|---|---|---|---|---|
| बीजेपी | | 4.7 | | 2.4 | | 1.8 | | | | | | | | | | | | |
| अन्य | | 3.3 | 0 | 2.9 | 0 | 5.3 | 0 | 1.3 | 0 | 0.5 | 0 | 1.2 | 0 | 3.4 | 0 | 9.9 | 0 | 9.9 |

**तमिलनाडु-39 सीटें**

| पार्टी | 2019 | | 2014 | | 2009 | | 2004 | | 1999 | | 1998 | | 1996 | | 1991 | | 1989 | |
|---|---|---|---|---|---|---|---|---|---|---|---|---|---|---|---|---|---|---|
| | सीट | (%) | सीट | (%) | सीट | (%) | सीट | (%) | सीट | (%) | सीट | (%) | सीट | (%) | सीट | (%) | सीट | (%) |
| एडीएमके | 1 | 19.4 | 37 | 44.3 | 9 | 22.9 | | 29.8 | 10 | 25.7 | 18 | 25.9 | | 7.8 | 11 | 18.1 | 11 | 17.1 |
| डीएमके | 24 | 33.5 | | 23.6 | 18 | 25.1 | 16 | 24.6 | 12 | 23.1 | 5 | 20.1 | 17 | 25.6 | | 22.7 | | 26.7 |
| बीजेपी | | 3.6 | 1 | 5.5 | | 2.3 | | 5.1 | 4 | 7.1 | 3 | 6.9 | | 2.9 | | 1.6 | | 0.3 |
| डीएमडीके | | 2.2 | | 5.1 | | 10.1 | | | | | | | | | | | | |
| पीएमके | | 5.4 | 1 | 4.4 | | 5.7 | 5 | 6.7 | 5 | 8.2 | 4 | 6.0 | | 2.0 | | 5.1 | | 5.8 |
| कांग्रेस | 8 | 12.6 | | 4.3 | 8 | 15.0 | 10 | 14.4 | 2 | 11.1 | | 4.8 | | 18.3 | 28 | 42.6 | 27 | 39.9 |
| एमडीएमके | | | | 3.5 | 1 | 3.7 | 4 | 5.9 | 4 | 6.0 | 3 | 6.3 | | 4.5 | | | | |
| सीपीआई | 2 | 2.4 | | 0.5 | 1 | 2.8 | 2 | 3.0 | | 2.6 | 1 | 2.5 | 2 | 2.3 | | 2.0 | 1 | 2.0 |
| सीपीएम | 2 | 2.4 | | 0.5 | 1 | 2.2 | 2 | 2.9 | 1 | 2.4 | | 0.6 | | 1.8 | | 2.5 | | 3.7 |
| टीएमसी(एम) | | 0.5 | | | | | | | | 7.2 | 3 | 20.2 | 20 | 27.0 | | | | |
| अन्य | 2 | 18.0 | 0 | 8.2 | 1 | 10.1 | 0 | 7.7 | 1 | 6.7 | 2 | 6.8 | 0 | 7.7 | 0 | 5.3 | 0 | 4.5 |

**त्रिपुरा- 2 सीटें**

| पार्टी | 2019 | | 2014 | | 2009 | | 2004 | | 1999 | | 1998 | | 1996 | | 1991 | | 1989 | |
|---|---|---|---|---|---|---|---|---|---|---|---|---|---|---|---|---|---|---|
| | सीट | (%) | सीट | (%) | सीट | (%) | सीट | (%) | सीट | (%) | सीट | (%) | सीट | (%) | सीट | (%) | सीट | (%) |
| सीपीएम | | 17.5 | 2 | 61.4 | 2 | 61.7 | 2 | 68.8 | 2 | 56.2 | 2 | 48.8 | 2 | 52.4 | | 6.5 | | 41.7 |
| कांग्रेस | | 25.6 | | 15.4 | | 30.8 | | 14.3 | | 13.9 | | 42.1 | | 34.1 | 2 | 82.8 | 2 | 55.5 |
| बीजेपी | 2 | 49.6 | | 5.0 | | 3.4 | | 7.8 | | 12.8 | | 8.2 | | 6.5 | | 1.5 | | 0.6 |
| अन्य | | 7.3 | 0 | 18.3 | 0 | 4.2 | 0 | 9.1 | 0 | 17.1 | 0 | 0.9 | 0 | 7.0 | 0 | 9.1 | 0 | 2.2 |
| | | | | | | | | | | | | | | | | | | |

**उत्तर प्रदेश- 80 सीटें**

| पार्टी | 2019 | | 2014 | | 2009 | | 2004 | | 1999 | | 1998 | | 1996 | | 1991 | | 1989 | |
|---|---|---|---|---|---|---|---|---|---|---|---|---|---|---|---|---|---|---|
| | सीट | (%) | सीट | (%) | सीट | (%) | सीट | (%) | सीट | (%) | सीट | (%) | सीट | (%) | सीट | (%) | सीट | (%) |
| बीजेपी | 62 | 50.0 | 71 | 42.3 | 10 | 17.5 | 10 | 22.2 | 25 | 27.0 | 52 | 35.9 | 49 | 33.5 | 46 | 32.4 | 8 | 7.6 |
| सपा | 5 | 18.1 | 5 | 22.2 | 23 | 23.3 | 35 | 26.7 | 25 | 24.6 | 20 | 29.7 | 16 | 21.3 | | | | |
| बसपा | 10 | 19.4 | | 19.6 | 20 | 27.4 | 19 | 24.7 | 14 | 22.3 | 4 | 21.3 | 6 | 21.0 | 1 | 9.1 | 2 | 9.9 |
| कांग्रेस | 1 | 6.4 | 2 | 7.5 | 21 | 18.3 | 9 | 12.0 | 9 | 13.4 | | 5.2 | 5 | 8.0 | 5 | 17.4 | 12 | 31.38 |
| अपना दल | 2 | 1.2 | 2 | 1.0 | | 0.8 | | 1.4 | | 1.6 | | 1.0 | | 0.5 | | | | |
| आरएलडी | | 1.7 | | 0.9 | 5 | 3.3 | 3 | 4.5 | 2 | 2.8 | | | | | | | | |

| जनता दल | | | | | | | | | | | | 0.5 | 2 | 4.5 | 22 | 21.4 | 52 | 36.54 |
|---|---|---|---|---|---|---|---|---|---|---|---|---|---|---|---|---|---|---|
| एसजेपी | | | | | | | | | | | | | | | | | | |
| अन्य | 0 | 3.2 | 0 | 6.5 | 1 | 9.5 | 4 | 8.5 | 5 | 8.2 | 4 | 6.4 | 2 | 11.1 | 6 | 19.7 | 6 | 14.6 |

* उत्तरप्रदेश में 84 सीट थी और उत्तरखंड के गठन के बाद 80 सीट रह गई है, 80 सीट को ही मानकर उत्तराखंड के पुराने नतीजे को दर्शाया गया है

**उत्तराखंड- 5 सीटें**

| पार्टी | 2019 | | 2014 | | 2009 | | 2004 | | 1999 | | 1998 | | 1996 | | 1991 | | 1989 | |
|---|---|---|---|---|---|---|---|---|---|---|---|---|---|---|---|---|---|---|
| | सीट | (%) | सीट | (%) | सीट | (%) | सीट | (%) | सीट | (%) | सीट | (%) | सीट | (%) | सीट | (%) | सीट | (%) |
| बीजेपी | 5 | 61.7 | 5 | 55.3 | | 33.8 | 3 | 41.0 | 4 | 39.62 | 5 | 47.34 | 3 | 31.96 | 5 | 40.06 | | 3.81 |
| कांग्रेस | | 31.7 | | 34.0 | 5 | 43.1 | 1 | 38.3 | 1 | 38.14 | | 20.15 | | 9.85 | | 28.86 | 3 | 38.48 |
| जनता दल | | | | | | | | | | | | | | 0.11 | | 18.42 | 2 | 24.90 |
| अन्य | | 6.6 | 0 | 10.7 | 0 | 23.1 | 1 | 20.7 | 0 | 22.2 | 0 | 32.5 | 2 | 58.1 | 0 | 12.7 | 0 | 32.8 |

*उत्तराखंड पहले उत्तरप्रदेश का हिस्सा था, उत्तरप्रदेश से अलगे होने पर लोकसभा का पहला चुनाव 2004 में हुआ, 5 सीट के परिणाम पर ही दर्शाया गया

**पश्चिम बंगाल- 42 सीटें**

| पार्टी | 2019 | | 2014 | | 2009 | | 2004 | | 1999 | | 1998 | | 1996 | | 1991 | | 1989 | |
|---|---|---|---|---|---|---|---|---|---|---|---|---|---|---|---|---|---|---|
| | सीट | (%) | सीट | (%) | सीट | (%) | सीट | (%) | सीट | (%) | सीट | (%) | सीट | (%) | सीट | (%) | सीट | (%) |
| तृणमूल कांग्रेस | 22 | 43.7 | 34 | 39.3 | 19 | 31.2 | 1 | 21.0 | 8 | 26.0 | 7 | 24.4 | | | | | | |
| सीपीएम | | 6.3 | 2 | 22.7 | 9 | 33.1 | 26 | 38.6 | 21 | 35.6 | 24 | 35.4 | 23 | 36.7 | 27 | 35.2 | 27 | 38.4 |

| | | | | | | | | | | | | | | | | | | |
|---|---|---|---|---|---|---|---|---|---|---|---|---|---|---|---|---|---|---|
| बीजेपी | 18 | 40.6 | 2 | 16.8 | 1 | 6.1 | | 8.1 | 2 | 11.1 | 1 | 10.2 | | 6.9 | | 11.7 | | 1.7 |
| कांग्रेस | 2 | 5.7 | 4 | 9.6 | 6 | 13.5 | 6 | 14.6 | 3 | 13.3 | 1 | 15.2 | 9 | 40.1 | 5 | 36.2 | 4 | 41.4 |
| आरएसपी | | | | 2.4 | 2 | 3.6 | 3 | 4.5 | 3 | 4.3 | 4 | 4.5 | 4 | 4.8 | 4 | 4.5 | 4 | 4.7 |
| सीपीआई | | | | 2.3 | 2 | 3.6 | 3 | 4.0 | 3 | 3.5 | 3 | 3.6 | 3 | 3.8 | 3 | 3.7 | 3 | 3.9 |
| फॉरवर्ड ब्लॉक | | | | | | | | | | | | | | | | | 3 | 3.9 |
| जीएनएलएफ | | | | | | | | | | | | | | | | | 1 | 1.4 |
| अन्य | 0 | 3.7 | 0 | 6.8 | 3 | 9.0 | 3 | 9.3 | 2 | 6.3 | 2 | 6.7 | 3 | 7.8 | 3 | 8.7 | 0 | 4.7 |